»Die Welt, betrachtet ohne Augenlider« ist ein Beitrag zur Sozialgeschichtsschreibung der Literatur sowie der Geschlechter- und Feminismusforschung. Im Zuge der Auseinandersetzung mit Leben und Werk der Satirikerin und aktiven DKP-Kommunistin Gisela Elsner (1939–1992) entsteht ein Panorama der bundesrepublikanischen Linken zwischen »68« und der »Wende«. Im Zentrum steht die Frage nach der Entwicklung sozialistischer/kommunistischer Positionen in der bundesrepublikanischen Linken.

Anhand der Rolle Elsners als kommunistischer »BRD-Autorin« arbeitet das Buch zudem das deutsch-deutsche Verhältnis als grundlegendes Strukturelement von Öffentlichkeit und Politik der alten Bundesrepublik heraus.

In der Auseinandersetzung mit dem schriftstellerischen und politischen Werk von Gisela Elsner wird die ambivalente Prägung der bundesrepublikanischen Gesellschaft durch das Phänomen »1968« erkennbar: als widersprüchlicher Prozess sozialer Liberalisierung einerseits und neoliberaler Modernisierung andererseits. Zudem ist Elsners Werk durchzogen von der umfassenden Beschäftigung mit dem Nationalsozialismus – von der Auseinandersetzung mit ihrem Nürnberger Elternhaus über Nazi-Kontinuitäten bis hin zur nationalistischen Mobilmachung der späten 80er Jahre. Insofern kann der Band auch als Vorgeschichte der politischen Rechtsentwicklung unserer Gegenwart gelesen werden.

Tanja Röckemann arbeitet derzeit als Wissenschaftsredakteurin. Dabei betrachtet sie Wissensproduktion ideologiekritisch, nimmt feministische und rechtskritische Perspektiven ein und versucht herauszuarbeiten, was das alles mit Kapitalismus zu tun hat. Jenseits der Lohnarbeit ist sie Teil des »tippel orchestra«, das politische Themen in szenischen Lesungen auf die Bühne bringt.

Tanja Röckemann

DIE WELT, BETRACHTET OHNE AUGENLIDER

Gisela Elsner, der Kommunismus und 1968

VERBRECHER VERLAG

Wir danken dem Deutschen Akademikerinnen Bund e.V.,
der Internationalen Gisela Elsner Gesellschaft e.V.
und der Marx-Engels-Stiftung e.V. für ihre Unterstützung.

Gekürzte und überarbeitete Fassung der
gleichnamigen Dissertation von 2020 zur
Erlangung des Grades Doktorin der Philosophie
am Institut für Neuere Deutsche Literatur der
Universität Potsdam.

Erste Auflage
Verbrecher Verlag Berlin 2024
www.verbrecherei.de

Druck und Bindung: CPI Clausen & Bosse, Leck
Satz: Christian Walter

ISBN 978-3-95732-605-8

Printed in Germany

Der Verlag dankt Luisa Heinemann.

INHALT

EINLEITUNG

»Gegenstand der Kunst ist die Wirklichkeit,
erfahren durch eine Haltung.«

Peter Hacks

»Die Marxisten sind die einzigen, die auf Fragen wie:
›Was willst du mit deinem Roman erreichen?‹
Antwort geben.«

Bertolt Brecht

Die Welt, betrachtet ohne Augenlider. So beschreibt ein Freund und Genosse aus der DDR in den späten 1980er Jahren die Perspektive der kommunistischen Schriftstellerin Gisela Elsner.[1] Diese Wendung erweist sich als treffende Beschreibung von Elsners Leben und Werk – und als Chiffre für einen politisierten Blick auf die Welt. So ist dieses Buch, das Gisela Elsner zum Gegenstand hat, keine Biographie, sondern eine kritische Betrachtung der Verhältnisse, in denen und auf die sie politisch und literarisch gewirkt hat. Konkreter formuliert: Dieses Buch stellt die Frage nach der Handlungsfähigkeit einer kommunistischen Schriftstellerin (oder einer schreibenden Kommunistin?) in der Bundesrepublik – im Zuge der Entwicklungen, die heute durch die Jahreszahl »1968« beschrieben werden, faktisch aber noch unsere Gegenwart grundsätzlich prägen.

1 Brief an Gisela Elsner aus dem Jahr 1987, ansonsten undatiert, in: Hermann-Henselmann-Archiv, Baukunst-Archiv der Akademie der Künste, fol. 1.

Vor dem Hintergrund dieser Fragestellung leistet die Studie einen Beitrag zur Sozialgeschichtsschreibung der Literatur; aus materialistischer Perspektive eine der zentralen Aufgaben der Literaturwissenschaft.[2] Hier wird der gesellschaftliche Kontext, in dem sich Gisela Elsner als *Literaturproduzentin* bewegt hat, auf seine *Produktionsbedingungen* hin untersucht, die sich in ihre Literatur und ihre partikulare Arbeits- und Lebensweise eingeschrieben haben. Als Charakteristikum der Position der Schriftstellerin in der kapitalistischen Gesellschaft ist dabei die Notwendigkeit der Profitabilisierung des eigenen Werks berücksichtigt, aufgefasst als spezifisch bürgerliches Verhältnis von Produktion und Reproduktion. Die literarischen Gattungen werden betrachtet als gesellschaftlich-historischer Ausdruck künstlerischer Produktion und geben, gleichsam in der Umkehrung, Aufschluss über die gesellschaftlichen Bedingungen. Besondere Aufmerksamkeit widmet die vorliegende Studie der Satire als Gisela Elsners bevorzugter Schreibweise.

Weiterhin liegt ein Fokus auf den Kategorien Realismus und Parteilichkeit, die für Elsner als kommunistische Autorin von besonderer Bedeutung sind. Hierzu gilt die Annahme, dass sich das konkrete literarische Werk als Willensakt seiner Verfasserin konstituiert, welche das von ihr in Geschichte und/oder Gegenwart vorgefundene Material gestalterisch zu einem Sinnzusammenhang verarbeitet, der Aussagen über die gesellschaftlichen Verhältnisse macht. So schlägt sich in jedem literarischen Text unweigerlich auch die politische Haltung der Autorin nieder, verstanden als Blick auf die Verhältnisse aus einer bestimmten Perspektive. Die Wahrheit oder Falschheit eines literarischen Erzählzusammenhangs ergibt sich aus dem Standpunkt, den sie ge-

2 Vgl. Gansberg, Marie Luise: »Zu einigen populären Vorurteilen gegen materialistische Literaturwissenschaft«, in: Dies. und Paul Gerhard Völker (Hrsg.): *Methodenkritik der Germanistik. Materialistische Literaturtheorie und bürgerliche Praxis*, Stuttgart: J. B. Metzlersche Verlagsbuchhandlung 1970. S. 35.

genüber den spezifischen Herrschaftsverhältnissen bezieht. Die Rezeption des literarischen Werks wird verstanden als eingebettet in einen konkreten gesellschaftlichen Kontext, ohne den andererseits ein möglicher kritischer Gehalt des einzelnen Kunstwerkes nicht denkbar ist; »die dem authentischen Werk zugesprochene kritische Tendenz [ist] nun selber nur vor dem Hintergrund eines konkreten, gesellschaftlich fundierten literarischen Systems vorstellbar.«[3] Hieraus ergibt sich die Notwendigkeit einer genauen Betrachtung der Konstituenten des jeweiligen »Systems«, insbesondere in Hinblick auf die gesellschaftlichen Auseinandersetzungen, entlang derer sich Rezeptionshaltungen als kritisch oder affirmativ positionieren. Für Gisela Elsners Schaffenszeitraum wird von einer konstitutiven Bedeutung des Systemkonflikts zwischen kapitalistischen und sozialistischen Staaten ausgegangen, der in der BRD insbesondere im Verhältnis zur DDR verhandelt wurde. Da Teile von Elsners Werk auch in der DDR erschienen sind, widmen sich Teile der Studie diesem sozialistischen Rezeptionsraum; dabei soll über die Betrachtung von Elsners Literatur im Besonderen eine allgemeinere Vergleichsebene zwischen sozialistischer und bürgerlicher Gesellschaft hergestellt werden.

Ein BRD-Panorama

Um Gisela Elsner als organisierter Kommunistin und der politischen Natur ihres literarischen Werks Rechnung zu tragen, konstituiert sich die vorliegende Studie maßgeblich entlang der politischen Landschaft der Bundesrepublik Deutschland. Die drei Strömungen, in die sich die zivilgesellschaftliche und parlamentarische Linke einteilen lässt, sind kapitelbildend: die Sozialdemokratie, die Neuen Linken und die Neuen Sozialen Bewegungen sowie die DKP. Über die Einbettung von Gisela Elsners Positionen, die sich in allen drei Kontexten bewegt

3 Ebd., S. 12 f.

hat, in diese Strömungen soll eine Charakterisierung der bundesrepublikanischen Linken in ihrem Verhältnis zu (verschiedenen Formen) kommunistischer Politik geleistet werden. Die Auswahl der literarischen Werke Elsners, die näher betrachtet werden, ergibt sich aus dieser Schwerpunktsetzung; die Textanalysen haben keinen Anspruch auf Vollständigkeit, sondern heben aufs Exemplarische ab. Als Arbeitshypothese liegt der Studie die Annahme zugrunde, dass die unter dem Begriff »1968« zusammengefassten gesellschaftlichen Veränderungen – bei Notwendigkeit der kritischen Betrachtung dieses Schlagwortes – zeitgeschichtlich definierendes Moment nicht nur für Elsners Biographie, sondern für die sozio-politische Entwicklung der Bundesrepublik bis in die Gegenwart hinein sind.

Das erste Kapitel arbeitet zunächst Gisela Elsners Kritik der Sozialdemokratie heraus, um daraufhin das Verhältnis von Sozialdemokratie und Literaturbetrieb zu erkunden. Besonders betrachtete Schauplätze sind die Gruppe 47 und – in umfangreicherem Maße – der Rowohlt Verlag als zwei biographisch relevante Kontexte Gisela Elsners. In diesem Zusammenhang soll ihre Bestimmung des Verhältnisses von Literatur und Politik sowie ihr Entwurf für die Rolle der politischen Schriftstellerin mit dem Engagement-Konzept abgeglichen werden, wie es sozialdemokratische Autoren vertreten. Es wird ausgegangen von einer bewussten Distanzierung Elsners von der SPD einerseits, die andererseits eine ungewollte sukzessive Verschlechterung ihrer Position bei Rowohlt zeitigt. Eingegangen wird dabei auch auf die Auswirkungen von Elsners Nähe zur DKP und späterer DKP-Mitgliedschaft auf ihre Handlungsfähigkeit im Literaturbetrieb der BRD.

Das zweite Kapitel verortet Gisela Elsner als kommunistische Akteurin und ihr literarisches Programm in dem Kontext, der als eigentliches »68er«-Milieu historisiert wurde: die APO/Neue Linke sowie die als deren Folgephänomen verstandenen Neuen Sozialen Bewegungen und ihr parlamentarischer Niederschlag in der Partei Die Grünen. Ausgehend von der Annahme einer Politisierung der literarischen

Funktionsbestimmung und entsprechendem Wandel der Literaturbegriffe wird dann nach den Bedingungen für die Integration der progressiven Praxen von »68« in Staat und Gesellschaft gefragt. In Hinblick auf Gisela Elsner wird in diesem Zusammenhang die These geprüft, dass sie bezüglich ihres literarischen Wirkungskreises und ihrer politischen Handlungsfähigkeit von der gesellschaftlichen Politisierung im Zuge der Neuen Linken profitiert, ab den späteren 1970er Jahren aber – aufgrund ihrer Kritik an den neoliberalen Entwicklungen und des Bestehens auf die Revolutionierung der Produktionsweise – an den »Rand« des Literaturbetriebs gedrängt wird. Besondere Aufmerksamkeit gilt dabei Elsners institutioneller Anbindung innerhalb des Literaturbetriebs im Verhältnis zu ihrer Organisierung in der DKP.

Das dritte Kapitel untersucht Gisela Elsner als Akteurin im Kontext der DKP, also ihre Positionierung als zunächst DKP-nahe Autorin und ab 1977 als Parteimitglied. Dabei geht es um Elsners Positionierung innerhalb der DKP ebenso wie um die Auswirkungen des DKP-Beitritts auf Elsners Verhältnis zu sozialistischen Literaturkonzepten und dem DDR-Literaturbetrieb. Der sukzessive Bedeutungsverlust der Autorin im westdeutschen Literaturbetrieb im Verlauf der achtziger Jahre wird kontrastiert mit ihrer »Entdeckung« in der DDR. Dabei sollen die politischen Implikationen literarischer Funktionsbestimmungen, die Veränderung der ästhetischen Wertmaßstäbe in BRD und DDR, denen die Beurteilung des Elsner'schen Werkes ausgesetzt war, auch als interdependente Reaktionen auf den drohenden Zerfall des Realsozialismus nachgezeichnet werden.

Eine heimatlose Linke?

Als Einstieg in Gisela Elsners Stellung zu und in den Verhältnissen, in denen sie lebte, soll an dieser Stelle ein kurzer Blick in ihren autobiographischen Text *Gläserne Menschen* geworfen werden, der 1983 als Teil einer Aufsatzsammlung von »68er-Berichten« mit dem Titel *Über die allmähliche Entfernung aus dem Lande* erschien.[4] Wie hier zu erfahren ist, verbringt Elsner einen Großteil der 1960er Jahre im europäischen Ausland, kennt die Studentenbewegung und außerparlamentarische Opposition (APO) nach eigenen Angaben »nur aus der Zeitung und theoretischen Schriften«[5] und ihr erster Kontakt zu Kommunist:innen und marxistischer Theorie erfolgt nicht in Berlin oder Frankfurt, sondern in Rom.[6] Zwar bezeichnet Elsner es dennoch als »ausschlaggebend«[7] für ihre Entscheidung, 1970 in die BRD zurückzukehren, »daß es in der BRD jetzt eine Studentenbewegung gab, die gegen Springer und den Vietnamkrieg demonstrierte und daß endlich wieder eine legale kommunistische Partei existierte«[8]. In Kohärenz zu ihrer Distanz zur APO spielen aber weder diese Ereignisse noch überhaupt der Begriff »68« in *Gläserne Menschen* eine Rolle, lediglich eine implizite Bezugnahme auf die Neue Linke besteht in Elsners Aussage, sie habe »nie an die Anfang der siebziger Jahre gängige Parole geglaubt, daß die Literatur tot sei«[9].

Als eigentlichen politischen Bezugspunkt in den späten 1960er Jahren zeichnet Elsner in *Gläserne Menschen* die damalige Regierungspartei SPD sowie die politische Weltlage. Das Jahr 1970, der Moment ihrer Rückkehr nach Deutschland und der Beginn der Erzählung, beschreibt sie als

4 Vgl. Faecke, Peter (Hrsg.): *Über die allmähliche Entfernung aus dem Lande. Die Jahre 1968–1982*, Düsseldorf: Claassen 1983.

5 Altenburg, Matthias (Hrsg.): *Fremde Mütter, fremde Väter, fremdes Land. Degenhardt, Elsner, Fuchs, Haslinger, Piwitt, Rauter, Schneider, Vesper im Gespräch mit Matthias Altenburg*, Hamburg: Konkret Literatur Verlag 1985, S. 164.

6 Ebd.

7 Elsner, Gisela: »Bandwürmer im Leib des Literaturbetriebs«, in: Dies.: *Im literarischen Ghetto. Kritische Schriften 2*, hrsg. von Christine Künzel, Berlin: Verbrecher Verlag 2011, S. 247–256, hier S. 249.

8 Ebd.

9 Elsner, Gisela: »Gläserne Menschen«, in: Faecke (Hrsg.): *Über die allmähliche Entfernung aus dem Lande*, S. 30–50, hier S. 37.

> das Jahr, in dem die Regierung Brandt mit der Entspannungspolitik gegenüber den sozialistischen Ländern begann. Es war das Jahr, in dem es zum ersten deutschen Gipfelgespräch zwischen Bundeskanzler Brandt und Ministerpräsident Stoph in Erfurt kam. Es war das Jahr, in dem Brandt und Kossygin einen Gewaltverzichtsvertrag zwischen der Bundesrepublik und der Sowjetunion unterzeichneten. Es war das Jahr, in dem auch der deutsch-polnische Vertrag unterzeichnet wurde, der eine faktische Anerkennung der Oder-Neiße-Grenze beinhaltet.[10]

Während die anderen Autor:innen in *Über die allmähliche Entfernung aus dem Lande* von ihren Erfahrungen in der Studentenbewegung erzählen, berichtet Elsner am Beispiel ihrer Wohnungssuche in Hamburg und München über »die Auswirkungen der spätkapitalistischen Ordnung«[11], den Wiedereinzug bei ihren Eltern und ihre Schlaf- und Angststörung sowie die damit zusammenhängende Psychiatrieerfahrung.

Als Hauptgegenstand von *Gläserne Menschen* kristallisiert sich mithin, der Titel verweist darauf, die staatliche Überwachungspolitik der 1970er Jahre heraus. Elsner arbeitet sich also nicht am Thema des bewaffneten Kampfs ab, sondern an der staatlichen Repression gegen (vermeintliche) Oppositionelle. Damit formuliert sie ein Gegennarrativ zur kanonisierten APO-Erzählung und ihrer »beständig wiederholte[n] Gleichsetzung von ›Terrorismus‹ und militantem Widerstand«[12] – eine Gleichsetzung, die an der »schleichende[n] Kriminalisierung selbst des politischen Protests«[13] mittut. Der staatliche

10 Ebd., S. 30.

11 Faecke (Hrsg.): *Über die allmähliche Entfernung aus dem Lande*, S. 41.

12 Tolmein, Oliver / zum Winkel, Detlef: *Nix gerafft. 10 Jahre Deutscher Herbst und der Konservatismus der Linken*, Hamburg: Konkret Literatur Verlag 1987, S. 19.

13 Agnoli, Johannes: *Der Staat des Kapitals und weitere Schriften zur Kritik der Politik*, Freiburg i. Br.: Ça Ira Verlag 1995, S. 226.

und gesellschaftliche Gegenwind, der im Zuge des »68er«-Aufbruchs recht schnell aufkommt, weht zu Beginn der 1980er Jahre eine Linke an, die von theoretischen und strategischen Dissensen zerrüttet ist und sich im Großen und Ganzen von dem Projekt revolutionäre Gesellschaftsveränderung verabschiedet hat. Lange her ist die Zeit des Aufbruchs; zumal in den Jahren 1966 und 1967 – in der Politisierung vieler APO-Angehöriger bedeutsamer als das ikonisierte »68«[14] – hatten viele Aktivist:innen befreiende Erfahrungen von praktischem Antiautoritarismus machen können:

> Wir entdeckten nicht nur Marx und Marcuse, sondern auch – wenn auch zuerst unter den Schlägen der Polizei – unseren Körper und unser Körpergefühl wieder; wir entdeckten, daß wir nicht nur einen Kopf zum Dichten und Denken, sondern auch Arme und Beine hatten, um die Bannmeile vor dem Amerikahaus und den Polizeikordon vor der Deutschen Oper zu durchbrechen.[15]

Gisela Elsner bleibt diese freudvolle Ermächtigungserfahrung im gemeinsamen politischen Kampf vorenthalten, da sie alters- und milieubedingt erhebliche Distanz zur Studentenbewegung hat. Möglicherweise blickt sie deshalb weniger optimistisch, aber auch weniger idealisierend auf politische Arbeit.

Der für die APO so wichtige Antiautoritarismus ist für Elsner nicht nur keine gesellschaftskritische Kategorie, sondern schlicht kein Bezugspunkt. Ein Beispiel hierfür ist ihre Befürwortung der autoritären Politik der kubanischen Regierung; den westdeutschen »Intellektuellen und Schriftsteller[n]«[16], welche die Inhaftierung kuba-

14 Vgl. zum Beispiel Timm, Uwe: *Heißer Sommer. Roman*, 1. Aufl., Berlin [u. a.]: Aufbau Verl 1975.

15 Schneider, Michael: *Den Kopf verkehrt aufgesetzt oder Die melancholische Linke. Aspekte des Kulturzerfalls in den siebziger Jahren*, Darmstadt [u. a.]: Luchterhand 1981, S. 144.

16 Ebd., S. 11.

nischer Oppositioneller kritisieren, bescheinigt sie mangelnde politische Ernsthaftigkeit. Ihre Haltung beweise einen Meinungsumschlag Castro gegenüber, »ein Meinungsumschlag, den nicht etwa eine Reprivatisierung der Produktionsmittel beispielsweise verursacht hat, sondern etwas ganz und gar Nebensächliches: die Tatsache nämlich, daß Castro einen Dichter wegen seiner Querulierungen zur Verantwortung zog.«[17] Elsner widmet den politischen Aktivitäten von Kolleg:innen ihrerseits immer wieder besondere Aufmerksamkeit, charakterisiert aber die Kritik westlicher Kunst- und Kulturschaffender am kubanischen Staat als individualistische Vertretung von Partikularinteressen: Der Konflikt der einzelnen Schriftsteller:in mit der sozialistischen Staatsmacht ist für sie ein »Privatproblem[]«[18] und das Engagement der westdeutschen Intellektuellen keine ernsthafte Gesellschaftskritik, sondern bloße »Identifizierung«[19] mit einem »Zunftbruder[]«[20]. Bereits 1970 stellt Elsner klar, dass in ihren Augen alles politische Handeln darauf ausgerichtet sein muss, »die Eigentumsverhältnisse zu zerstören«[21] – eine Absicht, die sie mit den diversen kommunistischen Kleinstorganisationen teilt, die sich nach dem Zerfall des SDS 1969 bilden und die trotz dieser Gemeinsamkeit antagonistisch zueinanderstehen, oftmals bis zur Verunmöglichung jeglicher Zusammenarbeit.

Auf der Basis von unterschiedlichen Positionen zu Sowjetunion und DDR sowie der Militanz- und Organisationsfrage spannt sich hier ein Spektrum zwischen DKP und Roter Armee Fraktion (RAF) auf. Während die DKP verfassungstreue parlamentarische Politik betreibt und in der offiziellen Parteilinie Militanz ablehnt, trennt die militante Praxis der RAF die gesamte Bewegung in »legale[] Linke[]

17 Ebd.
18 Ebd.
19 Ebd.
20 Ebd.
21 Ebd.

und bewaffnete[] Gruppen«[22]. So entstehen auch »Bruchlinien zwischen K-Gruppen, autonomer Linker und RAF«[23], also den Teilen der außerparlamentarischen Linken, die Militanz nicht grundsätzlich ablehnen, jedoch die Praxis des bewaffneten Kampfes nicht unbedingt befürworten. Eine »Geistesverwandtschaft zwischen den ML-Organisationen einschließlich der RAF«[24] zeigt sich laut Jens Benicke dennoch in der Vorstellung, »sie seien die Avantgarde der revolutionären Arbeiterbewegung«[25]. Während der Angriff der RAF auf Staat und Kapital unweigerlich auch Aspekte persönlicher Abrechnung mit der eigenen Elterngeneration enthält, lässt sich das antifaschistische Element dieses Angriffs – angesichts der fortbestehenden Präsenz von NS-Tätern in allen Herrschaftsfraktionen – allerdings weder auf psychologische Befindlichkeiten noch auf eine falsche Staatsanalyse reduzieren. Oliver Tolmein beschreibt 1987, inwiefern eine solche Reduktion die propagandistischen Zwecke des bundesrepublikanischen Staates erfüllt:

Das Verbot lautete: Du darfst dir die Schleyer-Entführung keinesfalls als Kampf zwischen ehemaligen Genossen und ehemaligen Nazis vorstellen, sonst müßtest Du ja automatisch die Partei der RAF ergreifen. [...] Die Gründerinnen der RAF sind von bürgerlichen Meinungsmachern häufig als ›Hitlers Kinder‹ bezeichnet worden – eine Propaganda-Methode, die die Realität andeutete, um sie umzukehren. Man wollte damit suggerieren, der Terrorismus habe das Erbe des Faschismus angetreten. Aber diese Demagogie kann nicht vergessen machen, daß sie sich tatsächlich wie viele APO-Leute an der Verdrängung, Verharmlosung und Schönfärberei des Nationalsozia-

22 Tolmein/zum Winkel: *Nix gerafft*, S. 40.

23 Ebd.

24 Benicke, Jens: »Leninisten mit Knarren«, in: *Ça Ira*, 30.04.2008, https://www.ca-ira.net/verein/positionen-und-texte/benicke-leninisten/ (zugegriffen am 22.01.2020).

25 Ebd.

lismus durch die bundesrepublikanische Gesellschaft politisiert hatten.[26]

Als Angehörige der westdeutschen Linken ist auch Gisela Elsner mit den Folgen dieser geschichtsrevisionistischen Erzählung konfrontiert. Mit dem Konzept des bewaffneten Kampfes setzt sie sich allerdings nicht öffentlich auseinander – möglicherweise auch deshalb, weil sie in die maoistisch geprägten Milieus von K-Gruppen und RAF weder politisch noch lebensweltlich involviert ist – sondern legt den Schwerpunkt auf den bundesrepublikanischen Staat und seine Mehrheitsbevölkerung als Aggressor:innen. Dies wird etwa deutlich, wenn sie an ihren Kollegen und Freund Hanjo Kesting 1989 über einen Aufenthalt in ihrem Elternhaus schreibt,

> [d]ie Wirtschaftswunderplundervilla befindet sich ausgerechnet am Ende der letzten Sackgasse eines Nürnberger Nobelviertels. Zwei Häuser von der Wirtschaftswunderplundervilla entfernt wohnt ein Rüstungsfabrikant, der ein Duzfreund von Franz Josef Strauß war. Weil der Rüstungsfabrikant auf der Terrorliste steht, wird er rund um die Uhr von der Polizei in Zivil überwacht. Wenn ich nur daran denke, daß auf ihn, gesetzt den Fall, ich müßte in die Wirtschaftswunderplundervilla zurückkehren, ein Terroranschlag verübt werden könnte, gerate ich in Panik. Denn ich habe an zahlreichen Friedenskundgebungen teilgenommen. Ich weiß, wie leicht politisch links stehende Staatsbürger zu Staatsfeinden oder subversiven Elementen abgestempelt werden können.[27]

Konfrontiert mit staatlicher Repression, die eine Einschränkung der bürgerlichen Grundrechte einschließt, lassen sich viele außerparlamentarische Linke in die reaktive Verteidigung von Rechtsstaat und Demo-

26 Tolmein/zum Winkel: *Nix gerafft*, S. 136.

27 Brief an Hanjo Kesting vom 17. Februar 1991, in: Briefwechsel Elsner – Kesting, fol. 46.

kratie drängen. Die Position der DKP im innerkommunistischen Spannungsfeld verdeutlicht eine Äußerung eines Mitglieds des DKP-nahen Buchladenkollektivs Libresso in München, in dem auch Gisela Elsner regelmäßig liest.[28] Franz Fehmeier berichtet Anfang der achtziger Jahre, man habe im Libresso von Beginn an »[f]ür die RAF-Leute [...] nicht viel Sympathien [gehabt]. Wir verstanden ihre Hauptmotivation: ungerecht behandelt zu werden von den Staatsorganen und der Gesellschaft. Aber ihre Reaktion darauf war für uns zu abenteuerlich und zu unpolitisch.«[29] Elsner schreibt 1986 an ihren DDR-Lektor Chris Hirte in charakteristisch polemischem Tonfall über diese und andere Teile der Linken:

> Der mörderischen, nihilistischen Anarchie des Imperialismus, der immer deutlicher einen dritten Weltkrieg anpeilt, setzen die *außerparlamentarisch* revoluzzernden, auf die schiefe Bahn geratenen Kleinbürgersöhne, Bürgersöhne, Künstler und Intellektuellen sowie die heimatlosen Linken, die bislang in einer nur minimalen Weise Kontakt zur Gewerkschaftsbewegung und zur Arbeiterklasse erreichen konnten und deshalb, einschließlich der kleinbürgerlich pazifistischen Friedensbewegung, zur Erfolglosigkeit determiniert sind, die gedanklichen Schwachstellen des Anarchismus entgegen.[30]

Die Frustration und Verachtung, die aus diesen Äußerungen sprechen, sind dabei mehr als Polemik; in den mittleren achtziger Jahren ist Elsner sowohl literarisch als auch politisch zunehmend isoliert. Diese Entwicklung ist – bei allen problematischen Aspekten von Elsners

28 Vgl. »Gisela Elsners Tod – ein tragisches Lehrstück«, in: *Protest in München seit 1945*, 1992, http://protest-muenchen.sub-bavaria.de/artikel/3801 (zugegriffen am 5. August 2016).

29 Fehmeier, Fritz / Sack, Felicitas / Schmidl, Otto: »Institution ›Libresso‹«, in: *Protest in München seit 1945*, 1967, http://protest-muenchen.sub-bavaria.de/artikel/1715 (zugegriffen am 5. August 2016).

30 Brief an Chris Hirte vom 17. April 1986, in: Briefwechsel Elsner – Hirte, fol. 1.

politischer Analyse – weniger Ausdruck persönlicher Verirrung als einer Niederlage kommunistischer Politik. Diese Niederlage zu verstehen, ihre Genese, ihre Akteur:innen auf den verschiedenen Seiten, ist im Übrigen das eigentliche Anliegen des vorliegenden Buches.

1. GISELA ELSNER UND DIE SOZIALDEMOKRATIE

1.1 Die SPD: das kleinere Übel?

Schon die früheste Äußerung, die vonseiten Gisela Elsner über die Sozialdemokratie dokumentiert ist, fällt negativ aus: Sie kritisiert das verbreitete Narrativ über die SPD als »kleineres Übel« im Spektrum der Parteien. Damit grenzt sich die junge Autorin bereits in den frühen 1960er Jahren vom Einsatz linker Intellektueller für die SPD ab, darunter einige Personen, zu denen sie bei ihrem Hausverlag Rowohlt in einem Abhängigkeitsverhältnis steht. Elsners Haltung scheint im Zuge der ersten Nachkriegs-Regierungsbeteiligung der SPD jedoch auch von linken Wähler:innen geteilt zu werden. Die Beteiligung der SPD an der Großen Koalition 1966 und die darauf folgende Verabschiedung der Notstandsgesetze mobilisieren »einen Teil des linken Potentials«[1] zur Abgrenzung von der Sozialdemokratie. Viele Linke geben sich allerdings letztlich mit der Perspektive auf eine SPD-Regierung ohne Beteiligung der CDU zufrieden, die bei der nächsten Bundestagswahl 1969 in Erfüllung geht. Diese Offenheit weiter Teile der außerparlamentarischen Opposition (APO) gegenüber der Sozialdemokratie wird ab Herbst 1969 von einer sozial-liberalen Koalition genutzt, die »das durch die Studentenbewegung provozierte Veränderungspotential in Reformversprechen zu integrieren und kanalisieren versucht«[2]. Dennoch ist auch die Neue Linke, die sich seit Mitte der

1 Fülberth, Georg: *KPD und DKP 1945–1990. Zwei kommunistische Parteien in der vierten Periode kapitalistischer Entwicklung*, Heilbronn: Distel Verlag 1992, S. 129.

2 Doormann, Lottemi (Hrsg.): *Keiner schiebt uns weg. Zwischenbilanz der*

1960er Jahre als APO konstituiert, geprägt von der Distanzierung von der Parteipolitik und kritischer Aufmerksamkeit für den bundesrepublikanischen Antikommunismus.

Gisela Elsner erklärt 1965 in einem Interview mit der englischen Zeitung Sunday Times, es gäbe »so many ridiculous taboos in Germany. The anti-propaganda is just so stupid, not that I'm a Communist.«[3] Im selben Jahr beklagt sie gegenüber der Tageszeitung Die Welt die mangelnde Verbreitung eines republikanischen Staatsbürgerverständnisses in der BRD, womit sie sich allerdings noch in der Nähe des – unter anderem von Günter Grass vertretenen – Engagementbegriffs des Schriftstellers als Bürger bewegt.[4] Auch Elsners Aussage gegenüber Die Welt, der »ideale Fall«[5] sei »der, wenn es gelingt, niemandem recht zu geben«[6], ist noch dezidiert nonkonformistisch, schließt also jede Form von Parteilichkeit aus. Durch ihren Hinweis auf den stark ausgeprägten Antikommunismus in der BRD positioniert sich Elsner dennoch auch hier weniger in der Nähe der SPD als vielmehr im Kontext der entstehenden Neuen Linken. In den frühen sechziger Jahren treten im Übrigen auch Personen wie Gudrun Ensslin, Hubert Fichte und Hermann Peter Piwitt noch für die SPD ein, die »sich kurz danach enorm radikalisierten und zu Synonymen für die 68er-Bewegung wurden«[7]. Zu betonen ist hier, dass Elsner mit ihrer durchgängigen Abgrenzung von der SPD eine vergleichsweise partikulare Stellung in der bundesrepublikanischen Linken dieser Zeit einnimmt.

Mit der Gründung der DKP verändert sich 1969 Elsners Argumentationsbasis für eine öffentliche politische Positionierung gegen

Frauenbewegung in der Bundesrepublik, Weinheim und Basel: Beltz Verlag 1979, S. 35.

3 [O. A.]: »Rezension Die Riesenzwerge«, *The Sunday Times*, 04.04.1965.

4 Ebd.

5 Ebd.

6 Ebd.

7 Böttiger, Helmut: *Die Gruppe 47. Als die deutsche Literatur Geschichte schrieb*, München: Deutsche Verlags-Anstalt 2012, S. 369.

die SPD. Anlässlich der Bundestagswahl 1972, fünf Jahre vor ihrem Parteibeitritt, schreibt sie einen Wahlaufruf für die DKP, in dem sie sich explizit gegen die SPD und ihre intellektuellen Wähler:innen wendet:

> Gerade sie, die jahrelang gejammert haben, es stände keine Alternative zur Wahl, gerade sie, die ihre Stimme schon einmal nicht allein verschenkt, sondern den Herrn Hupka, Schiller, Müller förmlich nachgeworfen haben, zögern groteskerweise nun, da zum erstenmal eine echte Alternative: die DKP nämlich zur Wahl steht, ihre Stimme eben dieser DKP zu geben.[8]

Hier nimmt Elsner offenbar noch einmal Bezug auf den Aufsatzband *Die Alternative – brauchen wir eine neue Regierung?* aus ihrem späteren Hausverlag Rowohlt, in der eine Reihe von linken Künstler:innen und Intellektuellen 1962 zur Wahl der SPD rät. In einem Wahlaufruf in der Zeitschrift rote blätter mit dem Titel *Der Gang zur Urne ist kein Opfergang* formuliert sie 1976 schließlich abermals eine Kritik an der Figur der »strategischen Wahl«: Sie denke nicht daran, der SPD ihre »Stimme zuzuschustern, um der CDU von Schaden und der DKP am Sankt Nimmerleinstag von Nutzen zu sein.«[9] Eine Entfaltung der Figur der faktischen Ununterscheidbarkeit parlamentarischer Parteien findet sich in Elsners Aufsatz *Die Volkszertreter. Über die Regierungserklärungen der Bundeskanzler der Bundesrepublik* aus dem Jahr 1979. Auch hier spielen die Themen Wirtschaftspolitik und Armut beziehungsweise deren Zusammenhang eine wichtige Rolle, was Elsner bereits 1972 im DKP-Wahlaufruf andeutet:

8 Elsner, Gisela: »DKP-Wahlaufruf 1972«, in: Dies.: *Flüche einer Verfluchten. Kritische Schriften 1*, hrsg. von Christine Künzel in Zusammenarbeit mit Kai Köhler, Berlin: Verbrecher Verlag 2011, S. 311–312, hier S. 311.

9 Gespräch mit Karl Deiritz. Ders.: »Warum wird so eine Kommunist?«, in: *rote blätter*, 9. Jg., Nr. 1 (Januar 1976).

> [S]chließlich drücken sie sich zu dritt mitten in der Mitte herum, dem weißgott bequemsten Ort für diejenigen, deren Tätigkeit darin besteht, linkerhand soziale Ungleichheit zu verkleinern, die sie rechterhand, im Interesse der Konzerne, emsig zu vergrößern helfen. Strauß und Barzel vertreten diese Interessen mit einer Hingabe, als wären es die eigenen. Scheel vertritt sie mit dem, was man in besseren Kreisen als Charme bezeichnet. Brandt vertritt sie maulend, ja wider besseres Wissen möchte man meinen, aber vertreten tut er sie letztenendes eben doch.[10]

Der Klassencharakter der westdeutschen Gesellschaft, den Elsner hier benennt, wird von der SPD geleugnet. Der damalige Bundeskanzler Helmut Schmidt etwa äußert 1976 – nach einem Jahrzehnt SPD-Regierungsbeteiligung und Verabschiedung von Notstandsgesetzen, »Anti-Terror-Gesetzen« und Radikalenerlass – die

> Freiheitsräume des einzelnen Bürgers sind stark erweitert. Das weiß jeder, *der* das Grundgesetz zur Hand nimmt und sich mit dem Katalog der Grundrechte beschäftigt. Das weiß jeder, der seine eigenen Rechte, Chancen und Möglichkeiten mit denen seines Großvaters vergleicht. Sicherlich gibt es nach wie vor Privilegien für Gruppen wie für einzelne Menschen, aber es gibt, jedenfalls in unserem Land, keine Klassen.[11]

Einen Beleg für die Verbreitung dieser Figur der klassenlosen Nachkriegsgesellschaft nicht nur bei Politiker:innen, sondern auch bei SPD-nahen Autor:innen in den frühen 1960er Jahren liefert ein Aufsatzband aus dem List Verlag mit dem programmatischen Titel *Wer ist heute links?*. Trotz des Festhaltens der SPD an dieser Position über

10 Elsner: »DKP-Wahlaufruf 1972«, S. 311.
11 Brandt, Willy / Schmidt, Helmut / Kellermeier, Jürgen: *Deutschland 1976 – zwei Sozialdemokraten im Gespräch*, Reinbek bei Hamburg: Rowohlt Taschenbuch Verlag 1976, S. 60.

die kommenden Jahrzehnte hinweg beziehungsweise immer wieder auch im Kampf gegen die SPD existiert zwar bereits Anfang der sechziger Jahre eine marxistische Perspektive auf den angeblich klassenlosen Kapitalismus der BRD. In *Wer ist heute links?* kritisiert allerdings einzig Hans Heinz Holz, marxistischer Philosoph und ab 1994 [!] DKP-Mitglied, die »Verschleierung der Klassengesellschaft« in der BRD.[12] Die tatsächliche Stärkung materialistischer Ansätze durch die Theoriebildung der Neuen Linken vollzieht sich, wie sich im Lauf der Arbeit zeigen wird, gegen den offenen Widerstand der SPD.

Die »Neue Ostpolitik«: Akzeptanz oder tödliche Umarmung?

Die Notwendigkeit, über Jahrzehnte hinweg die Vorstellung von der SPD als dem »kleineren Übel« zu widerlegen, ergibt sich für Gisela Elsner aus der Beharrlichkeit, mit der sich linke Intellektuelle doch immer wieder der Sozialdemokratie zuwenden – ein Phänomen, in dem sich der Glaube an die Reformierbarkeit der gesellschaftlichen Missstände ausdrückt. Bereits mit der Auflösung der Großen Koalition im Jahr 1969, als die SPD die sozialliberale Koalition eingeht, »innere Reformen«[13] verspricht und »eine Neuordnung der Beziehungen zum Osten in Angriff nahm, [schließen] sich ihr frühere Oppositionelle in größerer Zahl an.«[14] Angesichts der realen Bedrohung durch das atomare Wettrüsten der Systemblöcke ist für viele Linke die von der Regierung Brandt betriebene sogenannte Entspannungspolitik gegenüber der DDR und der Sowjetunion von besonderer Bedeutung. Brandt schreibt 1972, es gehe dabei um die Herstellung einer

12 Holz, Hans Heinz: »Die verschleierte Klassengesellschaft«, in: Krüger, Horst (Hrsg.): *Was ist heute links? Thesen und Theorien zu einer linken Position*, München: List Verlag 1963, S. 69–89.

13 Fülberth: *KPD und DKP 1945–1990*, S. 129.

14 Ebd.

Situation, »in der nicht mehr nur die beiden Weltmächte, sondern alle Beteiligten – also auch die beteiligten Europäer – selbstverantwortlich über den beiderseitigen Abbau von Truppenstärken und Rüstungen in der Mitte Europas verhandeln.«[15]

Diese Hoffnung auf eine Verminderung der nuklearen Bedrohung teilt zunächst auch Gisela Elsner; entgegen ihrer sonstigen Distanz zur SPD kritisiert sie 1971 gegenüber der Hamburger Morgenpost gar die »Hetzereien gegen die Ostpolitik der Bundesregierung«[16]. Auch rückblickend bezeichnet sie 1985 die von der sozialliberalen Koalition gegenüber den realsozialistischen Staaten betriebene Politik noch »als einen Fortschritt, [der] die Kontinuität der bundesdeutschen Regierungspolitik seit dem Jahr 1949 zumindest in einem Punkt«[17] unterbrochen habe. Insbesondere meint sie hier die Anerkennung der DDR durch die BRD, also das Abrücken der Bundesregierung von der unter Adenauer verfolgten, so genannten Hallstein-Doktrin und die Aufnahme diplomatischer Beziehungen mit dem sozialistischen Deutschland.[18]

Spätestens ab ihrem DKP-Beitritt 1977 macht Gisela Elsner Antikommunismus zu einem Hauptgegenstand und revidiert vor diesem Hintergrund auch ihre Einschätzung der Stoßrichtung der sozialdemokratischen Ostpolitik in den späten siebziger Jahren. In *Die Volkszertreter* beschreibt sie das fortbestehende Interesse der BRD an der Vereinigung der beiden deutschen Staaten als imperialistisch und interpretiert Brandts Annäherung an die DDR nun weniger als einen Akt akzeptierender Blockverständigung denn als »tödliche Um-

15 Brandt, Willy: »Neubeginn durch Realismus«, in: Duve, Freimut (Hrsg.): *Aufbrüche. Die Chronik der Republik 1961 bis 1986*, Reinbek bei Hamburg: Rowohlt 1986, S. 78–80, hier S. 80.

16 [O. A.]: »Schriftsteller ziehen in den Wahlkampf. Literarisches SPD-Treffen im Rowohlt-Verlag«, *Hamburger Morgenpost*, März 1971.

17 Altenburg (Hrsg.): *Fremde Mütter, fremde Väter, fremdes Land*, S. 30.

18 Vgl. etwa Kosthorst, Daniel: *Brentano und die deutsche Einheit. Die Deutschland- und Ostpolitik des Außenministers im Kabinett Adenauer 1955–1961*, Düsseldorf: Droste 1993, S. 88 ff.

armung«.[19] Mit dieser Figur liegt Elsner durchaus auf der Linie der DDR, deren damaliger Außenminister Otto Winzer den »Wandel durch Annäherung«[20] bereits 1969 als »Aggression auf Filzlatschen«[21] bezeichnet. Auf die Zusammenhänge zwischen der sozialliberalen Annäherung an die DDR und der antikommunistischen Innenpolitik der SPD »als flankierende[r] Maßnahme zur Absicherung ihres Entspannungskurses«[22] geht Elsner, soweit bekannt, nicht explizit ein.

»Die Verketzerung Andersdenkender«[23]: Die SPD und ihr »Radikalenerlass«

Die allgemeine politische Entwicklung der SPD im Laufe der 1970er Jahre wird von Gisela Elsner als »Rechtsruck«[24] beschrieben; besonders kritisiert sie in diesem Zusammenhang den 1972 unter Bundeskanzler Helmut Schmidt verabschiedeten Radikalenerlass. Hier muss ergänzt werden, dass die SPD ihre antikommunistische Position bereits 1961 mit der Trennung vom SDS festgeschrieben hatte.[25] Im Jahr 1970 verabschiedet der SPD-Parteitag eine vom Parteirat verfasste Beschlussvorlage *Sozialdemokratie und Kommunismus*, in welcher sie sich zum Konstrukt der freiheitlich-demokratischen Grundordnung

19 Vgl. Elsner, Gisela: »Die Volkszertreter. Über die Regierungserklärungen der Bundeskanzler der Bundesrepublik Deutschland«, in: Dies.: *Flüche einer Verfluchten*, S. 13–56.

20 Mittenzwei, Werner: *Die Intellektuellen. Literatur und Politik in Ostdeutschland von 1945 bis 2000*, Leipzig: Faber & Faber 2001, S. 237.

21 Ebd.

22 Fülberth: *KPD und DKP 1945–1990*, S. 134 f.

23 Elsner, Gisela: »Die Verketzerung Andersdenkender in einer westlichen Demokratie. Über die Verhörprotokolle der Kongreßausschüsse für unamerikanische Aktivitäten«, in: Dies.: *Flüche einer Verfluchten*, S. 57–64.

24 Altenburg (Hrsg.): *Fremde Mütter, fremde Väter, fremdes Land*, S. 37.

25 Vgl. etwa Wienhaus, Andrea: *Bildungswege zu »1968«. Eine Kollektivbiografie des Sozialistischen Deutschen Studentenbundes*, Bielefeld: transcript Verlag 2014, S. 49 ff.; Abendroth, Wolfgang: *Gesammelte Schriften. Band 3. 1956–1963*, Hannover: Offizin Verlag 2013, S. 433 ff.

(FDGO) »bekennt«[26] sowie »zu der Aufgabe, diese Ordnung kompromißlos gegen alle kommunistischen Irrlehren zu verteidigen«[27]. Dies bildet den programmatischen Kontext für den (nahezu ausschließlich gegen Linke angewendeten) »Extremistenbeschluss«, den Georg Fülberth als Fortsetzung des KPD-Verbots mit anderen Mitteln betrachtet.[28] Dass Willy Brandt den Radikalenerlass 1976 als »gescheitert«[29] bezeichnet und auch jeglichen Zusammenhang mit der westdeutschen Ostpolitik abstreitet, ändert nichts an den schweren Konsequenzen der Verfolgung unter dem Erlass aufseiten der linken Betroffenen.[30] Gisela Elsner beschäftigt sich mehrfach publizistisch mit den Berufsverboten. 1979 rezensiert sie das Buch *Sind oder waren Sie Mitglied? Verhörprotokolle über unamerikanische Aktivitäten 1946–1956*. In ihrem Aufsatz *Die Verketzerung Andersdenkender in einer westlichen Demokratie* stellt sie 1985 einen direkten Bezug her zwischen den Berufsverboten in der BRD und der Verfolgung von Kommunist:innen unter dem US-Senator Joseph McCarthy in den 1950er Jahren. Hierbei liegt ihr Fokus nicht auf der SPD, sondern auf einer angenommenen Systematik antikommunistischer Verfolgung in bürgerlich-demokratischen Staaten. So sei

26 Langguth, Gerd: *Protestbewegung am Ende*, Mainz: von Hase & Koehler 1971, S. 206.

27 Ebd.

28 Vgl. »Vierzig Jahre Radikalenerlaß«, in: *Die Linke*, ohne Datum, http://www.die-linke.de/partei/weitere-strukturen/berufene-gremien/historische-kommission/diskussionsbeitraege/vierzig-jahre-radikalenerlass-bloss-ein-westdeutscher-gedenktag/ (zugegriffen am 11.11.2014); Fülberth: *KPD und DKP 1945–1990*, S. 134 ff.

29 Brandt/Schmidt/Kellermeier: *Deutschland 1976 – zwei Sozialdemokraten im Gespräch*, S. 48.

30 Zu konkreten Zahlenangaben bezüglich der Berufsverbote vgl. Histor, Manfred / Dedijer, Vladimir: *Willy Brandts vergessene Opfer. Geschichte und Statistik der politisch motivierten Berufsverbote in Westdeutschland, 1971–1988*, Freiburg [im Breisgau]: Ahriman-Verlag 1989; Jaschke, Hans-Gerd: *Streitbare Demokratie und innere Sicherheit. Grundlagen, Praxis und Kritik*, Opladen: Westdeutscher Verlag 1991.

> nicht anders als in der Bundesrepublik […] auch in den USA dem einzelnen die Staatsfeindlichkeit nicht etwa aufgrund hieb- und stichfester Fakten nachgewiesen, sondern anhand von Verdächtigungen unterstellt worden. Nicht anders als in der Bundesrepublik wurde der Bevölkerung auch in den USA zur Rechtfertigung einer Reihe staatlicher Eingriffe, durch die die Rechtsstaatlichkeit zwangsläufig eine untergeordnete Bedeutung gewinnen mußte, eine kommunistische Bedrohung vorgegaukelt, deren Ausmaß in keinerlei Verhältnis zu den zahlenmäßig kleinen kommunistischen Parteien beider Länder steht. Und nicht anders als in der Bundesrepublik wurde auch in den USA von professionellen Antikommunisten voller Kunstfertigkeit ein Feindbild fabriziert, das den einzelnen Kommunisten schlechthin als Verkörperung des Bösen darstellte und den Kommunismus als eine der Krankheiten, die man gemeinhin als Geißeln der Menschheit darstellt.[31]

Einen wesentlichen Unterschied im staatlichen Vorgehen sieht Elsner in der Öffentlichkeit der antikommunistischen Verhöre: Während in den USA regelrechte Schauprozesse veranstaltet worden seien, fänden die Interviews in der BRD faktisch im Geheimen statt.[32]

Von einer Kontinuität zwischen Radikalenerlass und Nationalsozialismus spricht Elsner im Gegensatz etwa zu dem Politikwissenschaftler Johannes Agnoli nicht, was ihrer Ablehnung der neulinken These von der Faschisierung der BRD entspricht.[33] Agnoli betrachtet allerdings weniger die Berufsverbote für die staatlichen Institutionen als »faschistoid«[34] denn die Observation von Kindern oder die Adap-

31 Elsner: »Die Verketzerung Andersdenkender in einer westlichen Demokratie«, S. 58 f.

32 Ebd.

33 Agnoli, Johannes: »Versuch, Strafkammer und Staatsanwaltschaft über Faschistoides und Form Staat aufzuklären«, in: Ders.: *»… da ist nur freizusprechen!«. Die Verteidigungsreden im Berliner Mescalero-Prozeß*, Reinbek bei Hamburg: Rowohlt Taschenbuch Verlag 1979, S. 81–93, hier S. 90.

34 Ebd.

tion der Gesetzgebung durch Gewerkschaften, Kirchen und Wohnungsbaugesellschaften. Mit dem Entwurf des Szenarios einer drohenden institutionellen Gleichschaltung steht Agnoli Elsner wiederum nahe. Konkret schreibt er, falls

> die Gesinnung der entscheidende Maßstab ist, um die Gewähr für das Eintreten für die »freiheitlich-demokratische Grundordnung« zu bieten und damit die Voraussetzung für die Einstellung in den öffentlichen Dienst zu erfüllen, dann wird sie Gegenstand eines ausforschenden, inquisitorischen Verfahrens, bei dem der Bewerber seine positive Einstellung zum Staat nachzuweisen hat.[35]

Als Betroffene einer solchen inquisitorischen Ausforschung interviewt Elsner in den späten siebziger Jahren die Kulturwissenschaftlerin Gabriele Sprigath, der man zu diesem Zeitpunkt eine Vertretungsprofessur für Kunstwissenschaft an der Hochschule für bildende Künste in Braunschweig verweigert. Sprigath berichtet, die in dem »Gespräch« »gegen sie« verwendeten Sachverhalte hätten unter anderem darin bestanden, dass sie

> 1. im Dezember 1968 ein Flugblatt der SDAJ mit dem Titel *Was wollen die Amerikaner in Vietnam* herausgegeben hat, 2. Mitunterzeichnerin einer Erklärung der DFU vom 1.9.76 mit dem Titel: *Für ein politisches Klima, das ein friedliches Zusammenleben der Völker ermöglicht – Gegen den Abbau demokratischer Grundrechte*, war, 3. einen Aufruf der Münchner Bürgerinitiative gegen Berufsverbote vom Dezember 1977 und einen Aufruf der Münchner Initiative der Kulturschaffenden zur Wahl der DKP in den Stadtrat vom Februar

35 Remé, Harald /Zieger, Matthias: »Die Unterdrückung sozialistischer Kritik in der Bundesrepublik«, in: Agnoli: *»... da ist nur freizusprechen!«*, S. 68–80, hier S. 112.72

1978 unterzeichnet hat. Sie wurde zur Anhörung im niedersächsischen Innenministerium vorgeladen.[36]

Man habe sie zudem, so Sprigath, den Großteil des als dreistündig angesetzten Termins ohne Angabe von Gründen vor dem Verhörraum warten lassen, um dann bei der – demgegenüber kurzen – Anhörung nicht ihre fachliche Qualifikation, sondern »meine Einstellung zum Fall [Robert] Havemann und [...] meine Einstellung zu dem in der Verfassung der DDR verankerten Recht auf Arbeit«[37] abzufragen. Dass gerade diese Themenfelder zur Sprache kommen, deutet auf eben die Ausrichtung der Berufsverbote auf die Blockkonfrontation, die der SPD-Politiker Willy Brandt noch 1976 leugnet.

»Staatsideologie des Antikommunismus«[38]. Die Haltung der SPD zur DKP

Gisela Elsners zeitlebens kritische Haltung zur SPD hält sie allerdings nicht davon ab, 1977 Mitglied einer Partei zu werden, die in ihrem Grundsatzprogramm von 1968 die Sozialdemokratie zur wichtigsten Bündnispartnerin bestimmt: die DKP.[39] Explizite Einlassungen Elsners zur konkreten Zusammenarbeit von DKP und SPD liegen nicht vor, jedoch lässt sich eine Position dazu aus ihren Texten ableiten. Von Bedeutung ist hier wiederum die Figur der Austauschbarkeit der »Volksparteien« in ihrer kapitalfreundlichen Politik, die Elsner unter anderem in ihrem DKP-Wahlaufruf 1972 verwendet. Hier schreibt sie wie bereits oben zitiert, die SPD, CDU und FDP »drücken sich zu dritt mitten in der Mitte herum, dem weißgott bequemsten Ort

36 Elsner, Gisela: Ist der gläserne Mensch ein Fabelwesen?, in: Münchner Stadtbibliothek/Monacensia, GE M 23.

37 Ebd.

38 Ebd.

39 Vgl. Fülberth: *KPD und DKP 1945–1990*, S. 121.

für diejenigen, deren Tätigkeit darin besteht, linkerhand jene soziale Ungleichheit zu verkleinern, die sie rechterhand, im Interesse der Konzerne, emsig zu vergrößern helfen.«[40] Diese Grundsatzkritik Elsners scheint nun unvereinbar mit der Parteistrategie der DKP, welche die »Aktionseinheit«[41] mit der SPD als »zentrale Voraussetzung«[42] zur Verwirklichung der Parteiziele erklärt.

Der durchaus richtig erkannten »Bindung der sozialdemokratischen Führung an die monopolkapitalistische Ordnung«[43], auf die Elsner in ihrem Wahlaufruf rekurriert, wird im DKP-Parteiprogramm die These entgegengesetzt, korrumpiert seien zwar die Parteifunktionäre, nicht aber die Basis und die sozialdemokratisch wählende Arbeiterschaft.[44] Diese Position stößt allerdings ab dem Moment ihrer Veröffentlichung – lange vor Elsners Parteibeitritt – innerhalb der DKP auf Kritik. So argumentiert der Marburger Kreisvorsitzende Hans Gebhardt bereits auf dem ersten Parteitag 1969 gegen die Sozialdemokratie als Bündnispartner, da »nicht nur an der Spitze der SPD, sondern auch an deren Basis von sozialistischen Positionen kaum noch die Rede sein«[45] könne.

Die Parteiführung erwidert Gebhardt, dass der »reale Zustand der SPD, auch an ihrer Basis, [...] nichts an der Notwendigkeit der Zusammenarbeit mit ihr«[46] ändere. Damit stehen sich zwei Haltungen innerhalb der DKP entgegen, die der Chronist Georg Fülberth als »Zurkenntnisnahme der Realität«[47] versus »Benennung einer Norm«[48] beschreibt; er betont, das normative Verfahren habe sich im Laufe des Parteibestehens durchgesetzt.[49] Die Kritik, die Gisela

40 Elsner: »DKP-Wahlaufruf 1972«, S. 311.
41 Fülberth: *KPD und DKP 1945–1990*, S. 121.
42 Ebd.
43 Ebd.
44 Vgl. ebd., S. 122 f.
45 Ebd., S. 123.
46 Ebd., S. 124.
47 Ebd.
48 Ebd.

Elsner 1987 am Parteiorgan Unsere Zeit formuliert, deren »Bild der Wirklichkeit [...] mit der Wirklichkeit oft genug nur am Rande zu tun«[50] habe, weist in dieselbe Richtung wie Fülberths Einschätzung.

Die SPD reagiert derweil auf die Annäherungsversuche der DKP von Beginn an grundsätzlich ablehnend, indem sie bereits im November 1970 unter Verweis auf »parteischädigenden Charakter«[51] offiziell jegliche Zusammenarbeit mit der DKP und der FDJ (Berlin) untersagt.[52] Zuwiderhandelnden SPD-Mitgliedern werden Parteiordnungsverfahren angedroht und im Laufe der siebziger Jahre dann tatsächlich mehrere Parteiausschlüsse vorgenommen, so etwa 1977 gegen den Juso-Vorsitzenden und Vertreter der Staatsmonopolkapitalismus-Theorie Klaus-Uwe Benneter.[53] Kontrafaktisch zur »Umarmungsstrategie«[54] der DKP vertrat die sozialdemokratische Führung noch 1980, erstere verträte ein »sowjetmarxistisches Feindbild von der Sozialdemokratie«[55]. Propagandistisch flankiert wird die antikommunistische Politik der SPD übrigens bereits seit den späten 1960er Jahren durch den Kampfbegriff »Linksfaschismus«, popularisiert durch den Frankfurter-Schule-Philosophen Jürgen Habermas.[56] Explizit gemeint ist damit zunächst die kommunistische Strömung innerhalb der Studentenbewegung, aber von der Verbreitung der Extremismus-

49 Ebd.

50 Elsner, Gisela: »Vom Umgang mit Wörtern, der UZ und Intellektuellen«, in: Dies.: *Flüche einer Verfluchten*, S. 313–319.

51 Fülberth: *KPD und DKP 1945–1990*, S. 134.

52 Ebd.

53 Ebd., S. 159.

54 »DKP-Parteitag. Proletarier im Luxushotel«, *Die Zeit*, 16.11.1973, https://www.zeit.de/1973/46/proletarier-im-luxushotel (zugegriffen am 31.05.2018).

55 Flechtheim, Ossip K.: *Der Marsch der DKP durch die Institutionen. Sowjetmarxistische Einflußstrategien und Ideologien*, Frankfurt a. M.: Fischer Taschenbuch Verlag 1981, S. 170.

56 Vgl. »Linksfaschismus«, in: *Dtv-Lexikon zur Geschichte und Politik im 20. Jahrhundert*, hg. von Carola Stern u. a., München: Deutscher Taschenbuch Verlag, 1974, S. 483.

theorie ist letztlich auch die DKP betroffen, deren Grundsatzprogramm die »Beseitigung des Neonazismus«[57] fordert.

Wiederum im Elsner'schen Sinne der Austauschbarkeit der Parteien vereinigen sich unter der Parole Linksfaschismus die bürgerlichen Lager und erheben sie »binnen weniger Wochen [...] zur Generallinie, auf der sich Staats- und Universitätsgremien, Meinungsindustrie, Sozialdemokraten, Liberale, Christlich-Konservative, ehemalige Nazis und Neofaschisten«[58] treffen. Wolfgang Fritz Haug begreift den sozialdemokratischen Antikommunismus weiterhin als Instrument zum Machterhalt, dessen Einsatz sich während der Regierungsbeteiligung der SPD folglich verstärkt.[59] Diese Deutung entspricht Helmut Schmidts 1976 in einem Interview bestätigte Äußerung, er habe

> vor dem SPD-Vorstand sinngemäß gesagt, erst müsse man den Bürgern die Gewißheit vermitteln, daß die SPD die klassischen Staatsfunktionen richtig erfülle, sonst bekomme die SPD keinen Konsensus, keine Zustimmung der Mitte. Als die klassischen Staatsfunktionen haben Sie die Aufgabe der Politik bezeichnet, den Bürgern Sicherheit zu geben und gewährleisten, und zwar Sicherheit im weitesten Sinne, also sozial und wirtschaftlich, nach Innen und nach außen.[60]

1976 weist der damalige Bundeskanzler Helmut Schmidt nicht allein die Möglichkeit des Einbezugs »marxistische[r] Positionen«[61] zurück, sondern leugnet die Existenz der DKP, indem er behauptet, es gäbe

57 Fülberth: *KPD und DKP 1945–1990*, S. 121.

58 Haug, Wolfgang Fritz: *Vom hilflosen Antifaschismus zur Gnade der späten Geburt*, 1. Aufl., Hamburg: Argument Verlag 1987.

59 Ebd.

60 Brandt/Schmidt/Kellermeier: *Deutschland 1976 – zwei Sozialdemokraten im Gespräch*, S. 43 ff.

61 Ebd., S. 39.

> [n]ennenswerte homogen marxistische Gruppen [...] in der Bundesrepublik nirgends, auch wenn die eine oder andere von ihnen gelegentlich in den Zeitungen auftaucht und insofern genannt wird. Aber das sind bestenfalls Randerscheinungen unseres politischen Spektrums, eigentlich sind es seminaristische Zirkel. Für wen sollten sie ansprechbar sein? Jedenfalls nicht für die sozialdemokratische Partei Deutschlands.[62]

Der Ausschluss von Sozialist:innen aus der SPD verdeutlicht ebenso wie die Unterdrückung kritischer Positionen in der DKP, dass Konflikte zwischen Parteiführung und Parteibasis bestehen. Vermittels autoritärer Parteiorganisation wird jeweils eine oppositionelle Basisposition ignoriert oder ausgeschaltet, in der DKP die Kritiker:innen der Sozialdemokratie und in der SPD die Vertreter:innen der »Stamokap-These«.[63]

Letzten Endes hält die DKP aufgrund ihrer gesellschaftlichen Marginalität ohnehin »nur für eine innerparteiliche Auseinandersetzung«[64] der SPD her, wie Georg Fülberth rückblickend einschätzt. Die bloße Existenz der DKP erlaube die ständige Aktualisierung der »Staatsideologie des Antikommunismus«[65]. Als staatstragender Effekt dieser Ideologie kann die Externalisierung innergesellschaftlicher Konflikte angesehen werden[66], an der »die Parteien ebenso wie die unternehmerischen und gewerkschaftlichen ›Sozialpartner‹ [...],

62 Ebd., S. 40.

63 Zu den Konflikten um die »Stamokap-Theorie« in der SPD und deren Konsequenzen für kommunistische Positionen vgl. die Berichterstattung in Die Zeit: Mauersberger, Volker: »Spalten sich die Jusos?«, *Die Zeit*, 07.12.1973, https://www.zeit.de/1973/49/spalten-sich-die-jusos (zugegriffen am 14.01.2020); »Jungsozialisten: Die ›sozialistische Minderheit‹ der SPD«, *Die Zeit*, 06.04.1979, https://www.zeit.de/1979/15/jungsozialisten-die-sozialistische-minderheit-der-spd (zugegriffen am 14.01.2020).

64 Fülberth: *KPD und DKP 1945–1990*, S. 123.

65 Ebd.

66 Hofmann, Werner: *Stalinismus und Antikommunismus. Zur Soziologie des Ost-West-Konflikts*, Frankfurt a. M.: Suhrkamp Verlag 1967, S. 156.

einstige Helfer wie einstige Gegner der nationalsozialistischen Diktatur« beteiligt sind beziehungsweise von ihr profitieren.[67]

Eine konkrete Auswirkung der in diesem Sinne postfaschistischen SPD-Politik auf die Arbeitskämpfe in der BRD beschreibt der Werkkreis-Autor Max von der Grün noch 1981 in seinem dokumentarischen Text *Kurt Simon, Hoesch-Arbeiter*. Hier wird zwei Betriebsräten, die Pläne über 4000 Entlassungen öffentlich machen, fristlos gekündigt, denn sie kamen nicht durch die Einheitsliste der IG-Metall in den Betriebsrat, sondern gehörten einer proletarisch-revolutionären Liste an, die der Volksfront nahesteht:

> »Der SPD-Betriebsratsklüngel stimmte der fristlosen Kündigung zu, bedenkenlos, ohne zu überlegen, daß er damit sein eigenes Todesurteil unterschrieb, denn was den beiden [...] widerfuhr, das kann morgen anderen Betriebsräten passieren, wenn nur der richtige Entlassungsgrund konstruiert wird.«[68]

67 Ebd.

68 von der Grün, Max: »Kurt Simon, Hoesch-Arbeiter«, in: Kipphardt, Heinar (Hrsg.): *Vom deutschen Herbst zum bleichen deutschen Winter*, München/Königstein: AutorenEdition 1981, S. 287–295, hier S. 290.

1.2 Zeitgemäße Menschenführer. Elsners literarische Kritik der Sozialdemokratie

Im Nachwort zu *Flüche einer Verfluchten* schreibt Mathias Meyers 2011, Gisela Elsner richte stets »besonderes Augenmerk [...] auf die sozialdemokratischen Varianten von Herrschaft und Macht«[69]. Während sie sich dabei in ihren Sachtexten auf die Politik der SPD konzentriert, legt sie in ihrer literarischen Beschäftigung den Fokus auf den Typus des sozialdemokratischen Unternehmers. Die Publikation von Elsners politischen Schriften über ihren »Lieblingsfeind«[70] SPD lehnt Rowohlt ab, veröffentlicht aber 1977 ihren Roman *Der Punktsieg*, der die von der Parteiführung forcierte Entwicklung der SPD zur Volkspartei zum Gegenstand hat; ein Kurs übrigens, den zwei der prominentesten Sozialdemokraten den in diesem Fall als Wähler:innen angesprochenen Leser:innen in der Rowohlt-Publikation *Deutschland 1976 – zwei Sozialdemokraten im Gespräch* auseinandersetzen. Hier äußert der ehemalige Bundeskanzler Willy Brandt gegenüber seinem Parteikollegen Helmut Schmidt und dem NDR-Korrespondenten Jürgen Kellermeier, die SPD habe sich zwar

> stets mit den sozial Schwachen, mit den Benachteiligten solidarisiert. In zunehmendem Maße haben auch Angehörige anderer Gruppen zur SPD gefunden. Das galt schon früher für manchen Handwerksmeister und Schriftsteller. Es gilt heute für eine stattliche Zahl von Unternehmern und Managern. Es gibt keinen Grund, weshalb sich irgendeine Gruppe aus der SPD ausgeschlossen fühlen sollte.[71]

69 Meyers, Mathias: »Gisela Elsner und die Kommunisten«, in: Elsner: *Flüche einer Verfluchten*, S. 375–394, hier S. 383.

70 Ebd.

71 Brandt/Schmidt/Kellermeier: *Deutschland 1976 – zwei Sozialdemokraten im Gespräch*, S. 105.

Mit der Behauptung, die Sozialdemokratie könne widerspruchsfrei die gesamte Bevölkerung vertreten, leugnet Brandt das Bestehen eines Klassengegensatzes oder erklärt zumindest die Absicht, diesen systemimmanent zu befrieden. Eben dieses Vorgehen stellt Elsner im *Punktsieg* ins Zentrum ihrer Kritik, wenn sie nach eigenen Angaben einen »Unternehmertypus«[72] gestaltet, »der nicht müde wird, den Klassenkampf für beendet zu erklären, der sich Seite an Seite mit Arbeitern und Angestellten wandernd sehen und vor allem filmen läßt, der sich mit dem Habitus des Pioniers für die SPD engagiert.«[73]

Die Erzählung *Herr Leiselheimer* (1973)

Im Rowohlt Verlag ist bereits seit 1969 bekannt, dass Elsner sich mit dem Stand der Produktionsverhältnisse beschäftigt. Im März 1969 bittet sie ihren damaligen Lektor Fritz Raddatz um die Zusendung eines »einschlägige[n] Werk[s] über Betriebsführung und wichtiger noch: über zeitgemäße Menschenführung«[74]. Sie betrachtet diese betriebswirtschaftlichen Texte als eine »Art Gebrauchsanweisung für Menschen, damit wir uns recht verstehen«[75], wobei sie sich besonders für die Frage interessiert, wie »Angestellte gehandhabt«[76] würden. Ein Resultat dieser Studien wird die Erzählung *Herr Leiselheimer*, die 1973 nicht bei Rowohlt, sondern als Teil des Erzählbandes *Herr Leiselheimer und weitere Versuche, die Wirklichkeit zu bewältigen* in der AutorenEdition erschienen ist. Die Korrespondenz zwischen Elsner und Rowohlt deutet darauf hin, dass sie das Manuskript unabgesprochen an einen anderen Verlag vergibt.[77] Am 7. Dezember

72 Elsner, Gisela: »Vereinfacher haben es nicht leicht«, in: Dies.: *Im literarischen Ghetto*, S. 33–40, hier S. 36.
73 Ebd.
74 Brief an Fritz Raddatz vom 17. März 1969, in: Verlagsarchiv Rowohlt, fol. 8.
75 Ebd.
76 Ebd.

1973 schreibt Ledig-Rowohlt an Elsner, sie habe »anscheinend [...] die Absicht, den Roman DER HIMMEL AUF ERDEN, über den wir Vertrag schlossen und von dem sie mir seinerzeit ausführlicher Stoff und Handlung umrissen, aufgegeben, Teile davon scheinen allerdings in den Bertelsmann-Band eingegangen zu sein.«[78] *Der Himmel auf Erden* ist offenbar der Arbeitstitel für das Romanmanuskript *Der Punktsieg*, das Elsner erst 1977 fertigstellt; dies legt eine stoffliche Verwandtschaft zwischen *Herrn Leiselheimer* und dem *Punktsieg* nahe.

Erst 1979 erwirbt Rowohlt die Rechte an der Erzählung, nachdem Elsner Ledig-Rowohlt am 3. Februar 1979 darüber informiert, dass »[m]it dem Ausscheiden der AutorenEdition aus dem Bertelsmann-Verlag [...] jetzt die Rechte für die dort erschienenen Titel an die einzelnen Autoren zurückgelassen«[79] würden. Ledig-Rowohlt antwortet darauf, »natürlich wollen wir das fremde Kind adoptieren, weil wir die Mutter schätzen«[80] und stellt die Veröffentlichung der Erzählung als Taschenbuch für das Jahr 1980 in »der besonders attraktiv[] und seriös aussehende[n] Sonderfolge ›Deutsche Erzähler der Gegenwart‹ [...] mit Autoren wie Thomas Bernhard, Peter O. Chotjewitz, Helmut Eisendle und Peter Rosei«[81] in Aussicht. Und tatsächlich erscheint die Kurzgeschichte 1980 bei Rowohlt, allerdings nicht als Teil der oben erwähnten Buchreihe, sondern in dem Erzählband *Die Zerreißprobe*.

77 Vgl. Töteberg, Michael: »›Das wär's, lieber Herr Verleger, für diesmal‹. Eine Hausautorin wird verramscht: Gisela Elsner und der Rowohlt Verlag«, in: Hehl, Michael Peter / Künzel, Christine (Hrsg.): *Ikonisierung, Kritik, Wiederentdeckung. Gisela Elsner und die Literatur der Bundesrepublik*, München: edition text + kritik 2014, S. 54–71, hier S. 61.

78 Brief an Heinrich-Maria Ledig-Rowohlt vom 9. Mai 1974, in: Verlagsarchiv Rowohlt, fol. 23.

79 Brief an Gisela Elsner von Jürgen Manthey vom 17. März 1982, in: Verlagsarchiv Rowohlt, fol. 65.

80 Brief an Mathias Wegner vom 9. August 1982, in: Verlagsarchiv Rowohlt, fol. 66.

81 Ebd.

Der NDR-Redakteur Hanjo Kesting räumt *Herrn Leiselheimer* und den weiteren in diesem Themenkreis entstandenen Texten 1980 in der Zeit rückblickend eine besondere Rolle in Elsners Hinwendung zur Satire ein. Sie präsentiere sich hier

> auf einer neuen Stufe der Entwicklung, die von der Groteske zur Gesellschaftssatire geht, einer – Entwicklung, die man gerade dieser Autorin, vielleicht weil ihr Bild so fest geprägt war, nur ungern zugestehen möchte. [...] Programmatisch formuliert wurde diese Absicht 1973: Ihre *Leiselheimer*-Erzählungen nannte Gisela Elsner »Versuche, die Wirklichkeit zu bewältigen«.[82]

Im Jahr 1987 urteilt Kesting in einer Laudatio auf Elsner, es handele sich bei ihren beiden SPD-kritischen Prosatexten um eine

> meisterhaft umrissene Erzähltopographie: die Produktionsbesessenheit der Profitgesellschaft, die Umweltzerstörung, der luxuriöse Schnickschnack des technischen Fortschritts, der diskrete Charme der Bourgeoisie, die melancholisch die Resultate ihrer Destruktivität registriert. An solchen Zeilen läßt sich das Lebensgefühl der Epoche, lassen sich auch ihre konkreten Lebensumstände ablesen, so genau, wie kaum irgendwo sonst in der westdeutschen Gegenwartsliteratur. Jedenfalls ist Gisela Elsner hier sehr viel näher an der Realität als in der monströsen Ekelwelt ihrer frühen Bücher, die schockierten und provozierten, aber nicht *trafen*.[83]

82 Kesting, Hanjo: »Von der kalten zur heilsamen Wut«, *Die Zeit*, 26.09.1980, http://www.zeit.de/1980/40/von-der-kalten-zur-heilsamen-wut (zugegriffen am 06.07.2016). Auch in: Werner, Andreas (Hrsg.): *Fischer-Almanach der Literaturkritik*, Frankfurt a. M.: Fischer Verlag 1981.

83 Kesting, Hanjo: »Die triste Wahrheit der Satire. Laudatio auf Gisela Elsner. Zur Verleihung des Gerrit-Engelke-Literaturpreises der Stadt Hannover am 27. Oktober 1987«, in: *die horen. Zeitschrift für Literatur, Kunst und Kritik* 1/149 (1988), S. 161–169, hier S. 167.

Dass es sich bei diesen Erzählungen um das literarische Produkt eines Politisierungsprozesses handelt, erkennen auch die Nürnberger Nachrichten, die in einer Rezension aus dem Jahr 1977 von Elsners »veränderte Polit-Position«[84] sprechen. Elsner bebildert ihre Darstellung »zeitgemäße[r] Menschenführung«[85] in *Herr Leiselheimer* durch die gleichnamige Unternehmerfigur. Der Kapitalist Leiselheimer präsentiert zu Beginn der Kurzgeschichte dem befreundeten Unternehmer-Ehepaar Wiegenstein bei der Besichtigung seiner Porzellanfabrik ein »sogenannte[s] Informationszentrum«[86], bestehend aus einer

> einem Engpaß ähnelnden Verbindung zwischen dem Bürogebäude und den Fabrikationshallen, wo den Arbeitnehmern die Möglichkeit geboten wurde, den nervtötenden Einfluß der monotonen Stückarbeit durch die Lektüre des Werkspiegels auszugleichen, der hauptsächlich über erfreuliche Neuigkeiten innerhalb des Betriebslebens, über die Hochzeit beispielsweise eines Akkordarbeiters mit einer Akkordarbeiterin, die sich, laut Werkspiegel, während der Akkordarbeit kennengelernt hatten, berichtete [...].[87]

Elsners Analyse dieser Form der Arbeitsplatzverschönerung findet sich etwa auch bei dem marxistischen Schriftsteller Ernst Fischer, der bereits 1966 auf die Erkenntnis der Kapitalseite verweist,

> daß höhere Löhne allein nicht genügen, um maximale Produktivität der Arbeit zu erzielen, sondern daß es dazu auch angenehmer Arbeitsräume, Kantinen und Cafeterias bedarf, sanitärer Einrichtungen,

84 [O. A.]: »Rezension von Der Punktsieg«, *Nürnberger Nachrichten*, 27.09.1977.

85 Elsner, Gisela: »Herr Leiselheimer«, in: Dies.: *Herr Leiselheimer und weitere Versuche, die Wirklichkeit zu bewältigen*, Gütersloh: C. Bertelsmann Verlag 1973, S. 81–117, hier S. 89.

86 Ebd., S. 88.

87 Ebd.

> wohlerwogener Erholung, Sport und Spiel, Swimmingpool und Sauna, Massage und Schönheitspflege.[88]

Der Roman *Der Punktsieg* (1977)

1977 erscheint Gisela Elsners vierter Roman *Der Punktsieg*, in dem sie ihre Kritik der kapitalistischen Modernisierungspraxen ausführlicher und unter Betonung der besonderen Rolle der SPD als Nutznießerin von »68« entwickelt. Als sie in den späten 1970er Jahren auf dem »Tutzinger Symposium über Erfahrung und Engagement« aus dem Roman liest, erwidert ihr Autorenkollege Martin Gregor-Dellin auf Elsners Kritik an der SPD, man könne »bei aller Kritik an falschen Sympathisanten-Bezichtigungen und einzelnen Rechtsunsicherheiten [...] der Bundesrepublik nicht die Attestierung demokratischer Redlichkeit vorenthalten.«[89] Der VG-Wort-Funktionär kommt zu dieser Einschätzung trotz »Deutschem Herbst«, der Einführung des »Anti-Terrorparagraphen« 1976 und des Kontaktsperregesetzes 1974 durch die SPD-Regierung sowie der – auch in der bürgerlichen Öffentlichkeit geführten – Debatte um Isolationshaft. Zeitgleich zu diesem grundsätzlichen Dissens hinsichtlich des Stands der Demokratie in der Bundesrepublik steht Elsner zu Gregor-Dellin in einem finanziellen Abhängigkeitsverhältnis; im Mai 1977 schreibt sie ihm, sie wolle sich

> bei Ihnen und dem Pen-Club herzlich für den Scheck bedanken, der es mir ermöglicht hat, mir die neue Schreibmaschine zu kaufen, die ich schon seit ein paar Monaten brauche. Was die Arbeit betrifft, so habe ich mittlerweile einen Roman abgeschlossen und hoffe, daß

88 Fischer, Ernst: *Kunst und Koexistenz. Beitrag zu einer modernen marxistischen Ästhetik*, Reinbek bei Hamburg: Rowohlt 1966, S. 102.

89 Ebd.

sich nach dessen Erscheinen meine finanzielle Situation merklich verbessern wird. Nochmals also: vielen Dank. Mit schönen Grüßen, Ihre Gisela Elsner.[90]

Zu der SPD-Kritik, die Elsner im *Punktsieg* formuliert, ist keine Äußerung Gregor-Dellins auf dem Symposium überliefert. Es geht ihr ja auch hier nicht um die sozialdemokratische Parteipolitik, sondern den sozialdemokratischen Unternehmer als »ein Fabrikant neuen Typs, ein Anhänger der Doktrin von ›menschlichen Beziehungen‹, der den alten, primitiven, antreiberischen Ausbeutermethoden die neuen, in so erhabene Worte wie ›Humanismus‹, ›Zusammenarbeit‹, ›Gemeinsamkeit‹ gehüllt vorzieht.«[91]

Elsner hatte sich bereits in den frühen siebziger Jahren auf die Satire als literarische Form verlegt, die in ihren Augen einen höheren Wirklichkeitsgehalt hat als die Groteske. Durch die groteske Perspektivierung habe man in ihren literarischen Figuren, so erklärt sie 1979 im Gespräch mit den roten blättern, »zeitweilig schon nichts Menschliches mehr erkannt [...], wie es auch in den *Riesenzwergen* zum Ausdruck kommt. So sieht das natürlich nicht aus. Gerade die menschlichen Züge, je mehr sie haben, um so gefährlicher werden sie natürlich.«[92] Vor dem Hintergrund der von Elsner 1975 formulierten poetologischen Bedingung, als Ganzes könne »das herrschende Gesellschaftssystem nicht dargestellt werden, sondern nur in seinen Verkörperungen oder Personifizierungen«[93], bebildert die realistisch gezeichnete Figur des sozialdemokratischen Kapitalisten zugleich den Stand der Produktionsverhältnisse.

90 Brief an Martin Gregor-Dellin vom 10. Mai 1977, in: DLA Marbach, A: Gregor-Dellin, fol. 1.

91 Litwinez, Nina: »Die BRD-Autorin Gisela Elsner«, in: *Kunst und Literatur* 36/2 (1988), S. 182–191, hier S. 186.

92 Deiritz, Karl: »Warum wird so eine Kommunist?«, in: *rote blätter*, 09.01.1979, S. 50–51, hier S. 50.

93 Elsner, Gisela: »Über Mittel und Bedingungen schriftstellerischer Arbeit«, in: Dies.: *Im literarischen Ghetto*, S. 13–18, hier S. 15.

Dass diese satirische Poetologie tatsächlich eine kritische Darstellung der westdeutschen Realität ermöglicht, betont auch die sowjetische Germanistin Nina Litwinez 1988 in ihrem Aufsatz *Die BRD-Autorin Gisela Elsner*. Hier schreibt sie über den *Punktsieg*, sie sehe »das satirische Talent der Gisela Elsner [...] in diesem Roman erneut auf glänzende Weise [bestätigt]. Dem Leser enthüllt sich hier die Tiefe der kalten und zerrissenen Charaktere, und aus diesen Charakteren fügt sich unmerklich das eindrucksvolle Ganze.«[94] Mechtel ist Charaktermaske – trotz und weil es dieses Milieu innerhalb der bundesrepublikanischen Bourgeoisie »tatsächlich gibt«[95], wie Peter O. Chotjewitz 1977 in einer *Punktsieg*-Rezension für die Deutsche Volkszeitung schreibt; hier erscheint im Juni 1977 unter dem Titel *Der Abgeordnete Gebelein* auch ein Vorabdruck des Romans.[96] Auch Chotjewitz sieht in dem Roman »natürlich [...] eine Satire, so wie die Begriffe von Freiheit, Toleranz, Gerechtigkeit und Vernunft der hier analysierten sozialen Gruppen nur noch lachhaft«[97] seien.

Im Gegensatz zu den Kommunist:innen Litwinez und Chotjewitz gesteht die Mehrzahl der Rezensent:innen dem *Punktsieg* allerdings den Charakter einer Satire nicht zu, gestützt von einem patriarchalischen Gattungs- und Autor:innenbegriff beziehungsweise Elsners sexistischer Diskriminierung auf dieser Grundlage. Die Technik der Überzeichnung, ein Grundcharakteristikum der satirischen Schreibweise, begreift die bürgerliche Literaturkritik tendenziell nicht als bewusst eingesetztes Stilmittel, sondern mit der moralischen Kategorie der Übertreibung belegt.[98] So schafft etwa den Nürnberger Nachrichten zufolge, »wer so übertreibt wie Gisela Elsner in diesem Buch, [...]

94 Litwinez: »Die BRD-Autorin Gisela Elsner«, S. 186.
95 Chotjewitz, Peter O.: »Modell Deutschland«, *Deutsche Volkszeitung*, Oktober 1977.
96 Vgl. Howard Gotlieb Archival Research Center, Elsner, Gisela. Box 7 F1, fol. 18.
97 Chotjewitz: »Modell Deutschland«.
98 Rotzoll, Eva: »Als Verhaltensforscherin unter Elite-Viechern«, *Süddeutsche Zeitung*, Oktober 1977.

weite Entfernung von der Realität, die ja dann mit den ewig aufgetischten Beziehungsdiskussionen viel komplizierter ist.«[99]

Mit der Gleichsetzung von Typisierung und Unterkomplexität bewegen sich die Rezensent:innen faktisch im Bereich einer Logik, die die Existenz von Klassenstrukturen leugnet und die Bevölkerung eines Staates als bloße Ansammlung von Individuen begreift; ein Blick auf Gesellschaft, der im britischen »Thatcherismus« der späten siebziger Jahren zur Staatsräson erhoben wird.[100] Die deutsche Variante der neoliberalen Umstrukturierung von Sozialstaat und Arbeitsgesetzgebung implementiert ein Jahrzehnt darauf unter dem Titel »Agenda 2010« die SPD. Dies stützt eine Deutung des *Punktsiegs* als frühe Kritik des Neoliberalismus, in der große Teile der literarischen Unternehmerstudie im SPD-Milieu wie die Vorwegnahme der »wirtschaftspolitischen Wende der SPD« wirken, die unter der Regierung von Helmut Schmidt (1974–1982) begann und mit dem letzten SPD-Bundeskanzler Gerhard Schröder (1998–2005) [...] ihren vorläufigen Höhepunkt erreichen sollte.[101]

Eine *Punktsieg*-Rezension in den Düsseldorfer Nachrichten stellt Elsners Blick auf die Entwicklung der bundesrepublikanischen Arbeitswelt in Zusammenhang mit dem »Niedergang der Studentenbewegung seit 1968, ein[em] kollektiv-traumatische[n] Erlebnis der westeuropäischen Linken«[102]. Ob dies als Kritik an der reformistischen Entwicklung der ehemaligen Neuen Linken gedacht ist, bleibt unklar. Nina Litwinez jedenfalls verweist auf die Instrumentalisierung der APO durch den sozialdemokratischen Kapitalisten Mechtel, der »Heine wie auch den Essayisten Cohn-Aufrecht zitiert, um Toleranz und Bildung zu demonstrieren; damit es ja keiner wagte, ihn anti-

99 Ebd.

100 Vgl. Crines, Andrew Scott / Heppell, Timothy / Dorey, Peter: *The political rhetoric and oratory of Margaret Thatcher*, London: Palgrave Macmillan 2016.

101 Künzel, Christine: *»Ich bin eine schmutzige Satirikerin«. Zum Werk Gisela Elsners (1937–1992)*, Sulzbach/Taunus: Ulrike-Helmer-Verlag 2011, S. 218.

102 [O. A.]: »Rezension von Der Punktsieg«, *Düsseldorfer Nachrichten*, 1977.

semitischer Relikte aus der ›braunen Zeit‹ zu bezichtigen.«[103] Diese Perspektive auf den Antifaschismus der »68er« als letztlich wirkungsloses Feigenblatt entspricht Elsners wiederholter Betonung der Tatsache, dass mit dem Kapitalismus die Bedingungen für den Faschismus in der Bundesrepublik fortbestehen.[104] Mit der Modernisierung kapitalistischer Ausbeutungsformen, die eindeutig den Hauptgegenstand des *Punktsiegs* darstellt, setzen sich die Rezensent:innen der bürgerlichen Zeitungen selbst an den Stellen nicht argumentativ auseinander, an denen sie die Existenz eines politischen Anliegens Elsners anerkennen. Die Nürnberger Zeitung beurteilt in einer ansonsten positiven Rezension ausgerechnet die »Politisiererei«[105] des Romans als gegenstandslos und literarisch misslungen, während die Frankfurter Rundschau – mit überraschender Nähe zur sozialistischen Literaturtheorie – im *Punktsieg* den »Aspekt der Veränderbarkeit der Realität«[106] vermisst. Die wirtschaftsliberale Tageszeitung Die Welt warnt vor dem »Gespenst des Kommunismus«, begleitet von der Klage, Elsner eröffne eben »keine andere Konsequenz als das Umschauen nach einer ›geistigen Heimat‹, die konkret die Beseitigung der angeprangerten Übel in Angriff nimmt.«[107] Dem General-Anzeiger zufolge beschreibt Elsner im *Punktsieg* zwar die bundesrepublikanische Realität, in der die Unternehmer tatsächlich

> reihenweise zur SPD über[laufen], nicht etwa aus Überzeugung, sondern weil sie es für opportun halten; die SPD ist zum Verfechter der freien Marktwirtschaft geworden […]. Diese Kritik von links außen – Gisela Elsner steht politisch der DKP nahe – kann die SPD

103 Litwinez: »Die BRD-Autorin Gisela Elsner«, S. 186.
104 Vgl. etwa Elsner, Gisela: »Vorsicht, Schlaraffenrafferland! Über die sogenannte deutsche Revolution (I)«, in: Dies.: *Flüche einer Verfluchten*, S. 271–278.
105 [O. A.]: »Wahrlich ein Punktsieg«, *Nürnberger Nachrichten*, 17.09.1977.
106 [O. A.]: »Rezension von Der Punktsieg«, *Frankfurter Rundschau*, 1978.
107 Starkmann, Alfred: »Liberalismus auf Abruf«, *Die Welt*, 12.11.1977.

gelassen hinnehmen; sie hilft, die Vorwürfe von rechts außen zu kompensieren.[108]

Auch diese Argumentation weicht der inhaltlichen Auseinandersetzung mit den von Elsner kritisierten Missständen durch die Verwendung einer Wahlkampf-Logik aus, der zufolge die SPD sich – der parlamentarischen Logik entsprechend – nicht auf bestimmte Handlungen festlegen, sondern die Parteikonkurrenz so navigieren muss, dass sie das erforderliche Quantum an Wähler:innenstimmen erhält. Die Süddeutsche Zeitung schließlich stellt sich als bedeutendste mediale Repräsentantin der Sozialdemokratie auf denselben Standpunkt wie Elsners sozialdemokratische Kapitalistenfigur Mechtel: »Überflüssig und allzu pedantisch«[109] sei »Gisela Elsners Groll, wenn ihr origineller SPD-Kämpe und Party-Akrobat die Näher:innen, die er wegen einer Absatzkrise nicht weiter beschäftigen kann, entläßt. Daß Schickeria-Auftritte und Blusenproduktion getrennte Werte sind, versteht sich doch von selbst!«[110]

108 [O. A.]: »Rezension von Der Punktsieg«, *General-Anzeiger*, 02.10.1977.
109 Rotzoll: »Als Verhaltensforscherin unter Elite-Viechern«.
110 Ebd.

1.3 Dämmermännerung I: Gisela Elsner und Günter Grass

Bereits seit den 1960er Jahren erhält die SPD belletristische sowie parteipolitische Unterstützung durch den Autor Günter Grass, der (dadurch?) schon früh einen Status in der bundesdeutschen Öffentlichkeit erlangt, von dem die Kommunistin Elsner »lebenslang sehr weit entfernt«[111] bleibt. Beide bewegen sich zunächst im Kontext der Gruppe 47, wobei Elsner als weibliche »Neuentdeckung« zum Zeitpunkt ihrer Lesung 1963 am Rande steht und Günter Grass, »dessen *Blechtrommel* ihn weltberühmt gemacht«[112] hat, bereits neben dem Gruppenbegründer Hans Werner Richter »die wichtigste hierarchische Position«[113] einnimmt. Damit scheint Grass sogar exponierter und politisch einflussreicher als die Männer der »quasi-offizielle[n] Kritikergarde«[114] Walter Jens, Walter Höllerer, Marcel Reich-Ranicki, Hans Mayer und Joachim Kaiser. Helmut Böttiger beschreibt das Verhältnis zwischen Grass und der Gruppe als dialektisch, da dieser »seinen Weltruhm der Gruppe 47 [verdankt] – so wie die Gruppe ihre marktbeherrschende Stellung und ihren Nimbus durch den sensationellen Auftritt von Grass bei der Tagung 1958 im Gasthaus Adler in Großholzleute erlangte.«[115]

Eine Bekanntschaft zwischen Gisela Elsner und Günter Grass besteht allerdings schon vor Elsners erster Teilnahme an einer Gruppen-

111 Schödel, Kathrin: »Kein ›Gewissen der Nation‹. Gisela Elsner und der bundesrepublikanische Intellektuellen-Diskurs«, in: Hehl/Künzel (Hrsg.): *Ikonisierung, Kritik, Wiederentdeckung*, S. 28–41, hier S. 39.

112 Kramer, Sven: »Zusammenstoß in Princeton – Peter Weiss und die Gruppe 47«, in: Braese, Stephan (Hrsg.): *Bestandsaufnahme. Studien zur Gruppe 47*, Berlin: Erich Schmidt Verlag 1999, S. 155–174, hier S. 171.

113 Ebd.

114 »Gruppe 47 in Princeton«, *Die Zeit*, 06.05.1966, http://www.zeit.de/1966/19/gruppe-47-in-princeton/komplettansicht (zugegriffen am 18.01.2017).

115 Böttiger: *Die Gruppe 47*, S. 230.

tagung. 1955 fertigt Grass Zeichnungen für ihre erste literarische Veröffentlichung *Triboll* an – Erzählminiaturen, die sie, wie Elsners Ex-Ehemann Klaus Roehler gegenüber dem Verleger Klaus Piper »ausdrücklich betont«[116], allein verfasst hatte.[117] Diese Tatsache unterschlägt allerdings Walter Höllerer, der sich in einem Brief vom November 1955 als Herausgeber der Akzente allein bei Klaus Roehler »für die Übersendung *Ihrer* [sic!] Kürzestgeschichten um Triboll«[118] bedankt.

Veröffentlicht werden die Geschichten schließlich doch unter Elsners Namen, in derselben Ausgabe der Akzente, in der auch Grass' *Kürzestgeschichten aus Berlin* erscheinen. Dessen Zeichnungen bebildern letztlich *Triboll* doch nicht, möglicherweise aufgrund der Einschätzung des Verlegers Klaus Piper, dass »beides – der sprachliche Einfall und der graphische – doch zu getrennt nebeneinander«[119] läge. Dem Verhältnis von Elsner und Grass scheint dies zunächst keinen Abbruch zu tun, noch 1958 verbringt das Paar Gisela Elsner und Klaus Roehler im Anschluss an die Tagung der Gruppe 47 im österreichischen Großholzleute »auf kosten von Grass [...] zwei herrliche tage«[120] in München. Der in diesem Zeitraum immer wieder sogar enge Kontakt zwischen Elsner und Grass scheint allerdings hauptsächlich vermittelt über ihre Rolle als Roehlers Ehefrau, der sich im Übrigen ebenso wie Grass in den mittleren 1960er Jahren für die SPD zu engagieren beginnt.[121]

116 Günther-Herold, Franziska: *Wespen im Schnee: 99 Briefe und ein Tagebuch*, 1. Aufl., Berlin: Aufbau Verlag 2001, S. 36.
117 Ebd., S. 209.
118 Brief Walter Höllerer an Klaus Roehler vom 7. November 1955, in: DLA Marbach, A: Roehler, fol. 5.
119 Günther-Herold: *Wespen im Schnee*, S. 36.
120 Ebd., S. 209.
121 Ebd., S. 294.

Im Lauf der 1960er Jahre verhärten sich die Dissense zwischen Gisela Elsner und Günter Grass, die sowohl auf literaturprogrammatischer wie auf politischer Ebene längst bestehen. Bereits 1965 hatte sich Elsner – innerhalb des zeitgleich ablaufenden »Differenzierungsprozess[es] unter den Autoren der Gruppe 47«[122] – mit ihrer Abgrenzung von der »eigentlichen Aufgabe«[123] eines Schriftstellers vom Eintreten für die SPD als eine der Autor:innen positioniert, die »eine Bürgerpflicht des Schriftstellers zur öffentlichen Stellungnahme nicht anerkannten«[124] oder/und »ihr Engagement [...] entweder nicht auf ein sozialdemokratisches oder nicht auf ein publizistisches beschränkt«[125] sehen wollten. Dies mag eine Reaktion auf Grass' Rede zum Erhalt des Büchner-Preises 1965 sein, in der er jeden Entwurf des Verhältnisses von Literatur und Politik als weltabgewandt und hochmütig diffamiert, der von seiner Konzeptionierung des Schriftstellers als Bürger abweicht.[126]

Die erste öffentliche Positionierung, in der Grass diesen Engagementbegriff unmittelbar mit der SPD verknüpft, erfolgt 1961 ausgerechnet beim 5. Treffen des DDR-Schriftstellerverbandes; sie trägt unter anderem durch die Wahl der Veranstaltung bereits deutliche antikommunistische Züge. Roland Berbig formuliert dies 2005 in einem Aufsatz über Günter Grass folgendermaßen:

122 Peitsch, Helmut: *Nachkriegsliteratur 1945–1989*, Osnabrück: V&R unipress 2009, S. 212.

123 Starkmann, Alfred: »Keine Zeit für Sympathie. Neue Definition der Regierung – Ein Gespräch mit Gisela Elsner«, *Die Welt*, 09.09.1965.

124 Ebd.

125 Peitsch: *Nachkriegsliteratur 1945–1989*, S. 212.

126 Grass, Günter: »Rede über das Selbstverständliche zur Verleihung des Georg-Büchner-Preises in Darmstadt«, in: Ders.: *Essays und Reden I 1955–1969*, Bd. 14, Werkausgabe, Göttingen: Steidl Verlag 1997, S. 147–163.

> Als Gast auf dem V. Schriftstellerkongress in Ostberlin hatte er [...] sich für die schriftstellerischen Rechte des nach Westberlin umgezogenen, in der DDR als »Republikflüchtling« eingestuften Uwe Johnson mit einer Grundsätzlichkeit eingesetzt, die beispiellos war. [...] Der Schriftsteller Günter Grass war als politischer Mann in Erscheinung getreten – zuerst, so scheint es, im Osten, auf fremdem und doch immer noch eigenem Boden, dann beinahe in einem Zuge im Westen.[127]

Wenn Grass noch im 21. Jahrhundert »das Rollenmodell des engagierten Schriftstellers idealtypisch verkörpert«[128], so zeigt sich in seinem Einfluss entgegen »der liberalistischen Illusion [...], es gäbe in der entfalteten bürgerlichen Gesellschaft eine ›freie Konkurrenz der Kunstauffassungen‹«[129] die kontinuierliche Dominanz eines staatstragenden Konzepts von Engagement, das den Schriftsteller als Bürger aktiv sehen will. Zwar besteht dieses freie Konkurrenzverhältnis in einer demokratischen Gesellschaft formal, jedoch können sich dabei naturgemäß nur einige wenige Entwürfe auf dem »Markt der Literaturprogrammatiken« durchsetzen. Darüber hinaus werden marxistische Ästhetiken und ihre Vertreter:innen immer wieder explizit bekämpft. Letztlich unerlässlich für ein akzeptables Verhältnis von Politik und Literatur innerhalb der bürgerlichen Gesellschaft ist gerade die Beibehaltung der »Zweigleisigkeit, die reformistische Autoren zwischen Künstler und Bürger unterscheiden«[130] lässt.

127 Berbig, Roland: »Allzeit Ostberlin im Auge. Günter Grass – deutsch-deutsches Literaturleben intern«, in: Ders. (Hrsg.): *Stille Post. Inoffizielle Schriftstellerkontakte zwischen Ost und West*, Berlin: Ch. Links Verlag 2005, S. 218–237, hier S. 218 f.

128 Wagner, Thomas: »Die Ideologiemaschine. Die Gruppe 47 als virtuelle Firma: Wie ein Autorennetzwerk dem digitalen Kapitalismus ein schickes Design verpasste«, in: Stahl, Enno / Solty, Ingar (Hrsg.): *Richtige Literatur im Falschen? Schriftsteller – Kapitalismus – Kritik*, Berlin: Verbrecher Verlag 2016, S. 201–209, hier S. 207.

129 Bürger, Peter: *Vermittlung – Rezeption – Funktion*, Frankfurt a. M.: Suhrkamp Verlag 1979, S. 177.

Parallel zu seiner Existenz als engagierter Normalbürger hebt Günter Grass immer wieder das bohèmehafte Künstlerleben hervor, das er in den fünfziger Jahren in einer »feuchte[n] Kellerwohnung an der Place d'Italie«[131] geführt habe, in der »das Manuskriptkonvolut der *Blechtrommel* [...] zwischen dem Wechseln der Windeln der drei rasch hintereinander geborenen Kinder und gelegentlich einer Flasche Schnaps, zum Beispiel mit Paul Celan, rasch anwuchs.«[132] Diese Selbstdarstellung erinnert an Bertolt Brechts »Tuis«, die »Verkäufer von Intelligenzleistungen«[133] an die Bourgeoisie, bei denen »alles an[fängt] zu schillern, ihre Klassenlage schillert vom Herrenmenschen bis hin zum Lumpenproleten, die Boheme nicht zu vergessen«.[134] Anti-Bürgerlichkeit ist hier reine Lebensweise ohne politische Konsequenzen; ein Phänomen, welches die strukturelle Armutsproduktion der bürgerlichen Klassengesellschaft in privilegiertem Postmaterialismus beschönigt – eine Position, die sich später auch in der Neuen Linken wiederfinden wird. Elsner hingegen wendet sich schon in der empörten Offenlegung ihrer eigenen finanziellen Prekarität gegen Armutsverherrlichung und kehrt in wohlhabenderen Zeiten ebenso öffentlich einen Anspruch auf Luxus heraus.[135]

Die Annäherung von Literatur und Sozialdemokratie, die Günter Grass forciert, findet Entsprechung aufseiten der Parteipolitik; bereits im Wahljahr 1961 veranstaltet der SPD-Kanzlerkandidat Willy Brandt ein Treffen mit dreißig westdeutschen Schriftsteller:innen.[136] Hier ist Günter Grass – ebenso wie Gisela Elsner – zwar nicht eingeladen, an-

130 Peitsch, Helmut: »Parteilichkeit als Administration der Literaturverhältnisse in der SBZ/DDR«, unveröffentlichtes Textfragment, ohne Datum.

131 Böttiger: *Die Gruppe 47*, S. 323.

132 Ebd.

133 Haug, Wolfgang Fritz: »Zur Aktualität von Brechts Tui-Kritik«, in: *Argument-Sonderbände* 11 (1976), S. 7–16, hier S. 8.

Ebd.

135 Vgl. u. a. Möller, Kerstin: »Schwarz und Weiß. Ein Gespräch mit der Autorin Gisela Elsner«, *Nürnberger Nachrichten*, 19.12.1991, Wochen-Magazin, S. 3.

136 Vgl. Böttiger: *Die Gruppe 47*, S. 368.

geblich weil Hans Werner Richter ihn gegenüber Brandt fälschlicherweise als Anarchisten beschrieben hatte.[137] Im Gegensatz zu Elsner sucht und findet Grass in den folgenden Jahren jedoch Brandts persönliche Nähe und eine »politische Heimat« in der SPD.[138] Offenbar erhofft sich der Autor von dem damaligen Hamburger Bürgermeister mehr als eine Freundschaft, jedoch macht dieser, so Hans Mayer 2001, »zum geheimen Verdruss seines Freundes keine Anstalten [...], diesem irgendein staatliches oder städtisches Amt anzubieten.«[139] Für Mayer selbst scheint die Bekanntschaft mehr Früchte zu tragen: Offen gibt er zu, er verdanke »in einem engeren Sinne [...] Willy Brandt meine Bestallung als deutscher Beamter auf Lebenszeit«[140].

Gisela Elsner hingegen distanziert sich seit den mittleren 1960er Jahren auch öffentlich von der SPD. Dabei nimmt sie zunächst vor allem Bezug auf die Wahlfrage, räumt jedoch in ihren späteren politischen Schriften der repressiven Innenpolitik der SPD, zu der auch die 1969 von der Großen Koalition unter Kiesinger verabschiedeten Notstandsgesetze gehören, eine wichtige Stellung ein.[141] Günter Grass äußert sich ebenfalls 1969 zu dem von der APO vorangetriebenen »Konflikt«[142] um die Notstandsgesetzgebung:

> Wer die erste Vorlage des damaligen Innenministers Schröder mit der zuletzt verabschiedeten Gesetzesvorlage vergleicht, der wird bemerken, wie dank der Kompromissbereitschaft der Parteien, dank der öffentlichen Kritik und dank des Protestes gegen die Notstands-

137 Vgl. ebd.

138 Schneider, Rolf: »Gebrochene Verhältnisse«, *Deutschlandfunk Kultur*, 17.11.2013, http://www.deutschlandfunkkultur.de/gebrochene-verhaeltnisse.1270.de.html?dram:article_id=269146 (zugegriffen am 29.05.2017).

139 Mayer, Hans: *Erinnerungen an Willy Brandt*, 1. Aufl., Frankfurt a. M.: Suhrkamp Verlag 2001, S. 92.

140 Ebd.

141 Vgl. u. a. Elsner: »Gläserne Menschen«; Elsner: »Die Volkszertreter«.

142 Grass, Günter: *Der Bürger und seine Stimme. Reden, Aufsätze, Kommentare*, Darmstadt [u. a.]: Luchterhand 1974, S. 24.

> gesetze, ein anfangs annähernd polizeistaatliches Konzept mehr und mehr liberalisiert worden ist. [...] Hätte die Minderheit, weil überstimmt, die Kompromisslösung nicht akzeptieren und den Kampf gegen die Notstandsgesetze mit anderen Mitteln, zum Beispiel mit denen der Gewalt fortsetzen sollen?[143]

Während Grass also die Verabschiedung des Gesetzespaketes als demokratischen Akt beschreibt, weist Elsner 1979 in ihrem Aufsatz *Die Volkszertreter* auf den Widerspruch zwischen Brandts Diktum »Mehr Demokratie wagen« und dem durch die SPD unter seiner Führung 1972 verabschiedeten Radikalenerlass hin. Berufsverbote und Notstandsgesetze gelten ihr als Beweis dafür, dass »hinter dem Verputz dieses Rechtsstaats in ständiger Abrufbereitschaft der Terror lauert, der sich siegreich aus der Niederlage des Dritten Reichs in unsere Republik gerettet hat«[144]. Faschismus ist in dieser Analyse nicht das ganz Andere, sondern angelegt »im Schoß« der bürgerlichen Gesellschaft, wonach faschistoide Entwicklungen sich durchaus innerhalb der parlamentarischen Demokratie abspielen können. Insofern hat Grass sogar recht mit der Aussage, dass die Notstandsgesetze formal demokratisch entschieden wurden, auch wenn sie in Inhalt und Anwendung die bürgerlichen Rechte potentiell aufheben können. Diese Verbindung, die eine Grundsatzkritik am Parlamentarismus bedeutet, zieht Elsner in ihrer Kritik an Willy Brandts Diktum allerdings gerade nicht, obwohl sie darauf hinweist, dass der Staat mit den Berufsverboten eine bestimmte Personengruppe, nämlich die Kommunist:innen, treffen will und auch trifft.[145]

143 Ebd.
144 Elsner: »Die Volkszertreter«, S. 38.
145 Vgl. Histor/Dedijer: *Willy Brandts vergessene Opfer*.

Der Autor als Antikommunist

Bereits seit 1966 wirkt Günter Grass aktiv mit an der Verbreitung antikommunistischer »Demagogie als Massenartikel«[146], spezifisch dem Konstrukt des Linksfaschismus. Auf der Tagung der Gruppe 47 in Princeton tritt er »für den Rechtsstaat und die parlamentarische Demokratie ein, die er in Opposition zu totalitären, also faschistischen und stalinistischen Praktiken«[147] konstruiert. Als der Rowohlt Verlag 1970 das *Jahrbuch für kritische Aufklärung* herausbringt, das sich »in dem Moment, als die westdeutsche Linke zerfällt [...] um den Nachweis bemüht, daß es von der Linken zum Faschismus nur ein Schritt ist«[148], ist Grass ebenfalls mit von der Partie.[149] Seine totalitarismusideologische Gleichsetzung von Kommunismus und Nationalsozialismus bietet dem Autor die Möglichkeit eines »Rückzug[s] aus der umkämpften Zone Demokratisierung versus Faschisierung, der unterm Druck der Studentenbewegung erfolgte«[150] – ein Vorgehen, das angesichts Grass' kontinuierlicher Abgrenzung von der Neuen Linken wenig überrascht. Er weist die Verteidigung einer konstruierten bürgerlichen Mitte allerdings nicht als politische Agenda aus, sondern stilisiert sie zu »Unparteilichkeit«[151], wodurch in Umkehrung jede:r als »Ideologe« erscheint, »der ihren Status der Ideologielosigkeit in Frage stellt.«[152]

146 Haug, Wolfgang Fritz: *Der hilflose Antifaschismus. Zur Kritik der Vorlesungsreihen über Wissenschaft und NS an deutschen Universitäten*, Köln: Pahl-Rugenstein 1977, S. 146.

147 Kramer: »Zusammenstoß in Princeton – Peter Weiss und die Gruppe 47«, S. 171.

148 Barck, Karlheinz: »Revolutionserwartung und das Ende der Literatur. Zur Kritik der Ideologie der ›Neuen Linken‹«, in: Mittenzwei, Werner / Weisbach, Reinhard (Hrsg.): *Revolution und Literatur. Zum Verhältnis von Erbe, Revolution und Literatur*, Leipzig: Reclam 1972, S. 433.

149 Vgl. Szczesny, Gerhard (Hrsg.): *Club Voltaire. Jahrbuch für kritische Aufklärung*, Bd. IV, Reinbek: Rowohlt Verlag 1970.

150 Haug: *Vom hilflosen Antifaschismus zur Gnade der späten Geburt.*

151 Schödel, Kathrin: »Kein ›Gewissen der Nation‹. Gisela Elsner und der bundesrepublikanische Intellektuellen-Diskurs.«, in: Hehl/Künzel (Hrsg.): *Ikonisierung, Kritik, Wiederentdeckung*, S. 28–41, hier S. 34.

Literaturprogrammatisch kleidet Grass seine angebliche Objektivität in Topoi der Illusionslosigkeit, der Unmöglichkeit revolutionärer Gesellschaftsveränderung und des Eintretens für Meinungsfreiheit und Toleranz. In einer 1973 in Florenz gehaltenen Rede mit dem Titel *Die Meinungsfreiheit des Künstlers in unserer Gesellschaft* proklamiert der Autor, er sei »von keinerlei Glauben geschlagen, also auch ohne Heilslehre auf der Zunge«[153], um gerade damit seine politische Positionierung als Sozialdemokrat zu begründen, nach angeblich »nüchterner Prüfung der Alternativen«[154]. In derselben Rede erklärt Grass, »für die Meinungsfreiheit [zu] sprechen«[155], bedeute, »jene Widersprüche auszuhalten, die den Menschen und die menschliche Gesellschaft kennzeichnen.«[156] Diese Äußerung verdeutlicht die Funktion von Toleranz und Meinungsfreiheit in der Affirmation des Bestehenden, insbesondere des Klassenwiderspruchs.

Aus der Perspektive der sozialistischen Germanistin Ursula Reinhold ist es Grass, der auch die ersten Literarisierungen der Figur Linksfaschismus vorlegt: eingebettet in sein Theaterstück *Davor* und den Roman *Örtlich betäubt* (beide von 1969), laut Reinhold zwei Pseudo-Kritiken »an gesellschaftsverändernden Vorstellungen und Handlungen, die den Rahmen der bestehenden Verhältnisse überschreiten und seiner Meinung nach nur in folgenloser Resignation enden können.«[157] Auch Reinholds Kollege Werner Mittenzwei charakterisiert Grass' Theaterstück *Davor* als dramatische Umsetzung des Kampfbegriffs Linksfaschismus, indem er »[d]ie Widersprüche der Personen, die Montage der Widersprüche [...] tatsächlich zu einer Einheit [verdichtet], die besagt, wer die kapitalistische Gesellschaftsordnung angreift,

152 Haug: *Der hilflose Antifaschismus*, S. 8.
153 Grass: *Der Bürger und seine Stimme*, S. 162.
154 Ebd.
155 Ebd., S. 165.
156 Ebd.
157 Reinhold, Ursula: *Tendenzen und Autoren. Zur Literatur der siebziger Jahre in der BRD*, Berlin: Dietz Verlag 1982, S. 107 f.

macht sich schuldig oder lächerlich.«[158] Grass selbst verkündet 1969 auf einem Schriftstellerkongress in Belgrad – wohlgemerkt wiederum in einem sozialistischen Land – er sei »ein Gegner der Revolution. [...] Revolutionen ersetzten Abhängigkeiten durch Abhängigkeit, lösten den Zwang durch den Zwang ab.«[159] Dies impliziert die Vorstellung, in der besten aller möglichen Welten zu leben und erklärt durch das Plädoyer für den Status quo einzig die bereits erfolgte bürgerliche Revolution für legitim. Werner Mittenzwei spitzt diese Haltung zu der Aussage zu, Grass poussiere »mit der Reform, aber der eigentlich gedankliche Hintergrund seiner Stücke ist die Konterrevolution.«[160]

In seinen Aufsätzen wird deutlich, dass Grass Geschichte als »evolutionäre[n] Prozess«[161] betrachtet und dass er, wenn er von Privateigentum spricht, nicht die Produktionsmittel meint, sondern das (unterstellte) Ersparte und das Eigenheim der Lohnabhängigen.[162] Die gesellschaftlichen Widersprüche, die von den Betroffenen offenbar schlicht auszuhalten sind, erklärt der Sozialdemokrat in seinen Texten zu natürlichen und damit unveränderlichen Merkmalen allgemeinmenschlicher Vergesellschaftung. Mit dieser Position wird Grass zur Verkörperung eben der Tatsache, dass das Bürgertum, wie Elsner 1975 schreibt, »sich mittlerweile die Zweifel an der eigenen Ewigkeit einverleibt hat«[163]. Sie sieht es vor diesem Hintergrund als ureigentliche Aufgabe von Literatur an, gerade diese Vorstellung als Irreführung auszuweisen und damit auch den »Optimismus der bürgerlichen Welt«[164] hinsichtlich ihres ewigen Bestehens zu erschüttern.

Die Schwerpunkte, die Grass im Verband deutscher Schriftsteller (VS) setzt, entsprechen seiner reformistischen Agenda. In der Rede,

158 Ebd., S. 510 ff.
159 Grass: *Der Bürger und seine Stimme*, S. 67.
160 Mittenzwei/Weisbach (Hrsg.): *Revolution und Literatur*, S. 484.
161 Grass: *Der Bürger und seine Stimme*, S. 113.
162 Ebd., S. 104.
163 Elsner: »Über Mittel und Bedingungen schriftstellerischer Arbeit«, S. 13.
164 Ebd.

die er auf dem 1. Schriftstellerkongress des VS 1970 hält, geht er etwa auf die ökonomische Lage der Schriftsteller:innen als Motivation für Organisierung nicht ein. Stattdessen formuliert er eine moralische Handlungsanweisung:

> Wo können Schriftsteller helfen? Überall dort, wo ihr Wissen und ihre Fähigkeit gefragt sind: in den Gewerkschaftsschulen, beim Sinnlichmachen des immer noch papierenen Begriffs Mitbestimmung. Dringlicherweise, wenn es darum geht, die Vielzahl isolierter, sich selbst genügender Reformen in ihrem Zusammenhang, in ihrer epischen Breite darzustellen.[165]

Diese Außenperspektive konstruiert den Schriftsteller in linksbürgerlicher Tradition als »freischwebende Intelligenz« und stellt damit das Gegenteil einer parteilichen Haltung dar.[166] Die Literaturproduzent:innen sollen weder zur Durchsetzung ihrer eigenen Anliegen, in ihrer Arbeitswelt organisiert tätig werden, noch begreift Grass das Schreiben selbst als politische Praxis. Ein wichtiges Anliegen ist ihm hingegen die Frage, »welche Literatur [...] den Begriff Eigentum aus doppelt puritanischer Hörigkeit lösen und ihm zwischen westlichem Privatkapitalismus und kommunistischem Staatskapitalismus zwangfreien Raum schaffen«[167] könne. Nach der Wahl des Kommunisten Bernt Engelmanns zum VS-Vorsitzenden 1977 ist Grass zentral beteiligt an schweren Konflikten um das Verhältnis des Verbandes zu DDR und DKP.[168]

165 Grass: *Der Bürger und seine Stimme*, S. 96.

166 Zur Kritik der freischwebenden Intelligenz vgl. Benjamin, Walter: »Der Autor als Produzent«, in: Ders.: *Der Autor als Produzent. Aufsätze zur Literatur*, hrsg. von Sven Kramer, Stuttgart: Reclam 2012, S. 228–249.

167 Grass: *Der Bürger und seine Stimme*, S. 96.

168 Peitsch: *Nachkriegsliteratur 1945–1989*, S. 291 ff.; Engelmann, Bernt: *VS-vertraulich*, München: Goldmann 1978; Schütt, Peter: »Dumm und gutgläubig«, *Der Spiegel*, 02.10.1992, http://www.spiegel.de/spiegel/print/d-13680626.html (zugegriffen am 08.05.2014).

Ein wichtiger Streitpunkt in diesen internen Auseinandersetzungen ist die westdeutsche Friedensbewegung, deren Bildung in Osteuropa Grass fordert:

> In direkter Polemik gegen den Krefelder Appell wurde die Frage des Friedens mit der der Menschenrechte im Sozialismus gekoppelt, wodurch die Nicht-Übereinstimmung mit der Politik der Bundesregierung schwand und die Kritik an der DDR in den Vordergrund trat, oder beide Militärbündnisse wurden von einem »nationalen« Standpunkt aus kritisiert.[169]

Während Grass unter Verweis auf die Aggressivität der Sowjetunion die Verhältnisse in der BRD affirmiert und damit an der Befriedung der inneren gesellschaftlichen Widersprüche mittut, macht Gisela Elsner die sozialistische Kritik an der westdeutschen Friedensbewegung zu einem zentralen politischen und literarischen Gegenstand. Explizite Kritik an Grass' Kapitalismusanalyse und Antikommunismus formuliert sie allerdings erst in den 1980er Jahren, was mit dem Verlauf ihrer Politisierung korrespondiert; überhaupt entsteht der Großteil ihrer politischen Aufsätze erst nach ihrem DKP-Beitritt.

Schon im Juni 1977 bedankt sich Elsner bei Hanjo Kesting für die »Vermittlung«[170] einer »Grass-Besprechung«[171], wobei unklar bleibt, um welches Buch es sich handelt und ob die Rezension jemals gesendet wurde. Elf Jahre später verfasst die Autorin eine Rezension des Grass'schen Indien-Tagebuchs *Zunge Zeigen*, deren Veröffentlichungsort ebenfalls unbekannt ist.[172] Sarkastisch bringt sie hier

169 Peitsch: *Nachkriegsliteratur 1945–1989*, S. 293.

170 Brief an Hanjo Kesting vom 8. Juli 1977, in: Briefwechsel Gisela Elsner – Hanjo Kesting, fol. 11.

171 Ebd.

172 Elsner, Gisela: »Ein Reiskorn für dich und für mich, tralala, tralala. Über das Indien-Tagebuch ZUNGE ZEIGEN von Günter Grass«, in: Münchner Stadtbibliothek/Monacensia, GE M 49, fol. 26.

»Vater Günter[s]«[173] Weigerung zur Sprache, »Zusammenhänge zwischen den Gewinnausschüttungen der besagten Konzerne und der Anzahl der pro Tag oder pro Jahr verhungernden Inder und Inderinnen herzustellen«[174]. Sie benennt den Zusammenhang dieser kapitalfreundlichen Haltung mit Grass' Handlungsfähigkeit als politischem Akteur in der BRD: Grass werde »nur deshalb von der bundesdeutschen Kritikerzunft zum Vorzeigedichter geadelt [...], weil er zu jenen Suchenden zählt, für die es nichts Verhassteres gibt als Funde, mit denen sich auch in Indien die Güte ›Überflüssig‹ [sic!] machen ließe.«[175]

Es passt zu dieser Deutung, dass Martin Kämpchen, Herausgeber der Anthologie – faktisch eine Hagiographie – *My broken love. Günter Grass in India and Bangladesh*, noch 2001 berichtet, »Grass lent his weight to innumerable social, cultural, literary and human rights organization, often also by accepting official posts. [...] He lectured, gave interviews and campaigned in favour of all the good causes that an honest and righteous man can plausibly lend his voice to.«[176] Es scheint diesem Bild keinen Abbruch zu tun, dass der deutsche Starautor gar die ehemalige Kolonialmacht Großbritannien mit einschließt, wenn er 1987 in einem Interview mit dem indischen Journalisten Subhoranjan Dasgubta äußert, »[o]f course, one should not only blame the Western countries for this [unjust world]. Much of your misery is homemade.«[177]

173 Ebd.
174 Ebd.
175 Ebd.
176 Kämpchen, Martin: *My broken love. Günter Grass in India and Bangladesh*, New Delhi [u. a.]: Viking 2001, S. 5.
177 Ebd., S. 16.

Während Günter Grass seine eigene Tätergeschichte als Angehöriger der Waffen-SS sechs Jahrzehnte lang verschweigt, formuliert er an den geschichtsrevisionistischen Erzählungen über den Nationalsozialismus mit, die in der BRD vorherrschen.[178] Bereits seine im SPD-Wahlkampf 1968 gehaltene Rede *Vom Ritterkreuz und von der Wut über den zu verlierenden Milchpfennig* enthält zwei Kerntopoi der deutschen Vergangenheitsbewältigung: Die Selbstinszenierung der Deutschen als Opfer des Nationalsozialismus sowie die Behauptung der bundesdeutschen Bevölkerung, von der Shoah nichts gewusst zu haben. Während der Genozid an den Jüdinnen und Juden in dieser Rede keine Erwähnung findet, äußert Grass geradezu mitfühlend bezüglich der Wehrmacht, es seien

> nachweislich Millionen deutscher Soldaten sinnlos, also umsonst gefallen; Millionen Soldaten, die meinten, mit ihrer Tapferkeit »Führer, Volk und Vaterland« zu schützen, ja, die gerechte Sache der Deutschen in aller Welt zu verbreiten, dienten – auch das ist erwiesen – dem organisierten Verbrechen. Die Mehrzahl der deutschen Soldaten wußte das nicht.[179]

Demgegenüber betont Gisela Elsner – ebenso wie übrigens ihr Kollege Peter Weiss – nicht allein die Beteiligung der deutschen Bevölkerung am Nationalsozialismus, sondern auch ihre eigene biographische Positionierung als Kind nicht-jüdischer Deutscher in Nürnberg.[180] Unter

178 Zum bundesrepublikanischen Umgang mit Grass' SS-Mitgliedschaft vgl. u. a. Gorzny, Willi: *Die Grass-Debatte. Berichte, Stellungnahmen, Kommentare, Interviews, Rezensionen, Leserbriefe; Bibliographie und Pressespiegel (12.8.–31.8.2006)*, Pullach im Isartal: Gorzny 2006.

179 Grass, Günter: »Vom Ritterkreuz und von der Wut über den zu verlierenden Milchpfennig«, in: Duve (Hrsg.): *Aufbrüche*, S. 326–328, hier S. 327.

180 Wie Elsner 1985 erklärt, verarbeitet sie in dem Roman *Fliegeralarm* (1989) – weit davon entfernt, eine Autobiographie zu verfassen – auch ihre eigenen Er-

anderem aus diesen Tatsachen leitet sie die Existenz faschistischer Kontinuitäten in der BRD ab, ebenso wie die Notwendigkeit, diese zu kritisieren.

Bei Grass aber ist keine Rede von solchen Kontinuitäten; im Gegenteil stellt er ausgerechnet die westdeutsche Gesellschaft, in seinen Augen idealerweise sozialdemokratisch regiert, als Musterbeispiel historischer Aufarbeitung dar. Tatsächlich ist gerade die SPD, wie Elsner 1979 betont, durch ihre Zustimmung zum Amnestiegesetz von 1951 unmittelbar beteiligt am Wiedereintritt von »etwa 150 000 Beamte[n] und Angestellte[n], ehemalige[n] Wehrmachts- und Arbeitsdienstangehörige[n]«[181] in den Staatsdienst, die im Rahmen der Entnazifizierung aus ihren Ämtern entfernt worden waren – einer Entnazifizierung, die nicht allein auf institutioneller und ökonomischer Ebene, sondern auch in Hinblick auf die Umerziehung der Bevölkerung relativ wirkungslos bleibt.[182]

Unverdrossen stellt Grass 1973 unter dem anbiedernden Titel *Israel und ich* in der Süddeutschen Zeitung »die Deutschen in der Bundesrepublik, wie sie sich widerwillig bemüht haben, nicht zu vergessen«[183] als Musterbeispiel gegen »die Deutschen in Österreich [sic!], wie sie sich (politisch begünstigt) beiseite gestellt haben«[184] sowie »die Deutschen in der DDR, wie sie von Staats wegen gehindert wurden, diese gesamtdeutsche Schuld mitzutragen.«[185] Damit formuliert er bereits in den frühen siebziger Jahren an der Erzählung, die sich in den zwei Jahrzehnten nach dem Zusammenbruch des Realsozialismus in der Berliner Republik als deutscher Gedenknationalismus durchsetzen wird. Es ist ein Narrativ, das ausgerechnet aus der

fahrungen als NS-indoktriniertes Kind in Nürnberg während des zweiten Weltkriegs. (Vgl. Altenburg (Hrsg.): *Fremde Mütter, fremde Väter, fremdes Land*, S. 136 ff.)

181 Elsner: »Die Volkszertreter«, S. 27.

182 Vgl. Mittenzwei: *Die Intellektuellen*, S. 49.

183 Grass: *Der Bürger und seine Stimme*, S. 173.

184 Ebd.

185 Ebd.

NS-Geschichte eine moralische Überlegenheit des deutschen Staates und seiner Bevölkerung ableitet; eine Deutung, deren imperialistische Stoßrichtung sich erst in der Legitimation des ersten deutschen Angriffskriegs nach dem zweiten Weltkrieg durch die rot-grüne Bundesregierung mit der Parole »Nie wieder Auschwitz« vollkommen entfaltet. Es liest sich wie ein hellsichtiger Kommentar auf dieses Ereignis, wenn Gisela Elsner 1990, acht Jahre vor der endgültigen Zerschlagung Jugoslawiens durch die NATO[186], in *Flüche einer Verfluchten* schreibt:

> Jedenfalls hatten die bedeutschten Deutschen im Hinblick auf das Dritte Reich, die Schuldfrage betreffend, auf bedeutscht gesagt: Schwein gehabt. Es ist daher auch davon auszugehen, daß die bedeutschten Deutschen im Hinblick auf das, was sicherlich kein VIERTES REICH genannt werden wird, die Schuldfrage betreffend wiederum Schwein gehabt haben werden. Der Schoß ist fruchtbar noch, aus dem das kroch, schrieb Bertolt Brecht zurecht.[187]

186 Zur Rolle Deutschlands im Kosovokrieg vgl. etwa Richter, Wolfgang / Schmähling, Elmar / Spoo, Eckart (Hrsg.): *Die deutsche Verantwortung für den NATO-Krieg gegen Jugoslawien. Schrift des Internationalen Vorbereitungskomitees für ein Europäisches Tribunal über den NATO-Krieg gegen Jugoslawien*, Schkeuditz: Schkeuditzer Buchverlag 2000.

187 Elsner, Gisela: »Flüche einer Verfluchten«, in: Dies.: *Flüche einer Verfluchten*, S. 185–270, hier S. 212.

1.4 Sperrige Kommunist:innen: Gisela Elsner und Peter Weiss

Elsners Urteil in den *Flüchen* hätte, wäre er nicht bereits 1982 gestorben, vermutlich auch Gisela Elsners Kollege Peter Weiss zugestimmt. Überhaupt gibt es wenige Autor:innen, die ihrem Entwurf des Verhältnisses von Literatur und Politik so nahe stehen wie Weiss; trotz vieler Gemeinsamkeiten ist allerdings keine persönliche Bekanntschaft oder auch nur gegenseitige Zurkenntnisnahme der beiden zu Protokoll gegeben.

Beide gehören trotz eines erheblichen Altersunterschiedes – Weiss ist Jahrgang 1916, Elsner Jahrgang 1937 – derselben Autor:innengeneration im westdeutschen Literaturbetrieb an. Beide lesen im Jahr 1962 erstmals vor der Gruppe 47, und als Elsner zwei Jahre darauf den Prix Formentor für *Die Riesenzwerge* erhält, wird Weiss »weltberühmt«[188] mit der Uraufführung seines Dramas *Die Verfolgung und Ermordung des Jean Paul Marat dargestellt durch die Schauspielergruppe des Hospizes zu Charenton unter Anleitung des Herrn de Sade*. Beide meiden die BRD für einen Großteil der sechziger Jahre mit Verweis auf den postfaschistischen Charakter der westdeutschen Gesellschaft.[189] Sie politisieren sich an den Hauptbezugspunkten der Studentenbewegung wie Notstandsgesetzen, faschistischen Kontinuitäten und Vietnamkrieg und werden darüber zu Kommunist:innen, wahren jedoch politische und literaturprogrammatische Distanz zur Neuen Linken ebenso wie zur SPD.

Sowohl Elsner als auch Weiss politisieren im Verlauf der 1960er Jahre auch ihre Literaturbegriffe und begreifen schließlich eine Schreib-

188 Vormweg, Heinrich: *Peter Weiss*, Autorenbücher, München: C. H. Beck / edition text + kritik 1981, S. 7.

189 Vgl. Weiss, Peter: »Unter dem Hirseberg«, in: Ders.: *Rapporte 2*, Frankfurt a. M.: Suhrkamp Verlag 1971, S. 7–13; Elsner, Gisela: »Gläserne Menschen«, in: Dies.: *Flüche einer Verfluchten*, S. 93–116.

weise als realistisch, die parteilich ist, auf außerliterarische Veränderung abzielt und analytische Welterschließung als notwendigen Bestandteil der Literaturproduktion setzt.[190] So spricht Elsner noch 1989 über die Bedeutung der »Literatur aus zweiter Hand, die so verpönt ist, die Sekundärliteratur«[191] und polemisiert, wenn »einer zu faul ist, in Bibliotheken zu gehen, dann ist ihm nicht zu helfen. Dann soll er sich aber auch nicht als Schriftsteller bezeichnen.«[192] Ein bereits behandeltes Beispiel für die literarische Verarbeitung solcher Recherchen, in diesem Fall zeitgenössische betriebswirtschaftliche Konzepte, ist Elsners Roman *Der Punktsieg*. Im Werk von Peter Weiss fließen außerliterarische Quellen beispielsweise in das dokumentarische Theaterstück *Die Ermittlung* (1966) sowie in *Die Ästhetik des Widerstands* (1975 ff.) ein, einem Text, der die Grenzen der Romanform immer wieder überschreitet.[193] Weiss' Recherchen bilden die Voraussetzung für die Darstellung eines Hauptgegenstandes der *Ästhetik des Widerstands*, der Kritik der deutschen Sozialdemokratie aus kommunistisch-antifaschistischer Perspektive.

Kommunistische »Zwillingsforschung«

Auch die explizite Distanzierung von der Sozialdemokratie ist für Weiss wie für Elsner bereits in den frühen sechziger Jahren ein tages-

190 Vgl. Weiss, Peter: »Rede in englischer Sprache gehalten an der Princeton University USA am 25. April 1966, unter dem Titel: I Come out of My Hiding Place«, in: Canaris, Volker (Hrsg.): *Über Peter Weiss*, Frankfurt a. M.: Suhrkamp Verlag 1970, S. 9–14.

191 Elsner: »Bandwürmer im Leib des Literaturbetriebs«, S. 252.

192 Ebd.

193 Vgl. dazu etwa Meyer, Stephan: *Kunst als Widerstand. Zum Verhältnis von Erzählen und ästhetischer Reflexion in Peter Weiss' »Die Ästhetik des Widerstands«*, Tübingen: Niemeyer 1989; Hofmann, Michael: *Ästhetische Erfahrung in der historischen Krise. Eine Untersuchung zum Kunst- und Literaturverständnis in Peter Weiss' Roman »Die Ästhetik des Widerstands«*, Bonn: Bouvier 1990.

politisches Thema, und zwar mit einer sehr ähnlichen Positionierung. Während Elsner 1964 polemisiert, die Wahl zwischen CDU und SPD habe »weder mit Alternative noch mit Politik etwas zu tun, sondern bestenfalls mit Zwillingsforschung«[194], schreibt Weiss in einem von Hans Werner Richter 1964 für einen Sammelband zur Bundestagswahl angefragten Text, er könne »die Argumente der Sozialdemokraten kaum von denen der Konservativen unterscheiden.«[195]

Anstatt zur Wahl der SPD aufzurufen, legt Weiss in seinem offenen Brief an Richter mit dem Titel *Unter dem Hirseberg* den inhaltlichen Schwerpunkt auf den »Grundton des Autoritären, der in Deutschland noch überall zu verspüren ist, an den Arbeitsstätten und in der privaten Sphäre.«[196] Die Sozialdemokratie beschreibt Weiss im selben Brief als keineswegs progressive, sondern nationalistische und faktisch konservative Kraft, die mit dem »Ballast«[197] der nationalsozialistischen Herrschaft »liebäugel[t]«[198]. Elsner macht die postfaschistische Prägung der westdeutschen Gesellschaft, den kleinfamiliären »Wust [...] von Strafe, Willensbrechung, Gehorsam, Patriarchalismus«[199] zum Gegenstand ihres ersten Buches *Die Riesenzwerge*. Mit ihrer Autoritarismuskritik und dem Fokus auf die NS-Vergangenheit stehen Weiss wie Elsner eindeutig der zur Mitte der Sechziger gerade entstehenden Neuen Linken näher als den SPD-nahen Protagonisten der Gruppe 47.

Das vernichtende Urteil über die westdeutsche Nachkriegsgesellschaft, welches Weiss 1966 auch auf der Tagung der Gruppe 47 in Princeton formuliert, bildet eine Zäsur in der polit-literarischen Biographie des jüdischen Remigranten. Auf seine *Rede I Come out of*

194 Starkmann: »Keine Zeit für Sympathie«.
195 Kramer: »Zusammenstoß in Princeton – Peter Weiss und die Gruppe 47«, S. 165.
196 Weiss: »Unter dem Hirseberg«, S. 12.
197 Ebd., S. 11.
198 Ebd.
199 Ebd.

My Hiding Place erwidern seine »deutschen Dichterkollegen«[200], die nicht einmal »die der inneren Emigration«[201] sind, Weiss könne sich »über Deutschland nie äußern, du bist draußen gewesen, in der Sicherheit der Emigration, wir waren drinnen, wir haben am Krieg teilgenommen.«[202] Die Deutungshoheit über den Nationalsozialismus soll demnach bei denjenigen liegen, die »dabei waren«, und zwar ausdrücklich auch dann, wenn dies auf der Täterseite war; eine Argumentation, die bereits in den 1950er Jahren dem Antifaschisten Klaus Mann im Zensurkonflikt um seinen Roman *Mephisto* entgegengebracht worden war.[203] Es ist eine Position, die antifaschistische Kritik delegitimiert und entlastend auch für Autoren der nachfolgenden Generationen wirkt, in etwa im Sinne der zwei Jahrzehnte später von CDU-Bundeskanzler Helmut Kohl ausgedachten Figur der »Gnade der späten Geburt«.[204]

Einem verwandten Begriffskreis entstammt eine Äußerung des »Starkritikers« Joachim Kaiser aus der Gruppe 47 bezüglich der Ring-Uraufführung von Peter Weiss' Dokumentartheaterstück *Die Ermittlung* im Jahr 1966. Kaiser kommentiert das in West-Berlin durch den kommunistischen Remigranten Erwin Piscator inszenierte Stück mit der (bis heute verbreiteten) Argumentationsfigur, »Auschwitz [...] sprengt den Theaterrahmen, ist unter ästhetischen Bühnenvorausset-

200 Söllner, Alfons: *Peter Weiss und die Deutschen. Die Entstehung einer politischen Ästhetik wider die Verdrängung*, Opladen: Westdeutscher Verlag 1988, S. 28.

201 Ebd.

202 Ebd.

203 Vgl. dazu Löffler, Ulrich: *Instrumentalisierte Vergangenheit? Die nationalsozialistische Vergangenheit als Argumentationsfigur in der Rechtsprechung des Bundesverfassungsgerichts*, Frankfurt a. M. [u. a.]: Verlag Peter Lang 2004, S. 155 ff.; Spangenberg, Eberhard: *Karriere eines Romans. Mephisto, Klaus Mann und Gustaf Gründgens; ein dokumentarischer Bericht aus Deutschland und dem Exil 1925–1981*, Reinbek bei Hamburg: Rowohlt 1986, S. 11 ff.

204 Vgl. etwa »Späte Geburt«, *Der Spiegel*, 04.09.1983, https://www.spiegel.de/spiegel/print/d-14018745.html (zugegriffen am 17.01.2020).

zungen schlechthin nicht konsumierbar.«[205] Diese Deutung verwendet den Topos der Unverstehbarkeit zur Beschreibung eines Theaterstücks, das eine durch dokumentarisches Material gestützte und mit einer sozialistischen Positionierung verbundene Kapitalismuskritik vorlegt. Während Kaiser die Möglichkeit von Erkenntnis infrage stellt, insistiert Weiss nicht nur auf die Verstehbarkeit von Zusammenhängen, sondern auch auf die Notwendigkeit der so gewonnenen Erkenntnisse für die Veränderung der Verhältnisse. So sei »das Sinnvolle die Ergründung jedes Zustands und die darauf folgende Weiterbewegung, die zu einer Veränderung des Zustands führt.«[206]

Das Bestehen auf die Durchdringbarkeit gesellschaftlicher Zusammenhänge ist durchgängiger Bezugspunkt auch von Gisela Elsners politischer Haltung und Literaturprogrammatik. Noch 1978 kritisiert sie gegenüber dem Kürbiskern eine »literarische Anstandsregel, die nicht erst seit kurzem Geltung hat: die Regel, in der Darstellung Zusammenhänge, die man für erkennbar hält, wenn überhaupt, so nur bis zur Unkenntlichkeit verstümmelt zu verwenden.«[207] Auch für Elsner ist die Literatur nicht nur fähig, sondern aufgerufen zur Leistung des genauen Gegenteils, nämlich zur kritischen Aufdeckung gesellschaftlicher Missstände, zur Bildung eines »Widerpart[s] zu jenen Sprachregelungen, Wunschbildern und Schönfärbereien [...], ohne die das Bürgertum, auch wenn es sich mittlerweile die Zweifel an der eigenen Ewigkeit einverleibt hat, offenbar nicht auskommen kann.«[208] An anderer Stelle weist sie auf das Zusammenfallen einer solchen Ideologiekritik mit einer eindeutigen politischen Positionierung hin – sowie auf deren Disqualifikation durch die bürgerliche Literaturkritik:

205 »Gesang von der Schaukel«, *Der Spiegel*, 20.10.1965, http://www.spiegel.de/spiegel/print/d-46274725.html (zugegriffen am 17.01.2020).

206 Schumacher, Ernst: »›Die Ermittlung‹ von Peter Weiss. Über die szenische Darstellbarkeit der Hölle auf Erden«, in: Canaris (Hrsg.): *Über Peter Weiss*, S. 69–91.

207 Elsner: »Vereinfacher haben es nicht leicht«, S. 38.

208 Elsner: »Über Mittel und Bedingungen schriftstellerischer Arbeit«, S. 13.

> Wer eine Handlungsweise nur von der Warte dessen aus betrachtet, dem Unrecht geschah, und sich nicht willens zeigt, gleichzeitig dem, der es tat, von seiner Seite aus rechtzugeben, der hat, unabhängig davon, ob man seinen politischen Standpunkt teilt oder nicht, in einer viel wesentlicheren Hinsicht: in ästhetischer Hinsicht nämlich versagt.[209]

Und so ist es im Falle Weiss neben dem Ärgernis der bloßen Thematisierung deutscher Täterschaft für die westdeutsche Öffentlichkeit wohl seine »offene Parteinahme«[210] für den Sozialismus, welche *Die Ermittlung* »aus dem Ästhetikum zu einem Politikum«[211] macht. »Mit effektvoller Terminierung«[212] nimmt Weiss diese Parteinahme 1965 zeitgleich zu den Uraufführungen der *Ermittlung* in dem Text *10 Arbeitspunkte eines Autors in einer geteilten Welt* vor. Dies ist ein solcher Bruch mit dem nonkonformistischen Establishment der BRD-Nachkriegsgesellschaft, dass der DDR-Dissident Hans-Dietrich Sander im Spiegel schreiben darf, *Die Ermittlung* beabsichtige hauptsächlich die Denunziation der BRD.[213]

Der wohl deutlichste künstlerische Ausdruck von Peter Weiss' Politisierungsprozess sind allerdings seine in den 1960er Jahren verfassten Theaterstücke, welche die westdeutsche Literaturkritik als Produkt von »Radikalisierung«[214] und revolutionärem »Übereifer«[215] diskreditiert. Diese Beschreibung seiner politischen Haltung verweist ebenso wie die überwiegend negative Rezeption der einzelnen Theaterstücke darauf, dass öffentliche kommunistische Parteinahme in der BRD auch nach »68« vehement angegriffen wird. Im Rahmen

209 Elsner: »Vereinfacher haben es nicht leicht«, S. 38.
210 Schumacher: »›Die Ermittlung‹ von Peter Weiss«, S. 82.
211 Ebd., S. 80.
212 Vormweg: *Peter Weiss*, S. 86.
213 »Gesang von der Schaukel«.
214 Böttiger: *Die Gruppe 47*, S. 302.
215 Vormweg: *Peter Weiss*, S. 105.

seiner Politisierung verändert sich auch die Perspektive, aus der heraus Peter Weiss das Verhältnis zwischen Individuum und Gemeinschaft literarisiert. Bereits in *Marat/Sade* ist »das Ich des Autors [...], jedenfalls in seiner bis dahin dominierenden Auftrittsweise, geradezu systematisch aus dem Spiel gehalten.«[216] Weiss erklärt dazu 1965, was ihn »in der Konfrontation von de Sade und Marat interessiert, ist der Konflikt zwischen dem bis zum Äußersten geführten Individualismus und dem Gedanken an eine politische und soziale Umwälzung.«[217]

Der Herausgeber des Briefwechsels zwischen Peter Weiss und seinem langjährigen Verleger Siegfried Unseld beschreibt 2005 Weiss' Hinwendung zur Dramatik als »jähen Aufstieg zum Weltruhm (*Marat/Sade, Die Ermittlung*)«[218], auf den ein »fast ebenso schnelle[r] Verlust dieses Ruhms (*Popanz, Viet Nam Diskurs, Trotzki*)«[219] gefolgt sei. Spätestens mit dem *Viet Nam Diskurs* als sozialistischer Stellungnahme zum unmittelbaren Zeitgeschehen weicht Peter Weiss tatsächlich von der »bürgerlich-gemäßigten Linie seines Verlages«[220] ab. Dies führt zur Verschärfung eines bereits keimenden Konfliktes mit Siegfried Unseld: 1964 hatte sich Weiss für »die Einsetzung eines Autorenrates im Suhrkamp Verlag [ausgesprochen], der einen für alle Autoren transparenten und gerechten ›Normalkontrakt‹ mit dem Verleger aushandeln sollte.«[221] Die Beteiligung an der Selbstorganisierung im Verlag der Autoren 1969 lehnt er hingegen ab; auch Elsner arbeitet übrigens in keinem dieser Verlagsprojekte mit. Ein Jahr bevor Peter Weiss durch seine Absage gegenüber dem Verlag der Autoren heftige Kritik vonseiten der Linken auf sich

216 Ebd., S. 65.
217 Ebd., S. 67.
218 Gerlach, Rainer: *Die Bedeutung des Suhrkamp-Verlags für das Werk von Peter Weiss*, St. Ingbert: Röhrig 2005, S. 80.
219 Ebd.
220 Ebd., S. 191.
221 Ebd., S. 347.

zieht, schlägt er sich bei der Premiere des *Viet Nam-Diskurses* auf die Seite der APO:

> Die Premiere [...] in Frankfurt war keine übliche Premiere. Polizeikommandos warteten hinter der Bühne. Es gab Sicherheitsabsperrungen wie bei einem Staatsempfang. [...] Eine Diskussion wurde gefordert, die der Intendant und Regisseur des Viet-Nam-Diskurses, Harry Buckwitz, zusammen mit Peter Weiss akzeptierte. [...] An diesem Abend wurde der übliche Betrieb des bürgerlichen Theaters für gut zwei Stunden gesprengt.[222]

Die Literaturkritiker:innen verbergen ihre politischen Positionen in den Rezensionen des *Viet Nam Diskurses*[223] in der Ablehnung von Weiss' politisiertem Literaturbegriff, der »[z]u theorielastig, zu undifferenziert und zu wenig dramatisch«[224] sei. Häufig ohne wirkliche Auseinandersetzung mit dem Text verwerfen sie das von Weiss bewusst angewendete Verfahren der »Modifizierung der dramatischen Intention: von Charakter und Milieu weg, hin zu Muster und Modell«[225]. Das literaturkritische Beharren auf die Gestaltung von differenzierten Individuen beinhaltet die Ablehnung der Kategorie des Typischen, mit der auch Gisela Elsner durchgehend konfrontiert ist: »[D]ie Weiss'sche Psychologie«[226] sei »wieder idealistisch erstarrt zur Typenlehre, das Drama zu einer Mustersammlung von Haltungen, zum moralischen Panoptikum.«[227] Der Spiegel schreibt 1966 mit

222 Hahn, Ulla: *Literatur in der Aktion. Zur Entwicklung operativer Literaturformen in der Bundesrepublik*, Wiesbaden: Akademische Verlagsgesellschaft Athenaion 1978, S. 50.

223 Gerlach: *Die Bedeutung des Suhrkamp-Verlags für das Werk von Peter Weiss.*

224 Ebd., S. 194.

225 Vormweg: *Peter Weiss*, S. 104.

226 Baumgart, Reinhard: »In die Moral entwischt? Der Weg des politischen Stückeschreibers Peter Weiss«, in: *Text + Kritik* 37, 2. Aufl., 1982, S. 47–57, hier S. 56 f.

227 Ebd.

ironischem Unterton angesichts der dreizehn Inszenierungen der *Ermittlung*, Deutschland werde »zu einer einzigen moralischen Anstalt«[228]. Hier wird eine kommunistische Positionierung faktisch zu bloßer Moral erklärt und – wohlgemerkt entgegen dem eigentlichen bürgerlichen Gebrauch – als negatives Moment bestimmt; die konkrete Anklage der Herrschenden, die Weiss in der *Ermittlung* formuliert, wird damit zum arrogant »erhobenen Zeigefinger«.

Wendung(en) zum Realismus

Eine literaturprogrammatische Ausarbeitung seiner sozialistischen Positionierung präsentiert Peter Weiss 1966 auf der Tagung der Gruppe 47 in Princeton, einer Reisegruppe, die nahezu ausschließlich aus Männern besteht, Gisela Elsners Ex-Ehemann Klaus Roehler eingeschlossen, sie selbst hingegen nicht. In seiner bereits erwähnten Rede *I Come out of My Hiding Place* benennt Weiss in Princeton nicht nur den postfaschistischen Charakter der BRD, sondern entwirft ein Konzept von Parteilichkeit, das dem Entwurf des nonkonformistischen Schriftstellers explizit entgegensteht. Den Imperativ für parteiliche Literatur leitet er zum einen historisch aus der Shoah ab, zum anderen gegenwartsbezogen aus der imperialistischen Politik des kapitalistischen Staatenblocks beziehungsweise den globalen antiimperialistischen Kämpfen.

Unter Zurückweisung der Vorstellung einer »unbetretbare[n] Freistatt der Kunst«[229] betont Weiss die unweigerliche Eingebundenheit sowohl des Schriftstellers als auch der Literatur in Geschichte und Gegenwart. Gegen eine ästhetizistische Haltung erhebt er die Anklage, dass ein reines »Engagement für die Kunst, wenn auch im

228 »Gesang von der Schaukel«.
229 Weiss: »Rede in englischer Sprache gehalten an der Princeton University USA am 25. April 1966, unter dem Titel: I Come out of My Hiding Place«, S. 12.

Bewusstsein des Verderbens ringsum, zur gleichen Zeit ein Engagement für die Zerstörung«[230] sei. Mit seiner Parteinahme für Sozialismus und Antiimperialismus kritisiert Weiss nicht allein die Regierungspolitik der USA, sondern explizit auch deren engen Verbündeten BRD. Weiss Kritik am Vietnamkrieg und seine Befürwortung der Anti-Kriegs-Proteste wird auf US-amerikanischer Seite durchaus als Provokation aufgefasst, ebenso wie von einigen Mitgliedern der Gruppe 47, die ihrer Rolle als westdeutsche Schriftstellerdelegation nachkommen und kein Missfallen bei ihren Gastgeber:innen erregen wollen.[231] In diesem Konflikt zeigt sich die Grundsätzlichkeit des politischen Dissenses zwischen dem Kommunisten Peter Weiss und den staatstragenden, SPD-nahen Protagonisten der Gruppe 47 wie Günter Grass und Hans Werner Richter.

Weiss benennt in seiner Ästhetizismuskritik die Funktion formalistischer Poetologien für die bürgerliche Literaturkritik:

> Jene, die meinen härtesten Experimenten applaudiert hatten, jene, denen der Exhibitionismus meiner Verzweiflung gefallen hatte, würden sagen, daß ich jetzt schwächer würde, daß meine Kunst nachließe. Aber ich kann jetzt nicht länger an einen unabhängigen Umkreis der Kunst glauben, selbst wenn das heißt, daß ich wieder ganz von vorne anfangen müßte und dabei Fehler machen würde.[232]

Einen eng verwandten Schwerpunkt setzt auch Gisela Elsner 1970 in ihrer ersten explizit sozialistischen Positionierung in der Zeitschrift konkret mit der Figur der »Ästhetisierung des Inhaltlichen«. Auch ihre Ästhetizismuskritik bleibt nicht aufs Literarische beschränkt, sondern ist auf eine politische Praxis hin erweitert, in der Elsner sich selbst verortet an einem Punkt des »Parteiergreifens als einem Vor-

230 Ebd., S. 13.
231 Vgl. Böttiger: *Die Gruppe 47*, S. 384 ff.
232 Weiss: »Rede in englischer Sprache gehalten an der Princeton University USA am 25. April 1966, unter dem Titel: I Come out of My Hiding Place«, S. 14.

stadium der Parteilichkeit, das den Prozeß der Annäherung an die Partei gewissermaßen darstellt«[233]. Dieser Annäherungsprozess sei kein aufregender Akt der Selbstverwirklichung, sondern eine »Anstrengung, kein[] Kraftakt, sondern vielmehr eine[] wenig attraktive[], eher beamtenhafte[] Kleinarbeit«[234].

Gegen einen neulinken Zeitgeist und trotz eines parteilichen, auf praktische Veränderung gerichteten Literaturbegriffs, halten sowohl Weiss als auch Elsner letztlich an der Figur des autonomen literarischen Kunstwerks fest. Eine klassenbewusste Begründung für dieses in nicht- oder vorrevolutionären Zeiten legt Weiss 1975 einem der proletarischen Protagonisten seiner *Ästhetik des Widerstands* in den Mund:

> [F]ür den Ruf nach totaler Zertrümmerung der Kunst hatten wir nichts übrig, solche Parolen konnten sich diejenigen leisten, die übersättigt waren von Bildung, wir wollten die Institutionen der Kunst erstmal heil übernehmen, sehn, was dort vorhanden war und unsrer Lernbegier dienstbar gemacht werden konnte.[235]

Elsner grenzt sich 1985 von der produktionsästhetischen Seite her von der Figur des Literaturtodes ab, wenn sie sagt, »[d]en Versuch, die Literatur zu Grabe zu tragen, empfand ich damals als Kapitulation. Bloß weil einige forsche Schriftsteller mit ihren Methoden die Wirklichkeit nicht mehr erfassen konnten, erklärten sie – anstatt sich die Mühe zu machen, neue Schreibweisen zu suchen – die gesamte Literatur für tot.«[236]

Die polit-literarischen Biographien von Weiss und Elsner sind wie für viele »68er«-Intellektuelle zunächst geprägt durch die absurde

233 Elsner, Gisela: »Parteilichkeit«, in: Dies.: *Flüche einer Verfluchten*, S. 9–12, hier S. 12.
234 Ebd.
235 Weiss, Peter: *Die Ästhetik des Widerstands*, Frankfurt a. M.: Suhrkamp Verlag 1983, S. 57.
236 Altenburg (Hrsg.): *Fremde Mütter, fremde Väter, fremdes Land*, S. 364.

Literatur der 1950er Jahre, die beide allerdings später einer kritischen Revision unterziehen. Peter Weiss erklärt es 1966 in *I come out of my hiding place* zu einem Fehler, das Weltgeschehen als »Absurdität von Kräften«[237] zu beschreiben, die »sich gegenseitig überschlugen«[238]. Elsner kommt in diesem Zusammenhang etwa zu einer Neubetrachtung des Werkes von Franz Kafka, worüber sie 1989 in einem Gespräch mit dem Kürbiskern äußert, sie

> schreibe seit langem realistisch. Früher war ich sehr stark von Kafka beeinflußt. Ich konnte mich von Kafka komischerweise dadurch trennen, daß ich Zola las. Zola versucht, in seinen Büchern eine minutiöse Darstellung der Geschichte seiner Zeit zu zeigen. Darin sehe ich auch meine Aufgabe als Schriftstellerin. Deshalb habe ich mich nie als den Nabel der Welt betrachten können.[239]

Mit ihrem parteilichen Literaturbegriff stoßen die Kommunist:innen Elsner und Weiss in der Bundesrepublik auf ein dreifaches Hindernis: Die Literatur als autonome Sphäre innerhalb der bürgerlichen Gesellschaft erhebt per definitionem keinen Handlungsanspruch; die Befreiung der Literatur durch ihre praktische Aufhebung im Leben ist unmöglich angesichts fortbestehender Herrschaftsverhältnisse; kommunistische Künstler:innen sind in einer Gesellschaft ohne Arbeiter:innenbewegung faktisch ohnmächtig.

Martin Damus formuliert dieses Dilemma bereits 1968 folgendermaßen: Die Aufhebung der Kunst im Leben sei ein neulinker Entwurf, der die Abschaffung der Kunst »unter Absehung von den gesellschaftlichen Bedingungen als sozial-revolutionären Prozeß betrachtet, ohne daß die ›Abschaffer‹ unter den gegenwärtigen Bedingungen etwas dagegen unternehmen oder auch nur unternehmen

237 Weiss: »Rede in englischer Sprache gehalten an der Princeton University USA am 25. April 1966, unter dem Titel: I Come out of My Hiding Place«, S. 9.
238 Ebd.
239 Elsner: »Bandwürmer im Leib des Literaturbetriebs«, S. 250.

könnten, daß die vorgebliche Abschaffung als Kunstwerk gefeiert wird.«[240] Peter Weiss widmet dieser Problematik in seinem *Pariser Journal* einen ganzen Aufsatz, während von Gisela Elsner – obwohl sie mit derselben Problematik konfrontiert ist – keine Überlegungen zur operativen Funktion von Literatur vorliegen.

Ein deutlicher Unterschied zwischen Peter Weiss und Gisela Elsner ist die Annäherung Letzterer an den Parteikommunismus, die sie 1977 zu ihrem Eintritt in die DKP führt. Dies zeigt sich unter anderem in ihrer Abgrenzung von Voluntarismus und neulinken Heldenerzählungen, explizit bezogen auch auf Verhaltensweisen der linken Intelligenz wie etwa die Tatsache, dass »Jean-Paul Sartre beim Verteilen eines maoistischen Blattes eine Mao-Jacke«[241] trägt. Eine Voluntarismuskritik formuliert Elsner noch 1986 anhand von Che Guevara, den sie in ihrem Aufsatz *Von einem, der auszog, eine Revolution ohne Volk anzuzetteln* als »exzessiv individualistischen, mit allen Lastern der Ideologie der Linksabweichler behafteten [...] Guerillero«[242] beschreibt. Peter Weiss hingegen beschreibt Guevara 1965 in einem Nachruf als eine Person, »deren Opfer uns etwas zu lernen gibt, deren Tod auf unsere Niederlage und unsere Feigheit deutet, weil er beweist: Die Erde gehört dir nicht, wenn du dein Leben nicht aufs Spiel setzt.«[243] Mit dieser Darstellung reproduziert Weiss mithin eine patriarchal geprägte Heldenerzählung und eine Revolutionsromantik – deren Reiz für die Neue Linke aus Sicht Elsners unter anderem gerade darin liegt, dass deren »Proteste ebensowenig Folgen zeitigten wie die Revolutionspläne ihres Idols«[244] Che Guevara.

240 Damus, Martin: *Funktionen der bildenden Kunst im Spätkapitalismus*, Frankfurt a. M.: Fischer Taschenbuch Verlag 1973, S. 9.
241 Elsner: »Parteilichkeit«, S. 9.
242 Elsner, Gisela: »Von einem, der auszog, eine Revolution ohne Volk anzuzetteln. Zum 20. Todestag von Che Guevara«, in: Dies.: *Flüche einer Verfluchten*, S. 167–175, hier S. 167.
243 Baumgart: »In die Moral entwischt?«, S. 54.
244 Elsner: »Von einem, der auszog, eine Revolution ohne Volk anzuzetteln«, S. 175.

Unzugehörigkeit als Ausgrenzung

Gisela Elsner formuliert ab den mittleren 1970er Jahren eine Kritik der Identitätspolitik, im Rahmen ihrer Auseinandersetzung mit den literaturprogrammatischen und literarischen Entwicklungen im Kontext der Neuen Sozialen Bewegungen. Ebenso wie Peter Weiss, der sich »parallel zur Herausbildung des politischen Engagements im Zeichen des Universalismus [...] in konkrete Verfolgungssituationen«[245] versenkt, entwickelt sie aus ihrer Auseinandersetzung mit Unterdrückung und Herrschaft gerade nicht die Forderung nach partikularistischer Interessenvertretung, sondern einen allgemeinen Befreiungsanspruch. Im Gespräch mit Michael Altenburg erklärt sie 1985, sie sei zunächst davon ausgegangen, dass

> das Gerede um Identitätsprobleme kein Wochenende überdauern [würde]; jetzt dauert es schon länger als ein Jahrzehnt und ist dadurch auch nicht besser geworden. Schreibprobleme müssen vom Autor gelöst, aber nicht beschrieben werden. Wenn ich am Schreibtisch sitze, interessiere ich mich nicht für mich; ich bin für mich kein Thema meiner Arbeit.[246]

Diese Leugnung jeglicher Relevanz ihrer eigenen Erfahrungen für ihre literarische Produktion muss allerdings angesichts des autobiographischen Charakters von Texten wie *Die Zerreißprobe* und *Abseits* auch als politische Strategie verstanden werden. Elsner geht es immer auch um die Zurückweisung vermeintlich »weiblicher Schreibweisen« und der Kategorie Frauenliteratur, die sie 1983 in ihrem Aufsatz *Autorinnen im literarischen Ghetto* einer ausführlichen Kritik unterzieht.

245 Baumgart: »In die Moral entwischt?«, S. 54.
246 Altenburg (Hrsg.): *Fremde Mütter, fremde Väter, fremdes Land*, S. 151.
247 Elsner, Gisela: »Autorinnen im literarischen Ghetto«, in: Dies.: *Im literarischen Ghetto*, S. 41–59, S. 48.

Darin beschreibt sie die Affirmation einer »weiblichen Ästhetik«[247], auch durch die Autorinnen selbst, als entpolitisierendes Moment:

> Man weiß, daß von ihnen keine anklägerische Bestandsaufnahme der herrschenden Mißstände zu erwarten ist. Auch hat es sich herumgesprochen, daß sie nicht den spätkapitalistischen Verhältnissen, sondern einzig und allein den Männern, die sie dämonisieren, ohne zu bemerken, daß die Mehrzahl von ihnen wie die Mehrzahl der Frauen ausgebeutet und unterdrückt wird, die Schuld für die allgemeine Misere zuzuschieben.[248]

Vor dem Hintergrund dieser faktisch universalistischen Positionierung ist die bis heute die Forschungsliteratur dominierende Charakterisierung von Elsner und Weiss als »partikulare Außenseiter:innen« erklärungsbedürftig. Im Falle Weiss findet sich hier der literaturkritische Topos des »Selbstentwurf[s] als Unzugehörige[r]«[249], eine psychologisierende Deutung, die Legitimation in Weiss' Affinität zur Psychoanalyse findet. Frühe literarische Werke wie *Der Schatten des Körpers des Kutschers* und *Abschied von den Eltern* legen tatsächlich nahe, dass sein »Weg zur marxistischen Gesellschaftsanalyse [...] bei der Psychoanalyse seinen Ausgangspunkt«[250] hat. Elsner wiederum fühlt sich als weibliche Satirikerin, die die Geschlechtsidentität Frau ablehnt[251],

> in der DKP [als] ein Fremdkörper, so wie ich es trotz meines besten Willens überall, wohin immer ich auch gehe, bin. [...] Für Menschen

247 Elsner, Gisela: »Autorinnen im literarischen Ghetto«, in: Dies.: *Im literarischen Ghetto*, S. 41–59, S. 48.
248 Ebd.
249 Kramer: »Zusammenstoß in Princeton – Peter Weiss und die Gruppe 47«, S. 162.
250 Ebd.
251 Altenburg (Hrsg.): *Fremde Mütter, fremde Väter, fremdes Land*, S. 151.

> wie mich gibt es offenkundig keinen Staat und kein Gesellschaftssystem, das ich ohne Vorbehalte befürworten könnte. Die Schriften von Marx, Engels und Lenin erscheinen mir zwar im höchsten Grade plausibel. Aber zwischen diesen Theorien und der Praxis klafft eine Kluft, in die ich mich vermutlich in einem Anfall von größter Verzweiflung stürzen werde.[252]

Diese Einschätzung scheint korrekt, wie sich im Folgenden noch deutlicher zeigen wird. Sie lehnt sozialrevolutionäre Praxen ab, passt jedoch auch mit ihrem exzentrischen Lebensstil in die kleinbürgerlich geprägte DKP nicht hinein, aus der heraus sie Ende der 1980er Jahre ohne Anschluss an die sich entwickelnde autonome Linke eine »antideutsche« Position vertreten wird. Die Literaturkritiker:innen zeichnen sie allerdings als einsame Renegatin, deren politische Haltung auf individuell-biographische Faktoren zurückzuführen sei:

> Ihre berühmt gewordene Frisur, jener breite Helm über ihrem Kopf, schien dieselbe Panzerungsfunktion gehabt zu haben wie ihr Leninismus – eine individualpsychologische Aporie, deren Ursprünge wohl in den Auseinandersetzungen mit ihrer Herkunft lagen. Lenin tat dem Bürgertum und letztlich ihren Eltern mehr weh als Che Guevara oder Haschischrauchen, das spürte sie instinktiv, und gegen die so häufig anzutreffende Heiligenverehrung Che Guevaras schrieb sie denn auch beinahe manisch an.[253]

Der Vorgang der Psychologisierung ist paradigmatisch nicht nur für den Umgang der Literaturkritik mit Autorinnen, sondern auch geeignet zur Entpolitisierung kommunistischer Positionen. Eine solche Degradierung einer politischen Haltung zum Ausdruck psychischer

252 Brief an Hanjo Kesting vom 12. Juni 1989; in: Briefwechsel Gisela Elsner – Hanjo Kesting, fol. 42.
253 Böttiger: *Die Gruppe 47*, S. 263 f.

Instabilität liefert Marcel Reich-Ranicki 1984 in einem Nachruf auf Peter Weiss, der

> in einem großen Kollektiv der Gleichgesinnten Zuflucht gefunden [hatte] – er fühlte sich geborgen unter den Vorzeichen einer vereinenden Idee von universalem Anspruch. Weiss, der Einsame, der Ausgestoßene, der Heimatlose, glaubte die Küste des gelobten Landes zu sehen. Doch die Erkenntnis, daß jenes gelobte Land einer Fata Morgana gleicht, blieb ihm nicht erspart.[254]

Immer wieder erklärt die bürgerliche Literaturkritik das Bestehen auf einem universalen Befreiungsprojekt als phantastische Schrulle, deren Uneinlösbarkeit nicht auf den Verlauf gesellschaftlicher Auseinandersetzungen zurückgeführt wird, sondern auf ihre letztlich pathologische Herkunft in der individuellen Psyche.

Eine weitere reale »Unzugehörigkeit« ergibt sich für Peter Weiss in der Bundesrepublik aus seiner Verfolgung als Jude durch die Nationalsozialisten und die dadurch erzwungene Flucht- und Exilerfahrung; außerdem, später und in anderer Weise, auf seine politische Positionierung zwischen Sowjetunion, westlichem Antikommunismus und der Neuen Linken in der BRD. Obwohl sich die Kommunismen von Weiss und Elsner an einigen Punkten wesentlich unterscheiden, stellen sich beide kritisch solidarisch zu Sowjetunion und DDR, Elsner vor allem durch ihre Nähe zur und schließlich Mitgliedschaft in der DKP, Weiss in Aufsätzen und Theaterstücken. Elsner betont zwar, sie sei sich darüber im Klaren, dass sie, »gesetzt den Fall, ich würde beispielsweise nach Moskau oder nach Ostberlin übersiedeln, auf große, wenn auch anders geartete Schwierigkeiten stoßen würde.«[255]

254 Reich-Ranicki, Marcel: »Peter Weiss. Poet und Ermittler. 1916–1982«, in: Gerlach, Rainer (Hrsg.): *Peter Weiss*, Frankfurt a. M.: Suhrkamp Verlag 1984, S. 7–11, hier S. 9.

255 Brief an Hanjo Kesting vom 12. Juni 1989, in: Briefwechsel Elsner – Kesting, fol. 42.

Sie distanziert sich jedoch bis zu deren Zusammenbruch 1989 niemals endgültig von der DDR, sondern hält daran fest, dass die Zukunft der Menschheit nur durch den Kommunismus gesichert werden kann.[256] Über Peter Weiss' Haltung zur real existierenden Systemalternative gibt die sozialistische Autorin Christa Wolf 2005 zu Protokoll: »Er wollte mehr Positives sehen als es tatsächlich gab. [...] Also, Weiss hat eben bei seinen Recherchen selektiert – er hat eher die Menschen befragt, die der DDR positiv gegenüberstanden, aber nicht diese strahlenden Funktionärs-Typen, sondern Menschen, die trotzdem immer kritisch nachgedacht haben.«[257]

Während Elsner noch 1987 gegenüber Klaus Roehler von »Trotzkijs Verrat«[258] an Lenin spricht, positioniert sich Peter Weiss 1969 im Nachwort zu seinem Theaterstück *Trotzki im Exil* explizit als Trotzkist. Daraufhin erklärt ihn die Sowjetunion zum politischen Gegner, was zwar vorhersehbar, aber dennoch von ihm nicht intendiert war; mit erklärter pro-sowjetischer Absicht betont Weiss, im Fall Trotzkis stünden

> [g]egenüber den heftigen Auseinandersetzungen zwischen ihm und Lenin ebenso viele Beweise der Übereinstimmung [...]. Ich hätte dieses Stück nicht geschrieben, wenn Trotzki sich in irgendeiner Äußerung als Feind des proletarischen Internationalismus erkennen liesse. [...] Seine permanente Revolution ist längst nicht mehr Anathema zum Aufbau des Sozialismus in einem Land, sondern Bestandteil der Befreiungsbewegung, die sich auf allen Kontinenten entfaltet.[259]

256 Vgl. etwa Elsner, Gisela: »Ruf aus der tiefsten Tiefe des Unlands«, in: Dies.: *Flüche einer Verfluchten*, S. 373–374.
257 Berbig (Hrsg.): *Stille Post*, S. 82.
258 Günther-Herold: *Wespen im Schnee*, S. 286.
259 Unseld, Siegfried / Weiss, Peter: *Der Briefwechsel*, hg. von Rainer Gerlach, Frankfurt a. M.: Suhrkamp Verlag 2007, S. 726 ff.

Der sowjetische Literaturkritiker Lew Ginsburg macht Weiss 1970 dennoch den Vorwurf des objektiven Antikommunismus, mit dem in der Sowjetunion und der DDR typischerweise Kritik und abweichende Positionen unterbunden werden:

> Ist sich Weiss bewusst, wen er amüsiert? Versteht er, wie die Thaddenschen Neonazis und die Pauker der Partei von Strauß und Kiesinger sich freuen, wie das ganze reaktionäre Pack zu den Roten hinüber schielt und aufjauchzt: da habt ihr ein antisowjetisches »Geschenk« von eurem gestrigen Busenfreund! [...] Mit anderen Worten, Weiss schafft einen bestimmten Mischmasch aus Trotzkismus, Maoismus, Antisowjetismus und Marcusianismus. [...] Eine der Rezensionen über das neue Stück von Peter Weiss trägt die sehr treffende Überschrift »Weiss im Exil«. Ja, im »Exil«, und dorthin begeben hat er sich aus eigenem Willen.[260]

Die Literaturkritik in der DDR ignoriert *Trotzki im Exil*, die Ostberliner Akademie der Künste lädt Peter Weiss aus und das Stück wird international nur ein einziges weiteres Mal inszeniert. Die bundesrepublikanische Literaturkritik in Gestalt der prominenten Kritiker Ivan Nagel und Marcel Reich-Ranicki verreißt das Stück mit einer »in der Geschichte des deutschen Nachkriegstheaters nur schwerlich zu überbieten[den]«[261] Vehemenz. Eine seltene Verteidigung des Stücks veröffentlicht Weiss' Suhrkamp-Kollege Martin Walser in der Süddeutschen Zeitung, in der er der Literaturkritik die Vertuschung politischer Bewertungsmaßstäbe durch ästhetische Kategorien vorwirft. Ivan Nagel etwa ziehe sich zurück

260 Ginsburg, Lew: »›Selbstdarstellung‹ und Selbstentlarvung des Peter Weiss«, in: Canaris (Hrsg.): *Über Peter Weiss*, S. 136–140, hier S. 137 ff.

261 Gerlach: *Die Bedeutung des Suhrkamp-Verlags für das Werk von Peter Weiss*, S. 208.

> auf einen, bzw. auf seinen Begriff vom Theaterstück, dem ist der Autor ästhetisch nicht gerecht geworden, also kann der Kritiker sich die Auseinandersetzung mit der message schenken; der Kritiker wird ja erst wach, wenn das medium die message ist und sonst nichts. [...] Das ist ihm umso leichter gefallen, als es sich durchweg um Kommunisten handelt: Lenin, Trotzki, Weiss.[262]

Die Rezeption von *Trotzki im Exil* deutet darauf, dass eine klare Parteinahme für den Sozialismus, wie bereits ausgeführt, »selbst in der durch gesellschaftlichen Linksruck und ›Entspannungspolitik‹ geprägten BRD der mittleren und späten 1960er Jahre«[263] ein »Fehler«[264] ist. Elsner benennt die auch im Folgejahrzehnt fortbestehende politische Ausgrenzung und Bedrohung, wenn sie 1989 in der UZ schreibt,

> [d]as Problem der Bewältigung des Faschismus hat sich mir immer wieder gestellt, also nicht nur in meinen Erinnerungen, die ich im Buch *Fliegeralarm* zu Papier brachte. Das hat sich mir immer wieder im Verhalten gewisser Leute, Beamter, Polizisten gezeigt. Ich habe mich hier immer bedroht gefühlt und fühle mich auch heute noch bedroht, zumal als Kommunistin.[265]

Da Peter Weiss 1982 verstirbt, erlebt er die nationalistischen Entwicklungen der achtziger Jahre, den Zusammenbruch des Realsozialismus und die deutsche Vereinigung nicht. Womöglich wären Weiss und Elsner angesichts dieser, bei aller Kritik an der Sowjetunion klaren Katastrophe für die bundesrepublikanische und globale Linke politisch »nähergerückt«; jedenfalls rät Elsner ihrem Freund und Genossen Ronald Schernikau 1990, er solle Trotzkis Bücher *Die verratene*

262 Ebd.
263 Ebd.
264 Ebd.
265 Elsner: »Bandwürmer im Leib des Literaturbetriebs«, S. 249 f.

Revolution und *Mein Leben* lesen.[266] Über ihren geplanten Umzug nach Berlin im selben Jahr berichtet sie, sie habe »auch die Trotzkisten in Westberlin darum gebeten, bei der Entrümpelung der Wohnung mitzuhelfen.«[267]

266 Vgl. Akademie der Künste, Berlin, Ronald-M.-Schernikau-Archiv, Nr. 150, Gisela Elsner an Ronald Schernikau, 3. Februar 1990.
267 Ebd., 11. Juni 1990.

1.5 Gisela Elsner und der Rowohlt Verlag

Der Rowohlt Verlag ist über drei Jahrzehnte hinweg Gisela Elsners »Hausverlag«, hier erscheint nahezu ihr gesamtes literarisches Werk, angefangen 1964 mit *Die Riesenzwerge* bis zu ihrem vorletzten veröffentlichten Roman *Das Windei* im Jahr 1988. Wie für das Verhältnis zwischen Verlag und Autorin in der bürgerlichen Gesellschaft üblich, ist Elsner bei Rowohlt allerdings nicht fest angestellt, sondern muss für jedes neue Manuskript erneut eine Vorschusszahlung aushandeln. Dabei ist die Fortsetzung der Zusammenarbeit über das jeweils aktuelle Buchprojekt hinaus ebenso wenig garantiert wie dessen Publikation: Die Verlage sind »Wirtschaftsunternehmen, keine mäzenatischen Einrichtungen zur Förderung von Literatur«[268], während die Autor:innen zugleich – euphemistisch gesagt – die »schöpferischen Auftraggeber der Verleger [sind], die ihnen, den Urhebern ihrer Verlagswerke, ihren ganzen Daseinszweck verdanken«[269]. Die von Rowohlt gezahlten Vorschüsse, wenn auch nach Elsners Aussage jedes Mal zu niedrig, bilden über drei Jahrzehnte hinweg ihre hauptsächliche Existenzgrundlage. Dies zeigt die Bedeutung einer Verlagsbindung für die Aufrechterhaltung der Kapazitäten, die für die langwierige und unberechenbare Produktion eines literarischen Werks notwendig sind.

268 Piper, Klaus: »›Dies Geschäft, das kein Geschäft ist …‹ (E. Rowohlt). Verleger-Gedanken«, in: Unseld, Siegfried (Hrsg.): *Heinrich Maria Ledig-Rowohlt zuliebe. Festschrift zu seinem 60. Geburtstag am 12. März 1968*, Reinbek bei Hamburg: Rowohlt Verlag 1968, S. 65–77, hier S. 68.

269 Ebd.

»[D]er Verleger als Käsehändler«[270]: Literaturbetrieb im Kapitalismus

In einer Festschrift zum 60. Geburtstag von Heinrich Maria Ledig-Rowohlt aus dem Jahr 1968 liefert sein Kollege Klaus Piper ein Musterbeispiel für die interessierte Verbrämung des materiellen Nutzens, den jedes noch so progressive Buchprogramm dem Eigentümer eines Verlages bringt. Mit antikommunistischem Unterton schreibt Piper,

> die goldenen Ketten ökonomischer Gebote und Verbote wiegen leicht im Vergleich zu Verhältnissen, wo freie Alternativen des Handelns untersagt sind, weil eine politische Ideologie das Monopol der Entscheidungen für sich allein in Anspruch nimmt. Für die Selbstbestimmung unserer Berufsausübung einzutreten, das lohnt sich.[271]

Diese »goldenen Ketten«[272] mögen leicht wiegen für den Verleger Ledig-Rowohlt »im Tweed aus der St. George Street«[273] und seine Ehefrau Jane »im Nerz von Dior«[274], aber schwer für die Autor:innen, die ohne Festanstellung um jeden Buchvorschuss kämpfen müssen. Gisela Elsner erklärt 1975, ihre finanzielle »Unabhängigkeit«[275] sei, da sie ihren Lebensunterhalt ausschließlich mit der Produktion ihrer Bücher verdiene, »angesichts der miserablen Bezahlung [...] nominell«[276].

270 Chotjewitz, Peter O.: »Das Projekt der Kollektivierung. Ein Portrait meines Verlegers Ledig-Rowohlt«, in: Unseld (Hrsg.): *Heinrich Maria Ledig-Rowohlt zuliebe*, S. 14–17, hier S. 16.
271 Piper: »›Dies Geschäft, das kein Geschäft ist ...‹ (E. Rowohlt)«, S. 76.
272 Ebd.
273 »Die Berühmung und Belobung Heinrich Maria Ledig-Rowohlts dargestellt durch die Sklavengruppe des Irrenhauses zu Reinbek unter Anleitung des Herrn Dr. Raddatz«, in: Unseld (Hrsg.): *Heinrich Maria Ledig-Rowohlt zuliebe*, S. 78–83, hier S. 78.
274 Ebd.
275 Elsner: »Über Mittel und Bedingungen schriftstellerischer Arbeit«, S. 16.
276 Ebd.

Überhaupt geht Elsner mit ihrer prekären finanziellen Situation von Anbeginn ihrer Zusammenarbeit mit Rowohlt offen um. Zwar bittet sie Fritz Raddatz 1966 um die Geheimhaltung ihrer vermutlich aus finanziellen Gründen ausgeübten Nebentätigkeit als Übersetzerin von Krimis[277], es ist jedoch wahrscheinlich, dass ihre Motivation dafür eher in der Angst um ihren Ruf als Schriftstellerin liegt als um die Vermeidung des Themas Finanzen. So schreibt sie etwa im Juni 1964 aus Rom an Ledig-Rowohlt, sie bekomme

> aus italienischen Gefängnissen und Besserungsanstalten Bettelbriefe. Vielköpfige Familien soll ich ernähren, während der Vater sitzt, oder wenigstens die Anwälte bezahlen. Damit ein Krüppel nicht mehr Rollstuhl fahren muß, soll ich ihm ein Holzbein besorgen. Einer muß in Italien das Gerücht verbreitet haben, daß ich die Armen liebe. Ich muß gestehen, daß ich der einzige Arme auf der Welt bin, den ich liebe. Dies ist die Lage.[278]

Elsner ist neben Peter O. Chotjewitz[279] auch die einzige Autorin, die in Ledig-Rowohlts Festschrift die geldvermittelte Natur des Verhältnisses zu ihrem Verlag ins Zentrum ihres Beitrags stellt: »Über den eigenen Verleger etwas Gutes sagen sollen, das heißt sich ins Gespräch zu bringen und hört sich hinter vorgehaltener Hand so an: Der meist, in diesem Fall die hat gut reden, wenn sie etwas sagen soll, weil er ihr Schlechtes für gut hält, gibt der der Geld.«[280] Sie enthält sich vertraulich-anekdotischer Lobhudelei und verweist mit feministischer Implikation auf das Konkurrenzverhältnis zwischen den Autor:innen. Dabei steht sie in den sechziger Jahren noch hoch in der Gunst der

277 Brief an Fritz J. Raddatz [undatiert, ca. 1966], in: Verlagsarchiv Rowohlt, fol. 1.1.
278 Brief an Heinrich-Maria Ledig-Rowohlt vom 6. Juni 1964, in: Verlagsarchiv Rowohlt, fol.1.
279 Vgl. Chotjewitz: »Das Projekt der Kollektivierung«, S. 14–17.
280 Elsner, Gisela: »Für Heinrich Maria Ledig-Rowohlt«, in: Unseld (Hrsg.): *Heinrich Maria Ledig-Rowohlt zuliebe*, S. 19.

Verlagsführung, deren materielle Dimension sich etwa in einem Brief von Fritz Raddatz mit sexistischem Unterton zeigt – bei dem es sich, wie Elsner ihrem Lektor schreibt, gar nicht um einen Brief handele, sondern »um ein Geburtstagsgeschenk: Kaufen Sie sich also bitte bei Mary Quandt den weißen Hosenanzug und gedenken Sie in einer stillen Minute meiner (und des Meisters Ledig).«[281]

Dem Thema Zensur steht Gisela Elsner offensichtlich in den frühen 1960er Jahren noch recht kritiklos gegenüber; 1964 erklärt sie gegenüber der Welt, sie »habe keinen Anlass, die Bundesrepublik zu desavouieren, zumindest nicht so lange, wie meine Bücher dort unzensuriert erscheinen können«[282]. In den folgenden Jahrzehnten erweitert sie allerdings ihren Zensurbegriff erheblich und erklärt 1986 in einer *Antwort auf einen Fragebogen, die Literaturzensur in der Bundesrepublik Deutschland seit 1945 betreffend*,

> [i]n der Bundesrepublik findet Zensur statt. Diese Zensur ist insofern schwer nachzuweisen, als sie nicht offen, sondern verdeckt vonstatten geht. [...] Bei dieser Zensur handelt es sich um eine freiwillige Selbstzensur der Redakteure, Lektoren, Herausgeber oder Verlagsdirektoren. [...] Daß in der BRD Zensur ausgeübt wird, ist kein Wunder: Jede herrschende Klasse muß zur Aufrechterhaltung ihrer Macht Zensur ausüben.[283]

Mit dieser Aussage definiert Elsner den Umgang der Verlage mit den Manuskripten als Teil eines Zensurvorgangs und stellt sich so gegen die bürgerliche Behauptung, dass die Ablehnung von Manuskripten durch Verlage nicht als Zensur zu betrachten sei, sofern die Auswahl der publizierten Literatur nicht staatlich gelenkt, sondern durch den

281 Brief an Fritz J. Raddatz vom 29. April 1969, in: Verlagsarchiv Rowohlt, fol. 5.
282 Starkmann: »Keine Zeit für Sympathie«.
283 Elsner, Gisela: »Antwort auf einen Fragebogen, die Literaturzensur in der Bundesrepublik Deutschland seit 1945 betreffend«, in: Dies.: *Im literarischen Ghetto*, S. 115–117, hier S. 116.

Markt gewährleistet werde. Dass so »ideologische Positionierungen als individuelle Entscheidungen ihrer Autorinnen und Autoren«[284] verstanden und damit zu bloßen Meinungsäußerungen erklärt werden, ist nur ein Beispiel für die Wirkungsweise dieser Bestimmung.

Die Annahme einer unzensierten Wissensproduktion in der bürgerlichen Gesellschaft wird häufig in Abgrenzung von der DDR vertreten, wie eben durch Klaus Piper 1968 in der Rowohlt-Festschrift. Der Verleger beschreibt die BRD als eine »Gesellschaftsordnung, die das totale politische Herrschaftsmonopol ablehnt«[285] und in der die Verlagsprogramme bestimmt würden durch die »geistige[] und organisatorische[] Kapazität [der Verleger], die des literarischen Angebots und des Lesermarktes.«[286] Mit seiner Dichotomisierung von politischer Manipulation der Öffentlichkeit im Sozialismus und verlegerischer Autonomie in der BRD stellt sich Piper ignorant gegenüber der Frage, wie die »Grenzen [...] des Lesermarktes«[287] denn dann eigentlich zustande kommen. Tatsächlich ergeben die politisch ins Werk gesetzten ökonomischen Sachzwänge in der bürgerlichen Gesellschaft, wie Peter O. Chotjewitz in seinem Festschrift-Beitrag schreibt, im Fall linker Verlage einen »Widersinn«[288], der darin liegt, »daß ein fortschrittliches verlegerisches Unternehmen sich der Methoden des Systems bedient, die es eigentlich bekämpfen muß, unter der Vorgabe, sich hiermit die wirtschaftliche Basis zu verschaffen, von der aus es sie dann tatsächlich bekämpfen will.«[289]

Diese wirtschaftliche Basis, also der Stand der kapitalistischen Vergesellschaftung, befindet sich in ständiger Veränderung, über deren

284 Stocker, Günther / Rohrwasser, Michael (Hrsg.): *Spannungsfelder. Zur deutschsprachigen Literatur im Kalten Krieg (1945–1968)*, Wuppertal: Arco Verlag 2014, S. 10.

285 Piper: »›Dies Geschäft, das kein Geschäft ist ...‹ (E. Rowohlt)«, S. 68.

286 Ebd.

287 Ebd.

288 Chotjewitz: »Das Projekt der Kollektivierung«, S. 15.

289 Ebd.

Auswirkungen für den Rowohlt Verlag Frank Benseler bereits 1970 schreibt, es habe sich

> unter dem Einfluß spätkapitalistischer Wirtschaftsformen [...] auch im Buchsektor das Kapital konzentriert und zentralisiert. Die bei Bertelsmann etwa schon erreichte Steigerung der Arbeitsproduktivität und -intensität wird im Lauf der nächsten Zeit in den von Holtzbrinck zusammengefassten Verlagen fortgesetzt und im gleichen Maß zu einem potenzierten Zwang für die Mittelbetriebe [...].[290]

Eine Konsequenz dieser Veränderung der Produktionsverhältnisse ist das weitgehende Verschwinden des mittelständisch-patriarchalen Verlegertypus Heinrich Maria Ledig-Rowohlt, der im Übrigen durchaus an den von Gisela Elsner 1977 in *Der Punktsieg* entworfenen sozialdemokratischen Kapitalisten Norbert Mechtel erinnert.

Vom Kniefall zur Verramschung.[291] Elsners drei Jahrzehnte im »Hausverlag« Rowohlt

Die ökonomischen Entwicklungen in der BRD und damit auch im Verlagswesen werden ab 1966 bundespolitisch verwaltet von der SPD, die auch die »politische Heimat« von Gisela Elsners Verleger Ledig-Rowohlt ist. In einem Literaturbetrieb, der Ledig-Rowohlt ikonisiert,

290 Benseler, Frank / May, Hannelore / Schwenger, Hannes (Hrsg.): *Literaturproduzenten!*, Berlin: Edition Voltaire 1970, S. 49.

291 Es ist photographisch festgehalten, dass Heinrich-Maria Ledig-Rowohlt nach Gisela Elsners *Riesenzwerge*-Lesung 1963 auf der Tagung der Gruppe 47 vor der jungen Autorin auf die Knie fiel, um seine Bewunderung auszudrücken und sich als »ihr« Verleger darzustellen. Treffend beschrieben ist diese Geste mit dem, was Elsner knapp drei Jahrzehnte später als positiven Sexismus beschreibt: »Ich würde mich inzwischen darüber wundern, wenn ich nicht mehr [...] diskriminierend hofiert werden würde.« (Altenburg (Hrsg.): *Fremde Mütter, fremde Väter, fremdes Land*, S. 151.)

liegt es nahe, dass ihre mehrdimensionierte Kritik an der Sozialdemokratie sich ebenso auf ihre ökonomische Situation auswirkt wie auf ihre politisch-literarische Handlungsfähigkeit.

Dabei ist die Geschichte der politischen Ausrichtung des Rowohlt Verlags zunächst durchaus wechselhaft; der Verlagsgründer Ernst Rowohlt, der in den 1920er Jahren unter anderem Kurt Tucholsky herausgegeben hatte, trat 1937 der NSDAP bei und kehrte 1940 freiwillig aus Brasilien nach Deutschland zurück, um in der Wehrmacht zu kämpfen.[292] Entsprechend verweigern die US-Behörden dem Ex-Verleger im Rahmen der Entnazifizierung vorerst »die Beteiligung am Stuttgarter Verlag«[293]. Für die sowjetische Zone wiederum erhält Rowohlt aufgrund seiner »Teilnahme am Ersten Deutschen Schriftstellerkongress 1947 in Berlin [...] und seiner überaus freundlichen Haltung dabei der Sowjetunion gegenüber«[294] eine Verlagslizenz. Dieser politische Spagat prägt den Rowohlt Verlag in den 1950er Jahren: Einerseits wird hohe Präsenz in der DDR gezeigt, andererseits erscheinen Werke wie der Bestseller *Der Fragebogen* (1951) des ehemaligen Freikorps-Angehörigen und Rechtsterroristen Ernst von Salomon.[295] Eine besondere Nähe zur SPD scheint allerdings angesichts des sozialdemokratischen Antikommunismus wegen Ernst Rowohlts »›neutral‹ anti-westliche[r] Positionierung«[296] schwer denkbar.

Als die Verlagsleitung nach dem Tod von Ernst Rowohlt 1960 auf seinen Sohn Heinrich-Maria Ledig-Rowohlt übergeht, ändert sich die politische Linie des Verlags. Unter der Regie des in der DDR als Antikommunist und »völlig den USA-hörige[r] Typus des reinen Geschäftsmannes«[297] angesehenen Ledig-Rowohlt beginnt sich im

292 Vgl. Oels, David: »Von den vier Lizenzen bis zur Ballonaffäre. Der Rowohlt Verlag im Kalten Krieg 1947–1969«, in: Stocker/Rohrwasser (Hrsg.): *Spannungsfelder*, S. 101–128, hier S. 103.

293 Ebd.

294 Ebd., S. 105.

295 Vgl. ebd., S. 106 f. und S. 111.

296 Ebd., S. 115.

297 Ebd., S. 117.

Verlagsprogramm tatsächlich eine dezidiert antikommunistische Haltung abzuzeichnen, bei gleichzeitiger Annäherung an die SPD, für die nicht nur der neue Verleger selbst, sondern auch sein Cheflektor und Vertrauter Fritz J. Raddatz stehen. Hauptschauplatz für die programmatische Wende im Hause Rowohlt ist die von Raddatz ins Leben gerufene Buchreihe »rororo-aktuell«, die als »dezidiert bundesrepublikanische[] Publikation [...] von den 1960er bis in die 1980er Jahre maßgeblich das politische Profil des Verlags prägt«[298].

Die 1960er Jahre

In den 1960er Jahren erscheinen bei Rowohlt gleich zwei Aufsatzbände, die faktisch »Wahlwerbung«[299] für die SPD machen: das bereits erwähnte Buch *Die Alternative oder brauchen wir eine neue Regierung* (1961) sowie das *Plädoyer für eine neue Regierung oder keine Alternative* (1965). Das politische Engagement des Verlags wird auch von der Partei zur Kenntnis genommen und honoriert, Willy Brandt bedankt sich persönlich bei Ledig-Rowohlt, allerdings nicht ohne zu betonen, »daß er natürlich nicht alles akzeptieren könne, was in der *Alternative* zu lesen sei.«[300] Gisela Elsner, deren Bücher seit 1964 bei Rowohlt erscheinen, macht die Mobilisierung der Linken zur Wahl der SPD zu einem der ersten bundespolitischen Themen, zu denen sie öffentlich Stellung bezieht. Ihrem eigenen Arbeitskontext entsprechend bezieht sie sich dabei insbesondere auf die Haltung linker Intellektueller; auf die Frage der Zeitung Die Welt etwa, ob sie »die dezidierten Äußerungen verschiedener deutscher Schriftsteller – ich erinnere an Hochhuth und Graß [sic!] – zu politischen Fragen nicht für engagiert«[301] halte, entgegnet Elsner, »was manche Schriftsteller

298 Ebd., S. 120.
299 Ebd., S. 118.
300 Böttiger: *Die Gruppe 47*, S. 118.
301 Starkmann: »Keine Zeit für Sympathie«.

dazu beitragen, nenne ich eine Berliner Abart der Dialektik, wenn sie, was die SPD betrifft, verkünden, sie seien dafür und trotzdem seien sie dagegen. Sie nehmen mit dem Vorhandenen vorlieb und mißachten ihre eigentliche Aufgabe.«[302]

Diese Äußerung lässt sich durchaus als Kommentar zu den beiden *Alternative*-Büchern auffassen, in deren erstem Band von 1961 zwanzig, bis auf eine Ausnahme männliche Intellektuelle und Schriftsteller:innen darlegen, warum bei der Bundestagswahl die SPD zu wählen sei. Unter ihnen befinden sich Martin Walser als Herausgeber sowie Günter Grass, Hans Werner Richter, Hans Magnus Enzensberger, Peter Rühmkorf und Fritz J. Raddatz. Raddatz arbeitet als Lektor bei Rowohlt direkt mit Gisela Elsner zusammen, ebenso wie Peter Rühmkorf, der 1968 Elsners zweites Romanmanuskript mit dem Arbeitstitel *Der Aufstieg* begutachten wird.[303] In *Die Alternative* schreibt Rühmkorf, er »wähle SPD. [...] Nur eben, weil kein besserer Bündnispartner zur Hand ist, und weil man gegen das Schlimmste halt mit dem Nochnichtganzsoüblen paktieren muß.«[304]

Elsner ihrerseits kritisiert bereits in den frühen 1960er Jahren nicht allein die SPD, sondern formuliert auch eine literarische Funktionsbestimmung: Es sei die »eigentliche Aufgabe«[305] einer Autorin, nicht »mit dem Vorhandenen vorlieb«[306] zu nehmen. Damit weist sie – lange vor ihrer kommunistischen Positionierung im Jahr 1970 in dem Aufsatz *Parteilichkeit* und zehn Jahre vor ihrem DKP-Beitritt – der Schriftstellerin und der Literatur eine wichtige Rolle an einer revolutionären Umgestaltung der Verhältnisse zu. Mit der Subsumierung der SPD unter »das Vorhandene« stellt sie darüber hinaus klar,

302 Ebd.

303 Es handelt sich dabei um den Text, der noch 1968 unter dem Titel *Der Nachwuchs* bei Rowohlt erscheint.

304 Rühmkorf, Peter: »Passionseinheit«, in: Walser, Martin (Hrsg.): *Die Alternative oder brauchen wir eine neue Regierung?*, Reinbek bei Hamburg: Rowohlt Verlag 1961, S. 49 f.

305 Starkmann: »Keine Zeit für Sympathie«.

306 Ebd.

dass eine solche Umgestaltung durch sozialdemokratische Politik nicht verwirklicht werden kann. Obwohl Elsners Abgrenzung von der SPD bereits damals quer zur politischen Linie des Rowohlt Verlags steht, führt dies in den 1960er Jahren, soweit aus ihrer Verlagskorrespondenz ersichtlich, noch nicht zu einer Abkühlung des Umgangstons oder gar zu offenem Konflikt. Vielmehr taucht der Gegenstand Sozialdemokratie schlicht nicht auf, den ja auch Elsner selbst erst mit Beginn der siebziger Jahre einer dezidierten literarischen und theoretischen Kritik unterzieht. Auch zu dem Konflikt um Antikommunismus und Mitbestimmung innerhalb des Verlags, der sich 1967 anhand der sogenannten Ballon-Affäre entzündet, findet sich in dieser Korrespondenz nichts.

Rowohlt im Kalten Krieg: Die »Ballon-Affäre«

Trotz der klaren politischen Orientierung auf die SPD vollzieht sich auch im Rowohlt Verlag seit den mittleren 1960er Jahren eine »deutliche[] Ausrichtung [...] an den politischen Interessen der außerparlamentarischen Opposition und der Studentenbewegung: Vietnamkrieg, Emanzipationsbewegung der Schwarzen, autoritäre Regime in den Entwicklungsländern, Studentenunruhen, Kriegsdienstverweigerung, Notstandsgesetze«[307]. Die Verschiebung des Verlagsprogramms nach links beschränkt sich nicht auf Sachtexte, sondern zieht »parallel zur politischen Neuausrichtung auch die zeitgenössische deutsche avancierte und engagierte Literatur zu Rowohlt«[308] zurück. Zu dieser Avantgarde zählt neben Hermann Peter Piwitt, Hubert Fichte oder Rolf Hochhuth explizit auch Gisela Elsner.[309] Zeitgenössische DDR-Literatur oder auch nur Literatur über die DDR erschei-

307 Oels: »Von den vier Lizenzen bis zur Ballonaffäre«, S. 120.
308 Ebd.
309 Vgl. ebd., S. 121.

nen wiederum auch in den sechziger und siebziger Jahren kaum bei Rowohlt.[310]

Im Zuge dieser Entwicklung stürzt der Verlag angesichts des »Auseinanderfallen[s] von unternehmerischem Interesse und der radikalen politischen Positionierung des Programms [...] in eine tiefe Krise«[311], deren Problematik allerdings eher im politischen Dissens zu liegen scheint als in einer ökonomischen Notlage. Denn profitabel war die Publikation kommunistischer und anderer linker Texte in den sechziger und siebziger Jahren für Verlage in der BRD durchaus. So betont etwa Heinz Ludwig Arnold bereits Anfang der siebziger Jahre die »Tatsache, daß ein ausgezeichnetes Geschäft mit sozialistischer Literatur zu verdienen war; und ist. Denen, die sie produzierten, kam es darauf an, ihre Erkenntnisse über ihre Produkte zu verbreiten, die Honorare, für die sie arbeiteten, waren oft nebensächlich.«[312] Diese Geringschätzung des Ökonomischen zugunsten inhaltlicher Aspekte vonseiten der Verlagsangestellten ist, wie sich noch zeigen wird, hilfreich für die politische Beurteilung der im Verlag geführten Kämpfe. Hier steht die Verlagsführung mit ihrer staatstragenden Haltung einem durch die Neue Linke beeinflussten Lektorat und Autor:innenschaft gegenüber. Den Zusammenhang von Politik und Ökonomie stellt explizit Peter O. Chotjewitz her, demzufolge »der eigentliche Widersinn darin [liegt], daß ein fortschrittliches verlegerisches Unternehmen sich der Methoden des Systems bedient, die es eigentlich bekämpfen muß, unter der Vorgabe, sich hiermit die wirtschaftliche Basis zu verschaffen, von der aus es sie dann tatsächlich bekämpfen will.«[313]

Einen deutlichen Ausdruck findet die Verlagskrise 1969 in der »Ballon-Affäre«, entgegen der bürgerlichen Behauptung politischer

310 Vgl. ebd.

311 Oels: »Von den vier Lizenzen bis zur Ballonaffäre«, S. 124.

312 Arnold, Heinz Ludwig: »Skizzen aus dem Literaturbetrieb«, in: Ders.: *Literaturbetrieb in Deutschland*, München: Edition Text + Kritik 1971, S. 7–20, hier S. 11.

313 Chotjewitz: »Das Projekt der Kollektivierung«, S. 15.

Neutralität der Kunst ein Exempel für unmittelbare »politische Indienstnahme der Literatur«[314] durch die Bundesrepublik. Günther Stocker und Michael Rohrwasser bezeichnen den mithilfe der Rowohlt-Verlagsführung betriebenen »heimlichen Versand kommunismuskritischer Literatur über den Eisernen Vorhang hinweg«[315] gar als »Extrembeispiel politischer Intervention«[316] im Kalten Krieg. Zur Organisierung dieser Propagandaaktion unter SPD-Regie treffen sich zwei alte Kameraden wieder:

> Oberstleutnant Rothe im Bundesverteidigungsministerium und Karl Hans Hintermeier bei Rowohlt; sie kennen sich aus der Kriegsgefangenschaft in Rußland. 1967 bestellt Rothe bei Hintermeier 30 000 Exemplare eines anderen Rowohlt-Buches, der antistalinistischen Erinnerungen der sowjetischen Kommunistin Jewgenija Ginsburg (Marschroute eines Lebens).[317]

Neben den beiden ehemaligen Wehrmachtsangehörigen Rothe und Hintermeier stimmen auch Ledig-Rowohlt als Verlagschef und Cheflektor Fritz Raddatz der Verschickung der Bücher per Ballon in die DDR zu. Diese Aktion ist in ihrer geradezu infantilen Skurrilität typisch für die Logik des Kalten Kriegs, die, so Elsner 1981 in ihrem Aufsatz *Politisches Kauderwelsch*, »auch dem Wahnwitz innewohnt, wenn man sich erstmal auf ihn eingestellt hat«[318] und innerhalb derer

> auch die Entwicklung der Neutronenwaffe und der Mittelstreckenrakete sowie deren sogenannte Einpassung in das Gleichgewicht des Schreckens, von dem man den Eindruck gewinnt, es würde durch

314 Stocker/Rohrwasser (Hrsg.): *Spannungsfelder*, S. 10.
315 Ebd.
316 Ebd.
317 Oels: »Von den vier Lizenzen bis zur Ballonaffäre«, S. 123.
318 Elsner, Gisela: »Politisches Kauderwelsch«, in: Dies.: *Flüche einer Verfluchten*, S. 65–92, hier S. 74.

einseitige Aufrüstungsbestrebungen weitaus weniger gefährdet als durch einseitige Abrüstungsbestrebungen, als eine weitere Quelle der Entspannung auf dieser Welt [erscheint].[319]

Die konspirativen Aktivitäten der Verlagsführung provozieren noch im selben Jahr »eine Art Lektorenaufstand«[320], bei dem es wiederum nicht um ökonomische Fragen, sondern um Mitsprache bei der Gestaltung des Verlagsprogramms geht. Es gründet sich ein »Aktionsausschuß für die Demokratisierung des Rowohlt Verlages«, über den die Lektor:innen sicherstellen wollen, »dass Programm und politische Positionierung nicht durch andere Publikationen oder geschäftliche Aktivitäten desavouiert«[321] werden.

Der Verlagsführung wird ihr kapitalistisches Agieren übrigens nicht deshalb zum Vorwurf gemacht, weil es auf Ausbeutung basiert, sondern weil »Geschäftemacherei und Opportunismus im Kalten Krieg [...] das Ansehen des Verlags, Autoren in der DDR und Rowohlt-Mitarbeiter bei Reisen in den Ostblock«[322] gefährden würden. Es zeigt sich hier, dass die Abgrenzung von der Rhetorik der Blockkonfrontation keine sozialistische Stoßrichtung haben muss: Die Lektor:innen formulieren keine Grundsatzkritik am Verlag als Produktionsmittel in Privatbesitz, sondern beschränken sich in ihrer Forderung nach Mitbestimmung bei der Erstellung des Verlagsprogramms auf eine Variante des bürgerlichen Rechts auf Meinungsfreiheit. Verlagschef Ledig-Rowohlt jedoch lehnt, ähnlich wie Siegfried Unseld beim Aufstand der Lektor:innen im Suhrkamp Verlag, selbst diese versöhnlichen Vorschläge »im Namen der ökonomischen Verlagsinteressen und der Besitzstrukturen«[323] ab.

319 Ebd.
320 Oels: »Von den vier Lizenzen bis zur Ballonaffäre«, S. 125.
321 Ebd.
322 Ebd.
323 Ebd.

Die »hauseigene[n] APO-Autoren«[324], zu denen Elsner wie bereits ausgeführt nicht gehört, schlagen angesichts der »Ballon-Affäre« allerdings einen härteren Tonfall an. Ein rein männliches »Berliner Autorenkollektiv«, unterzeichnet unter anderem von Günter Amendt, Rudi Dutschke, Hans Magnus Enzensberger, Peter Schneider, Bahman Nirumand, schreibt an Ledig-Rowohlt:

> Wir tun Dir hier den Gefallen, unsere wertvolle Produktivkraft in den Dienst Deines scheiß-kapitalistischen Unternehmens zu stellen, was wir so lange vorhaben zu tun, bis wir Dich mit anderen Liberalen im Prozess der Kulturrevolution entweder mit einer Papiermütze durch Hamburg jagen oder Dir einen Freiflug in die CSSR besorgen können. Du hast wahrscheinlich selber gemerkt, daß wir seit einiger Zeit auf dem Kamm einer revolutionären Welle reiten, die über kurz oder lang die brüchigen Dämme Eures verrotteten Establishments nicht nur kräftig umspülen, sondern einreißen wird.[325]

Peter O. Chotjewitz schreibt bereits 1968 in der Festschrift für Ledig-Rowohlt etwas weniger verbalradikal, es »geht nicht um die Einnahmen (so lange das Geld noch den Preis bezeichnet), die jedermann braucht, um sein Leben zu fristen. Es geht immer noch um die Einnahmen, die einer anderen voraushat, weil er die Möglichkeit hat, Einnahmen zu machen, die andere nicht haben.«[326]

Während sich also »Autoren wie Daniel Cohn-Bendit, Hermann Peter Piwitt, Peter O. Chotjewitz, Hans Magnus Enzensberger oder Peter Schneider«[327] infolge der »Ballon-Affäre« von Rowohlt lösen, existiert von Gisela Elsner, wie bereits erwähnt, nicht eine einzige Äu-

324 Wegner, Matthias: »Schönes Schlachtfeld (Eine Erinnerung)«, in: Estermann, Monika / Lersch, Edgar (Hrsg.): *Buch, Buchhandel und Rundfunk. 1968 und die Folgen*, Wiesbaden: Harrassowitz Verlag 2003, S. 65–68, hier S. 66.
325 Ebd.
326 Chotjewitz: »Das Projekt der Kollektivierung«, S. 15.
327 Oels: »Von den vier Lizenzen bis zur Ballonaffäre«, S. 126.

ßerung zu dieser Angelegenheit von doch beachtlicher Tragweite. Der Ton ihrer Korrespondenz mit Ledig-Rowohlt und mit Raddatz ist Ende der sechziger Jahre unverändert freundlich. Es ist heute unmöglich zu wissen, ob Elsners Schweigen Ausdruck einer noch unkritischen Haltung zum Antikommunismus ist oder ihr eine Äußerung angesichts ihrer Abhängigkeit von Raddatz als zu riskant erscheint; schließlich wird sie noch 1971 entgegen ihrer politischen Haltung für Rowohlt an einer SPD-Wahlveranstaltung teilnehmen. Darüber hinaus ist es möglich, dass sie sich zu der Angelegenheit verhalten hat, aber nichts überliefert ist.

Letztlich verringert weder die »Ballon-Affäre« noch die Revolte der Lektor:innen die politische Nähe der Rowohlt-Führung zur SPD. Im Gegenteil konsolidiert sich diese nach der Absetzung Raddatz' mit der Berufung des »erklärte[n] Sozialdemokrat[en]«[328] Freimut Duve zum Cheflektor. Dem späteren Verlagschef Matthias Wegner zufolge liefert der Vorfall Ledig-Rowohlt auch den Anlass für »erste Verhandlungen mit der Verlagsgruppe Georg von Holtzbrinck, damals Besitzer des ›Deutschen Bücherbundes‹, mit dem Ziel, in einem ersten Schritt einige Anteile [...] an diese zu verkaufen«[329]. Der Einbezug von Holtzbrinck erfolgt demnach bereits lange vor Ledig-Rowohlts Verkauf aller Verlagsanteile 1982.[330] Wegner benennt den modernisierenden Effekt, den Klassenkampf haben kann, wenn er schreibt, die Konflikte um Mitbestimmung im Zuge von »68« hätten »einen zunehmenden Konzentrationsprozeß«[331] eingeläutet. Manche Verleger der älteren Generation suchten sich stabile Partner in einem nun besonders deutlich werdenden Verdrängungskampf.[332]

328 Ebd.
329 Wegner: »Schönes Schlachtfeld (Eine Erinnerung)«, S. 67.
330 Ebd., S. 68.
331 Ebd., S. 67.
332 Ebd.

Unter dem Titel *Schriftsteller ziehen in den Wahlkampf. Literarisches SPD-Treffen im Rowohlt-Verlag* berichtet die Hamburger Morgenpost 1971 über eine von der Wählerinitiative Reinbek ausgerichtete »Wahlparty, zu der Willy Brandt und mehrere Schriftsteller kommen werden«[333]. An dieser SPD-Wahlkampfveranstaltung nimmt auch die Hausautorin Gisela Elsner teil, die in dem Artikel zunächst mit der Aussage zitiert wird, ihre Teilnahme an der Veranstaltung käme keinem Wahlaufruf gleich[334], direkt im Anschluss jedoch erklärt haben soll, man müsse »trotz allem! – SPD wählen.«[335] Der Widerspruch, in dem dies zu sämtlichen anderen von Elsner bekannten Äußerungen zum Thema steht, legt den Schluss nahe, dass ihre Rolle als Hausautorin mit dem Druck zu einer verlagsgemäßen politischen Positionierung verbunden ist, dem Elsner zu diesem Zeitpunkt offenbar noch nachgibt.

Obwohl sich der Konflikt zwischen Elsner und Rowohlt erst nach dem Kauf des Verlags durch die Holtzbrinck-Unternehmensgruppe 1982 gänzlich verhärten wird, werden bereits in den 1970er Jahren Dissense erkennbar. So erwähnt »HMLR« nach der vergleichsweise positiven Aufnahme von Elsners drittem Roman *Das Berührungsverbot* (1970) in einem Brief an sie vom November 1973 »ein einigermaßen grundsätzliches Gespräch über Möglichkeiten weiterer Zusammenarbeit, das freilich ihren Wunsch erkennen ließ, vielleicht doch auch mit dem neuen bei uns unter Vertrag stehenden Roman zu einem anderen Verlag zu gehen«[336]. Der ursprüngliche Grund der Infragestellung einer weiteren Zusammenarbeit ist weder diesem Brief noch der

333 [O. A.]: »Schriftsteller ziehen in den Wahlkampf. Literarisches SPD-Treffen im Rowohlt-Verlag«.

334 Ebd.

335 Ebd.

336 Brief an Gisela Elsner vom 26. November 1973, in: Verlagsarchiv Rowohlt, fol. 21.

restlichen Korrespondenz zu entnehmen. Während deutlich wird, dass Elsner das betreffende Buchprojekt unabgesprochen bei Luchterhand vorgelegt hat, bleibt unklar, ob sie diese Entscheidung aufgrund finanzieller oder inhaltlicher Konflikte mit Rowohlt getroffen hatte.

Eindeutig geht aus der Korrespondenz wiederum hervor, dass Elsner die Arbeit an einem 1970 mit Rowohlt vertraglich gesicherten, »thematisch zwischen uns beschlossenen Roman«[337] in den folgenden vier Jahren abbricht und dem Verlag stattdessen 1973 ein unfertiges Manuskript namens *Heilig Blut* anbietet. Elsners Vorschlag, den bereits für das abgebrochene Romanprojekt gezahlten Vorschuss in Höhe von 20.000 DM auf dieses Buchprojekt zu übertragen, lehnt Ledig-Rowohlt jedoch ab. Der Verleger behandelt die Angelegenheit, obwohl ihm ein bereits fortgeschrittenes Manuskript vorliegt, als schlichten Vertragsbruch. Sein klares Negativurteil über *Heilig Blut* ist das erste dieser Art über einen Text Elsners[338] und setzt den Anfangspunkt für eine jahrzehntelange vehemente Ablehnung der Erzählung im Rowohlt Verlag.

Währenddessen publiziert Rowohlt in den 1970er und 1980er Jahren zahlreiche Bücher mit staatstragender Orientierung, die sich zu dem Zeitpunkt als rechtssozialdemokratische Politik beschreiben lässt. Im Kontext massiver staatlicher Repression und medialer Mobilmachung gegen Linke erscheint beispielsweise 1975 das Buch *Terror: Mythos, Realität, Analyse*. Dessen Autor Friedrich Hacker dankt an erster Stelle dem Ex-Wehrmachtsoffizier und späteren Protagonisten der ersten österreichischen NS-Täter-Debatte Kurt Waldheim[339], um daraufhin bei abstrakter Gleichsetzung von linkem und rechtem »Terror« nahezu ausschließlich auf militante Bewegungen aus der

337 Brief an Gisela Elsner vom 11. Januar 1972, in: Verlagsarchiv Rowohlt, fol. 20.
338 Brief an Gisela Elsner vom 7. Dezember 1973, in: Verlagsarchiv Rowohlt, fol. 22.
339 Zur »Waldheim-Affäre« in Österreich 1986 vgl. etwa Lehnguth, Cornelius: *Waldheim und die Folgen. Der parteipolitische Umgang mit dem Nationalsozialismus in Österreich*, Studien zur historischen Sozialwissenschaft, Frankfurt a. M. [u. a.]: Campus-Verlag 2013, S. 91 ff.

Linken einzugehen.[340] 1976 gibt der NDR-Hörfunkkorrespondent Jürgen Kellermeier bei Rowohlt ein Buch mit dem Titel *Deutschland 1976 – zwei Sozialdemokraten im Gespräch* heraus, gemeint sind Willy Brandt und Helmut Schmidt. Im Zuge des Deutschen Herbsts veröffentlicht Rowohlt 1977 die Textsammlung *Briefe zur Verteidigung der Republik*, unter Beteiligung der »Zeit-Herausgeberin Marion Gräfin Dönhoff, de[s] SPD-nahe[n] Politikwissenschaftler[s] Iring Fetscher oder Heinrich Böll[s]«[341]. Die versammelten Autor:innen wollen »trotz der Intellektuellenfeindschaft weder anklagen noch zurückschlagen«[342] und betonen, es gehe ihnen nicht um revolutionäre Veränderung der Gesellschaft, sondern um die »Anerkennung der Reformbedürftigkeit und der Reformfähigkeit eines demokratischen Gemeinwesens«[343]. Dass sich die beklagte Intellektuellenfeindschaft in den 1970er Jahren unter der SPD-Regierung entwickelt hat, thematisieren die Autor:innen nicht. Gisela Elsner hingegen spricht 1979 von einer »sogenannten ›Terroristenbekämpfung‹«[344] und beschreibt die »Anti-Terror-Gesetze« der SPD-Regierung als »dazu geschaffen [...], dem Terrorismus mit staatlichem Terror den Rang abzulaufen.«[345]

Das Problem *Heilig Blut* (1970 ff.)

Der Text *Heilig Blut* nimmt im Oeuvre Gisela Elsners aufgrund seiner »kuriose[n] Publikationsgeschichte«[346] eine Sonderstellung ein, gemeinsam mit ihrem fünften und letzten Roman *Fliegeralarm* (1989).

340 Vgl. Hacker, Friedrich: *Terror. Mythos, Realität, Analyse*, Reinbek bei Hamburg: Rowohlt 1975.
341 Tolmein/zum Winkel: *Nix gerafft*, S. 68 f.
342 Ebd.
343 Ebd.
344 Elsner: »Die Volkszertreter«, S. 40.
345 Ebd.
346 Künzel: *»Ich bin eine schmutzige Satirikerin«*, S. 249.

Bei beiden Büchern handelt es sich um dezidiert antifaschistische Romane, wobei *Heilig Blut* nicht im Nationalsozialismus spielt, sondern die faschistischen Kontinuitäten in der Bundesrepublik und deren Koexistenz mit der Sozialdemokratie zum Gegenstand hat. Obwohl Elsner dem Rowohlt Verlag bereits 1973 ein erstes Teilmanuskript von *Heilig Blut* vorlegt, wird der Roman erst 1987 erscheinen, und zwar nicht in der deutschen Originalfassung, sondern in russischer Übersetzung im sowjetischen Raduga-Verlag – nachdem er, wie Elsner ihrem späteren Lektor Chris Hirte von Volk und Welt berichtet, »von drei Verlagen: Rowohlt, Fischer und Diogenes als ›mißlungen‹ abgelehnt wurde«.[347] Die sowjetische Germanistin Nina Litwinez schreibt dazu 1988, ihr sei »nicht recht begreiflich, warum die Erzählung ›Heilig Blut‹ bisher dem Leser der BRD vorenthalten wurde: Meiner – subjektiven – Ansicht nach zählt sie zu den besten Werken der Schriftstellerin.«[348]

Heilig Blut erzählt die Geschichte eines Jagdurlaubs, den die drei ehemaligen Wehrmachtssoldaten Hächler, Glaubrecht und Lüßl gemeinsam mit dem »jungen Gösch«, Sohn des erkrankten vierten Jägers, antreten. Der junge Gösch gehört der »68er«-Generation an und nimmt nicht freiwillig an dem Urlaub teil, sondern auf Druck seines Vaters hin; als Kriegsdienstverweigerer und selbsterklärter Pazifist ist er eigentlich weder willens noch fähig zur Nutzung einer Waffe. Seine drei Mitreisenden versetzen den jungen Gösch in eine latente Panik, die sich im Verlauf der Erzählung intensiviert und sich schließlich darin bewahrheitet, dass er von Lüßl erschossen wird. Der scheinbare Jagdunfall ereignet sich während der Suche der vier Männer nach dem depressiven Knopffabrikanten Ockelmann, der mit der Absicht in die Wälder um Heilig Blut verschwunden ist, sich von den elf Wölfen zerfleischen zu lassen, die dort seit ihrer Flucht aus einer

347 Brief an Chris Hirte vom 27. Januar 1988, in: Briefwechsel Gisela Elsner – Chris Hirte, fol. 13.

348 Litwinez: »Die BRD-Autorin Gisela Elsner«, S. 190.

nahgelegenen Forschungseinrichtung umherstreifen. Letztlich stirbt jedoch – obwohl er es darauf angelegt hat – eben nicht der Kapitalist Ockelmann einen gewaltsamen Tod, sondern der junge Gösch, getroffen von einer anscheinend für einen Wolf bestimmten Kugel. Die Herren Hächler, Glaubrecht und Lüßl begraben Göschs Leiche im Wald und kehren schließlich unbehelligt zurück an ihre jeweiligen Wohnorte, während Göschs Ehefrau in der Umgebung des Ortes Heilig Blut eine von vornherein vergeblich erscheinende Suche nach ihrem Mann beginnt, mit der die Erzählung endet.

Wie bereits angesprochen ist *Heilig Blut* der erste Text von Gisela Elsner, der bei Rowohlt auf offene Ablehnung stößt. Ledig-Rowohlt schreibt Gisela Elsner am 7. Dezember 1973, ihm seien

> bei der Lektüre Zweifel gekommen, ob sich ein solcher Text wirklich zu einem Roman auch kleineren Umfangs ausspinnen läßt; mir scheint eher der Vorwurf einer Erzählung gegeben, als solche wiederum hätte der Text starke Längen. [...] Jetzt schon eine Entscheidung zu treffen, mit welchen Aussichten und Chancen ein solches Buch bei uns erscheinen könnte, ist wirklich sehr schwierig. Keinesfalls könnte ich schon heute eine Erfolgsprognose abgeben und wie gesagt, ein wenig Skepsis, wie sich das Ganze runden könnte, vermag ich nicht zu unterdrücken.[349]

Elsner selbst empfindet Ledig-Rowohlts Urteil zu diesem Zeitpunkt offenbar nicht als Einmischung in ihren Schreibprozess, obwohl er ihr mit Verweis auf *Heilig Blut* unverhohlen sogar einen Verlagswechsel nahelegt. Nicht bereit zu weiteren Vorschusszahlungen, ehe ihn »der Heilig-Blut-Text überzeugt«[350] habe, könne er »verstehen, wenn unter so begrenzten Voraussetzungen Sie dann doch lieber anderweitig Sicherung für Ihre künftige Arbeit suchen möchten, wie sehr ich das

349 Brief an Gisela Elsner vom 9. Mai 1974, in: Verlagsarchiv Rowohlt, fol. 23..
350 Ebd.

auch bedauern würde.«[351] Auch politische Motive unterstellt Elsner Ledig-Rowohlt offenbar nicht, sondern gibt stattdessen 1975 seltsamerweise zu Protokoll, der Verlag stelle »keine Forderungen etwaige Streichungen betreffend. Auseinandersetzungen hat es bislang nicht gegeben.«[352] Elsners Einschätzung steht im Kontrast zu ihrer späteren Haltung zu Zensur im Allgemeinen sowie, wie im Folgenden dargestellt, zur Behandlung von *Heilig Blut* im Besonderen.[353] Über die Gründe für diese Diskrepanz kann nur spekuliert werden; möglicherweise befindet sich Elsner in den frühen und mittleren 1970er Jahren an einem Punkt in ihrem Politisierungsprozess, an dem sie (noch) bereit ist, der entpolitisierenden Stellungnahme Ledig-Rowohlts zu ihrem Roman zu folgen. Jedenfalls folgt auf die Ablehnung von *Heilig Blut* ein beidseitiger Kontaktabbruch von knapp zwei Jahren. Aus späteren Briefen geht hervor, dass Elsner während dieser Zeit in unbezahlter Arbeit ihren Roman *Der Himmel auf Erden* fertigstellt, der 1977 bei Rowohlt als *Der Punktsieg* erscheint.[354] Trotz unklarer Finanzierung beschreibt sie ihre »Lage«[355] in ihrem nächsten Brief an Ledig-Rowohlt im Dezember 1976 als »verhältnismäßig unübersichtlich, doch nicht heikel«[356].

Der Großteil des Konfliktes zwischen Elsner und Rowohlt um die Veröffentlichung des Romans spielt sich in den 1980er Jahren ab; volle zehn Jahre nach der erstmaligen Vorlage taucht das Manuskript erneut in der Korrespondenz auf. Der Lektor Detlef (später Delf)

351 Ebd.

352 Bloch, Peter André (Hrsg.): *Gegenwartsliteratur. Mittel und Bedingungen ihrer Produktion. Eine Dokumentation über die literarisch-technischen und verlegerisch-ökonomischen Voraussetzungen schriftstellerischer Arbeit*, Bern [u.a.]: Francke 1975, S. 209–210.

353 Vgl. Elsner: »Antwort auf einen Fragebogen, die Literaturzensur in der Bundesrepublik Deutschland seit 1945 betreffend«.

354 Vgl. Brief an Annelotte Becker-Berke vom 21. November 1976, in: Verlagsarchiv Rowohlt, fol. 24.

355 Brief an Heinrich-Maria Ledig-Rowohlt vom 14. Dezember 1976, in: Verlagsarchiv Rowohlt, fol. 26.

356 Ebd.

Schmidt gibt als erster Leser gegenüber Ledig-Rowohlt eine »positiv[e]«[357] Beurteilung ab, beschreibt *Heilig Blut* dabei jedoch fälschlicherweise als »grotesk-makabere[n]«[358] Text mit »ionescohaften Dialoge[n]«[359]. Diese Verlegung der Handlung in den Bereich des Absurden stellt eine Leugnung des Wirklichkeitsgehalts dar, deren Stoßrichtung in der Behauptung Schmidts deutlich wird, die in *Heilig Blut* formulierte Kritik wäre

> sicherlich wirkungsvoller, wenn die drei Herrenrollen nicht so chargiert wären und das gesamte bekannte rechtsradikale Denken (zur Ausländerfrage, UdSSR, Frauenrolle etc.) nicht auf einmal ableierten. […] Beide Teile, die drei alten Herren wie der junge Gösch, wären also weniger extrem anzulegen, da so nur eine Staffage für rechts/links Klischees.[360]

In Ignoranz gegenüber der satirischen Schreibweise einerseits sowie der Faktizität geschlossener faschistischer Weltbilder, Sexismus und sozialdemokratischer Anpassung andererseits verlangt Schmidt von Elsner vordringlich die Gestaltung des Individuellen. Ledig-Rowohlt geht in seiner Abwertung von *Heilig Blut* noch über Schmidts Urteil hinaus, und zwar bei Übernahme der Wertung des Textes als »Groteske«[361]. In einem Brief an Elsner ebenfalls aus dem Jahr 1982 stellt er anlässlich des Romans erstmals ihre Schreibfähigkeit grundsätzlich infrage:

> Die Kunst, das Triviale und Banale mit trivialen und banalen Sprachmitteln darzustellen, hat sicher auch etwas Legitimes, aber auch die

357 Töteberg: »Das wär's, lieber Herr Verleger, für diesmal«, S. 62.

358 Brief Detlef Schmidt an Heinrich-Maria Ledig-Rowohlt vom 11. März 1982, in: Verlagsarchiv Rowohlt, fol. 59.

359 Ebd.

360 Ebd.

361 Brief an Gisela Elsner vom 17. Mai 1982, in: Verlagsarchiv Rowohlt, fol. 60.

> Gefahr, dieses Mittel zu überziehen, und dann nur in einem spröden Sprachtext zu enden. […] Ich glaube, Sie sollten sich wirklich von der Überbewertung gewisser Stilprinzipien, die Sie anderswo glanzvoll anwenden, allmählich einer etwas flüssigeren Erzählform zuwenden. Das Reiterierende, Mäandernde darf nicht, wie es hier – finde ich – oft der Fall ist, reiner Selbstzweck werden.[362]

Die Vorwürfe der Trivialität und Banalität der sprachlichen Mittel stehen objektiv in Widerspruch zu den Figuren der Manieriertheit und Verschachtelung; zur inhaltlichen Ebene, der in *Heilig Blut* formulierten Gesellschaftskritik, äußert sich Ledig-Rowohlt erst gar nicht und gibt damit den Ton für den Umgang seiner Angestellten mit Elsner und ihrem Text vor. Die Lektoren erweitern ihre durchgängig vernichtende Kritik bald vom Werk auf die Person; ein nicht namentlich genannter Gutachter unterstellt ihr »Wahrnehmungsschwäche und Beobachtungsarmut«[363], um schließlich zu erklären, der »richtige Schluß aus solcher künstlerischer Malaise wäre, nicht mehr zu schreiben.«[364]. Der spätere Verlagschef Matthias Wegner beschreibt die Lektüre des Manuskripts als »qualvolle Arbeit«[365], während der »man […] immer ärgerlicher über die Anstrengungen der Autorin [werde], sich eine ›spannende‹ Handlung auszudenken.«[366] Die Gutachter von *Heilig Blut* negieren mitsamt dem realistischen Gehalt des Romans auch die darin dargestellten gesellschaftlichen Verhältnisse, literaturtheoretisch begründet mit der Entgegensetzung von Satire und Realismus. Rowohlt-Lektor Schmidt schreibt 1982 von einer »Überanstrengung«[367] der satirischen Mittel und wähnt »[s]chreiende[]

362 Ebd.
363 Gutachten Frau Meyer-Lübke über *Heilig Blut* vom 6. August 1982, in: Verlagsarchiv Rowohlt, fol. 64.
364 Ebd.
365 Brief an Gisela Elsner vom 17. Mai 1982, in: Verlagsarchiv Rowohlt, fol. 60.
366 Ebd.
367 Ebd.

Unwahrscheinlichkeiten, wenn man die Personen nicht als Typen nimmt.«[368] Eine Begründung, warum die Figuren nicht als Typen genommen werden sollten, liefert er nicht. Matthias Wegner vermischt in seiner Bewertung die Kategorien, wenn er schreibt, die Erzählung sei eine »Parodie auf die Unfähigkeit einer Autorin, Realität, Satire usw. so zu beschreiben [sic!], daß die Lektüre lohnend ist.«[369] Er kritisiert weiterhin, »[d]ie Figuren der Jagdgesellschaft unterhalten sich in einer so derben und nuancenlosen Sprache, sie handeln so unglaubwürdig und leblos, daß irgendeine Teilnahme des Lesers an diesem Stoff und seinen Figuren unmöglich gemacht wird.«[370] Der zweite Gutachter wirft die, angesichts der Tatsache, dass hier unter anderem Nazi-Täter dargestellt sind, schlicht zynische Frage auf, ob »[v]ielleicht [...] ja deutsche Jäger und Knopffabrikanten ganz aufregende Individuen«[371] seien. Der Tatsache, dass Elsner gerade nicht Individualität darstellen will, sondern Konformität und emotionale Rigidität als tatsächlich *typische* Charakterformen der bürgerlichen Gesellschaft, verweigern sich die Herren Lektoren ebenso wie der Anerkennung ihrer bewusst identifikationsverweigernden Figurenzeichnung.

1984 legt Gisela Elsner schließlich selbst eine politische Lesart der Ablehnung von *Heilig Blut* bei Rowohlt vor und revidiert damit ihre gegenteilige Einschätzung aus den 1970er Jahren. Im Interview mit der Zeitung Sonntag antwortet sie auf die Frage nach einem Zusammenhang zwischen der gesellschaftlichen »Rechtswende«[372] und der Weigerung des Rowohlt Verlags, *Heilig Blut* zu veröffentlichen, das Buch sei »[g]erade durch die Rechtswende [...] aktuell geworden.

368 Brief von Detlef Schmidt an Heinrich-Maria Ledig-Rowohlt vom 11. März 1982, in: Verlagsarchiv Rowohlt.
369 Brief Dr. Matthias Wegner an Heinrich-Maria Ledig-Rowohlt vom 9. August 1982, in: Verlagsarchiv Rowohlt.
370 Ebd.
371 Gutachten Frau Meyer-Lübke über *Heilig Blut* vom 6. August 1982, in: Verlagsarchiv Rowohlt.
372 Neumann, Oskar: »Durch nichts mattsetzen lassen«, *Sonntag*, 05.02.1984, S. 11.

Das ließ man übrigens von Seiten des Verlages auch durchblicken. Ich würde mir gerade jetzt schaden, wenn dieses Buch veröffentlicht würde; deshalb gedächte man es auch nicht zu tun.«[373] Auf welche Äußerung Ledig-Rowohlts Elsner hier genau anspielt, erschließt sich aus der Verlagskorrespondenz nicht; die taz schreibt im Mai 1987 über die Angelegenheit,

> Gisela Elsner ist eine strenge Kritikerin, ob Kleists, ob Kafkas, ob ihrer eigenen Arbeiten. So weiß sie dann auch, welche Verlogenheit hinter den »Formgründen« steht, mit denen genau ihr antifaschistisches Buch – »Heiligblut« [sic!] – von den bundesdeutschen Verlegern bisher zum Schubladendasein verurteilt worden ist und welche Infamie, wenn man ausgerechnet ihr einen Bruch zwischen der Moralität ihrer Bücher und ihrer Person nachredet.[374]

Vor den Vätern sterben die Söhne? *Heilig Blut* als »68er«-Kritik

Mit der Figurenkonstellation von *Heilig Blut* legt Gisela Elsner eine Literarisierung des zentralen Generationenverhältnisses der bundesrepublikanischen Nachkriegszeit vor. Sie erzählt dieses hier allerdings nicht als Emanzipationsgeschichte der »68er«, sondern als eine von Unterwerfung, Hass und Opportunismus geprägte Kollaboration der Nachfolgegeneration, verkörpert durch den jungen Gösch, mit den NS-Täter:innen, verkörpert durch Hächler, Glaubrecht und Lüßl. Bebildert ist diese Konstellation durch das Motiv des Wolfes, welches

373 Ebd.

374 Auch gegenüber der UZ geht Elsner 1987 auf diesen Vorwurf ein: »Was mich betrifft, so bin ich gerade wegen der ›breiten moralischen Kluft‹ zwischen ›Buch und Autor‹ aus dem Rowohlt-Verlag [...] hinausgeworfen worden.« (Stankiewicz, Ruth: »›Ich werde immer unerbittlicher‹ – UZ-Interview mit Gisela Elsner«, *Unsere Zeit*, 19.09.1987, S. 7.)

auf eine Kontinuität zwischen der nationalsozialistischen Weltanschauung und demokratischer bürgerlicher Herrschaft verweist: das Menschenbild des »homo homini lupus«.[375] Elsner liefert aber zugleich die Kritik dieses Ideologems, indem letztlich keine der Figuren von einem Wolf getötet wird, sondern ein Mensch einen Menschen ermordet; genauer gesagt, der Alt-Nazi tötet den Sozialdemokraten und kommt ebenso wie der Kapitalist ungeschoren davon.

Über die Verwendung des Wolf-Motivs lässt sich eine Parallele zwischen *Heilig Blut* und *Vor den Vätern sterben die Söhne* (1977) von Thomas Brasch ziehen. Braschs Roman setzt mit folgender Szene ein:

> Zuerst spürte ich seinen Kopf, der stark auf meine Blase drückte, und einige Minuten später den Schwanz, der in meinem Mund wedelte. Ich wollte nicht darüber nachdenken, wie der Wolf in mich hineingekommen war und warum er verkehrt lag. […] Der Arzt schnitt mir den Bauch bis zum Hals hin auf und sah auf den Wolf. Der Wolf lag sehr ruhig. Wenn wir den Wolf aus Ihnen herausnehmen, werden Sie sterben, sagte der Arzt.[376]

Heilig Blut bebildert gleichsam die Unmöglichkeit dieser Operation, indem der Sohn tatsächlich stirbt, wobei Elsner den Konflikt in mehrere Figuren externalisiert und damit tendenziell anti-psychologisch erzählt. Die sich aus dem Scheitern der Nachfolgegeneration ergebende Notwendigkeit eines revolutionären Antifaschismus ist eine politische Implikation sowohl Braschs als auch Elsners Erzählung.

Die Ermordung des Sozialdemokraten durch den Faschisten lässt sich zudem auf die autoritäre SPD-Politik der 1970er Jahre beziehen,

375 Zu dem von Thomas Hobbes in *Leviathan* (1651) erstmals festgeschriebenen bürgerlichen Menschenbild vgl. etwa Zippelius, Reinhold: *Geschichte der Staatsideen*, München: Beck 1994, S. 97 ff.

376 Brasch, Thomas: *Vor den Vätern sterben die Söhne*, Berlin: Rotbuch Verlag 1977, S. 7.

der zumal nach dem sogenannten Deutschen Herbst 1977 selbst von der »bürgerlichen Mitte« faschistoide Tendenzen zugeschrieben werden. Außerdem gerät der Kriegsdienstverweigerer Gösch letztlich »unter die Räder« seines eigenen Pazifismus und personifiziert so Elsners Kritik an der Friedensbewegung der 1980er Jahre, deren Klientel sich zu größeren Teilen als junges Bürgertum in der Partei Die Grünen konstituiert. Ob die generationsspezifischen Parallelen zwischen den jüngeren Rowohlt-Lektoren Matthias Wegner, Jürgen Manthey und Detlef Schmidt deren vehemente Ablehnung von *Heilig Blut* beeinflussen, muss allerdings Spekulation bleiben.

Die 1980er Jahre

Ganz zufällig stellt Gisela Elsner 1977 fest, dass der Rowohlt Verlag ihre Bücher dem Buchhandel nicht mehr verfügbar macht: Nach einer Lesung im Buchladen Libresso ist kein einziges ihrer Bücher dort erhältlich, »obwohl sich der Besitzer der Buchhandlung bemüht hat, meine Romane beim Großhandel zu bestellen«[377]. Sie bittet daraufhin Ledig-Rowohlts Sekretärin Becker-Berke um Nachforschung, »warum der Großhandel meine Bücher nicht mehr führt und wie lange das eigentlich schon so ist.«[378] Eine abschließende Antwort bleibt der Verlag ihr der erhaltenen Korrespondenz zufolge schuldig; die Tatsache jedenfalls, dass es sich offenbar nicht um vergriffene, sondern noch gelagerte Bücher handelt, lässt dieses Vorgehen Rowohlts ökonomisch schlecht nachvollziehbar erscheinen. Entsprechend mutmaßt der Verfasser eines Elsner-Nachrufes in der Publikation Freidenker im September 1992, »ob ihr Verlag – Rowohlt ist seit geraumer Zeit ja nicht mehr Rowohlt, sondern Holtzbrinck – sie ›nur‹ aus wirt-

377 Brief an Annegret Becker-Berke vom 28. Mai 1977, in: Verlagsarchiv Rowohlt, fol. 31.

378 Ebd.

schaftlichen oder aus politischen Gründen hat fallen lassen.«[379] Der Streit um den Text *Heilig Blut* dauert in den frühen 1980er Jahren bereits ein knappes Jahrzehnt, und die ideologiekritischen Aufsätze, die Elsner ihrem Hausverlag im Februar 1981 zur Veröffentlichung vorschlägt, stoßen bei den Rowohlt-Lektoren auf entschiedene Ablehnung. Der Roman *Abseits* und die Erzählung *Die Zerreißprobe* allerdings, die zu Beginn der achtziger Jahre erscheinen, werden von Lektorat und Literaturkritik positiv aufgenommen.

Ihrem Freund Ronald M. Schernikau schreibt Elsner im Juli 1981, sie habe »gerade meinen neuen Roman angefangen. […] Für diesen neuen Roman gibt mir der Rowohlt-Verlag 5000 Mark weniger Vorschuß als für den letzten, der jetzt akzeptiert ist und im Frühjahr erscheinen wird.«[380] Hierbei handelt es sich vermutlich um *Die Zähmung*; ein spezifischer Grund für die Kürzung von Elsners Vorschuss ist aus der Verlags-Korrespondenz nicht ersichtlich. Sicher ist aber, dass der literarische Trend zu Innerlichkeit und Authentizität, der zu diesem Zeitpunkt die neulinken Literaturbegriffe abgelöst hat, gegen Elsner arbeitet. In dieser Situation, in der »nicht nur das Fiktionskriterium […], sondern auch das Differenzkriterium der ›literarisch‹ geformten Sprache«[381] nicht mehr gleichermaßen gilt, ergibt sich eine Tendenz zur Kennzeichnung von politischen Positionierungen als künstlerische Aussagen. Beispielhaft für diesen entpolitisierenden Vorgang ist der verlegerische und literaturkritische Umgang mit Elsners Erzählung *Die Zerreißprobe*, die 1980 bei Rowohlt in einem gleichnamigen Erzählband erscheint.

379 »Gisela Elsners Tod – ein tragisches Lehrstück«.

380 Akademie der Künste, Berlin, Ronald-M.-Schernikau-Archiv, Nr. 150, Gisela Elsner an Ronald Schernikau, 12. Juli 1981.

381 Kreuzer, Helmut: *Veränderungen des Literaturbegriffs. 5 Beiträge zu aktuellen Problemen der Literaturwissenschaft*, Göttingen: Vandenhoeck & Ruprecht 1975, S. 71.

Der Erfolg *Die Zerreißprobe* (1980)

Vermutlich gegen Gisela Elsners Intention fügt sich *Die Zerreißprobe* in einen »politisch gemeinten, aber zugleich stark autobiographisch orientierten Erzähltyp«[382] ein, was zugleich eine psychologisierende Kontextualisierung innerhalb der »Neuen Innerlichkeit« und des »weiblichen Schreibens« ermöglicht. Ein Beispiel für eine solche Deutung findet sich etwa bei Hanjo Kesting, demzufolge sich der Verdacht der Überwachung, den *Die Zerreißprobe* zum Gegenstand hat,

> im Verlauf der Erzählung [erhärtet], ohne daß er zur Gewißheit wird. Alles bleibt vielmehr in der Schwebe. Gisela Elsner will nicht die Staatsorgane auf dem Boden literarischer Fiktion beim Verfassungsbruch ertappen – das wäre ein allzu simples Schema. Worauf sie hinaus will, sind die Rückwirkungen des Verdachts auf das Leben der mutmaßlich Überwachten selber.[383]

Währenddessen betont Elsner selbst bereits 1984 gegenüber Oskar Neumann, sie habe die *Zerreißprobe*

> geschrieben, wie sie sich abgespielt hat, ohne poetische Überhöhung [...]. Ich habe die Geschichte geschrieben, einerseits, um mich von den Ereignissen, realen und eingebildeten, zu befreien, und zum anderen, weil ich festhalten wollte, wieviel persönliche Freiheit ein Bürger der BRD hat oder nicht hat. Das ist die einzige Geschichte von mir, die auf eine unmittelbare persönliche Erfahrung zurückzuführen

382 Hermand, Jost: »Fortschritt im Rückschritt. Zur politischen Polarisierung der westdeutschen Literatur seit 1961«, in: Durzak, Manfred (Hrsg.): *Deutsche Gegenwartsliteratur. Ausgangspositionen und aktuelle Entwicklungen*, Stuttgart: Reclam 1981, S. 299–313, hier S. 309.

383 Kesting: »Von der kalten zur heilsamen Wut«, S. 57.

> ist. Ich habe gedacht, diese Erfahrung sollte für die Öffentlichkeit von Interesse sein.[384]

Über diese Spezifik hinaus bezieht sie den allgemeinen poetologischen Standpunkt, dass »die Bewußtseinsveränderungen und das Innenleben eines Autors«[385] irrelevant seien und ihre literarischen Produkte keinesfalls als reine Selbstbefragung verstanden werden können. Diese Position ist auch Bestandteil von Elsners Kritik einer vermeintlich weiblichen Ästhetik, der zufolge die männliche Literaturkritik »[i]n einer eigenartigen Geringschätzung der Phantasie, die die Wirklichkeit in bezug [sic!] auf Glaubwürdigkeit oft zu überrunden vermag [...] lobend hervor[hebt], daß diese Romane autobiographisch sind, als wäre dies ein literarischer Maßstab.«[386] Dementsprechend ist Elsners Motivation für die Verwendung autobiographischen Materials in *Die Zerreißprobe* kaum Selbstoffenbarung, sondern ein genuin politisches Anliegen.

Im Vorfeld der Veröffentlichung formuliert sie gegenüber Ledig-Rowohlt die Sorge, dass die Erzählung »möglicherweise, wenn sie in einem Taschenbuch inmitten der zahllosen Taschenbücher, die der Rowohlt-Verlag publiziert, publiziert wird, nicht die nötige Beachtung findet«[387]. Dass Elsner die »Überwachungsgeschichte«[388] keinesfalls als Produkt ihrer Phantasie versteht, belegt auch ein weiterer Brief an Ledig-Rowohlt vom April 1979, in dem sie ihrem Verleger folgendes berichtet:

> Von einem Bekannten, mit dem ich über die Durchsuchungen sprach, erfuhr ich, daß vor etwa sechs Jahren, zu einer Zeit also, als ich noch

384 Neumann: »Durch nichts mattsetzen lassen«.
385 Elsner: »Bandwürmer im Leib des Literaturbetriebs«, S. 251.
386 Elsner: »Autorinnen im literarischen Ghetto«, S. 48.
387 Brief an Heinrich-Maria Ledig-Rowohlt vom 11. Juni 1979, in: Verlagsarchiv Rowohlt, fol. 40.
388 Neumann: »Durch nichts mattsetzen lassen«.

in Hamburg lebte, in der von mir, wie gesagt, erst am 1.9.1977 bezogenen Wohnung monatelang Terroristen, das heißt ein Terrorist oder mutmaßlicher Terrorist namens Proll sowie eine Terroristin oder mutmaßliche Terroristin namens Herzog gewohnt haben sollen. Auch der damalige Mieter dieser Wohnung bestreitet diesen Sachverhalt keineswegs.[389]

Ledig-Rowohlt stellt auf Elsners Geheiß eine Anfrage beim damaligen Bundesinnenminister Gerhart Baum (FDP) und erhält bald von diesem die Auskunft, weder Elsner noch ihre Wohnung seien überwacht worden.[390] Damit scheint sich die Angelegenheit für Ledig-Rowohlt erledigt zu haben, obwohl die Überwachung von RAF-»Sympathisant:innen« und Durchsuchung von mutmaßlichen konspirativen Wohnungen angesichts des hohen staatlichen Verfolgungsinteresses ebenso auf der Hand liegt wie die Tatsache, dass der Staat solche Aktivitäten auch im Nachhinein keinesfalls unbedingt offenlegt.[391] Der Rowohlt Verlag behandelt *Die Zerreißprobe* nichtsdestotrotz als belletristischen Text, der sich zwar auch als solcher auf den (gesellschafts-)politischen Kontext bezieht, aber eben in einer Weise, die für die politische Positionierung des Rowohlt Verlags in der BRD der 1980er Jahre tauglich ist. Aufschlussreich ist in diesem Zusammenhang die Differenz zwischen der *Zerreißprobe* und dem Text *Gläserne Menschen*, der 1983 als Teil der Textsammlung *Über die allmähliche Entfernung aus dem Lande. Die Jahre 1968–1982* im claassen Verlag erscheint. In beiden Texten berichtet eine Ich-Erzählerin von den praktischen und psychischen Konsequenzen staatlicher Überwachung, jedoch bildet dieser Erzählstrang in *Gläserne Menschen* nur einen Bestandteil einer Auseinandersetzung mit dem größeren politischen

389 Brief an den Rowohlt Verlag vom 4. April 1979, in: Verlagsarchiv Rowohlt.

390 Vgl. Brief Heinrich-Maria Ledig-Rowohlt an Gerhart Baum vom 6. April 1979, in: Verlagsarchiv Rowohlt, fol. 37.

391 Vgl. dazu etwa Rigoll, Dominik: *Staatsschutz in Westdeutschland. Von der Entnazifizierung zur Extremistenabwehr*, Göttingen: Wallstein-Verlag 2013, S. 335 ff.

Kontext, während *Die Zerreißprobe* auf Elsners Erleben der angenommenen Überwachung fokussiert.

Die Erzählung erscheint in einer Phase der ersten Retrospektion auf den »Deutschen Herbst«, in einem Klima der Re-Liberalisierung nach dem Sieg über die – imaginierte oder reale – kommunistische Bedrohung der bundesrepublikanischen Ordnung. An dem Narrativ über die Entwicklung der APO formulieren auch jene ehemaligen Neuen Linken mit, die nicht den Berufsverboten zum Opfer gefallen sind, sondern Posten in Staat und Medien bezogen haben. Zu den Institutionen, die in dieser Weise »68er«-geprägt sind, gehören die sozialdemokratisch orientierten Zeitungen, deren Rezensionen der *Zerreißprobe* eindeutiger positiv ausfallen als die anderer Romane Elsners. Hanjo Kesting schreibt in der Zeit über seinen »Eindruck der Unbeteiligtheit bei der Erzählerin, die aber – und das ist kein Widerspruch – als ordnende und kommentierende Instanz jederzeit spürbar bleibt – eben darin spürt man doch, bei aller vorgetäuschten Distanz, ihre eigene Betroffenheit«[392]. Eine Rezensentin in der Süddeutschen Zeitung findet Elsners »Geschichte [...] interessanter als es die linksbündigen Protesthaltungen gegen ordnungsstaatliche Übergriffe vorschreiben.«[393] Hier ist sie, die Fokussierung auf das psychische Erleben der Erzählerin, auf die literarische Gestaltung des Individuellen; sie ermöglicht es der Rezensentin, zu den realen Ereignissen, auf die *Die Zerreißprobe* rekurriert, nicht Position zu beziehen. Der Maßstab der »Interessantheit«, den die Süddeutsche Zeitung an das literarische Kunstwerk anlegt, ist letztlich ebenso inhaltsleer und unpolitisch wie die implizite Gleichsetzung von eindeutiger politischer Haltung mit Dogmatismus, welche die bürgerliche Debatte prägt.

Die Rezensionen der *Zerreißprobe* in konservativen Publikationen entziehen sich der Auseinandersetzung mit Elsners Darstellung staat-

392 Kesting: »Von der kalten zur heilsamen Wut«.

393 Rezension *Die Zerreißprobe* in der Süddeutschen Zeitung (1980), in: Deutsches Literatur Archiv Marbach, Z: Elsner, Gisela, Mappe 7f2.

lichen Handelns mit Argumentationen, die auf ihre Weise den Staat als Akteur ausblenden. Die Frankfurter Allgemeine Zeitung etwa unterstellt Elsner, sie bezwecke gar »keine vordergründige Anklage gegen zweifelhafte Methoden staatlicher Überwachungsorgane«[394] und psychologisiert, »nicht nur reale, aber nicht akzeptierte Schuld kann den Menschen zerstören, sondern auch solche, die er zu Recht nicht als die seine annimmt.«[395] Die Welt wiederum verwendet die Offenheit, mit der *Die Zerreißprobe* die Überwachungsfrage behandelt, zum Anlass für die – angesichts der allgemein bekannten Realität der staatlichen RAF-Verfolgung geradezu lächerliche – Leugnung jeglichen Missstands: Elsner selektiere »Reibungsflächen, an denen sich ihr gesellschaftliches Mißbehagen entzünden kann, und wenn sie nicht vorhanden sind, so müssen sie eben erfunden [...] werden.«[396]

Die Zerreißprobe in der DDR: Nur eine »West-Kritik«?

1982 erscheint im Aufbau Verlag die Anthologie *BRD heute – Westberlin heute*, die auch *Die Zerreißprobe* enthält; es ist Gisela Elsners zweite DDR-Publikation. Ebenfalls Teil der Textsammlung ist ein Briefwechsel zwischen den westdeutschen Kommunist:innen Oskar Neumann, Elvira Högemann-Ledwohn und Klaus Konjetzky. Unter dem programmatischen Titel *Was bleibt von den siebziger Jahren?* äußert Neumann hier die Einschätzung, Elsner habe mit der *Zerreißprobe* »Anschluss gefunden [...] an die Bewegung, die hier und heute für eine menschliche Zukunft«[397] kämpfe. Dies habe sie in die Lage

394 Ayren, Armin: »Die Mechanismen der Macht«, *Frankfurter Allgemeine Zeitung*, 01.04.1980, S. L2.
395 Ebd.
396 Rezension *Die Zerreißprobe* in Die Welt (1980), in: Deutsches Literatur Archiv Marbach, Z: Elsner, Gisela, Mappe 7f2.
397 Högemann-Ledwohn, Elvira / Konjetzky, Klaus / Neumann, Oskar: »Was

versetzt, zu erzählen, »wie eine Frau den Psychoterror der Verfassungsschützer überwindet und zu ihrer Tagesordnung übergeht, zu den Geschäften der Hausfrau, zur Alltagsarbeit für Frieden und Demokratie.«[398] Von der Neuen Innerlichkeit, von Neumann beschrieben als »Selbstisolation des Autoren-Ich[s] und das Rausziehen des roten Fadens aus der Geschichte, die Absage an alles Emanzipatorische«[399], hebt er Elsners Erzählweise positiv ab. In der Ernstnahme des Ereignisses und dem Bezug auf dessen alltagspraktische Bedeutung liegt Neumann durchaus auf der Linie dessen, was auch Elsner politisch mit der *Zerreißprobe* erreichen will.

Das kritische Potential der Kurzgeschichte sieht der BRD-Kommunist allerdings auf das Anliegen von *BRD heute – Westberlin heute* beschränkt,

> gesellschaftliche Widersprüche der BRD und Westberlins sichtbar [zu] machen. […] Auf dem knappen Raum, der Essays und Aufsätzen zur Verfügung stand, wurde versucht, die Selbstverständigung der Autoren, ihr Nachdenken über die Produktions- und Wirkungsmöglichkeiten der Literatur seit dem Ende der sechziger Jahre wenigstens in groben Umrissen nachzuzeichnen.[400]

Dabei drängt sich die Übertragung der Kritik auf die Verhältnisse in der DDR wohl bei kaum einem Text Elsners stärker auf als im Fall der *Zerreißprobe*, in der es schließlich, wie die DDR-Germanistin Ursula Reinhold 1982 zutreffend schreibt,

bleibt von den siebziger Jahren? Ein Briefwechsel«, in: Hirte, Christlieb u. a. (Hrsg.): *BRD heute – Westberlin heute. Ein Lesebuch*, Volk und Welt 1982, S. 369–402, hier S. 373.

398 Ebd.

399 Ebd.

400 Hirte, Christlieb u. a. (Hrsg.): *BRD heute – Westberlin heute. Ein Lesebuch*, Berlin: Volk und Welt 1982 [Klappentext].

> um einen Fall von Bespitzelung [geht] – hier einer Schriftstellerin. Elsner zeichnet die psychischen und sozialen Belastungen in einer Weise nach, die einen doppelbödigen satirischen Vorgang aus der scheinbaren Normalität einer als alltäglich gesehenen Begebenheit erwachsen läßt. Er gewinnt monströse Ausmaße und bezeichnet so ein allgemeines Klima.[401]

Darüber hinaus erscheint *Die Zerreißprobe* in der DDR ausgerechnet zu einem Zeitpunkt, an dem »[n]eben die offenen und wahrnehmbaren Formen des Terrors [...] zunehmend subtile und verdeckte Verfolgungsmechanismen [treten], der Apparat des Staatssicherheitdienstes [...] massiv ausgebaut und die Spitzeltätigkeit intensiviert«[402] werden. Fallbeispiele von Bespitzelung durch das Ministerium für Staatssicherheit (MfS) aus den späten siebziger und achtziger Jahren lesen sich wie Zwillingsversionen der *Zerreißprobe*:

> MfS-Mitarbeiter dringen zum Beispiel mit Nachschlüsseln in die Wohnung eines ihrer Opfer ein, um dort Gegenstände neu zu sortieren. Einmal verhängten sie die Bilder in der Wohnung der betroffenen Frau. Beim nächsten heimlichen Einbruch verstellten sie nur die Gewürzdosen in der Küche. Ein anderes Mal tauschten sie den Lieblingstee der Frau durch eine andere Sorte aus. Die Mitarbeiter kamen wieder und wieder. Sie ließen sich jeweils etwas Neues einfallen.[403]

Immerhin wurden die DDR-Überwachungsgeschichten nach dem Zusammenbruch des Staates durch die Offenlegung der Stasi-Akten beweisbar, während die Bundesrepublik die Dokumentation ihrer

401 Reinhold: *Tendenzen und Autoren*, S. 102 f.

402 Pingel-Schliemann, Sandra: »Zerstörte Biographien. Die Zersetzung politischer Gegner in der DDR«, in: Seeck, Anne (Hrsg.): *Das Begehren, anders zu sein. Politische und kulturelle Dissidenz von 68 bis zum Scheitern der DDR*, Münster: Unrast-Verlag 2012, S. 89–104, hier S. 93.

403 Ebd.

geheimdienstlichen Aktivitäten naturgemäß noch im 21. Jahrhundert weitestgehend unter Verschluss hält.

Angesichts der Tatsache, dass *Die Zerreißprobe* eben die Methoden beschreibt, die unter der Herrschaft Erich Honeckers vermehrt als »Methode der ›Zersetzung‹« gegen Oppositionelle angewendet[404] werden, stellt sich die Frage, warum die Hauptverwaltung Verlage und Buchhandel eine Druckgenehmigung für die Erzählung erteilt. Immerhin ist die »entscheidende Frage«[405] im Druckgenehmigungsverfahren, »[w]elche öffentliche Wirkung«[406] ein literarischer Text in der DDR voraussichtlich entfalten wird. Vor diesem Hintergrund legen die Parallelen zwischen Elsners Überwachungsgeschichte und den Repressionsverhältnissen in der DDR nahe, dass eine solche Übertragung der Kritik zumindest von den Lektor:innen bei Volk und Welt gewünscht ist. *Die Zerreißprobe* könnte so ein Beispiel für das in den Verlagen übliche Verfahren sein, subversive Literatur »im Anthologieversteck« in die DDR hineinzuschmuggeln.

Nützlich für die Lektor:innen mag in diesem Fall der Verweis ihres Parteigenossen Oskar Neumann auf Elsners DKP-Nähe sein: »Weil sie Anschluß gefunden habe[] an die Bewegung, die hier und heute für eine menschliche Zukunft kämpft«[407], sei sie in der Lage, ihre Erlebnisse mit der angemessenen Nüchternheit und Handlungsperspektive zu beschreiben. Zumal Neumanns Verweis auf das »Engagement für Frieden und Demokratie«[408] der Protagonistin stellt Elsners mutmaßliche Überwachung in den Kontext gesellschaftlicher

404 Pingel-Schliemann: »Zerstörte Biographien. Die Zersetzung politischer Gegner in der DDR«, S. 93.

405 Brohm, Holger: »Günter Kunert vor dem Gesetz. Gutachten als Kommentarform des Kanons«, in: Dahlke, Birgit / Langermann, Martina / Taterka, Thomas (Hrsg.): *LiteraturGesellschaft DDR. Kanonkämpfe und ihre Geschichte(n)*, Stuttgart/Weimar: J. B. Metzlersche Verlagsbuchhandlung 2000, S. 214–239, hier S. 217.

406 Ebd.

407 Högemann-Ledwohn/Konjetzky/Neumann: »Was bleibt von den siebziger Jahren? Ein Briefwechsel«, S. 373.

408 Ebd.

Kämpfe, die in der DDR von Staats wegen als längst verwirklicht dargestellt sind. Die Bemerkung des *BRD heute – Westberlin heute*-Gutachters Horst Simon, er sei »sehr froh darüber [...], daß diese beteiligten, kenntnisreichen und weitsichtigen Genossen der DKP der Auswahl mit ihrem Briefwechsel eine feste Stütze gegeben haben«[409], deutet auf die Relevanz von Neumanns Einschätzung für den erfolgreichen Verlauf des Druckgenehmigungsvorgangs hin.

»Ich rate davon ab, auf dieses Projekt in irgendeiner Form einzugehen«[410]: Elsners Politische Schriften

Im Februar 1981 erhält der Rowohlt-Cheflektor Jürgen Manthey von Gisela Elsner eine Kollektion von Aufsätzen und Reportagen aus den vergangenen zwei Jahren, die sich in ihren Augen »gut für einen Band in der DNB-Reihe eignen würden.«[411] Darunter befinden sich die Aufsätze *Politisches Kauderwelsch. Über auf den Hund gekommene politische Begriffe*[412] und *Die Verhinderung des totalen Versorgungsstaats. Kanzlererklärungen von Adenauer bis Schmidt*[413], eine Analyse von Kriegsliedern im Nationalsozialismus[414] sowie eine ideologie-

409 Simon, Horst u. a.: Gutachten zu *BRD heute – Westberlin heute*, in: Bundesarchiv, Verlag Volk und Welt, Verlag für internationale Literatur, Berlin, 1982, A–B, DR 1/2376.

410 Brief an Gisela Elsner vom 17. März 1986, in: Rowohlt Verlagsarchiv, fol. 82.

411 Brief an Jürgen Manthey vom 8. Februar 1981, in: Verlagsarchiv Rowohlt, fol. 43.

412 Die Erstveröffentlichung dieses Aufsatzes erfolgt 1981 in der Anthologie *Vom deutschen Herbst zum bleichen deutschen Winter* (Elsner, Gisela: »Politisches Kauderwelsch«, in: Kipphardt (Hrsg.): *Vom deutschen Herbst zum bleichen deutschen Winter*, S. 215–233.)

413 Verschiedene Varianten dieses Aufsatzes erscheinen 1979 in der Deutschen Volkszeitung und der konkret, 1980 im Kürbiskern und 1979 als Rezension im SWR. (Vgl. Elsner: *Flüche einer Verfluchten*, S. 401 f.)

414 Dieser Text erscheint 1988 in dem Aufsatzband *Gefahrensphären* im Paul Zsolnay Verlag.

kritische Untersuchung von Heinrich von Kleists *Michael Kohlhaas*. Der Kleist-Text hatte ursprünglich »im Zusammenhang mit Kleists 200. Geburtstag, Mitte Oktober«[415] 1977 gesendet werden sollen, zufällig genau »an jenem Abend, an dem man den toten Schleyer fand. Die Programme des NDR wurden, wie die aller Rundfunkanstalten geändert, um u. a. Fahndungsmeldungen auszustrahlen.«[416] Dies teilt der Redakteur Hanjo Kesting Elsner im März 1978 brieflich mit, nachdem er in seinem vorherigen Brief – natürlich ohne die Entwicklungen um die Schleyer-Entführung voraussehen zu können – bereits geklagt hatte, es werde auch in den öffentlich-rechtlichen Rundfunkanstalten »immer schwieriger [...], seine Meinung zu sagen«[417].

Drei Jahre später beurteilt Jürgen Manthey bei Rowohlt Elsners Aufsätze und Reportagen nicht nur für im vorliegenden Zustand nicht veröffentlichungswert, sondern rät mit großer Vehemenz davon ab, »auf dieses Projekt in irgendeiner Form einzugehen«[418]. Es handele sich um »unbearbeitete Funk-Manuskripte, die Themenzusammenstellung ganz beliebig, die Originalität der einzelnen Beiträge enttäuschend«[419]. Mantheys vernichtendem Urteil schließt sich der Lektor Detlef Schmidt an: In einer möglichen Veröffentlichung der Aufsätze sähe er gar »ein unsägliches Verhängnis«[420], da Elsners Aufsätze »unter dem niedrigsten Anspruch [liegen], der an einen durchgearbeiteten Essay-Text zu stellen wäre.«[421] Die nahezu unsachliche Heftigkeit dieser Ablehnung hat deutliche Parallelen zu der Haltung von Lektorat und Verlagsführung zum *Heilig Blut*-Stoff. Vor diesem Hintergrund erstaunt es nicht, dass Elsners politische Schriften niemals bei Rowohlt erscheinen.

415 Brief an Gisela Elsner vom 9. März 1978, in: Briefwechsel Gisela Elsner – Hanjo Kesting, fol. 15.
416 Ebd.
417 Ebd.
418 Brief an Gisela Elsner vom 17. März 1986, in: Rowohlt Verlagsarchiv, fol. 82.
419 Ebd.
420 Ebd.
421 Ebd.

Ein Sachbuch, zu dessen Publikation sich der Verlag hingegen Anfang der achtziger Jahre entscheidet, ist *Nachrüsten? Dokumente und Positionen zum NATO-Doppelbeschluß*, herausgegebenen von dem Oberstleutnant a. D. Alfred Mechtersheimer. Die Textsammlung enthält unter anderem einen Auszug aus dem Bundesprogramm der Grünen, in dem diese eben den Pazifismus propagieren, den Gisela Elsner in ihren politischen Schriften scharf kritisiert. Zu Wort kommt darin aber auch der CSU-Vorsitzende Franz-Josef Strauß, der die Kommunisten als »Zweckpazifisten«[422] bezeichnet, »in deren Augen moderne, atomare Waffen in den Händen kommunistischer Regierungen oder des Kreml wahre Segensinstrumente für Fortschritt und Menschheitsbeglückung«[423] seien. Der Instanz, die Strauß mit verschwörungsideologischem Subtext als diejenige ausweist, welche »die ganze Kampagne [...] im Hintergrund«[424] steuere, nämlich der DKP, gehört Elsner 1981 bereits seit vier Jahren an. Ausgerechnet eine Stimme aus der DKP zum NATO-Doppelbeschluss hat Mechtersheimer trotz der tatsächlich hohen Involviertheit der Partei in der Friedensbewegung nicht in die Textsammlung aufgenommen. Der damalige Grünen-Bundestagsabgeordnete und spätere Holocaustleugner[425] erhält bei Rowohlt eine Plattform für (partei-)politische Positionen, an die sein späteres Engagement als Mitglied der Republikaner – so erklärt er 1997 gegenüber dem Spiegel – im Sinne einer »konsequente[n] Fortsetzung des Kampfes gegen die Fremdbestimmung deutscher Verteidigungspolitik«[426] einigermaßen nahtlos anschließt.

422 Strauß, Franz-Josef: »Rede des CSU-Vorsitzenden Franz-Josef Strauß auf dem CSU-Parteitag am 12. Juli 1981 in München (Auszüge)«, in: Mechtersheimer, Alfred (Hrsg.): *Nachrüsten? Dokumente und Positionen zum NATO-Doppelbeschluß*, Reinbek bei Hamburg: Rowohlt Verlag 1981, S. 190–196, hier S. 195.

423 Ebd.

424 Ebd.

425 Vgl. »Taube im Stahlhelm«, *Spiegel*, 02.02.1997, https://www.spiegel.de/spiegel/print/d-8653790.html (zugegriffen am 15.07.2019).

426 Ebd.

Eine Ideologiekritik militaristischer Propaganda hingegen, die Elsner in ihrem Aufsatz über nationalsozialistische Kriegslieder leistet und die angesichts des Kalten Kriegs auch in den 1980er Jahren durchaus zeitgenössische Relevanz hat, findet keinen Platz im Rowohlt-Verlagsprogramm. Die literaturbetriebliche »Regel«, der zufolge, »[w]er bereits als Dichter hervorgetreten«[427] sei, »größere Chancen [habe], für nichtfiktionale Prosawerke literarische Anerkennung zu finden, als ein Autor, der nur nichtfiktionale Prosa schreibt«[428], gilt für Gisela Elsner offenbar nicht. Womöglich spielt dabei die Erfahrung eine Rolle, die Elsner selbst in dem Aufsatz *Autorinnen im literarischen Ghetto* festgehalten hat: dass nämlich Autorinnen mithilfe der »ungeschriebenen Gesetze[], die es schreibenden Frauen nahelegen, im Hinblick auf Politik und Gesellschaftskritik Abstinenz zu üben [...], statt Widerspruch und Protest Einverständnis zu zeigen«[429], im bundesrepublikanischen Literaturkritik mundtot gemacht würden.

Gefahrensphären (1988): Kein Buch für die BRD

Gisela Elsners politische und kulturkritische Schriften erscheinen zu ihren Lebzeiten nur ein einziges Mal in Buchform, und zwar 1988 unter dem Titel *Gefahrensphären* im österreichischen Zsolnay Verlag. Dort kommt sie nach ihrem Hinauswurf bei Rowohlt 1986 unter; bei Zsolnay erscheint auch 1989 ihr letzter Roman *Fliegeralarm*. Entgegen des literaturkritischen Narrativs, dass Elsner in der zweiten Hälfte der achtziger Jahre bereits in Vergessenheit geraten sei, wird *Gefahrensphären* – so wie alle ihrer Bücher bis dato – in sämtlichen wichtigen Zeitungen besprochen.

427 Kreuzer: *Veränderungen des Literaturbegriffs*, S. 71.
428 Ebd.
429 Elsner: »Autorinnen im literarischen Ghetto«, S. 55.

Während die bundesrepublikanischen Publikationen ausschließlich Verrisse publizieren, sieht die Neue Zürcher Zeitung Elsners Aufsätze geprägt von »kluge[r] politische[r] Analyse, Witz und Kraussche[m] Stilempfinden«[430], welches nicht nur ein »Indiz für die Bewusstseinslage des Einzelnen, sondern auch für die Gesinnungslage der Bundesrepublik«[431] darstelle. Mit seiner These, es gäbe in der BRD die Absicht, das Buch »totzuschweigen«[432], verweist Michael Bauer in der NZZ sogar auf jene politischen Bewertungsmaßstäbe für Literatur, die Elsner 1986 als bürgerliche Variante der »Literaturzensur«[433] beschreibt. Diese sei

> insofern schwer nachzuweisen, als sie nicht offen, sondern versteckt vonstatten geht. Außerdem sind die Mittel dieser Zensur dermaßen perfide, daß der Autor, der behauptet, diese oder jene seiner Arbeiten sei der Zensur zum Opfer gefallen, wie ein Wichtigtuer dasteht. Das kommt daher, daß man auf politisch unliebsame Argumente nicht mit politischen Gegenargumenten reagiert, sondern mit ästhetischen Argumenten.[434]

Ein solches Vorgehen, das Elsner an anderer Stelle auf den Begriff Ästhetisierung des Inhaltlichen bringt, privilegiert unter anderem formale Aspekte eines Textes gegenüber dem Sinngehalt. Bertolt Brecht spricht in den 1920er Jahren in diesem Zusammenhang von einer »kulinarische[n] Kritik«[435], die »sich auf das Schlürfen von Details [beschränkt]. [...] Diesem Usus entsprechend, entscheidet als letzte

430 Bauer, Michael: »Polemik und sensible Analyse«, *Neue Zürcher Zeitung*, 08.09.1988, S. 39.
431 Ebd.
432 Ebd.
433 Elsner: »Antwort auf einen Fragebogen, die Literaturzensur in der Bundesrepublik Deutschland seit 1945 betreffend«, S. 115.
434 Ebd.
435 Brecht, Bertolt: *Schriften zur Literatur und Kunst 1*, Gesammelte Werke 18, Werkausgabe edition suhrkamp, Frankfurt a. M.: Suhrkamp Verlag 1967, S. 97 f.

Instanz in Kunstdingen der Geschmack, und zwar ein individualistisch gefärbter Geschmack, und der Geschmack verlangt nach der Variante.«[436] So stehen die von den Stuttgarter Nachrichten zugestandenen »kluge[n] Analysen«[437] von Elsners Aufsätzen gleichwertig gegen einen angeblichen Ermüdungseffekt »durch den gleichförmigen Satzbau und die ständige Wiederaufnahme von Formulierungen«[438]. Ähnlich argumentiert auch Hanjo Kesting, der Elsner 1982 anlässlich *Heruntergekommene Begriffe* schreibt, er habe mit ihren »›politischen‹ Manuskripten Schwierigkeiten [...]. Ich finde Deine Analysen richtig, doch Deine Methode nicht überzeugend. Ich schicke Dir das Manuskript darum zurück.«[439] Die Frankfurter Allgemeine Zeitung lässt in dem Label »lyrisch überschminkte[] Klassenkampf-Prosa«[440] auch die Missbilligung von Elsners politischer Stoßrichtung durchblicken. Als Hauptargument gegen die Aufsätze werden allerdings ihre »grelle[n]«[441] Formulierungen angeführt, die »statt zur Anteilnahme zu diskretem Wegsehen«[442] veranlassen würden. Die Rezension in der Frankfurter Rundschau wiederum verlegt sich nicht auf ästhetische Argumentationen, sondern erklärt Elsners Gesellschaftskritik in durchaus widersprüchlicher Weise als zugleich redundant und falsch. Die Autorin stehe

> in unzeitgemäßer Treue fest auf dem Boden (vulgär-)marxistischer Kapitalismuskritik. [...] Halten wir uns auch nicht auf bei den schon jahrelang sperrangelweiten Türen, die die Autorin mit Vehemenz einrennt. [...] Es ist der Klassenkampf, was sonst, dessen Ausbleiben

436 Ebd.
437 Rezension von *Gefahrensphären* in den Stuttgarter Nachrichten (1988), in: DLA Marbach, Z: Elsner, Gisela, Mappe 7f2.
438 Ebd.
439 Brief an Gisela Elsner vom 16. Januar 1981, in: Briefwechsel Elsner – Kesting, fol. 21.
440 Rezension von *Gefahrensphären* in der Frankfurter Allgemeinen Zeitung (1988), in: DLA Marbach, Z:Elsner, Gisela, Mappe 7f2.
441 Ebd.
442 Ebd.

> in der »hiesigen« Gesellschaft Gisela Elsner einer allgemeinen Bewusstseinsvernebelung anlastet. [...] Nichts gegen feste Standpunkte. Der Klassenstandpunkt allerdings [...] produziert seine ganz eigene Wahrnehmungstrübung.[443]

»Dinge im Verhältnis zwischen Frau Elsner und dem Rowohlt Verlag, die ich Ihnen nicht darstellen möchte«[444]. Gisela Elsners Rauswurf

Bereits 1982 schreibt Gisela Elsner an Heinrich-Maria Ledig-Rowohlt, sie müsse sich aufgrund ihrer Finanzprobleme vermutlich »irgendwann einen Strick um den Hals hängen«[445]. Als der Verleger im Jahr darauf seine restlichen Verlagsanteile an die Holtzbrinck-Gruppe verkauft, verschlechtern sich Elsners Arbeitsbedingungen bei Rowohlt noch einmal. Auch für die Verlagsangestellten hat Ledig-Rowohlts endgültiger Rückzug aus dem Betrieb negative Konsequenzen: Entgegen dem »vom Wunschtraum betrieblicher Mitbestimmung genährte[n] Plebiszit der Belegschaft«[446] ernennt der Eigentümer Dieter von Holtzbrinck 1984 den von extern kommenden Journalisten Michael Naumann zum neuen Verlagschef.

Mit Naumann steht der Rowohlt Verlag bis zu Elsners Tod 1992 schließlich unter der Führung eines veritablen Partei-Sozialdemokraten, der nach seiner Zeit als Verleger auch als Politiker für die SPD tätig werden wird.[447] Der Kommunistin Elsner ist Naumanns staats-

443 Ebd.

444 Ebd.

445 Brief an Heinrich-Maria Ledig-Rowohlt vom 26. Juli 1982, in: Verlagsarchiv Rowohlt, fol. 63.

446 Gieselbusch, Hermann u. a. (Hrsg.): *100 Jahre Rowohlt. Eine illustrierte Chronik*, Reinbek bei Hamburg: Rowohlt Verlag 2008, S. 305.

447 Vgl. etwa: »Noch nicht am Ziel«, *Die Welt*, 11.12.1998, https://www.welt.de/print-welt/article629181/Noch-nicht-am-Ziel.html (zugegriffen am 20.1.2020).

tragende Haltung schon während seiner Zeit als Verlagschef bekannt; sie betrachtet ihn explizit als politischen Feind. Dies wird deutlich in einem Brief an den Lektor Jürgen Gruner von Volk und Welt, in dem sie den Verleger beschreibt als »Herausgeber der vom CIA finanzierten antikommunistischen Elite-Zeitschrift DER MONAT und zudem [...] Schwiegersohn des ehemaligen Bundesnachrichtenchefs«[448]. Mit seiner Vergangenheit als »einstige[r] SHB/SDS-Studentenfunktionär«[449] verkörpert Naumann darüber hinaus auch noch eben den »68er«-Typus, der nach seiner Zeit in der Studentenbewegung im Rahmen einer bürgerlichen Karriere gewissermaßen »zur Gegenseite« gewechselt ist.

Die Berufung Naumanns zum Verlagschef scheint sowohl Ausdruck als auch Folge eines zunehmenden Konkurrenzdrucks im Literaturbetrieb zu sein, den der Germanist Manfred Durzak angesichts der »enge[n] Verflechtung«[450] von Rowohlt mit dem Holtzbrinck-Konzern bereits 1981 von einem literarischen Qualitätsverlust begleitet sieht. Da die »eher konservativen Medienkonzerne [...] bisher nur ein beiläufiges Interesse für die wirtschaftlich kaum profitable neue oder gar avantgardistische Literatur«[451] zeigen würden, sei es nur eine »Frage der Zeit, bis man die einst führende Position als Verlag neuer Literatur und bis zu einem gewissen Grad auch den Anschluß an die aktuelle literarische Entwicklung zu verlieren«[452] beginne. Gisela Elsner kritisiert an den Monopolisierungstendenzen der deutschen Verlagslandschaft nicht vordringlich den Qualitätsverfall, sondern befürchtet negative Konsequenzen für ihre (schriftstellerische) Existenz. Im April 1983 schreibt sie an Ledig-Rowohlt, sie »fürchte, daß sich

448 Brief an Jürgen Gruner [undatiert, vermutlich 1990], in: Archiv der Akademie der Künste, Archiv Verlag Volk und Welt, 3193.

449 Jakobs, Hans-Jürgen: »Der Abenteurer«, *Süddeutsche Zeitung*, 17.05.2010, https://www.sueddeutsche.de/politik/spd-hoffnung-michael-naumann-der-abenteurer-1.318777 (zugegriffen am 27.06.2019).

450 Durzak (Hrsg.): *Deutsche Gegenwartsliteratur*, S. 484.

451 Ebd.

452 Ebd.

die Situation der Autoren, die keine Bestseller schreiben, künftig noch zusätzlich verschlechtern«[453] werde. Im September 1986 kulminiert diese Verschlechterung schließlich in der schriftlichen Aufkündigung der Zusammenarbeit gegenüber Elsner. Brieflich teilt Naumann der jahrzehntelangen Hausautorin mit,

> daß es gewiß aufgrund biographischer Veränderungen, nicht so sehr aufgrund des Besitzerwechsels, so recht keinen Lektor mehr gibt, der sich an Gisela Elsner in dem Maße gebunden fühlt, wie es doch recht eigentlich das Verhältnis zwischen Schriftstellern und Verlagen kennzeichnen sollte. Den Gründen hierfür nachzusinnen, dürfte zwecklos sein. [...] In Wirklichkeit hat sich aber durch den Automatismus der Vorschußregelung zwischen Dir und Rowohlt genau das eingeschlichen, was sich mit »ökonomistischer Verlagsperspektive« bezeichnen lässt. Wir reden nur noch über das Geld [...]. Aus Deiner Perspektive mag dieses wie das Ende einer langen Verbindung der Schriftstellerin Elsner aussehen. Ich meine hingegen, daß sich in diese Verbindung inzwischen sehr viele Mißtöne, Unzufriedenheiten und allzu viel Unglück eingemischt haben.[454]

Naumanns Kritik einer »ökonomistischen«[455] Haltung Elsners konfligiert mit seiner Aussage vom Januar 1986, unter den aktuellen Bedingungen werde die »Entfremdung zwischen Verlag und Autoren [...] von den Verhältnissen diktiert«[456].

Als sich der Verband der Schriftsteller (VS) im Oktober 1986 im Interesse Elsners an den Rowohlt-Chef wendet, liefert dieser keine

453 Brief an Heinrich-Maria Ledig-Rowohlt vom 18. April 1983, in: Verlagsarchiv Rowohlt, 69.

454 Brief an Gisela Elsner vom 16. September 1986, in: Verlagsarchiv Rowohlt, fol. 87.

455 Ebd.

456 Brief an Heinrich-Maria Ledig-Rowohlt vom 18. April 1983, in: Verlagsarchiv Rowohlt, fol. 69.

überzeugende Begründung für den Rausschmiss der jahrzehntelangen Hausautorin: Es gehe »nicht um die literarische Qualität von Elsners Werk«[457], sondern um »andere Dinge im Verhältnis zwischen Frau Elsner und dem Rowohlt Verlag, die ich Ihnen nicht darstellen möchte«[458]. Welche Dinge dies sein könnten, bleibt offen; dass Naumanns Diskretion etwa einem diskreten Umgang mit ökonomischen Konflikten entspringt, scheint wenig plausibel angesichts der Tatsache, dass der VS in seinem Schreiben Elsners Armut selbst benennt. Zudem müsste dem Verlagschef Elsners Offenheit im Umgang mit ihrer finanziellen Notlage aus der Verlagskorrespondenz bekannt sein. Seine Leugnung literarischer Kriterien für ihren Rauswurf steht darüber hinaus im Widerspruch zu der – durch die Verlagskorrespondenz dokumentierten – relativen Einigkeit hinsichtlich Elsners schriftstellerischer Inkompetenz aufseiten des Verlags.[459] Der Justiziar des VS in der IG Druck und Papier, Wolfgang Schimmel, den Elsner schließlich um Unterstützung bittet, verweist im Mai 1987 in einem Brief an Naumann auf mögliche politische Gründe für ihre Kündigung.[460] Auf Schimmels Feststellung, »daß die korrekte Erfüllung von Verlagsverträgen nicht davon abhängen kann, ob [...] zwischen Autorin und Verlagsleitung Konsens über Dinge besteht, die weit außerhalb des konkreten Vertragsverhältnisses liegen«[461], liegt keine Antwort Naumanns vor. Seine Entscheidung, das Arbeitsverhältnis zu Elsner zu beenden, bleibt bestehen.

Der Verlust ihres Hausverlags bedeutet für Elsner nicht nur eine ernsthafte Bedrohung ihrer literarischen Handlungsfähigkeit, sondern bedroht ihre Existenzgrundlage. Im Oktober 1986 schreibt sie an

457 Brief von Michael Naumann an den Verband der Schriftsteller (VS) vom 15. Oktober 1986, in: Verlagsarchiv Rowohlt, fol. 90.

458 Ebd.

459 Vgl. etwa die Briefe an Gisela Elsner vom 15. Juli 1985 und vom 17. März 1986, in: Verlagsarchiv Rowohlt, fol. 73 und 82.

460 Brief von der Industriegewerkschaft Druck und Papier an den Rowohlt Verlag vom 21. Mai 1987, in: Verlagsarchiv Rowohlt, fol. 93.

461 Ebd.

Ronald M. Schernikau, der übrigens auch von ihr zu ihrem Nachlassverwalter bestimmt worden ist, man habe sie

> mit einem smarten Fußtritt aus dem Rowohlt-Verlag herausgeworfen. Ich stehe wirklich vor dem Nichts. Seit Tagen kann ich kaum gehen, weil meine Knie butterweich sind. Ich wiege nur noch 51 Kilo. Ich frage mich, ob ich mich umbringen soll. Das Zyankali liegt in meinem Kleiderschrank bereit. Ein Vermächtnis meiner Schwester.[462]

Neben dem Verweis auf die Trennung von Rowohlt legt Elsner hier die Selbsttötung ihrer Schwester als Grund für ihre eigene Suizidalität nahe. Im August 1990 äußert sie gegenüber Schernikau zudem die Befürchtung, sie werde »den Fall der Mauer bis an mein Lebensende nicht verkraften«[463], da dadurch »aLLES [sic!] was für mich wichtig war, zermalmt ist«[464]. Ihre Erklärung im selben Brief, »[i]n der DDR bestand für mich die Gefahr, daß man mich ins Irrenhaus einlieferte«[465], weist darauf hin, dass Elsner nicht allein am Zusammenbruch des Realsozialismus, sondern auch unter zerstörten Illusionen bezüglich der sozialistischen Gesellschaften leidet. Dennoch schreibt die Autorin etwa zeitgleich in *Flüche einer Verfluchten* – kämpferisch und aus der Kollektivperspektive einer kommunistischen Bewegung – »unsere Widerstandskraft«[466] habe »allen unüberbietbar widerwärtigen Widerwärtigkeiten des jeglicher Beschreibung Spottenden zum Trotz noch keineswegs die Waffen gestreckt«[467]. Das als »Buch über die Deutschen«[468] angelegte *Flüche*-Konvolut erscheint, ebenso wie ihr letzter Roman *Fliegeralarm*, naturgemäß nicht mehr bei Rowohlt.

462 Akademie der Künste, Berlin, Ronald-M.-Schernikau-Archiv, Nr. 150, Ronald Schernikau an Gisela Elsner [undatiert].
463 Ebd., Gisela Elsner an Ronald Schernikau, 18. August 1990.
464 Ebd.
465 Ebd.
466 Elsner: »Flüche einer Verfluchten«, S. 187.
467 Ebd.
468 Ebd.

Eine plötzliche Verbesserung ihrer ökonomischen Lage 1987 durch eine Serie von Fördergeldern schiebt Elsners offenbar geplanten Suizid zwar auf, aber nur um wenige Jahre. Diese Verlängerung ihres Lebens ist jedenfalls nicht auf Unterstützung durch den Rowohlt Verlag zurückzuführen, sondern durch den Umstand, dass sie innerhalb von kurzer Zeit »außer 15000 DM Literaturpreis, außer 20000 DM Vorschuß für meinen Essayband [...] auch noch ein Stipendium des DEUTSCHENLITERATURFONDS in der Höhe von 24000 DM«[469] erhält.

469 Akademie der Künste, Berlin, Ronald-M.-Schernikau-Archiv, Nr. 150, Gisela Elsner an Ronald Schernikau, 24. Oktober 1987.

2. GISELA ELSNER UND »1968«. VON DER NEUEN LINKEN ZU DEN ALTERNATIVEN

Im Jahr 1967 kehrt Gisela Elsner aus ihrer Wahlheimat Rom in die Bundesrepublik zurück. Zwei Jahrzehnte später schreibt sie rückblickend, sie habe damals sofort

> gemerkt, daß der Faschismus in diesem Land nie bewältigt worden ist. Das Problem der Bewältigung des Faschismus hat sich mir immer wieder gestellt, also nicht nur in meinen Erinnerungen, die ich im Buch »Fliegeralarm« zu Papier brachte. Das hat sich mir immer wieder im Verhalten gewisser Leute, Beamter, Polizisten gezeigt.[1]

Im Interview mit der DKP-Zeitung Unsere Zeit beschreibt sie die BRD als weiterhin postfaschistische Gesellschaft, was einen spezifisch antifaschistischen Charakter des Antiautoritarismus impliziert: Viele der Autoritäten, mit denen die Nachfolgen der Tätergeneration und die Remigrant:innen in Familie, Schule, Universität und im Politikbetrieb konfrontiert sind, waren Täter:innen im Nationalsozialismus. »Linkssein« ist in diesem Kontext auf der Basis einer antikommunistischen Grundstimmung[2] zunächst definiert durch sozialdemokratische Nonkonformist:innen und linksbürgerliche Wiederbewaffnungsgegner:innen.

1 Elsner: »Bandwürmer im Leib des Literaturbetriebs«, S. 249.
2 Vgl. Hofmann: *Stalinismus und Antikommunismus*, S. 131.

Unter dem Einfluss der »linkspazifistische[n]«[3] Ostermarschbewegung, sie theoretisch und praktisch jedoch überschreitend, formieren sich allerdings in den mittleren sechziger Jahren Proteste, die »die gesellschaftskritische Aufarbeitung der Vergangenheit unüberhörbar auf die Tagesordnung«[4] setzen. Kristallisationspunkt dieser neuen außerparlamentarischen Opposition sind die Universitäten. Obwohl die APO zunächst »alle Etikettierungen und Kanalisierung sprengt«[5], bilden doch »linke Sozialdemokratinnen«[6] noch 1969 eine »überwältigende Mehrheit«[7]. Intern entwickelt sich die Bewegung von einer »vorwiegend reformerischen über eine vom Antiautoritarismus bestimmten zu einer durch Organisierung charakterisierten Phase«[8]. Zum »endgültigen Bruch«[9] zwischen Studenten- und Ostermarschbewegung kommt es im Frühjahr 1969, aufgrund eines »Konflikt[s] um Organisations- und Aktionsformen«[10], der auch die Militanzfrage beinhaltet.

Innerhalb des breiten sozialdemokratischen Spektrums existiert ein demokratischer Antiautoritarismus, der sich vornehmlich gegen ideologische und personelle NS-Kontinuitäten an den Universitäten richtet. Dieser ist, auch wenn er »einer widerstrebenden Universität die Auseinandersetzung mit dem Faschismus und Faschismus-Theorien«[11] aufzwingen muss, durchaus vereinbar mit der Modernisierung der bundesrepublikanischen Staatsräson durch die SPD seit den mittleren sechziger Jahren. Die

3 Minrath, Axel: *Friedenskampf. Die DKP und ihre Bündnispolitik in der Anti-Nachrüstungsbewegung*, Köln: Verlag Wissenschaft und Politik 1986, S. 22.
4 Haug: *Vom hilflosen Antifaschismus zur Gnade der späten Geburt*, S. 12.
5 Ebd., S. 18.
6 [O. A.]: »›Nicht erziehen lassen, um für Deutschland zu sterben.‹ Ein Interview mit Helmut Peitsch«, *undercurrents*, https://undercurrentsforum.com/index.php/undercurrents/article/view/48 (zugegriffen am 19.06.2024).
7 Ebd.
8 Peitsch: *Nachkriegsliteratur 1945–1989*, S. 227.
9 Ebd.
10 Minrath: *Friedenskampf.*
11 Haug: *Vom hilflosen Antifaschismus zur Gnade der späten Geburt*, S. 18.

> sozialliberalen Reformen standen nach Innen unter der Losung »mehr Demokratie wagen«, nach außen im Zeichen einer »Ostpolitik«, die auf Anerkennung der Kriegsfolgen gründete und Entspannung betrieb. Dem Nein zur nazistischen Vergangenheit gesellte sich das Ja zu demokratischeren Lebensformen.[12]

Auch der Politikwissenschaftler Georg Fülberth schreibt 1992 rückblickend, dass die »Forderung der Studentenbewegung nach Strukturreform des Bildungswesens [...] sich längst teilweise mit Effektivitätsüberlegungen derjenigen Wissenschaftsverwaltungen [traf], die sozialdemokratisch geleitet«[13] worden seien. Ein Beleg für das gesellschaftsstabilisierende Potential einer nicht ökonomie- und staatskritischen Demokratisierungsforderung ist die Tatsache, dass der »Abbau sogenannter autoritärer Strukturen [...] nicht einmal vor der Bundeswehr und der Polizei«[14] halt gemacht habe, wie Gerd Langguth bereits 1971 betont.

Gisela Elsner bezieht sich in ihren Texten allerdings hauptsächlich auf die Antiautoritarismus-Variante der Studentenbewegung, die sie als anarchistisches Linkssektierertum versteht und ablehnt. Wolfgang Fritz Haug beschreibt diese Strömung 1977 – in klarer Abgrenzung von dem in den späten sechziger Jahren aufkommenden Kampfbegriff Linksfaschismus – als »linke[n] Antikommunismus«[15],

> der sich, [...] »antibürokratisch« motiviert, gegen »Organisation«, »Leistungsprinzip«, »Arbeitsteilung« etc. agitiert und dem als »Konsumfaschismus« diagnostizierten »Bestehenden« ein radikal egalitäres distributionssozialistisches Jetztpathos entgegensetzt. Dieser Motivkatalog umreißt allerdings nicht »linken Faschismus«, wohl

12 Ebd.

13 Fülberth: *KPD und DKP 1945–1990*, S. 127.

14 Langguth, Gerd: *Protestbewegung am Ende*, Mainz: von Hase & Koehler 1971, S. 237.

15 Haug: *Der hilflose Antifaschismus*, S. 144.

> aber die eigene künftige Niederlage. Jedes dieser Motive bezeichnet eine Grenze der Bündnisfähigkeit.[16]

Der Marxistische Studentenbund Spartakus, den erklärtermaßen bündnisbereite Studierende 1969 gründen, unterscheidet sich von dieser

> frühen antiautoritären Studentenbewegung durch den positiven Bezug zur Arbeiterklasse, von den nun neu entstehenden maoistischen Gruppen durch ihre Zustimmung zur Entspannung in der Ostpolitik und durch ihre Bereitschaft, nach Möglichkeit auch mit den Gewerkschaften zusammenzuarbeiten.[17]

Seiner Nähe zur DKP entsprechend, legt es der MSB Spartakus auf Zusammenarbeit mit dem Sozialdemokratischen Hochschulbund an, dessen Dachverband Deutscher Gewerkschaftsbund dies allerdings, seiner Nähe zur SPD entsprechend, kategorisch ablehnt.[18] Auch diesem staatstragenden Korporatismus des deutschen Gewerkschaftssystems, über das der sozialdemokratische Bundeskanzler Helmut Schmidt 1976 sagt, man könne in der BRD »von Glück sagen, daß unsere Gewerkschaften sich zur Gesamtverantwortung bekennen«[19], stehen die APO-Kommunist:innen in ihren Bemühungen um die Politisierung der Arbeiter:innen also von Beginn an gegenüber.

16 Ebd.
17 Vgl. Fülberth: *KPD und DKP 1945–1990*, S. 126.
18 Ebd.
19 Brandt/Schmidt/Kellermeier: *Deutschland 1976 – zwei Sozialdemokraten im Gespräch*, S. 104.

»Professionelle heimatlose Linke«[20]: Der studentische Substitutionalismus

Gisela Elsner kritisiert zwar die Sozialdemokratie bereits in den 1960er Jahren »von links«, ist jedoch – auch generationell – nicht Angehörige der Studentenbewegung und schätzt deren politische Wirksamkeit als gering ein. Explizit macht sie dies 1970 in der Zeitschrift konkret unter dem Titel *Parteilichkeit* sowie rückblickend 1989 in dem Artikel *Von einem, der auszog, eine Revolution ohne Volk anzuzetteln.* Hier urteilt sie anlässlich des 20. Todestags von Che Guevara, die bundesrepublikanische »Protestbewegung der sechziger Jahre«[21] habe »ebensowenig Folgen [gezeitigt] wie die Revolutionspläne ihres Idols«[22].

Die Einschätzungen über das Bestehen einer revolutionären Situation in der BRD der sechziger und siebziger Jahre gehen unter den westdeutschen Kommunist:innen weit auseinander. Das gilt sowohl während der »Revolte« als auch im Rückblick. Der Schriftsteller Michael Buselmeier etwa sieht bereits 1974 den »Niedergang der Linken«[23] als besiegelt und schreibt in den frühen achtziger Jahren, »[d]ie antiautoritäre Revolte war [1970] vorbei«[24]. Dem entspricht die Einschätzung des Politikwissenschaftlers Johannes Agnoli 1972 auf einem *Kongress gegen politische Unterdrückung* an der FU Berlin. In der BRD blühe und gedeihe »wie immer nach historischen Niederlagen, heute eben vor allem die Konterrevolution«[25]. Michael

20 Elsner: »Von einem, der auszog, eine Revolution ohne Volk anzuzetteln«, S. 168.

21 Ebd.

22 Ebd.

23 Buselmeier, Michael: »Die Macht und der unermüdliche Hase«, in: Faecke (Hrsg.): *Über die allmähliche Entfernung aus dem Lande*, S. 116–138, hier S. 126.

24 Ebd.

25 Agnoli: *Der Staat des Kapitals und weitere Schriften zur Kritik der Politik*, S. 226.

Schneider bezeichnet die »68er«-Bewegung 1985 rückblickend als »akademische Kopfgeburt«[26] mit »revolutionären Omnipotenzträume[n]«[27], deren Scheitern er allerdings auf die Unfähigkeit der Befreiung von den »Introjekte[n] der autoritären Nachkriegserziehung«[28] begründet sieht. Die Perspektive der Nachfolgegeneration scheint demgegenüber beschönigend: Oliver Tolmein und Detlef zum Winkel schreiben 1987, zum »Anfang der siebziger Jahre [scheine] die Revolution geradezu unausweichlich zu kommen«[29] – nicht ohne zu betonen, sie sei in den achtziger Jahren, dem Zeitraum, in dem sie selbst bereits politisch aktiv sind, »in unerreichbare Ferne gerückt.«[30] Die DKP jedenfalls, der Elsner zu dem Zeitpunkt noch lange nicht angehört, aber bereits nahesteht, geht schon bei ihrer Gründung 1969 explizit nicht von einer revolutionären Situation in der BRD aus – und sieht ein wesentliches Hindernis für die Herbeiführung der Revolution gerade im »studentischen Substitutionalismus« der APO. »Offensichtlich in Auseinandersetzung mit Positionen der antiautoritären Studentenbewegung«[31] wendet sich die Grundsatzerklärung der DKP »gegen die Auffassung, die Arbeiterklasse habe aufgehört, eine revolutionäre Kraft zu sein; sie sei in das bestehende System integriert worden.«[32] Indem sie die Neue Linke als letztlich systemstabilisierendes Phänomen begreift, orientiert sich diese Position an der Perspektive der DDR. Der sozialistische Literaturwissenschaftler Karlheinz Barck etwa schreibt 1972 von der Notwendigkeit der »Überwindung des kulturkritischen Antikapitalismus«[33], die der Neuen Linken nur möglich sei, »wenn sie ihre gesellschaftliche Funktion weder außerhalb ihrer eigenen spezifischen Praxis noch durch die Uni-

26 Altenburg (Hrsg.): *Fremde Mütter, fremde Väter, fremdes Land*, S. 58.
27 Ebd.
28 Ebd.
29 Tolmein/zum Winkel: *Nix gerafft*, S. 131.
30 Ebd.
31 Fülberth: *KPD und DKP 1945–1990*, S. 122.
32 Ebd.
33 Barck: »Revolutionserwartung und das Ende der Literatur«, S. 421.

versalisierung ihrer Erfahrungen außerhalb der objektiven gesellschaftlichen Widersprüche«[34] bestimmt. Er unterstellt der Neuen Linken die Aufgabe eines Klassenstandpunkts ausgerechnet während »anhaltende[r] Klassenkämpfe[] in den westeuropäischen Ländern, die gerade in den sechziger Jahren zunehmend politisch«[35] ausgerichtet seien.

Auch der britische Marxist Terry Eagleton beschreibt die europäischen Studentenbewegungen ein knappes Jahrzehnt später als voluntaristisches Rückzugsgefecht bürgerlicher Intellektueller angesichts ausbleibender proletarischer Kämpfe. In dieser Situation sei es »always possible to abandon the proletariat and shift the idea somewhere else, into art or the third-world peasantry, philosophy or the student movement.«[36] Als prominenten Ausdruck einer solchen Wendung zum Idealismus begreift Eagleton übrigens die Kritische Theorie, die, »theoretically and practically divorced from the working-class movement, either sank into disillusion, veered to ultra-leftism, or collapsed ignominiously into the arms of the bourgeoisie.«[37] In dieselbe Richtung geht die Kritik des deutsch-amerikanischen Theoretikers Paul Mattick an Herbert Marcuses Einschätzung, eine »Revolution der Arbeiterklassen« sei »in der industriell fortgeschrittenen Gesellschaft nicht mehr zu erwarten«[38]. Und wirklich ist es wohl auch die nahezu vollständig erscheinende Integration des bundesrepublikanischen Proletariats, angesichts derer sich Teile der Neuen Linken in einem Akt von »studentische[m] Substitutionalismus«[39] zum revolutionären Subjekt erklären und den bewaffneten Kampf beginnen.

34 Ebd.

35 Ebd., S. 425.

36 Eagleton, Terry: *Walter Benjamin or, Towards a Revolutionary Criticism*, London: Verso 1981, S. 92.

37 Ebd., S. 91.

38 Mattick, Paul: *Kritik an Herbert Marcuse. Der eindimensionale Mensch in der Klassengesellschaft*, Frankfurt a. M.: Europäische Verlags-Anstalt 1969, S. 67.

39 zur Lippe, Rudolf: *Bürgerliche Subjektivität. Autonomie als Selbstzerstörung*, Frankfurt a. M.: Suhrkamp Verlag 1975, S. 221.

»Wo Arbeiter die Tore schlossen, ohne eine Spur Sympathie im Gesicht«[40]: Der Kampf der APO um die Produktionssphäre

Währenddessen ist festzuhalten, dass auch in der Bundesrepublik der 1960er und 1970er Jahre Arbeitskämpfe bis hin zu »wilden Streiks« stattfinden.[41] Die Streikenden beschränken sich allerdings durchgängig auf Lohnkämpfe, verkörpert etwa in dem Appell an »die Große Tarifkommission der IGM [...], in den nun anstehenden, vorgezogenen Tarifverhandlungen eine Lohnerhöhung von 17 % für die Beschäftigten in der eisenschaffenden Industrie zu fordern und diese mit allen gewerkschaftlichen Mitteln durchzusetzen.«[42] Obwohl hier eine kommunistische Perspektive fehlt, meint Johannes Agnoli wohl diese Entwicklungen, wenn er von einer »Rekonstruktion der ökonomischen Dimension«[43] im Zuge der Kämpfe von »68« spricht. Insgesamt ist die Entwicklung von Streiks in der BRD ab den sechziger Jahren allerdings stark rückläufig und die Streikbereitschaft der westdeutschen Arbeiterschaft durchgängig niedriger als in anderen westlichen Industriestaaten wie Frankreich oder den USA.[44]

Die Kontaktaufnahme der APO-Aktivist:innen zur Bevölkerung im Allgemeinen und zur Arbeiterschaft im Besonderen gestaltet sich als schwierig, trotz Ausnahmen wie der aus dem Jahr 1975 in Heidel-

40 Ebd.

41 Birke, Peter: »Unruhen und ›Territorialisierung‹. Überlegungen zu den Arbeitskämpfen der 1968er Jahre«, in: Ders., Bernd Hüttner und Gottfried Oy (Hrsg.): *Alte Linke – Neue Linke? Die sozialen Kämpfe der 1968er Jahre in der Diskussion*, Berlin: Karl Dietz Verlag 2009, S. 67–86, hier S. 77; Huffschmid, Joachim u. a.: »Die Widersprüche des westdeutschen Kapitalismus und die Wirtschaftspolitik der SPD«, *Kursbuch* 21 (1970), S. 37–82.

42 Enzensberger, Hans Magnus (Hrsg.): *Klassenbuch. Ein Lesebuch zu den Klassenkämpfen in Deutschland 1756–1971*, Darmstadt [u. a.]: Luchterhand 1972, S. 685.

43 Agnoli, Johannes: *1968 und die Folgen*, Freiburg: Ça ira 1998, S. 107.

44 Vgl. Huffschmid: »Die Widersprüche des westdeutschen Kapitalismus und die Wirtschaftspolitik der SPD«, S. 50 ff.

berg, wo sich Linke unter Beteiligung der Bevölkerung »tage- und nächtelange Straßenschlachten mit der Polizei«[45] liefern. Prägend für die studentischen Aktivist:innen sind Erlebnisse des Scheiterns und der Ablehnung, wie etwa die Teilnahme im Mai 1968 an »Demonstrationszüge[n] in die Vororte mit roten Fahnen, an Fabriken entlang, wo Arbeiter die Tore schlossen, ohne eine Spur Sympathie im Gesicht«[46]. Der Adorno-Schüler Rudolf zur Lippe sieht den »wirklichen Grund«[47] für diese Feindseligkeit zwar in einer »richtigen Abwehr gegen den studentischen Substitutionalismus. Den Arbeitern müßten sie [...] erst einmal sagen, wie man dann bis zur Revolution überleben soll!«[48] Sollte das wirklich der Grund für die antikommunistische Haltung des Proletariats in der BRD sein, würde dies nichts daran ändern, dass die »langhaarigen Radikalen«[49] die Arbeiter:innen letztlich nicht zu revolutionärer Organisierung animieren können.

Die – männlich dominierte – Arbeiter:innenbewegung, wie sie Christian Geissler in *Wird Zeit, dass wir leben* oder Peter Weiss in der *Ästhetik des Widerstands* beschreiben, existiert in der postfaschistischen BRD nicht mehr. Kampfbereiter als die Mehrheit der weißen männlichen Arbeiter zeigen sich nun besonders Frauen und »Gastarbeiter:innen«, die sogenannten »Randbelegschaften«[50] der großen Industriekonzerne. Deutsche und migrantische Arbeiter:innen verhalten sich in diesen Kämpfen immer wieder solidarisch gegen den staatlich unterstützten, rassistisch aufgeladenen Klassenkampf von oben. Der APO-Aktivist Peter Schneider beschreibt ein solches Szenario in der Berliner Produktionsstätte der Bosch GmbH:

45 Buselmeier: »Die Macht und der unermüdliche Hase«, S. 135.
46 Ebd.
47 zur Lippe: *Bürgerliche Subjektivität*, S. 122.
48 Ebd.
49 Ebd.
50 Birke: »Unruhen und ›Territorialisierung‹«, S. 78.

> Wenn schärfere Arbeitszeiten boykottiert, Überstunden verweigert, Stückzahlen abgesprochen werden, versucht die Geschäftsleitung den Widerstand jeweils durch ausländische Frauen, die den Akkord aus Unwissenheit brechen und bereitwillig Überstunden machen, zu spalten. Die derart organisierten Gegensätze zwischen den Frauen nützt die Firma dann wieder zur Diskriminierung der ausländischen Frauen aus. Zum Beispiel wurde bei der Verlegung der Abteilung Autoantenne nach Spandau ein Werkbus für die deutschen Frauen bereitgestellt. Die ausländischen Arbeiterinnen sollten die öffentlichen Verkehrsmittel benutzen. [...] Diese Provokation scheiterte aber an der Empörung der deutschen Frauen. Durch eine Unterschriftensammlung erzwangen sie das gleiche Recht für die ausländischen Frauen.[51]

Angesichts dieser Kämpfe und weiterhin stark geprägt von marxistischer Theorie hält die bundesrepublikanische Linke in den frühen siebziger Jahren noch an der Produktionssphäre als notwendigem Schauplatz für revolutionäre Veränderung fest. So kommt auch eine Mehrheit der Angehörigen des im Zuge der APO gegründeten Weiberrats 1971 »unter dem Einfluß der neuentstandenen linken Kadergruppen[] zu dem Schluß, daß wir eine Revolution nur erreichen können, wenn wir Arbeiterinnen bzw. kleine Angestellte agitierten«[52]. Jedoch erweist sich dieses Vorhaben den im Weiberrat organisierten Kommunist:innen bald als so weit entfernt von »den realen Umsetzungsmöglichkeiten der Gruppe, [...] daß wir immer wieder monatelang das Gefühl hatten, daß bei der Arbeit nichts rauskommt«[53]. Diese Bedingungen machen eine Wendung der Linken zur Politik der ersten Person zwar nicht zwingend erforderlich, legen sie jedoch nahe: Sehr viel greifbarer als das Hoffen auf die Erhebung der Arbeiter-

51 Schneider, Peter: »Die Frauen bei Bosch«, *Kursbuch* 21 (1970), S. 83–109, S. 90.
52 Doormann (Hrsg.): *Keiner schiebt uns weg*, S. 31.
53 Ebd.

klasse wird die Revolution, wenn man sie »zuerst in sich machen [muss], in sich, für sich, um sich herum, vor allem sexuell, aber auch psychisch und überhaupt ständig, auch beim Geschirrspülen oder scheißen.«[54]

Von der Klassenanalyse zur Lebensweise

Trotz der staatlich initiierten Verbreiterung des Zugangs zu höherer Bildung in der Nachkriegs-BRD kommen die Angehörigen der Studentenbewegung »weitgehend selber aus bürgerlichen Sozialisationen«[55]. Die Auseinandersetzung mit den bürgerlichen Verkehrsformen findet daher ebenso als Abarbeitung an der Gesellschaft statt wie innerhalb der politischen Gruppen, in denen diese sich »verschoben und oft verzerrt wiederholen«[56]. In einigen linken Kreisen hat sich zum Anfang der siebziger Jahre ein »Wunschbild Bohème« herausgebildet, welches anschließt an »Provinz« und »Kleinbürgertum« als bereits »im Modernisierungsdiskurs der sechziger Jahre zentrale Gegenbilder«[57]. Das Milieu einer urbanen Bohème mit seiner vermeintlich antibürgerlichen »Parteinahme für die ›Innerlichkeit‹ gegen die ›Äußerlichkeit‹ (der bürgerlichen Besitz- und Konsumobjekte)«[58] muss durchaus als »revolutionärer Ersatzschauplatz«

54 Fauser, Jörg: *Rohstoff*, Zürich: Diogenes, S. 30.

55 Zur Struktur des westdeutschen Bildungssystems in den 1950er Jahren vgl. etwa Cortina, Kai S. u. a. (Hrsg.): *Das Bildungswesen in der Bundesrepublik Deutschland. Strukturen und Entwicklungen im Überblick. Der neue Bericht des Max-Planck-Instituts für Bildungsforschung*, Reinbek bei Hamburg: Rowohlt Taschenbuch Verlag 2008, S. 53 ff.

56 zur Lippe: *Bürgerliche Subjektivität*, S. 226.

57 Peitsch: *Nachkriegsliteratur 1945–1989*, S. 228.

58 Hecken, Thomas: »Konsum, Boheme, kreative Klasse«, in: Hohnsträter, Dirk (Hrsg.): *Konsum und Kreativität*, Bielefeld: transcript Verlag 31.01.2015, http://www.degruyter.com/view/books/9783839428658/9783839428658-004/9783839428658-004.xml (zugegriffen am 14.03.2019), S. 64.

verstanden werden, der an die Stelle des Kampfes um die Produktionsmittel tritt.

Ein selbstgewählter Postmaterialismus nimmt hier die Stelle einer Kritik der Armut und des Mangels ein; eine derartige Abwertung des Materiellen vereinfacht es, die bestehenden Eigentumsverhältnisse unhinterfragt zu lassen. Abzuschaffen ist demnach nicht mehr das Bürgertum als Klasse, die über ihren Besitz an Produktionsmitteln herrscht, sondern Bürgerlichkeit als individuell-private Lebensweise. So erweist sich die Bohème – wie eigentlich seit ihrer Entstehung im frühen 19. Jahrhundert – als zutiefst bürgerliches Phänomen:

> In ihr manifestiert sich, wie »frei« Menschen in der bürgerlichen Gesellschaft sein können; sie stellt ein Ventil dar, durch das Angriffe auf die bestehende Gesellschaft zu symbolischen Aggressionen degenerieren. Alle »antibürgerlichen« Kräfte können sich in der Bohème sammeln, genießen hier die ihnen zugestandene »Freiheit« und sind damit hinter dem Rücken in die von ihnen verachtete Gesellschaft integriert, ohne diese transzendieren zu können.[59]

Zwischen bohemistischen Praxen und der von Herbert Marcuse beschriebenen Tatsache, »daß die radikale Opposition sich heute in einem neuen Sinn auf den Gesamtbereich jenseits der materiellen Bedürfnisse erstreckt und auf eine völlige Umgestaltung der traditionellen Kultur überhaupt zielt«[60], gibt es mindestens Überschneidungen. Zur Revolutionsunwilligkeit der bundesrepublikanischen Bevölkerung bildet die Bohème insofern ein Gegenstück, als sich innerhalb linker Milieus ohne »Möglichkeit zur Initiierung gesellschaftlichen Wandels [...] das Nichtstun [...] legitimieren, wenn auch aufgrund des Zwanges zur eigenen Reproduktion nicht durchführen«[61] lässt.

59 Damus: *Funktionen der bildenden Kunst im Spätkapitalismus*, S. 98.
60 Marcuse, Herbert: *Konterrevolution und Revolte*, hg. von Alfred Schmidt, Frankfurt a. M.: Suhrkamp Verlag 1973, S. 95.
61 Damus: *Funktionen der bildenden Kunst im Spätkapitalismus*, S. 102.

So bewertet Martin Damus 1973 die Revolutionierung des eigenen Lebens, die er damit letztlich gar nicht als politische Praxis begreift, sondern als Teil einer »aktivistischen totale[n] oder große[n] Verweigerung«[62].

Die DKP wiederum hat mit Postmaterialismus wenig am Hut, zumindest der Berichterstattung der Zeit über den dritten Parteitag 1973 zufolge. Die Wochenzeitung beschreibt die Genoss:innen unter dem Titel *Proletarier im Luxushotel* als »zu bürgerlich, zu elegant und wohlhabend«[63]. Dieser Vorwurf von linksliberaler Seite bringt die Figur des Salonkommunismus gegen die Kommunist:innen selbst in Anschlag und verharmlost kommunistische Politik zum Modephänomen.[64] Gisela Elsner mit ihrem betonten Hang zum Luxus[65] hätte in das so beschriebene DKP-Milieu sehr gut hineingepasst, sie ist jedoch zu diesem Zeitpunkt noch längst nicht Parteimitglied. Als sie vier Jahre später schließlich beitritt, haben viele Künstler:innen und Intellektuelle die Partei schon wieder verlassen, was dazu beitragen mag, dass sie sich dort bis zuletzt als »Fremdkörper«[66] fühlt.

Die in der DKP verbreitete Ablehnung sozialrevolutionärer Ansätze wiederum teilt Elsner, was schon ihrem Aufsatz *Parteilichkeit* von 1970 zu entnehmen ist, in dem sie politische Arbeit eher als unglamouröse Büroarbeit definiert denn als befreiende Selbsterfahrung.

62 Ebd.

63 »DKP-Parteitag«.

64 Zum Salonkommunismus und seiner Verbindung zu Bohème und Voluntarismus vgl. Benjamin, Walter: *Charles Baudelaire. Ein Lyriker im Zeitalter des Hochkapitalismus*, Frankfurt a. M.: Suhrkamp Verlag 1974, S. 9 ff.

65 Im August 1988 schreibt Elsner beispielsweise an Ronald Schernikau: »Ich habe mir nämlich für 3400 DM ein knallrotes Modellkleid, an dem bei jedem Schritt rote, etwa dreißig Zentimeter lange Seidenfäden schwingen, gekauft. Zu dem Kleid brauche ich rote Schuhe für 500 DM und eine Handtasche aus Laackleder [sic!] zum gleichen Preis.« (Akademie der Künste, Berlin, Ronald-M.-Schernikau-Archiv, Nr. 150, Gisela Elsner an Ronald Schernikau, 8. August 1988.)

66 Brief an Hanjo Kesting vom 12. Juni 1986, in: Briefwechsel Elsner – Kesting, fol. 43.

Der Ort politischen Handelns, den Elsner für sich sinnvoll findet, ist die öffentliche Sphäre der Parteipolitik. Die Entscheidung für den DKP-Beitritt, die sie 1977 trifft, bestimmt sie auch als Absage an Verweigerung und Negativität:

> Es ist ab einem bestimmten Moment für mich nicht mehr möglich gewesen, bei einem Nein stecken zu bleiben. Das ist eigentlich eine Sackgasse, wenn man da weiter drauf rumtritt. Es muß doch die Möglichkeit, etwas zu befürworten, zu bejahen, gefunden werden. Das ging bei mir so: Wenn ich dieses Gesellschaftssystem in Romanen verwerfe, dann muß es, wie gesagt, eine Alternative geben, die zunächst hier in der Bundesrepublik nicht geboten war.[67]

Die Unterscheidung zwischen »positiver« politischer Arbeit und »negativer« literarischer Gesellschaftskritik, die Elsner hier vornimmt, korrespondiert mit der Tatsache, dass sie bestimmte Themenkomplexe ausschließlich im Literarischen problematisiert. Während die Frage der Lebensweise für sie nicht Gegenstand ihrer politischen Arbeit ist, bildet die Darstellung der bürgerlichen Privatsphäre durchaus einen wichtigen Bestandteil ihres literarischen Werks, steht die Kategorie der Bürgerlichkeit sogar im Zentrum von Elsners literaturprogrammatischer Wendung von der Groteske zur Satire, die sie in der zweiten Hälfte der 1960er Jahre vollzieht.[68]

67 Deiritz: »Warum wird so eine Kommunist?«, S. 50.

68 Eine ausführliche Auseinandersetzung mit der Satire bei Gisela Elsner hat Christine Künzel in ihrer Habilitationsschrift vorgelegt. (Vgl. Künzel: *»Ich bin eine schmutzige Satirikerin«*.)

Gisela Elsner kritisiert die Bürgerlichkeit:
als »dreckige Satirikerin«[69]

»Satiriker:innen haben es zu allen Zeiten schwer. Ganz besonders aber heute in der BRD. [...] Was soll diese Satire dem satten Bürger sagen, der ständig davon träumt, selbst in die Reihe der ›Neureichen‹ aufzurücken?«[70] Dies schreibt die sowjetische Germanistin Nina Litwinez 1988 in ihrem Aufsatz *Die BRD-Autorin Gisela Elsner*. Ob die Groteske es bei den Leser:innen leichter hat, lässt Litwinez offen, nicht ohne das von Elsner zwanzig Jahre zuvor in *Die Riesenzwerge* verwendete Verfahren der »literarischen Großaufnahme« lobend hervorzuheben. Auch dieses erweise sich

> für den »brutalen Spießer« als tödlich. Und doch denkt sich die Schriftstellerin kaum etwas aus, sie blickt nur sehr aufmerksam, konzentriert und scharfsichtig in das vor ihr ablaufende Leben, und so entsteht die Groteske von selbst, entspricht eben der grotesken, unvorstellbaren, verzerrten Realität.[71]

Elsner selbst äußert sich 1978 in einem Interview mit dem Kürbiskern sehr viel kritischer über ihr erstes Buch. Der Angriff der *Riesenzwerge* auf die Kleinbürgerlichkeit erscheine ihr »insofern nicht ausreichend gezielt, als er sich hauptsächlich auf Erscheinungsformen konzentriert und die Frage nach den Ursachen der geschilderten Verhältnisse, das heißt der Barbarei, die da ineinemfort zum Ausdruck kommt, weder stellt noch beantwortet.«[72]

Anders als Litwinez bescheinigt Elsner dem Text durchaus keinen »harten Realismus«[73], sondern problematisiert das Element des

69 Vgl. Ebd.
70 Litwinez: »Die BRD-Autorin Gisela Elsner«, S. 182.
71 Ebd.
72 Elsner: »Vereinfacher haben es nicht leicht«, S. 34 f.
73 Litwinez: »Die BRD-Autorin Gisela Elsner«, S. 183.

Absurden in der Groteske als problematisch, da es tendenziell die »Wirklichkeit […] als unbegreifbar[]«[74] ausgebe und damit ebenso auf der Erscheinungsebene verbleibe wie etwa die Kategorie der Spießigkeit.[75] Das Literatur-Journal des Deutschlandsenders Berlin (Ost) vertritt bereits 1964 eine ähnliche Position. Die Figuren der Riesenzwerge würden als

> Marionetten [agieren], wer sie bewegt und was ihr Antrieb ist, erfahren wir nicht. […] die Analyse erstreckt sich nur auf das Erscheinungsbild, das mit wahrer Darstellungswut freigelegt wird, Detail um Detail und noch ein Detail […]. [E]r [der Spießer] wird zum Popanz, auf den man losschlägt, ohne ihn wirklich als Produkt einer Welt zu sehen, die ihn so und nicht anders braucht, als Mitläufer und Werkzeug, als Handlanger und Vollstrecker.[76]

Ob Elsner DDR-Kritiken wie diese bereits in den mittleren sechziger Jahren zur Kenntnis nimmt und in ihre literaturprogrammatischen Entwürfe einbezieht, kann heute nicht mehr nachvollzogen werden. Eine explizite »Kritik der Spießerkritik« formuliert sie jedenfalls erst in späteren Jahren.

Ihre Entscheidung für die Satire als treffendere Form der literarischen Gesellschaftskritik fällt Elsner in den späten 1960er Jahren. Als erster unter diesen veränderten Vorzeichen verfasster Roman erscheint 1970 *Das Berührungsverbot*, das auf seine Weise einen »Angriff gegen das Bürgertum«[77] unternimmt. Die Erzählung führt nicht allein die Normalbürger:innen vor, sondern das bereits genannte Wunschbild Bohème urbaner studentischer Milieus; auch dies gerät ins satirische Visier, wenn »sexuelle Befreiung« von bundesrepublikanischen

74 Damus: *Funktionen der bildenden Kunst im Spätkapitalismus*, S. 60.
75 Vgl. Elsner: »Vereinfacher haben es nicht leicht«.
76 [O. A.]: »Rezension von Die Riesenzwerge«, Deutschlandsender Berlin (Ost), 12. Oktober 1964.
77 Elsner: »Vereinfacher haben es nicht leicht«, S. 34.

Durchschnittsbürger:innen praktiziert wird. Der vermeintlich antibürgerliche Charakter dieser Praxen erweist sich hier als hilflos gegenüber dem bestehenden Klassen- und Geschlechterverhältnis. Das Buch literarisiert die politische Annahme, dass sich »[m]it neuen Verkehrsformen [...] nicht die Verhältnisse [verändern], und ohne objektive Veränderungen [...] die notwendigen Perspektiven für neue Verkehrsformen«[78] fehlen. Laut Litwinez richtet sich *Das Berührungsverbot* damit auch »gegen die Verlogenheit, die Verkrüppelung der bürgerlichen Moral überhaupt, in welchem Gewande sie auch immer daherkommen mag, sei es gut bürgerlich und tugendhaft oder modern und ›sexuell revolutionär‹«[79]. In *Der Punktsieg* (1977) und *Die Zähmung* (1984) verschiebt Elsner den Fokus gänzlich von der NS-Tätergeneration auf die generationell nachfolgenden »68er«-Modernisierungsträger:innen und deren Alltagspraxen.

78 zur Lippe: *Bürgerliche Subjektivität*, S. 228.
79 Litwinez: »Die BRD-Autorin Gisela Elsner«, S. 185.

2.1 Die Wirklichkeit als angreifbar ausgeben. Gisela Elsner und das literarische »68«

In Klaus Brieglebs *1968. Literatur in der antiautoritären Bewegung* (1993) wird Gisela Elsner ein einziges Mal erwähnt, und zwar als Teil der Gruppe 47, deren »Ende [...] als Institution«[80] eigentlich mit dem »Beginn der 68er-Ära«[81] zusammenfällt. Tatsächlich gehört sie der Gruppe 47 ebenso wenig an wie den APO-Milieus, schreibt aber seit den frühen siebziger Jahren für die Zeitschrift konkret. Hier erscheinen 1970 ihr erster veröffentlichter politischer Aufsatz *Parteilichkeit* sowie Auszüge aus ihrem dritten Roman *Das Berührungsverbot*. Der Publikationsort konkret positioniert Elsner trotz inhaltlicher Differenzen eben doch im Kontext der APO – aus der 1969 immerhin auch ihre spätere »politische Heimat« DKP hervorgeht. Die spezifische Politisierung der Literatur allerdings, die sich im Zuge von »68« vollzieht, kommentiert sie 1975 in dem Aufsatz *Über Mittel und Bedingungen schriftstellerischer Arbeit* mit der polemischen Bemerkung, »der Terrorismus«[82] habe

> viele Gesichter. Albert Schweitzers Großneffe zum Beispiel hat beanstandet, daß die Literatur den Hungernden kein Brot und den Unterdrückten keine Waffen liefere. Ähnliche Rügen, in denen die Forderung steckte, von der Literatur die Finger zu lassen, sind im Gefolge der Studentenproteste laut geworden.[83]

80 Weigel, Sigrid und Klaus Briegleb (Hrsg.): *Gegenwartsliteratur seit 1968*, Hansers Sozialgeschichte der deutschen Literatur 12, hg. von Rolf Grimminger, München [u. a.]: Carl Hanser Verlag 1992, S. 9.

81 Ebd.

82 Elsner: »Über Mittel und Bedingungen schriftstellerischer Arbeit«, S. 13.

83 Ebd.

Ausgangspunkt dieser »auf die Zerstörung der ästhetischen Form«[84] abzielenden Entwicklung ist laut Briegleb, dass die »westdeutsche Literatur der fünfziger und sechziger Jahre [...] (mit Ausnahme vielleicht der kritischen Lyrik von Enzensberger, Rühmkorf und einigen anderen) der neuen studentischen Opposition keinerlei Hilfeleistungen«[85] gegeben habe. Allerdings reduziert die These, allein die Verweigerungshaltung der Nonkonformisten habe die Student:innen dazu motiviert, die Literatur »kurzerhand für tot«[86] zu erklären, eine historische Entwicklung auf psychologisch-voluntaristische Vorgänge.[87] Eine mehr in den sozialen Verhältnissen verankerte Motivation der Literat:innen zur Aktion benennt Uwe Timm, der 1976 schreibt, diese hätten

> ganz am Anfang einmal geglaubt, man könnte wirklich die Massen durch Literatur bewegen. Aber das ist dann sehr schnell richtig eingeschätzt worden, weil man einfach von der Praxis korrigiert wurde. Wir haben ja vor Fabriken gelesen oder in Gaststätten, die bei Fabriken lagen und da saßen dann die politisch Denkenden da und nicht die, die man eigentlich erreichen wollte.[88]

Bei aller Distanz zum linken Bewegungsmilieu ist auch Gisela Elsner ergriffen von dieser dialektischen Entwicklung, in der die Schriftsteller:innen und ihre Literatur verstärkt mit der »Veränderung des politisch-sozialen Bewußtseins«[89] beschäftigt sind.

84 Marcuse: *Konterrevolution und Revolte*, S. 97 f.
85 Briegleb, Klaus: *1968. Literatur in der antiautoritären Bewegung*, Frankfurt a. M.: Suhrkamp Verlag 1993, S. 11.
86 Ebd.
87 Vgl. Bürger: *Aktualität und Geschichtlichkeit*, S. 10.
88 Reinhold: *Tendenzen und Autoren*, S. 438.
89 Kreuzer: *Veränderungen des Literaturbegriffs*, S. 71.

Die konkrete Verarbeitung der in den 1960er Jahren »wieder virulent gewordene[n] Spannung zwischen Kunst und Politik«[90] stellt für viele sich als links begreifende Schriftsteller:innen durchaus eine Herausforderung dar. Ihnen habe nämlich, schreibt Michael Schneider 1981 rückblickend, die

> kulturrevolutionäre APO [...] gewissermaßen die Pistole auf die Brust [gesetzt] und [...] sie entweder für Jahre zur inneren Emigration oder zum sofortigen Berufs- und Fahnenwechsel [gezwungen]; mit dem Erfolg, daß ehemalige Hölderlin-Spezialisten nun mit »ganz eindeutigen«, politischen Gedichten gegen die griechische Militärdiktatur kämpften und ehemalige Höllerer-Jünger, die im Literaturbetrieb als Geheimtip galten, nun öffentlich für schreibende Arbeiter eintraten [...].[91]

Trotz der politisierten Perspektive ihrer Vertreter:innen und der Fokussierung auf das Element der Praxis reproduziert sich in dieser »Auffassung von engagiertem Schreiben als Handeln«[92] die bürgerliche Figur des autonomen Kunstwerks, Aporien und affirmative Momente eingeschlossen. Martin Damus beschreibt bereits 1971 die in der Neuen Linken verbreitete Forderung eines »Verzicht[s] auf die Literatur zugunsten der Aktion«[93] als Ausdruck einer fehlenden revolutionären Perspektive.[94] Mit diesem »künstlerischen Substitutionalismus« ließen sich, so Damus mit Blick auf die Aktionskunst der

90 Schneider: *Den Kopf verkehrt aufgesetzt oder Die melancholische Linke*, S. 143.
91 Ebd.
92 Peitsch: »Parteilichkeit als Administration der Literaturverhältnisse in der SBZ/DDR«.
93 Peitsch: »Ästhetikdebatte revisited. ›Realismus‹ 1945 bis 1989«, in: Stahl/Solty (Hrsg.): *Richtige Literatur im Falschen?*, S. 61–77.
94 Damus: *Funktionen der bildenden Kunst im Spätkapitalismus*, S. 102.

frühen siebziger Jahre, »Aktivitäten legitimieren, die, ohne die Verhältnisse konkret in den Blick zu nehmen, die Teilnehmer das ganz Andere, das ›Positive‹, schon jetzt erleben lassen sollen.«[95] Der ahistorische Gegenwartsbezug, der sich durch die Abstraktion von den (Klassen-)Verhältnissen ergibt, scheint sich auch in der ablehnenden Haltung neulinker Schriftsteller:innen gegenüber dem »bürgerlichen Kulturerbe«[96] abzubilden. Michael Schneider zufolge ist diese »Geschichtslosigkeit in den ästhetischen Kategorien die eine Seite, [...] der ästhetische Pragmatismus die andere Seite der linken ›Barbarei in der Ästhetik‹. Denn die Kunst wurde, wenn überhaupt geduldet, zum Vehikel der Tagespolitik.«[97]

Gisela Elsner hingegen zählt bürgerliche Realisten des 19. Jahrhunderts, namentlich Gustave Flaubert, Lew Tolstoi und Émile Zola zu ihren wichtigsten literarischen Einflüssen. Sie hält es für richtiger, literarische Strömungen nicht unter dem Vorwurf der Antibürgerlichkeit abzulehnen, sondern konkrete Werke anhand der Kategorien Wirklichkeit, Wahrscheinlichkeit und Wahrheit auf ihren realistischen Gehalt hin zu untersuchen. Hinsichtlich des Werks von Thomas Mann beispielsweise gelangt sie auf der Basis dieser Realismuskriterien zu einem entschiedenen Negativurteil. 1974 stellt sie Hanjo Kesting anlässlich der Arbeit an einem Rundfunkbeitrag die rhetorische Frage, warum Mann

> es nicht der Mühe wert [fand], sich in den »Buddenbrooks« auch nur andeutungsweise über die wirtschaftlichen Ursachen des Verfalls der Familie auszulassen, während er es im »Zauberberg« der Mühe wert fand, sich lexigraphisch zu den Körperfunktionen zu äußern oder im »Doktor Faustus« unter Anleitung eines Theodor Adorno musiktheoretische Studien zu treiben?[98]

95 Ebd.
96 Schneider: *Den Kopf verkehrt aufgesetzt oder Die melancholische Linke*, S. 147.
97 Ebd.
98 Brief an Hanjo Kesting vom 2. Februar 1975, in: Briefwechsel Elsner – Kesting, fol. 2.

Unbegreiflicherweise sei Thomas Mann »imstande«[99] gewesen, »die zwei Weltkriege, die er erlebt hat, die Emigration, seinen Aufenthalt in Amerika oder seine Rückkehr ins zerbombte Deutschland fein säuberlich aus seinem Oeuvre herauszuhalten.«[100] In Form dieser Leerstellen unterlaufe dem selbsterklärten Unpolitischen eine grobe Störung des literarischen Realitätsbezugs.

Mit ihrer Ablehnung des »bewußt repräsentativsten Vertreter[s] des deutschen Schrifttums«[101], wie Bertolt Brecht Thomas Mann 1938 beschreibt, liegt Elsner wiederum durchaus auf »68er«-Linie. Der zu dem Zeitpunkt noch DKP-nahe Martin Walser etwa polemisiert 1970, tatsächlich sei

> eine langwährende und immer wieder zu nichts führende Ironie-Literatur schon ziemlich schlimm. [...] Die Verfremdung ist wahrscheinlich schon aus dem Ekel vor der immer prunkvolleren Selbstgenügsamkeit und Selbstsucht der Ironie entstanden. Was Brecht vom Nobelpreisträger Thomas Mann hielt und schrieb, zeigt den Umschwung an. Der Ironie-Brokat des großbürgerlichen Großschriftstellers war endgültig als schäbig erkennbar geworden.[102]

Elsner bestimmt Thomas Manns Haltung als »Unfähigkeit zur Affinität«[103] und polemisiert, »daß es nicht nur die Feigen, sondern auch die Einfältigen sind, die sich in die Unverbindlichkeit ironischer Distanz retten.«[104] Die Ablehnung des Stilmittels Ironie mag Kenn-

99 Elsner, Gisela: »Zum Geburtstag von Thomas Mann«, in: Dies.: *Im literarischen Ghetto*, , S. 9–12, hier S. 10.
100 Ebd.
101 Brecht: *Schriften zur Literatur und Kunst 1*, S. 23.
102 Walser, Martin: »Über die Neuste Stimmung im Westen«, in: *Kursbuch* 20 (»Über ästhetische Fragen«), Frankfurt a. M.: Suhrkamp Verlag 1970, S. 19–41, S. 22 f.
103 Elsner: »Zum Geburtstag von Thomas Mann«, S. 10.
104 Ebd.

zeichen einer Kritik der Wahrheitsskepsis sein, die mit der Stärkung marxistischer Theorien im Zuge der Neuen Linken aufkommt.

»Konsequenter Übergang auf die weltanschaulichen Positionen der Arbeiterklasse«[105]? Sozialistische Literaturentwürfe im Kontext »68«

Zum literaturgeschichtlichen Paradigma der DDR, der Erbetheorie, liegen die neulinke Ablehnung des bürgerlichen Literaturkanons und die Ausrufung des Literaturtods vollkommen quer.[106] Entsprechend wird dieser Themenkomplex zum wichtigsten Kritikpunkt der DDR-Germanistik an den im Zuge der Studentenbewegung entwickelten literaturprogrammatischen Entwürfen. Diese würden entweder »aus der Zunahme des Klassenkampfes eine ›Funktionslosigkeit‹ der Literatur«[107] ableiten oder »die Kunst in das elitäre Programm einer ›linken Kulturrevolution‹«[108] einspannen. Walter Mittenzwei zufolge spricht die Neue Linke der Literatur, »indem sie ihre ästhetischen Grundlagen als bürgerlich diffamiert«[109], gleich jede revolutionäre Funktion ab. Die Literaturprogrammatiken der Neuen Linken sieht Mittenzwei geprägt von einem »Funktionsfetischismus«[110], der »statt die Aneignungsweise und die Produktionsverhältnisse [...] zu verändern oder als veränderbar in Betracht zu ziehen, vor den Verhältnissen«[111] kapituliere. Gemeinsames Resultat dieser »linksradikalen

105 Harder, Jürgen: *Klassenkampf und »linke« Kunsttheorien. Zum Antikommunismus kunsttheoretischer Konzeptionen des Linksradikalismus in der BRD (1965–1975)*, Berlin: Dietz 1978, S. 22.

106 Vgl. dazu etwa Mittenzwei/Weisbach (Hrsg.): *Revolution und Literatur*; Haase, Horst: *Die SED und das kulturelle Erbe. Orientierungen, Errungenschaften, Probleme*, Berlin: Dietz 1986.

107 Harder: *Klassenkampf und »linke« Kunsttheorien*, S. 72.

108 Ebd.

109 Mittenzwei/Weisbach (Hrsg.): *Revolution und Literatur*, S. 444.

110 Ebd., S. 447.

111 Ebd.

ästhetischen Konzeptionen«[112] sei die Ästhetisierung der Politik als falsche Auflösung von Kunst in Leben in der – nach wie vor durch den Klassenwiderspruch geprägten – kapitalistischen Gesellschaft. Dies gelte für die Annahme einer grundsätzlichen Funktions- und Wirkungslosigkeit von Literatur in der bürgerlichen Gesellschaft ebenso wie für das Postulat der inhärenten Bürgerlichkeit *jeglicher* Literatur.[113] In Mittenzweis Panorama der BRD-Literatur steht dieser neulinke Entwurf jenseits sowohl der »revisionistische[n] Ästhetik«[114] als auch der sozialistischen Literatur, die er wiederum durch die Dichotomisierung von Modernismus und Realismus ins Verhältnis setzt.[115] Letztere begreift die DDR-Germanistik als richtigen Gegenentwurf zu den neulinken Literaturbegriffen; die sozialistische Literatur sei charakterisiert durch den »konsequente[n] Übergang auf die weltanschaulichen Positionen der Arbeiterklasse, bis zur Annäherung an ihre marxistisch-leninistische Avantgarde.«[116]

Dieser Strömung ist auch Gisela Elsner implizit zugeordnet, wenn Harder schreibt, die »Herausbildung eines mit der DKP fest verbundenen Kerns von Künstlern und Kulturschaffenden seit Ende der sechziger Jahre repräsentiert diese Position am deutlichsten«[117]. Das Anknüpfen dieser westdeutschen Schriftsteller:innen an die sozialistische Literaturtradition vollzieht sich in Abgrenzung von den der Kritischen Theorie nahestehenden Ästhetiken und zeitgleich zur »Neuen Ostpolitik«[118] der sozialliberalen Koalition. Bestimmend in Bezug auf die richtige Erfassung der gesellschaftlichen Wirklichkeit ist das Konzept Parteilichkeit, das bereits »in der organisierten Phase der Studentenbewegung«[119] der späten 1960er und frühen 1970er

112 Ebd., S. 444.
113 Ebd.
114 Ebd.
115 Ebd.
116 Harder: *Klassenkampf und »linke« Kunsttheorien*, S. 22.
117 Ebd.
118 Peitsch: »Ästhetikdebatte revisited«, S. 71.

Jahre »breit«[120] diskutiert wird, zentrale Debattenkontexte sind der Werkkreis Literatur der Arbeitswelt und »Autoren im Umfeld der DKP«[121]. Gisela Elsner beteiligt sich bereits 1970 mit ihrem Aufsatz *Parteilichkeit* an der literaturprogrammatischen Debatte und verfasste 1972 den DKP-Wahlaufruf, der sie bereits Anfang der siebziger Jahre eindeutig als »mit der DKP fest verbunden[e]«[122] Autorin identifiziert. Mit dem Werkkreis Literatur der Arbeitswelt teilt Elsner sowohl die Prämisse der Orientierung an DDR und Sowjetunion als auch den Imperativ der literarischen Beschäftigung mit der Arbeitswelt, deren Tabuisierung DDR-Germanist:innen als charakteristisch für die BRD-Literatur beschreiben.

Entwürfe von Parteilichkeit

Mit der »Leitidee«[123], »die abhängig Beschäftigten selbst zum Schreiben über ihre Arbeitsverhältnisse zu bringen, um auf diese Weise die Inbesitznahme der Produktionsmittel durch die Produzenten vorzubereiten«[124], verfolgt der Werkkreis Literatur der Arbeitswelt eine bundesrepublikanische Version des »Bitterfelder Wegs«. Ausgangspunkt für Literaturproduktion soll hier die Erfahrungsebene der Arbeiter:in sein, die jedoch – anders als die Arbeit im Sozialismus, zumindest der staatlichen Bestimmung nach – im Kontext eines Ausbeutungsverhältnisses entsteht. Durch diese Emphase auf das persönliche Erleben der schreibenden Person entsteht allerdings ein Kategorisierungsproblem. Die an sich außerliterarische

119 Peitsch: »Parteilichkeit als Administration der Literaturverhältnisse in der SBZ/DDR«, S. 13.
120 Ebd.
121 Ebd.
122 Harder: *Klassenkampf und »linke« Kunsttheorien*, S. 22.
123 Alberts, Jürgen: *Arbeiteröffentlichkeit und Literatur. Zur Theorie des Werkkreises Literatur der Arbeitswelt*, Berlin/Hamburg: VSA Verlag 1977, S. 201.
124 Ebd., S. 115.

> Frage der Betroffenheit [ermögliche] zwar überhaupt die Wahrnehmung marginalisierter Gruppen [...]. Gleichzeitig würden die Texte dadurch aber verwaltet und kategorisiert, und zwar vorrangig nicht unter ästhetischer, sondern unter moralischer Perspektive. Wodurch sich schließlich die Marginalisierung reproduziere.[125]

Gisela Elsner betont, dass sie selbst etwa aus der Erfahrung ihrer Klassenherkunft heraus schreibt[126], lehnt jedoch Rollenerfahrung und Identität, wie sie am deutlichsten bezüglich des Genres Frauenliteratur formuliert, als geeignetes Kriterium für die Erfassung literarischer Formen ab. Mit diesem Festhalten an Literaturproduktion als spezialisierter Tätigkeit vertritt sie letztlich dieselbe Kritik, die DDR-Autor:innen wie Christa Wolf seit den späten fünfziger Jahren am Bitterfelder Weg äußern.[127]

Der DDR-Literaturgeschichte von 1983 zufolge zerfallen »die Diskussionen um Realismus und Parteilichkeit«[128] in der BRD der 1960er und 1970er Jahre in drei Strömungen.[129] Darin ist Gisela Elsner zweifellos denjenigen Autor:innen zuzuordnen,

> die politische Erfahrungen haben, den Literaturbetrieb der BRD kennen, ihn in einem langwierigen Prozeß verstehen lernten und ihn jetzt kritisieren. Sie haben die an den Nonkonformismus ge-

125 Gerhard, Ute: »Schreibende Arbeiter – Gesten der Betroffenheit und ihre politische Dimension«, in: Morgenroth, Claas / Stingelin, Martin / Thiele, Matthias (Hrsg.): *Die Schreibszene als politische Szene*, Zur Genealogie des Schreibens 14, München: Wilhelm Fink 2012, S. 261–270, hier S. 267.

126 Künzel, Christine: »Nachwort«, in: Elsner, Gisela: *Otto der Großaktionär*, Berlin: Verbrecher Verlag 2008, S. 157–172, hier S. 157.

127 Vgl. dazu etwa Aydin, Yildiz: *Reflexionen über Entfremdungserscheinungen in Christa Wolfs »Medea. Stimmen«*, Frankfurt a. M.: Peter Lang GmbH, Internationaler Verlag der Wissenschaften 2016, S. 27 ff.

128 Autorenkollektiv unter Leitung von Hans Joachim Bernhard: *Literatur der BRD*, Geschichte der deutschen Literatur. Von den Anfängen bis zur Gegenwart, Bd. 12, Berlin: Verlag Volk und Wissen 1983, S. 321.

129 Ebd.

> knüpften Hoffnungen verloren und wissen zugleich um die Schwierigkeiten, Isolation und Subjektivismus zu überwinden. Sie gingen an die Fragen von Parteilichkeit und Realismus von der Spezifik literarischen Schaffens heran und fragten nach dem unersetzbaren Erkenntniswert von Literatur.[130]

Elsner entwirft in ihrer Literatur nahezu ausschließlich bürgerliche Milieus, ihre Figuren sind keine Arbeiter:innen, sondern Unternehmer, deren Ehefrauen oder Künstler:innen. Literarische Parteilichkeit besteht für Elsner darin, durch die Darstellung im Roman »einen natürlichen Widerpart zu jenen Sprachregelungen, Wunschbildern und Schönfärbereien ab[zugeben], ohne die das Bürgertum, auch wenn es sich mittlerweile die Zweifel an der eigenen Ewigkeit einverleibt hat, offenbar nicht auskommen kann.«[131] Damit befindet sie sich in Übereinstimmung mit der DDR-Germanistin Ursula Reinhold, der zufolge

> eine Literatur, die als menschen- und geschichtsbildendes Element ernst genommen sein will, [...] die Unmenschlichkeit bewerten [muß] als das, was sie ist: als vergängliches Menschenwerk, hervorgebracht von bestimmten gesellschaftlichen Verhältnissen, an sie gebunden und durch bewußte menschliche Tätigkeit zu verändern.[132]

Als poetologische Umsetzung dieser historisierenden Absicht ist beispielsweise Elsners anti-moralische und -psychologisierende Figurenzeichnung zu betrachten. Von der bundesrepublikanischen Literaturkritik wird diese allerdings nicht als bewusst eingesetzte Identifikationsverweigerung, sondern mit moralischer Stoßrichtung und sexistischen Implikationen als Kälte und Mitleidlosigkeit verstanden.

130 Ebd.
131 Elsner: »Über Mittel und Bedingungen schriftstellerischer Arbeit«, S. 13.
132 Reinhold, Ursula: *Antihumanismus in der westdeutschen Literatur*, Berlin: Dietz 1971, S. 152.

Der Parteilichkeitsbegriff der DDR allerdings, demzufolge der Arbeitsprozess »als ästhetischer Gegenstand nur wiederzuentdecken [ist], wenn in ihm die Tendenzen wahrgenommen werden, die nach einer Sprengung der kapitalistischen Produktionsweise verlangen und über sie hinausweisen«[133], stellt Gisela Elsner angesichts der eingeschränkten Arbeitskämpfe in der BRD vor ein Problem. So versucht sie sich nur ein einziges Mal überhaupt an der Darstellung des Proletariats, und zwar in den mittleren 1980er Jahren in ihrem Romanfragment Otto der Großaktionär. Dieser Versuch, so berichtet sie ihrem Freund Werner Preuss vom Radio DDR in Ost-Berlin, endet allerdings »damit, daß ich das Manuskript in die Mülltonne warf.«[134] Ursula Reinhold beschreibt 1965 die Darstellung des Proletariats in der BRD-Literatur als hauptsächlich von Mitleid motiviert, was sie als unvereinbar mit dessen objektiver Rolle als revolutionäres Subjekt ansieht.[135] Die 1966 auch von dem westdeutschen Germanisten Helmut Lethen vorgeschlagene »Ersetzung des Mitleids als Motiv der Identifizierung mit der Arbeiterbewegung durch marxistische Theorie«[136] scheint jedoch das Problem der literarischen Gestaltung des Klassenwiderspruchs für Elsner nicht zu lösen. Vielmehr stößt sie dabei auf einen Widerspruch zwischen politischer (Literatur-)Theorie und gesellschaftlicher Realität, der im Folgenden durch einen kurzen Vergleich zwischen Elsners Otto-Figur und dem 1981 von Max von der Grün in Vom deutschen Herbst zum bleichen deutschen Winter dokumentierten Arbeiter Kurt Simon beleuchtet werden soll. Die proletarischen Protagonisten Kurt und Otto teilen eine Existenz als »Kneipengänger […], am Sonntagmorgen zum Frühschoppen, jeden

133 Ebd., S. 9.

134 Künzel: »Nachwort«, S. 158.

135 Ebd., S. 152.

136 Peitsch: »›Warum wird so einer Marxist?‹ Zur Entdeckung des Marxismus durch bundesrepublikanische Nachwuchswissenschaftler«, in: Rosenberg, Rainer / Münz-Koenen, Inge / Boden, Petra (Hrsg.): *Der Geist der Unruhe. 1968 im Vergleich. Wissenschaft – Literatur – Medien*, Berlin: Akademie Verlag 2009, S. 125–152, hier S. 140 f.

Abend zum Abendschoppen«[137], außerdem haben beide starke Arbeitsverletzungen erlitten. Otto wird schleichend vergiftet durch das von ihm getestete Ungeziefervertilgungsmittel[138], Kurt Simon hat

> [a]uf der Zeche [...] den kleinen Finger an der linken Hand verloren, Gott sei Dank war es nicht der Daumen, denn dann hätte man mich bei Hoesch nicht genommen. Nach drei Jahren auf der Hütte habe ich durch eine schwere Quetschung drei Zehen am rechten Fuß verloren, das war ja wohl mit ausschlaggebend dafür, daß sie mich zum Kranführer schulten.[139]

Der auffällige Unterschied zwischen den beiden Figuren ist, dass der real existierende Arbeiter Kurt Simon im Gegensatz zu Elsners Otto politisch gebildet und klassenbewusst ist. Er stellt sich dezidiert kritisch zu Kapital und historischer Arbeiter:innenvertretung SPD mit einem Klassenbewusstsein, das übrigens auch die Arbeiter:innen in Erika Runges dokumentarischen *Bottroper Protokollen* (1968) haben.[140] Obwohl also Fallbeispiele aus der bundesrepublikanischen Realität existieren, die dies legitimieren würden, verzichtet Elsner aus nicht explizit gemachten Gründen auf die Gestaltung von kämpferischen Arbeiter:innenfiguren.

Die Eigengesetzlichkeit des literarischen Werks.
Gisela Elsners Realismuskriterien

Zu Beginn der 1980er Jahre – einem Moment, den viele Linke als Niederlage erleben – bescheinigt die DDR-Germanistin Ursula Reinhold

137 von der Grün: »Kurt Simon, Hoesch-Arbeiter«, S. 293.
138 Vgl. Elsner: *Otto der Großaktionär*.
139 von der Grün: »Kurt Simon, Hoesch-Arbeiter«, S. 294.
140 Vgl. Runge, Erika: *Bottroper Protokolle*, hg. von Martin Walser, Frankfurt a. M.: Suhrkamp Verlag 1968.

der linken Literatur in der BRD eine positive Entwicklung: »Die kurzschlüssig operativen Erwartungen [seien] von ihrer Wirkung zurückgetreten und ein stärkeres Besinnen auf die eigenen Möglichkeiten«[141] habe eingesetzt. Mit ihrer Befürwortung einer »Hinwendung zu den spezifisch ästhetischen Möglichkeiten der Literatur«[142] hält Reinhold, der DDR-Literaturtheorie entsprechend, an der politischen Wirksamkeit des literarischen Kunstwerks als solchem fest. Gegen die Vorstellung einer Aufhebung von Literatur im Leben betont dieser Literaturbegriff eine notwendige Eigengesetzlichkeit des Literarischen; dass Gisela Elsner von ähnlichen Prämissen ausgeht, zeigt sich unter anderem in ihrem Aufsatz *Über Mittel und Bedingungen schriftstellerischer Arbeit* (1975), in welchem sie die in dieser Eigengesetzlichkeit waltenden Kategorien untersucht.

Die Verfasstheit dieser Kategorien im konkreten literarischen Werk macht Elsner auch in anderen Texten zum Gegenstand. Ein Beispiel für eine solche ideologiekritische Auseinandersetzung ist ein Radiofeature über Heinrich von Kleists Michael Kohlhaas, das sie im März 1977 Hanjo Kesting anbietet. Brieflich teilt sie Kesting mit, sie plane in dem Beitrag, ausgehend von Kleists

> Feststellung, daß die Wahrscheinlichkeit nicht immer auf Seiten der Wahrheit sei, zu prüfen, ob tatsächlich Abweichungen von der Wahrheit in der Darstellung nur der Wahrscheinlichkeit dienlich sind oder ob umgekehrt Abweichungen von der Wahrheit eine rapide Verringerung der Wahrscheinlichkeit zur Folge haben können und aus welchem Grunde derlei Abweichungen aufkosten der Wahrscheinlichkeit und somit der Glaubwürdigkeit wohl vorgenommen worden sind.[143]

141 Reinhold: *Tendenzen und Autoren*, S. 10.
142 Ebd.
143 Brief an Hanjo Kesting vom 24. März 1977, in: Briefwechsel Elsner – Kesting, fol. 5.

Im Fall von *Michael Kohlhaas* weist Elsner nach, dass Kleist in seiner Novelle nicht die dokumentierte Begebenheit erzählt, bei der die »Wahrheit [...] ganz offensichtlich auf der Seite der Wahrscheinlichkeit«[144] gestanden habe. Zu der Aussage über die gesellschaftlichen Verhältnisse, die er in der Erzählung letztlich macht, könne Kleist aber allein durch eine Verdrehung der historischen Tatsachen kommen. Man habe es hier insofern nicht mit literarischem Realismus zu tun, sondern mit der Verbreitung bürgerlicher Moral – verhandelt auf einer

> Ebene, wo die Wörter nicht mehr wörtlich genommen werden müssen, wo einem der Dichter augenzwinkernd das Zweifeln nahelegt und an die Stelle der Wahrheit das tritt, was das Bildungsbürgertum als die sogenannte höhere Wahrheit bezeichnet, ohne dabei zu verraten, ob es diese höhere Wahrheit für die Vorspiegelung falscher Tatsachen hält oder nicht.[145]

Elsner argumentiert hier nicht für die rein dokumentarische Wiedergabe der Realität; die Eigengesetzlichkeit der Literatur verunmöglicht es in ihren Augen nicht, Wirklichkeit zu erfassen, sondern konstituiert im Gegenteil den realistischen Gehalt eines Textes – im Sinn der zweckbestimmten Gestaltung durch die Autorin. Hier kommt es jedoch darauf an, dass die durch die Autorin veränderten Elemente sich im Rahmen der tatsächlich wirksamen, verallgemeinerbaren *Grundtendenzen* der dargestellten Verhältnisse ablösen.

Als normativen Maßstab für den Realismusgehalt eines literarischen Textes legt Gisela Elsner die an Friedrich Engels angelehnte literarische Funktionsbestimmung an, »durch die genaue Schilderung der wirklichen Verhältnisse die darüber herrschenden Illusionen [zu

144 Elsner, Gisela: »Das Frohlocken angesichts des Richtblocks. Einige Überlegungen zu Heinrich von Kleists Novelle MICHAEL KOHLHAAS«, in: Dies.: *Im literarischen Ghetto*, S. 19–40, hier S. 28.

145 Ebd.

zerreißen] und den Zweifel an der ewigen Gültigkeit des Bestehenden unvermeidlich«[146] zu machen. Sie konkretisiert diese Aufgabe der Literatur hinsichtlich der spezifischen Verfasstheit bürgerlich-kapitalistischer Gesellschaften durch die Einschränkung, dass

> [i]n dem Maße, in dem sich die ökonomischen Ursachen in Abstraktionen zu erkennen geben, sie sich der Darstellbarkeit innerhalb eines Romans [entziehen]. Selbst wer sie gleichnishaft beschreibt, verstümmelt sie zugunsten einer Gesetzmäßigkeit, die der Roman nun einmal geltend macht, und auf Kosten ihrer eigenen Gesetzmäßigkeit. [...] Als Ganzes kann [...] das herrschende Gesellschaftssystem nicht dargestellt werden, sondern nur in seinen Verkörperungen oder Personifizierungen, was wiederum nicht bedeuten soll, daß der Autor nunmehr aus seinen Privataffären Staatsaffären macht.[147]

Einmal mehr weist Elsner hier auch die eigene Befindlichkeit als literarischen Gegenstand zurück, wovon sie den produktionsästhetischen Vorgang der Personifizierung bestimmter gesellschaftlicher Tendenzen in einer literarischen Figur explizit unterscheidet.

Ihre an verschiedenen Stellen formulierte Individualismuskritik legt nahe, dass Elsner die Literarisierung von »Privataffären«[148] als individualistisches Vorgehen versteht, womit sie wiederum auf der Linie der DDR-Literaturtheorie liegt. Walter Mittenzwei etwa beobachtet einen grassierenden Individualismus in der westdeutschen Literatur der frühen 1970er Jahre, der sich selbst in die »Darstellung des Revolutionsthemas«[149] einschleiche: Vielen BRD-Dramatikern seien »mehr die revolutionären Persönlichkeiten als die revolutionären Massen das eigentliche thematische Anliegen«[150]. Eine implizite Ab-

146 Elsner: »Über Mittel und Bedingungen schriftstellerischer Arbeit«, S. 15.
147 Ebd.
148 Ebd.
149 Mittenzwei/Weisbach (Hrsg.): *Revolution und Literatur*, S. 476.

lehnung von Heldenerzählungen enthält auch die Passage in Elsners *Parteilichkeit*-Artikel, in der sie schreibt, es bedürfe für eine kommunistische Positionierung aufseiten der »Schriftsteller in der kapitalistischen Gesellschaft, wo [...] die Ästhetisierung das Inhaltliche förmlich in Zwangsjacken geschnürt hat und jeder, aber auch jeder, von Kindesbeinen an auf Individualismus gedrillt wird, [...] keiner Eingebung, keiner Erleuchtung und am allerwenigsten einer Proklamation«[151].

Elsner, mit Wolfgang Fritz Haug gelesen: Kritik der literarischen Warenästhetik

In ihrem *Parteilichkeit*-Aufsatz greift Elsner 1970 eine Kategorie auf, die von großer Bedeutung für die Auseinandersetzungen der Neuen Linken um das Verhältnis von Politik und Literatur, von Sinnlich-Emotionalem und Rational-Vernünftigem ist: die Ästhetisierung. Ein wichtiger Bezugspunkt in den neulinken Debatten darum ist Walter Benjamins Nachweis der »Fundierung der Kunst auf Politik«[152], der es erlaubt, »Politik selbst zum Gegenstand einer Theorie der Ästhetik«[153] zu machen. Benjamins Bestimmung der Ästhetisierung der Politik als Element des Faschismus übertragen viele Neue Linke im Rahmen ihres Verständnisses der Bundesrepublik als nach wie vor faschistischem Staat auf die dortigen Verhältnisse. Hinsichtlich der genauen Verwendung des Begriffs entstehen allerdings schnell Dissense; so kritisiert Martin Jürgens bereits 1970 im Kursbuch die Benjamin-Rezeption der Neuen Linken zur undialektischen Reproduktion

150 Ebd.
151 Elsner: »Parteilichkeit«, S. 12.
152 Jürgens, Martin: »Der Staat als Kunstwerk. Bemerkung zur ›Ästhetisierung der Politik‹«, in: *Kursbuch* 20, Frankfurt a. M.: Suhrkamp Verlag 1970, S. 119–139, hier S. 120.
153 Ebd.

bürgerlicher Ideologie. Obwohl sie ständig auf eine Ästhetisierung der Politik verweise, sei diese der Neuen Linken nicht

> zum Hinweis geworden. Das Thema Ästhetik wird von ihr weitgehend in Form einer Ideologiekritik aufgenommen, die als ihren Gegenstand nicht die aktuelle Praxis politischer Machtausübung kennt, sondern (immer noch) den bürgerlichen Kunstbegriff: Kunst wird denunziert als Mittel der Herrschaft, da ihre »Duldung und sogar Förderung ... dem kapitalistischen System ein demokratisches und humanistisches Alibi« verschaffe; als institutionalisierter Spielraum folgenloser Subjektivität suggeriere sie die Freiheit, die von der bestehenden gesellschaftlichen Ordnung verweigert wird, u. s. f.[154]

Tatsächlich notwendig sei es stattdessen, so Jürgens unter Rekurs auf Benjamin, »den Begriff der künstlerischen Subjektivität selbst zu demontieren«[155].

Martin Jürgens' Abgrenzung von einer »so genannten Neuen Linken«[156] schon 1970 im Kursbuch ist bemerkenswert. Sie passt jedoch zu seiner Zurückweisung der Faschismusthese durch die Aussage, die »Formel von der ›Ästhetisierung der Politik‹ bezeichnet nicht nur die Gewaltpraxis des offenen Faschismus; ihr Gebrauch kann gerade das Ensemble der scheinbar gewaltlosen Formen gegenwärtiger postfaschistischer Machtausübung auf einen aktuellen Begriff bringen.«[157] Durch die Verwendung der Kategorie Postfaschismus bewegt sich Jürgens wiederum in der Nähe von Gisela Elsners Blick auf die bundesrepublikanischen Verhältnisse; auch sie will mit der von ihr beobachteten zunehmenden Ästhetisierung des Inhaltlichen im (linken) politischen Betrieb der BRD keinen Faschisierungsprozess beschreiben, sondern ein bürgerlich-demokratisches Phänomen. Nicht

154 Ebd.
155 Ebd.
156 Ebd., S. 120.
157 Ebd.

das Verschwinden der oder des Einzelnen in einer imaginierten Volksgemeinschaft sieht sie in der BRD als Problem, sondern im Gegenteil einen immer stärker sich ausdifferenzierenden bürgerlichen Individualismus.[158]

Von dem »kritische[n] Jargon«[159], den die Neue Linke laut Wolfgang Fritz Haug in ihrer Klage über die Warenförmigkeit der Literatur anschlägt, unterscheidet sich Elsners Individualismuskritik deutlich. Haug selbst legt in seinem Aufsatz Zur Kritik der Warenästhetik, der 1970 zunächst als Aufsatz im Kursbuch erscheint, eine Analyse der kapitalistischen Vergesellschaftung der menschlichen Sinnlichkeit vor. Hauptgedanke ist, dass sich in der bürgerlichen Gesellschaft

> [d]as Ästhetische im weitesten Sinne: sinnliche Erscheinung und Sinn des Gebrauchswerts, […] von der Sache ab[löst]. Beherrschung und getrennte Produktion des Ästhetischen wird zum Instrument für den Geldzweck. […] Aus Sehnsucht nach dem Geld wird in der kapitalistischen Produktion die Ware nach dem Bilde der Sehnsucht des Käufers gebildet. Dies Bild wird die Werbung später abgetrennt von der Ware verbreiten.[160]

Der Manipulationsthese der Studentenbewegung stellt Haug eine materialistische Bedürfniskritik entgegen, die zu beachten habe, »daß die Schaffung und Steuerung von Bedürfnissen nicht, wie manche meinen, etwas spezifisch Spätkapitalistisches«[161] sei. Nicht Manipulation durch die herrschende Klasse, sondern die ständige Innovation als strukturelle Notwendigkeit der voll entfalteten Warenproduktion unterwerfe »die gesamte Welt der brauchbaren Dinge, in der die Menschen ihre Bedürfnisse in der Sprache käuflicher Artikel artikulieren,

158 Vgl. Elsner: »Parteilichkeit«, S. 9–12.

159 Haug, Wolfgang Fritz: »Zur Kritik der Warenästhetik«, in: *Kursbuch* 20, Frankfurt a. M.: Suhrkamp Verlag 1970, S. 140–141, hier S. 129.

160 Ebd., S. 143 ff.

161 Ebd.

in ihrer sinnlichen Organisation einer permanenten Revolutionierung, die zurückschlägt auf die sinnliche Organisation der Menschen selbst.«[162] Damit konkretisiert Haug wiederum die neulinke These, dass »Ausbeutung nicht mehr als physische Ausplünderung unmittelbar und allein funktioniert, sondern daß sie eines gewaltigen Apparates von manipulierbaren und immer neu manipulierten Bedürfnissen«[163] bedürfe.

Zweck der Warenästhetik ist es laut Haug, ein »gerade noch durchgehende[s] Minimum an Gebrauchswert zu liefern, verbunden, umhüllt und inszeniert mit einem Maximum an reizendem Schein, der per Einfühlung ins Wünschen und Sehnen der Menschen möglichst zwingend sein soll.«[164] Solches Blendwerk erblickt Gisela Elsner auch in den Bereich der polit-literarischen Artikulation: in einer »Ästhetisierung des Inhaltlichen, durch die das Inhaltliche längst nicht mehr verschleiert, sondern förmlich eingemauert wird, eine Ästhetisierung, vor der sich im Kapitalismus selbst das uneigennützigste Individuum nicht mehr retten kann«[165]. Als Beispiele für eine solche ornamentale Überwucherung des Inhaltlichen wählt sie wohlgemerkt keine Ereignisse aus der bundesrepublikanischen Mehrheitsgesellschaft, sondern linke Phänomene wie das öffentliche »Gassigehen«[166] des Philosophen Jean-Paul Sartre »mit dem Sozialismus«[167].

Der DDR-Germanist Karlheinz Barck beschreibt die Ästhetisierung der Politik gar als »das letzte Wort der linksradikalen Revolte, die damit zugleich den von ihr in Worten negierten bürgerlichen Kunstbegriff in ihre eigene Praxis umsetzt.«[168] Auf ein ähnliches Verhältnis der Neuen Linken zur Kunst weist der Verleger Peter Gente,

162 Haug: »Zur Kritik der Warenästhetik«, S. 149 f.
163 Reiche, Reimut: *Sexualität und Klassenkampf*, Frankfurt a. M.: Fischer Taschenbuch Verlag 1972, S. 19.
164 Haug: »Zur Kritik der Warenästhetik«, S. 156.
165 Elsner: »Parteilichkeit«, S. 9.
166 Ebd., S. 10.
167 Ebd.
168 Barck, Karlheinz: »Revolutionserwartung und das Ende der Literatur«, S. 451.

wenn er sagt, »[d]ie ganze SDS-Generation [...] sei damals sehr stark über die ästhetische Erfahrungen gekommen und habe versucht, diese politisch ins Werk zu setzen.«[169] Herbert Marcuse schreibt 1968 in *Konterrevolution und Revolte* von einer Aufhebung der »Trennung der Kunst von der Wirklichkeit«[170] als »Rückkehr zu einer ›unmittelbaren‹ Kunst, die nicht nur den Intellekt und eine verfeinerte, ›destillierte‹, gezügelte Sinnlichkeit anspricht und aktiviert, die von den Zwängen und Erfordernissen einer überlebten ausbeuterischen Gesellschaft befreit ist.«[171]

Dabei ist die neulinke Rezeption von Marcuses Theorie bürgerlicher Sinnlichkeit möglicherweise durch ein Missverständnis geprägt. Er selbst bezeichnet die Aufhebung der Kunst im Leben als utopistisch, da die für diesen Akt notwendige Loslösung »von innerer und äußerer Not, von Angst, Ausbeutung und entfremdeter Arbeit«[172] innerhalb des Kapitalismus nicht zu verwirklichen sei. Für Martin Damus wiederum ist in der Fixierung der Neuen Linken auf die Ästhetik bereits die spätere Fragmentierung der Kämpfe in den Neuen Sozialen Bewegungen angelegt. Gerade bei »Aktionen, die sich gegen Teilbereiche gegenwärtiger gesellschaftlicher Verhältnisse, z. B. gegen den Vietnamkrieg, Rassendiskriminierung, Gaullismus etc. richten«[173], verwirkliche sich für viele neulinke Aktivist:innen »Wirklichkeit unter ästhetischen Gesichtspunkten und ›Kunst‹ als ›Leben‹«[174].

169 Bude, Heinz: *Adorno für Ruinenkinder. Eine Geschichte von 1968*, München: Carl Hanser Verlag 2018, S. 100.

170 Marcuse: *Konterrevolution und Revolte*, S. 98.

171 Ebd.

172 Ebd., S. 147.

173 Damus: *Funktionen der bildenden Kunst im Spätkapitalismus*, S. 124.

174 Ebd.

2.2 Dämmermännerung II: Gisela Elsner und Hans Magnus Enzensberger

Als Gisela Elsner in den frühen 1960er Jahren in den bundesrepublikanischen Literaturbetrieb eintritt, ist der zwölf Jahre ältere »Suhrkamp-Autor« und Starautor der Neuen Linken Hans Magnus Enzensberger bereits ein wichtiger literaturbetrieblicher Akteur. Die beiden Autor:innen kennen sich seit den 1950er Jahren und pflegen zunächst ein freundschaftliches Verhältnis.[175] Enzensbergers Charakterisierung Elsners als »Humoristin des Monströsen« aus dem Jahr 1961 ist bis heute die womöglich meist zitierte Beschreibung ihrer Schreibweise, obwohl sie durch den Verweis auf das Monströse der Groteske näher liegt als der Satire und somit lediglich Elsners Frühwerk treffend beschreibt. Aber die hartnäckige Präsenz dieses Diktums bis in die Gegenwart ist wohl ohnehin mehr Enzensbergers Standing im Literaturbetrieb geschuldet als einer substantiellen Auseinandersetzung mit Gisela Elsners Werk.

Indessen ist Enzensberger selbst ein wichtiger früher Förderer Elsners; 1961 publiziert er ihre Erzählung *Die Lücke* in dem von ihm herausgegebenen Erzählband *Vorzeichen* und 1965 *Das Vorbild* in der Zeitschrift Kursbuch, in der Elsner übrigens bis Ende 1968 neben Martina Werner die einzige weibliche Autorin bleibt. Diese absolute Männerdominanz bricht erst zur Mitte der 1970er Jahre hin etwas auf, wobei sich die Beiträge von Frauen bis 1975 nahezu durchgehend mit »Frauenthemen« wie Reproduktionsarbeit oder Schule und Erziehung auseinandersetzen.[176] Das Kursbuch ist eine vierteljährlich erscheinende Zeitschrift, die Enzensberger ab 1965 gemeinsam mit dem

175 Günther-Herold: *Wespen im Schnee*, S. 209 ff.

176 Auffällig viele Texte von Frauen finden sich beispielsweise in den Ausgaben »Frau – Familie – Gesellschaft« (*Kursbuch* 17, 1969, hrsg. von Hans Magnus Enzensberger) und »Kinder« (*Kursbuch* 34, 1973, hrsg. von Hans Magnus Enzensberger).

Suhrkamp-Lektor Karl Markus Michel herausgibt. Eng verwoben mit der Entstehung der APO politisiert sich die Publikation im Verlauf der sechziger Jahre deutlich, womit sich der Schwerpunkt von literarischen Texten auf Sachtexte verschiebt. Sie bildet – mit stark patriarchaler Schlagseite – ein breites bundesrepublikanisches und internationales linkes Spektrum ab.[177] Publiziert wird das Kursbuch zunächst in Enzensbergers Hausverlag Suhrkamp, aber als 1970 das Heft *Kapitalismus in der BRD* erscheint, lässt Siegfried Unseld die Zeitschrift »auf Druck seiner Mitgesellschafter«[178] einstellen, da für ihn mit dieser Ausgabe »das erträgliche Maß kapitalismuskritischer Schriften«[179] überschritten ist.

Als inakzeptabel für Unseld erweist sich damit die Auseinandersetzung mit den Produktionsverhältnissen des »eigenen« Staats BRD, selbst in den frühen siebziger Jahren, in denen die Nähe zur Linken für Suhrkamp absolut profitabel ist. Im besagten Kursbuch 21 finden sich unter anderem ein *Fragebogen für Arbeiter 1880/1970* (Marx, Karsunke, Wallraff), ein Beitrag von Marianne Herzog über *Akkordarbeiterinnen bei Bosch* und eine gemeinschaftlich verfasste Untersuchung über die *Kapitalverflechtung in der Bundesrepublik*.[180] Unselds Trennung vom Kursbuch erfolgt zwei Jahre nach der Niederlage der Suhrkamp-Lektor:innen im Kampf um mehr Mitbestimmung, einem Konflikt, der wenig überraschend »in der Architektur des Hauses, d. h. im Herrschaftssystem eines kapitalistisch verfassten, patriarchalisch geführten Unternehmens und den Arbeitsbedingungen der dort Beschäftigten«[181] begründet liegt. Enzensberger selbst positioniert

177 Unter anderem erscheinen im *Kursbuch* Texte von Peter O. Chotjewitz, Martin Walser, Heinrich Böll, Simone de Beauvoir, Jean-Paul Sartre, Michel Foucault, Noam Chomsky, Uwe Johnson, Fidel Castro und Frantz Fanon.

178 Peitsch: *Nachkriegsliteratur 1945–1989*, S. 205.

179 Ebd.

180 Enzensberger, Hans Magnus: *Kursbuch* 21 1968, 1. Aufl., Frankfurt a. M.: Suhrkamp Verlag 20.04.2008.

181 Boehlich, Walter u. a.: *Chronik der Lektoren. Von Suhrkamp zum Verlag der Autoren*, Frankfurt a. M.: Verlag der Autoren 2011, S. 78.

sich in der Auseinandersetzung offenbar aufseiten der Lektor:innen, gehört jedoch zugleich dem engen Autorenkreis um Unseld an, den Peter Urban als »erweiterten Lektoratsflügel«[182] beschreibt.[183]

1969 gibt Enzensberger gegenüber einer kubanischen Kulturzeitschrift zu Protokoll, »eine Organisation wie die Tupamaros in Uruguay [veranschauliche] Formen des Kampfes, die direkt auf Europa angewandt werden können und müssen«[184]; drei Jahre später erscheint sein Dokumentartheaterstück *Das Verhör von Habana*, eine parteiliche Beschäftigung mit dem sozialistischen Kuba. Ebenfalls 1972 gibt Enzensberger in Zusammenarbeit mit Gisela Elsners geschiedenem Ehemann Klaus Roehler die Anthologie *Klassenbuch. Ein Lesebuch zu den Klassenkämpfen in Deutschland 1756–1971* heraus. Trotz dieser eindeutig linken Positionierungen ist die Leserschaft seiner Zeitschrift Kursbuch, als Enzensberger 1975 die Herausgabe aufgibt,

> längst wieder aus allen politischen Gruppen und Parteien ausgetreten. Vielleicht gehörten sie noch einem »Komitee zum Kampf gegen die Berufsverbote« an oder einem »Menschenrechtskomitee zum Schutz der in ihrer Freiheit bedrohten Schriftsteller der DDR« an [...]. Mit der Elite im Osten fühlt die Elite im Westen natürlich solidarisch, zumal wenn es um die Verteidigung der »Menschenrechte« geht. Die »Menschenrechte« – das wurde nun einer der Lieblingsvokabeln, wobei die meisten nichts als ihre eigenen Vorrechte, die der Intellektuellen und Künstler im Auge hatten.[185]

Die exklusive Solidarität, die Peter Schneider hier polemisch beschreibt als politische Haltung »gewisse[r] Intellektuelle[r] und Künstler, deren Bibel das Kursbuch hieß«[186], kritisiert Gisela Elsner bereits

182 Ebd., S. 86.
183 Vgl. ebd., S. 67.
184 Langguth, Gerd: »Rudi Dutschke und das Konzept Stadtguerilla«, S. 1.
185 Schneider: *Den Kopf verkehrt aufgesetzt oder Die melancholische Linke*, S. 157 f.
186 Ebd.

1970 am Beispiel der Unterstützung kubanischer Dissidenten durch bundesrepublikanische Schriftsteller:innen.[187] Allerdings lässt sich der differenzierte Bezug auf die kubanische Revolution, den Enzensberger zunächst im *Verhör von Habana* und noch 1975 in *Der Weg ins Freie* herstellt, nicht auf einen solchen interessierten Partikularismus reduzieren.

Die Literaturkritik der DDR betrachtet Enzensberger trotz seiner Parteinahme für den kubanischen Sozialismus und der Herausgabe einer Anthologie zum Klassenkampf als Neuen Linken. Durch seine Solidarisierung mit dem Prinzip Stadtguerilla und die »anarchistische These von der ›Abschaffung der Literatur‹«[188] weist er sich dem sozialistischen Staat bereits 1972 auch auf literaturprogrammatischer Ebene als »Linksabweichler« aus, lange bevor Elsner ihn in den 1980er Jahren so bezeichnet. Dennoch kommt die DDR-Kritik immer wieder zu einem positiven Urteil über Enzensberger, wie etwa Werner Mittenzwei in seiner Besprechung von *Das Verhör von Habana*.[189]

In Widerspruch zu dem explizit politischen Charakter von Enzensbergers Werk in den sechziger und siebziger Jahren erklärt Enzensberger im Heft 15 des Kursbuchs Literatur und Politik als unvereinbar; eine gesellschaftlich sinnvolle Funktion käme der Literatur nicht zu.[190] Mit diesem Literaturbegriff löst er faktisch Theodor W. Adornos Postulat ein, demzufolge »[j]edes Engagement für die Welt aufgekündigt sein [muß], damit der Idee eines engagierten Kunstwerks genügt werde«[191]. In *Gemeinplätze, die Neueste Literatur betreffend* schreibt Enzensberger 1968,

187 Vgl. Elsner: »Parteilichkeit«, S. 11.

188 Barck: »Revolutionserwartung und das Ende der Literatur«, S. 447.

189 Mittenzwei, Werner: »Revolution und Reform im westdeutschen Drama«, in: Mittenzwei/Weisbach (Hrsg.): *Revolution und Literatur*, S. 459–521, hier S. 488.

190 Vgl. *Kursbuch* 15, 1986, hrsg. von Hans Magnus Enzensberger (»Kultur Revolution Literatur«).

191 Adorno, Theodor W.: *Noten zur Literatur*, Bd. 3, Frankfurt a. M.: Suhrkamp Verlag 1965, S. 129.

> [w]enn die intelligentesten Köpfe zwischen zwanzig und dreißig mehr auf ein Agitationsmodell geben als auf einen »experimentellen Text«; wenn sie lieber Faktographien benutzen als Schelmenromane; wenn sie darauf pfeifen, Belletristik zu machen und zu kaufen: Das sind freilich gute Zeichen.[192]

Die bereits erwähnte Verdrängung der literarischen durch theoretische Texte im Kursbuch seit 1966 passt zu dieser Unvereinbarkeitsthese. Enzensbergers Proklamation, »[w]er Literatur als Kunst macht, ist damit nicht widerlegt, er kann aber auch nicht gerechtfertigt werden«[193] disqualifiziert auch Autor:innen, die wie Gisela Elsner an Literaturproduktion als politischer Praxis festhalten. Diese erklärt noch 1989 gegenüber Unsere Zeit: »Schriftsteller sein heißt, einen Beruf zu ergreifen, der untrennbar mit einer Verantwortung im Hinblick auf die herrschenden gesellschaftlichen Verhältnisse verbunden ist.«[194] In der Verhandlung der Frage nach dem Verhältnis von Literatur und Politik im Kursbuch spielt auch die Kategorie der Ästhetisierung eine wichtige Rolle. So konstatiert etwa Karl Markus Michel im November 1968 einen »ästhetischen Mehrwert der neuen Protest- und Demonstrationsformen«[195]. Der Soziologe Heinz Bude schreibt 2018 über die späten sechziger Jahre, das ästhetische Element der Proteste habe »ihre psychische und soziale Motivierung ebenso transzendiert [...] wie ihre zumeist doch ziemlich naive rationale Begründung«[196]. Dies ist eine Abwertung der politischen Ziele wie auch bei Enzensberger, der die Frage nach dem kritischen Potential von Literatur von der inhaltlichen Spezifik einer literarischen Parteinahme gänzlich ablöst.

192 Enzensberger, Hans Magnus: *Erinnerung an die Zukunft. Poesie und Poetik*, Leipzig: Reclam 1988, S. 264.

193 Enzensberger, Hans Magnus: *Im Gegenteil. Gedichte Szenen Essays*. Zitiert nach: Peitsch: »Ästhetikdebatte revisited«, S. 72.

194 Elsner: »Bandwürmer im Leib des Literaturbetriebs«, S. 250.

195 Bude: *Adorno für Ruinenkinder*, S. 100.

196 Ebd.

Der DDR-Germanist Karlheinz Barck bezeichnet die von Enzensberger 1965 in dem Kursbuch-Aufsatz *Einige Gemeinplätze, die Literatur betreffend* postulierte Unbrauchbarkeit von Literatur für revolutionäre Zwecke aufgrund ihrer völligen Integrierbarkeit als »Funktionsfetischismus«[197]. Literatur würde hier, »statt die Aneignungsweise und die Produktionsverhältnisse [...] zu verändern oder als veränderbar in Betracht zu ziehen«[198], auf die Rezeptionssphäre und damit auf ihre Manipulierbarkeit reduziert. Ulla Hahn beschreibt Enzensbergers Literaturprogrammatik 1978 als bloße Reproduktion eines ubiquitären Kommodifizierungsprozesses, da dieser

> keine Menschen mehr [sieht], sondern nur noch Konsumenten; alles erscheint ihm als Ware, alles ist käuflich; der moralische Verfall des Bürgertums ist thematischer Schwerpunkt seiner Lyrik. Möglichkeiten der Beseitigung der Mißstände werden nicht aufgezeigt. [...] Er postuliert das »Vorrecht der Poesie« und polemisiert gegen die Indienstnahme der Literatur durch bestimmte Interessengruppen.[199]

Die Figur der Indienstnahme reproduziert zum einen das bürgerliche Konstrukt literarischer Autonomie und negiert zum anderen den Klassencharakter der bürgerlichen Gesellschaft. Diese Kritik formuliert Karlheinz Barck bereits 1972, wenn er bei Enzensberger die Aufgabe einer Klassenanalyse zugunsten der Gegenüberstellung von »reichen und armen Staaten« beobachtet.[200] Auch Peter Weiss argumentiert 1965 in einem *Brief an H. M. Enzensberger*, »wir«[201] bräuchten,

197 Barck: »Revolutionserwartung und das Ende der Literatur«, S. 447.
198 Ebd.
199 Hahn: *Literatur in der Aktion*, S. 16 f.
200 Barck: »Revolutionserwartung und das Ende der Literatur«, S. 439 ff.
201 Weiss: *Rapporte 2*, S. 39.

> [s]elbst wenn uns im Augenblick einer Hochkonjunktur Westdeutschland als ein »reiches« Land entgegentritt, [...] nur einen Blick in die Hinterhöfe der Großstädte zu werfen, um uns davon zu überzeugen, daß die gröbsten Klassenunterschiede weiterbestehen. [...] Darin sehe ich eine größere Aufgabe für einen Publizisten, als die Aufgabe der Illusionsbildung: wir alle gehören zum Reichtum, und die andern dort hinten in Afrika, Indien, Asien und Lateinamerika gehören zu den Armen. [...] Sind wir fähig, unsere Zweifel und unsere Vorsicht aufzugeben und uns zu gefährden, indem wir eindeutig aussprechen: Wir sind solidarisch mit den Unterdrückten und wir werden unsere Fähigkeit als Autoren ausnützen, um sie in ihrem Kampf (der auch der unsere ist) zu unterstützen?[202]

Auffällig ist, dass Peter Weiss trotz seines Bestehens auf dem Klassenstandpunkt in der DDR einen weitaus problematischeren Stand hat als Enzensberger, der als einer der bedeutendsten BRD-Autoren dargestellt und dessen Werk zu einem Großteil in der DDR publiziert wird.

In seinem Aufsatz *Revolutionserwartung und das Ende der Literatur. Zur Kritik der Ideologie der »Neuen Linken«* verteidigt Karlheinz Barck zudem Walter Benjamin gegen neulinke Rezipient:innen wie Enzensberger, indem er mit Bezug auf *Der Autor als Produzent* eine Politisierung der Kunst fordert.[203] Zentraler Ausgangspunkt für Benjamin sei nämlich die »Frage nach der Klassenposition des intellektuellen Produzenten in seiner Kritik der damaligen linken Intelligenz«[204]. Während er die »Notwendigkeit einer geschichtlich einzig möglichen revolutionären Literatur und Kunst gerade aus einer radikalen Kritik der linksradikalen Intelligenz«[205] entwickle, erkläre die Neue Linke im Gegenteil die Intellektuellen – und damit sich selbst –

202 Ebd.
203 Barck: »Revolutionserwartung und das Ende der Literatur«, S. 455 ff.
204 Ebd., S. 457.
205 Ebd.

zum revolutionären Subjekt. Zur »Solidarität des Spezialisten mit dem Proletariat«[206], zu der Walter Benjamin die Schriftsteller:innen aufruft, bezieht Enzensberger mit seiner Literaturprogrammatik letztlich eine Gegenposition.

206 Benjamin: »Der Autor als Produzent«, S. 248.

2.3 »Literaturproduzenten!« Die Kämpfe um das Produktionsmittel Verlag

Im Jahr 1968 hält Gisela Elsners Schriftstellerkollege Peter O. Chotjewitz fest, für eine Revolutionierung der literarischen Produktionsbedingungen bräuchte es

> Kollektive; nicht »Teams«, Kollektive. Viele einzelne Autoren mit kasuistisch einverständlichen Meinungen sind ebensowenig zunutze, solange marktwirtschaftlicher Konkurrenzkampf, Kartellbildung und eine Vielzahl psychologischer, bürgerlicher Individualismusbegriffe das Verhältnis der Autoren zueinander bestimmen.[207]

Im bürgerlichen Literaturbetrieb der BRD produzieren die Autor:innen nicht bloß vereinzelt für das Kapital, sondern befinden sich darüber hinaus in der Rolle von Konkurrent:innen. Literarische Neulinge werden in den seltensten Fällen durch eigeninitiativ eingesandte Manuskripte »entdeckt«, sondern hauptsächlich über »die direkten Kontakte, die die Verlage zur literarischen Szene unterhalten – vor allem über ihre eigenen Autoren.«[208] Solche Bedingungen legen es den Autor:innen nahe, »egozentrisch«[209] zu handeln und sich als »einzigartig«[210] zu betrachten, und solange sie fortbestehen, ist eine veränderte Literaturproduktion im Sinne Chotjewitz' nur schwer umsetzbar.

Seit Beginn der 1970er Jahre verschärft sich zudem der Wettbewerb »im Buchsektor«[211], was eine »Steigerung der Arbeitsproduktivität und -intensität«[212] mit sich zieht. Dies legt Hannelore May 1970 in

207 Chotjewitz: »Das Projekt der Kollektivierung«, S. 17.
208 Durzak (Hrsg.): *Deutsche Gegenwartsliteratur*, S. 487.
209 Boehlich: *Chronik der Lektoren*, S. 69.
210 Ebd.
211 Benseler/May/Schwenger (Hrsg.): *Literaturproduzenten!*, S. 49.

dem Textband *Literaturproduzenten!* dar, in dem sie explizit auch die Holtzbrinck-Gruppe dieser Entwicklung zuzählt, die spätere Eigentümerin des Rowohlt Verlags.[213] Ein Beispiel für die Konsequenzen eines gesteigerten Produktivitätsdrucks für den Arbeitsalltag der Autor:innen findet sich in einem Brief von Gisela Elsner an Carl Amery aus dem Jahr 1991, in dem sie ihr hohes Arbeitspensum mit ökonomischen Zwängen begründet.[214] Dass sich das Produktionsmittel Verlag in Privatbesitz befindet, bedeutet für die große Mehrheit der Autor:innen, wie es der ehemalige Suhrkamp-Lektor Karlheinz Braun formuliert, einen »gerade zum Leben reichenden Lohn«[215] beziehungsweise die (freiwillige) Mittellosigkeit.[216] Gisela Elsner beschreibt dasselbe Dilemma, wenn sie schreibt, ihre »Unabhängigkeit«[217] sei, »angesichts der miserablen Bezahlung, nominell.«[218]

Unter dem Druck dieser Verhältnisse und mit dem Schwung der APO im Rücken verlegen sich viele linke Literaturproduzent:innen ab den späten 1960er Jahren, ähnlich wie große Teile der Frauenbewegung, auf die Praxis der Selbstorganisierung. In dieser Phase entstehen »nicht nur bei Suhrkamp, sondern auch bei Rowohlt, Luchterhand, Hanser, der Europäischen Verlagsanstalt, dem Spiegel Verlag, gar bei Bertelsmann [...] vielerlei Versuche, mitbestimmende Arbeitsstrukturen durchzusetzen.«[219] Als kapitalistische Betriebe sind die Verlagshäuser folgerichtige Schauplätze dieser Arbeitskämpfe, jedoch ist betriebliche Mitbestimmung von der Vergesellschaftung der Produktionsmittel grundsätzlich zu unterscheiden.[220] Den »Aufstand

212 Ebd.
213 Ebd.
214 Brief an Carl Amery vom 9. Dezember 1991, in: Münchner Stadtbibliothek/Monacensia, Nachlass Carl Amery, CA B 492.
215 Benseler/May/Schwenger (Hrsg.): *Literaturproduzenten!*, S. 63.
216 Ebd.
217 Elsner: »Über Mittel und Bedingungen schriftstellerischer Arbeit«, S. 16.
218 Ebd.
219 Boehlich: *Chronik der Lektoren*, S. 9.
220 Durzak (Hrsg.): *Deutsche Gegenwartsliteratur*, S. 489.

der Lektoren« bei Suhrkamp 1968 etwa beschreibt Karlheinz Braun 2011 als reformistisch: »Es war keine Revolution. Es ging nicht ums Kapital der Eigentümer der Verlagsgesellschaft.«[221] Braun bewegt sich durchaus in der Nähe von Elsners bewusster Priorisierung materieller Faktoren, wenn er betont, es sei »kaum begreiflich, damals schon und erst recht nicht heute: den Lektoren ging es nicht ums Geld, sondern immer nur um ihre Arbeit, um die Autoren, um Bücher.«[222]

Für ein besseres Verständnis von Elsners Haltung zu selbstverwalteten Verlagsprojekten ist der Konflikt des ihr polit-literarisch nahestehenden Autors Peter Weiss mit den Gründer:innen des Verlags der Autoren aufschlussreich. Der langjährige Suhrkamp-Autor Weiss entscheidet sich 1969 gegen die Beteiligung an dem selbstverwalteten Verlag und für den Verbleib bei Suhrkamp. Polemisch geben die Verlagsgründer:innen in der Zeit bekannt, »Herr Peter Weiss, der Größt-Sozialist vor der bürgerlichen deutschen Presse«[223] habe ihnen »unter dem Datum vom 20. Februar 1969 mitgeteilt, daß unsere Verlagsgründung eine Utopie und ein Kompromiß im bürgerlichen Verlagsgeschäft«[224] sei. Dabei handele es sich im Gegenteil bei der Aneignung des Mehrprodukts durch die Produzent:innen um »die erste ökonomische Grundforderung sozialistischer Produktion«[225], womit der emanzipatorische Gehalt ihres Projekts gegeben sei.[226] Ausgerechnet gegenüber Siegfried Unseld, der im Jahr zuvor die Mitbestimmungsforderungen seiner Angestellten erstickt hatte, erklärt Weiss, er glaube

> [n]ach wie vor [...] nicht, dass ein solcher Verlag in einer kapitalistischen Gesellschaft mehr werden kann als ein Zwitterwesen. Die

221 Boehlich: *Chronik der Lektoren*, S. 62.
222 Ebd., S. 63.
223 Sperr, Martin / Waldmann, Dieter / Ziem, Jochen: »Erklärung II«, *Die Zeit*, 28.02.1969, http://www.zeit.de/1969/09/erklaerung-ii (zugegriffen am 06.11.2014).
224 Ebd.
225 Ebd.
226 Ebd.

> grosse Arbeit an der Veränderung der Gesellschaft ist mir wichtiger als die Politik der kleinen Schritte, der Kompromisse und Utopien im Verlagsgeschäft. Der Bruch mit einem kapitalistischen Verlag setzt konsequenterweise auch den Bruch mit dem Buchhandel, den Agenturen, den Theatern und den Verlagsverbindungen in allen anderen kapitalistischen Ländern voraus. Da ich nicht dazu bereit bin, sondern meine Angriffe gegen den Kapitalismus und den Imperialismus auf breitester Basis durchführen möchte, bleibe ich in dem Verlag, der mir bisher die Möglichkeit dazu gegeben hat.[227]

Darüber hinaus könne es im Kapitalismus keine sozialistische Produktion geben, da einem solchen notwendigerweise planwirtschaftlichen Vorgehen die Unkenntnis des gesellschaftlichen Bedarfs entgegenstehe; ein Sachverhalt, den Gisela Elsner 1975 mit den Worten beschreibt, es gehöre »zum herrschenden Gesellschaftssystem, daß der Autor praktisch blind schreibt und der Leser praktisch blind nach dem Buch greift. [...] Das, was die freie Marktwirtschaft heißt, setzt eine solche Blindheit voraus, weil ohne sie kein Markt zu bewirtschaften wäre.«[228] Ebenso wie Weiss besteht Elsner auf der politischen Wirksamkeit des (realistischen) literarischen Werks, und die richtige politische Praxis ist auch für sie nicht die Selbstorganisierung, sondern die Arbeit in der Partei. Diese Haltung wird auch deutlich, als eines ihrer Bücher in der AutorenEdition veröffentlicht wird.

Die AutorenEdition

1973 erscheint in der AutorenEdition Gisela Elsners Erzählband *Herr Leiselheimer und weitere Versuche, die Wirklichkeit zu bewältigen*. Der Verlag steht, so die jeder Publikation vorangestellte programmatische

227 Unseld/Weiss: *Der Briefwechsel*, S. 699.
228 Elsner: »Über Mittel und Bedingungen schriftstellerischer Arbeit«, S. 16.

Anmerkung, »für den Versuch einer neuen realistischen Prosa und zugleich für ein neues verlegerisches Modell«[229], befindet sich jedoch zugleich in Besitz der C.-Bertelsmann-Gruppe.[230] Elsner spricht ihre Entscheidung, den *Leiselheimer*-Band in der »fremden« AutorenEdition zu veröffentlichen, offenbar nicht mit ihrem Hausverlag ab, was die in den frühen 1970er Jahren ohnehin konfliktive Beziehung zwischen Elsner und Rowohlt weiter belastet. Bereits im November 1973 verweist Heinrich-Maria Ledig-Rowohlt gegenüber Elsner brieflich auf »ein einigermaßen grundsätzliches Gespräch über Möglichkeiten weiterer Zusammenarbeit, das freilich ihren Wunsch erkennen ließ, vielleicht doch auch mit dem neuen bei uns unter Vertrag stehenden Roman zu einem anderen Verlag zu gehen«.[231] Elsner erhält dennoch einen Vorschuss von 20.000 DM für ihr neues Projekt, woraufhin Ledig-Rowohlt wiederum im Mai 1974 kritisiert, sie habe »Prosa-Texte, die sich aus der Roman-Arbeit herauslösten«[232], an Bertelsmann verkauft. Der Verleger droht damit, »daß bei einem Verlagswechsel Ihrerseits der neue Vertragspartner unser finanzielles Engagement übernimmt und bei uns«[233] – also bei Rowohlt – ablösen müsse. Erst 1976 sagt er eine Fortsetzung der Zusammenarbeit zu.

229 Elsner: *Herr Leiselheimer und weitere Versuche, die Wirklichkeit zu bewältigen.*

230 »Buch aktuell« berichtet 1973 über die Geschäftsform der AutorenEdition, hier würden »die Funktionen von Redaktion und Lektorat sowie ein wesentlicher Teil der verlegerischen Aufgaben auf ein Redaktionskomitee übertragen. Dieses Redaktionskomitee arbeitet unabhängig vom Verlag. Ihm gehören die vier Autoren, ein Vertreter des C. Bertelsmann Verlags und ein Sprecher jener Autoren an, die ihre Bücher in der AutorenEdition verlegen.« (Zitiert nach: Peitsch, Helmut: »Realistische Vergangenheitsbewältigung? Probleme literarischer Faschismusdarstellung in Romanen der AutorenEdition«, in: Mattenklott, Gert und Gerhart Pickerodt (Hrsg.): *Literatur der siebziger Jahre*, Berlin: Argument-Verlag 1985, S. 81.)

231 Brief an Heinrich-Maria Ledig-Rowohlt vom 26. November 1973, in: Verlagsarchiv Rowohlt, fol. 21.

232 Brief an Gisela Elsner vom 5. Mai 1974, in: Verlagsarchiv Rowohlt, fol. 23.

233 Brief an Heinrich-Maria Ledig-Rowohlt vom 26. November 1973, in: Verlagsarchiv Rowohlt, fol. 21.

Elsner schreibt inzwischen an einer »Roman-Arbeit«[234] mit dem Arbeitstitel *Der Himmel auf Erden*, die sie Ledig-Rowohlt Anfang 1977 vorlegt. Das Manuskript, das später den Titel *Der Punktsieg* tragen wird, stößt jedoch bei »HMLR« erneut nicht auf Begeisterung, so dass Elsner ihm im März 1977 schreibt, sie bedaure es »[n]atürlich [...], daß Sie mit meinem Buch nicht sonderlich viel anfangen können«[235] und erneut die Möglichkeit eines Verlagswechsel zur Sprache bringt.[236] Bemerkenswert ist an dieser Korrespondenz, dass die AutorenEdition als Publikationsort weder von Ledig-Rowohlt noch von Elsner selbst erwähnt wird; sie formuliert kein Bedürfnis nach selbstorganisierter Herausgabe ihrer Bücher oder kritisiert auch nur die Entscheidungsstruktur des Rowohlt Verlags. Stattdessen bezieht sie sich auf C. Bertelsmann als zahlungskräftiges und -williges Unternehmen, dessen Angebot die »tatsächlich unumgängliche Veränderung meiner Lebensumstände ermöglichen würde«[237]. Dies legt einen Fokus auf ihre Existenzsicherung nahe, dem mindestens ein Desinteresse gegenüber Selbstorganisierung als politischer Praxis gegenüberzustehen scheint.

Entsprechend bezeichnet auch Hanjo Kesting 1987 Elsners Entscheidung, in der AutorenEdition zu veröffentlichen, nicht als in der Organisation des Verlags begründet, sondern in dessen literaturprogrammatischer Ausrichtung. Der *Leiselheimer*-Band sei »keineswegs zufällig[] nicht im Rowohlt-Verlag [erschienen], der bislang alle Bücher Gisela Elsners publiziert hat, sondern in der damals gerade erst gegründeten AutorenEdition, die im Elan politischen Aufbruchs ihr eigenes Realismus-Konzept entwickelt hatte.«[238] Konkret verlange dieses Konzept, dass die

234 Brief an Gisela Elsner vom 5. Mai 1974, in: Verlagsarchiv Rowohlt, fol. 23.
235 Brief an Heinrich-Maria Ledig-Rowohlt vom 22. März 1977, in: Verlagsarchiv Rowohlt, fol. 27.
236 Ebd.
237 Ebd.
238 Kesting: »Die triste Wahrheit der Satire«, S. 165.

> gesellschaftlichen Probleme […] so anschaulich und unterhaltsam dargestellt werden, daß auch jene sie wiedererkennen können, über deren Köpfe bisher meist hinweggeschrieben wurde. […] Nicht die Schreibschwierigkeit des Autors angesichts einer widersprüchlichen Realität, sondern die Realität selber ist das Thema der AutorenEdition.[239]

Bei Gisela Elsner findet sich dieselbe Emphase auf Verständlichkeit und die Zurückweisung schriftstellerischer Selbstbetrachtung, wenn sie etwa 1985 im Gespräch mit Matthias Altenburg erklärt, »Schreibprobleme müssen vom Autor gelöst, aber nicht beschrieben werden. Wenn ich am Schreibtisch sitze, interessiere ich mich nicht für mich; ich bin für mich kein Thema meiner Arbeit.«[240] Die »Orientierung auf die objektive Realität oder die ›Wirklichkeit der Mehrheit‹«[241], die Elsner mit der AutorenEdition teilt, formuliert einen rezeptionsästhetisch bestimmten Anspruch auf Gesellschaftsveränderung: »Weil für die Mehrheit der Bevölkerung deren Probleme dargestellt werden sollten, mußten sich Konsequenzen in der literarischen Technik ergeben, sowohl in der Beziehung zur Realität als auch in der Beziehung zum Publikum.«[242]

Autoren wie Lothar Baier, Hermann Peter Piwitt oder Heinz Ludwig Arnold bezeichnen den Entwurf der AutorenEdition derweil als »›naives Darstellungsverfahren‹ realistischen Erzählens«[243], gegen das »erzähltechnische[] Standards«[244] zu verteidigen seien. Diese Gleichsetzung von Verständlichkeit und borniertem Qualitätsverfall prägt auch die literaturkritische Rezeption von *Herr Leiselheimer und weitere Versuche, die Wirklichkeit zu bewältigen*. Immer wieder

239 Kesting: »Die triste Wahrheit der Satire«, S. 165.
240 Altenburg (Hrsg.): *Fremde Mütter, fremde Väter, fremdes Land*, S. 150.
241 Peitsch: »Realistische Vergangenheitsbewältigung?«, S. 85.
242 Ebd.
243 Peitsch: »Ästhetikdebatte revisited«, S. 76.
244 Ebd.

wird der Erzählband explizit als Publikation der AutorenEdition vorgestellt und dies zum Anlass genommen, Elsners Schreibweise mit der Verlagsprogrammatik abzugleichen; einige Rezensionen heben ihre Kurzgeschichten von der angenommenen Trivialität des Realismus-Konzeptes positiv ab, andere verwerfen sie gerade als dessen adäquaten Ausdruck. Die Nürnberger Nachrichten etwa stellen den Literaturstatus von *Herrn Leiselheimer* mit den Worten infrage, so eine Geschichte habe »man auch schon öfter in illustrierten Blättern gelesen. Beim augenblicklichen Stand der Diskussion über dieses Thema wäre die ehrliche Dokumentation sicher nützlicher.«[245] In den Stuttgarter Nachrichten wird Elsners Geschichten zwar literarische Qualität zugesprochen, aber nur um anlässlich dessen die Frage aufzuwerfen, »ob in diesem Fall Gisela Elsner jene Köpfe nicht eher vergrault. Mit kalter Wut fast sagt sie manchmal unerhörte Dinge, spießt die Mickergefühlchen der Gefühllosen, die Regungen schlichterer Gemüter auf und zerkratzt sie samt und sonders, die kleinbürgerliche Idylle.«[246] Mit »jenen Köpfen«[247] ist offenbar die proletarische Leser:innenschaft gemeint, der nebenbei die Fähigkeit für literarische Gesellschaftskritik abgesprochen wird. »Anschaulich und unterhaltsam«[248] wie die AutorenEdition es verlange, meint auch die Neue Zürcher Zeitung, schreibe Gisela Elsner »noch immer nicht.«[249] Dem Rezensenten der Welt am Sonntag dient als Maßstab für die Bewertung von Elsners Erzählungen nicht die Wirklichkeit, sondern die Literaturgeschichte: Ihre »Ausflüge in die defekte Realität sind Lektionen

245 [O. A.]: »Figuren zum Begaffen. Panoptikum nicht sehr wirklichkeitsnaher Exemplare aus dem bundesdeutschen Zoo«, *Nürnberger Nachrichten*, 09.01.1974.

246 Rezension von *Herr Leiselheimer* in den Stuttgarter Nachrichten (1973), in: DLA Marbach, Z: Elsner, Gisela, Mappe 7f2.

247 [O. A.]: »Figuren zum Begaffen. Panoptikum nicht sehr wirklichkeitsnaher Exemplare aus dem bundesdeutschen Zoo«, *Nürnberger Nachrichten*, 09.01.1974.

248 Ebd.

249 Ebd.

in Sachen Klarsicht – etwas zwischen Robbe-Grillet und der Lyrik Rakosis und Oppens.«[250]

Die linke Literaturkritik steht in ihrer Bewertung von *Herr Leiselheimer* dann doch der Einlassung Bertolt Brechts näher, man müsse

> die Literatur nicht von der Literatur aus beurteilen, sondern von der Welt aus, zum Beispiel von dem Stück Welt aus, das sie behandelt. [...] Ein Kritiker, der so vorgeht, wird [...] beweisen, realistisch, indem er seine eigene Analyse des geschilderten Wirklichkeitsausschnittes gibt und die Fehler des Abbildes nennt.[251]

Die Wahrheit bescheinigt Elsner einen Zugewinn an »Verständnis für Arbeiterfragen«[252], demgegenüber jedoch die »Beschreibung des Unternehmer-Alltags, die Beschränktheit und Überheblichkeit jener Kaste«[253] in der Härte, in der Elsner sie beschreibe, einen zu großen Raum einnehme. Ebenfalls mit Fokus auf das Klassenverhältnis und die Gestaltung von Handlungsfähigkeit beschreibt Klaus Konjetzky die *Leiselheimer*-Erzählung in der Deutschen Volkszeitung als

> eine besondere Art von Betriebsreportage. [...] Die ungeschickten oder selbstgefälligen Phrasen, mit denen die Leiselheimers, Hohenemsers, Wiegensteins oder Leipolds Auskunft geben über ihr Leben, ihre Zwänge und Privilegien, offenbaren viel von den gesellschaftlichen Ursachen und Bedingungen ihres Verhaltens. Das macht dieses Buch – in dem das kämpferische Aufbegehren fehlt, in dem keine

250 [O. A.]: »Rezension von Herr Leiselheimer und andere Versuche, die Wirklichkeit zu bewältigen«, *Welt am Sonntag*, 30.09.1973.

251 Brecht, Bertolt: *Schriften zur Literatur und Kunst* 2, Gesammelte Werke 19, Werkausgabe edition suhrkamp, Frankfurt a. M.: Suhrkamp Verlag 1967, S. 416.

252 [O. A.]: »Rezension von Herr Leiselheimer und weitere Versuche, die Wirklichkeit zu bewältigen«.

253 Ebd.

Alternativen aufgezeigt werden und in dem nicht von »Veränderung« gesprochen wird – zu einem kritischen Buch.[254]

Zäsur Deutscher Herbst I

Dem Zeitgeist entsprechend beziehen sich in den frühen 1970er Jahren durchaus auch bürgerliche Kritiker:innen positiv auf das gesellschaftsverändernde Potential von Literatur. Jedoch verengt sich dieser Literaturbegriff im weiteren Verlauf des Jahrzehnts durch zunehmend expliziten Ausschluss kritischer Inhalte wieder; das Politische wird nun weniger als zuvor in literaturimmanenten Kriterien »versteckt«. 1978 trennt sich der Bertelsmann Verlag wegen »angeblicher Nähe zum ›Terrorismus‹«[255] von der AutorenEdition; nach bereits vorangegangenen Konflikten letztlich begründet mit der Sympathie für die Rote Armee Fraktion (RAF), die in Peter O. Chotjewitz' Romanfragment *Die Herren des Morgengrauens* zum Ausdruck komme.[256] Gisela Elsner bezieht sich auf das Werk des Kommunisten Chotjewitz durchgängig positiv, so auch auf *Die Herren des Morgengrauens*, das sie 1978 unter dem Titel *Staatsabträgliche Träume* rezensiert.[257] Sie bezieht Stellung in dem Konflikt zwischen Bertelsmann und der AutorenEdition und bescheinigt Chotjewitz, er leite, indem er »jene alarmierenden, auf eine nur leisetreterische Art bedrohlichen Symptome beschreibt, die im Nachhinein oft genug als unvoraussehbar

254 Konjetzky, Klaus: Rezension *Herr Leiselheimer und andere Versuche, die Wirklichkeit zu bewältigen* in der Deutschen Volkszeitung (1973), in: DLA Marbach, Z: Elsner, Gisela, Mappe 7f2.

255 Peitsch: »Ästhetikdebatte revisited«, S. 75.

256 Vgl. Loheit, Jan: »Gemeinsam oder zusammen? Chancen eines kritisch-emanzipatorischen Literaturdiskurses«, in: Stahl/Solty (Hrsg.): *Richtige Literatur im Falschen?*, S. 231–240.

257 Elsner, Gisela: »Staatsabträgliche Träume. Über den Roman: ›Die Herren des Morgengrauens‹ von Peter O. Chotjewitz« [4 Blatt Typoskript m. hs. Korr.], in: Münchner Stadtbibliothek/Monacensia, GE M 61.

bezeichneten Mißstände frühzeitig anzukündigen pflegt, [...] bereits die ersten Schritte zu ihrer Bekämpfung ein.«[258]

Die DDR-Germanistin Ursula Reinhold stellt Chotjewitz und Elsner auch »von außen« betrachtet in den Kontext derselben westdeutschen Literaturströmung, in deren Zuge

> [i]n der zweiten Hälfte der siebziger Jahre [...] unmittelbar zeitgeschichtliche und politische Vorgänge für die Prosa an Bedeutung [gewinnen]. Aus ihnen konstituieren unter anderen Peter O. Chotjewitz mit seinem Roman »Die Herren des Morgengrauens« [...], Gisela Elsner mit Erzählungen ihre Erzählzusammenhänge, mit denen sie unmittelbar auf aktuelle Vorgänge Einfluß nehmen wollen. Über Operativität hinaus gewinnen sie dort literarisches Gewicht, wo das Dasein der Figuren aus den komplexen gesellschaftlichen Zusammenhängen erschlossen wird, in denen es tatsächlich steht und die Erzählung analytisches Gewicht gewinnt.[259]

Erzählungen und Aufsätze von Elsner und Chotjewitz erscheinen in beiden deutschen Staaten gemeinsam in Sammelbänden; etwa 1974 in *Vorletzte Worte* (BRD)[260], zwei Jahre später in *Mit dem Chef nach Chenonceaux* (DDR) und schließlich 1981 in *Vom deutschen Herbst zum bleichen deutschen Winter* (BRD), einer Anthologie wiederum der AutorenEdition, die Chotjewitz' Geschlechtertausch-»Märchen« *Eines Morgens bei Schambeins* und Gisela Elsners Aufsatz *Politisches Kauderwelsch* enthält.

Der *Kauderwelsch*-Aufsatz, den der Rowohlt Verlag in den schärfsten Tönen ablehnt, wird von der AutorenEdition als veröffent-

258 Ebd.

259 Reinhold: *Tendenzen und Autoren*, S. 102 f.

260 Chotjewitz, Peter O.: »Nachrufe«, in: Kramberg, Karl Heinz (Hrsg.): *Vorletzte Worte. Schriftsteller schreiben ihren eigenen Nachruf*, Frankfurt a. M.: Ullstein 1974, S. 24–26; Elsner, Gisela: »Die Auferstehung der Gisela Elsner«, in: Kramberg (Hrsg.): *Vorletzte Worte*, S. 35–39.

lichungswert beurteilt – eine Entscheidung, zu der die Beteiligung von Elsners Genossen Roman Ritter beitragen mag, die jedoch ebenso mit dem politischen Anliegen der Anthologie zu erklären ist.[261] So schreitet deren

> Erörterung der im deutschen Herbst zerschlagenen Hoffnungen – vor allem die Selbstentblößung der SPD von den Resten sozialistischer Tradition – zum Überwachungsstaat fort, greift kritisch die modische Resignation der 68er auf, *trifft* neue Tendenzen der Basisdemokratie und mündet in die Angst um das bißchen Nichtkrieg, das wir noch haben.[262] Es zeigt sich in *Vom deutschen Herbst zum bleichen deutschen Winter*, dass die AutorenEdition linker Gesellschaftskritik auch in den 1980er Jahren eine Plattform bietet, allerdings zum Preis der Trennung vom Bertelsmann Verlag. Dass diese Trennung Ausdruck einer rechtsgerichteten Debattenverengung ist und somit eine linke Niederlage darstellt, bestätigt auch Helmut Peitsch, wenn er 1985 schreibt, »[d]ie literaturkritischen Feinde der AutorenEdition haben ebenso gesiegt wie der Konzern.«[263]

261 Heidenreich, Gert: »Das Land liegt still«, *Die Zeit*, 12.03.1982, https://www.zeit.de/1982/11/das-land-liegt-still (zugegriffen am 21.09.2018).
262 Ebd.
263 Peitsch: »Realistische Vergangenheitsbewältigung?«, S. 85.

Der öffentlich-rechtliche Rundfunk der Bundesrepublik ist eine Institution, deren Mitarbeiter:innen bereits vor der Entstehung der APO mit linker Gesellschaftskritik sympathisieren. Bereits 1967 veröffentlichen etwa die Redakteure Friedrich Mager und Ulrich Spinnarke vom Bayerischen Rundfunk ein Buch mit dem Titel *Was wollen die Studenten?*, mit dem durchaus progressiven Anliegen, »einer breiteren Öffentlichkeit radikaleres demokratisches Handeln, als wir es in den ersten beiden Nachkriegsjahrzehnten übten, verständlich zu machen, kurz: aufzufordern zur Überprüfung der eigenen politischen Position.«[264] Die politische Agenda der sich formierenden linken Bewegung beschreiben die beiden Autoren folgendermaßen: Es bestehe bei

> den aufgebrachten Studenten der westlichen hochindustrialisierten Länder ein oft sehr vages Unbehagen an den Lebensformen der modernen, am Konsum orientierten Gesellschaft. Sie fordern Gleichheit für alle Mitglieder dieser Gesellschaft. [...] Sie fordern Demokratie und viele glauben, diese sei nur durch Revolution zu verwirklichen.[265]

Über die studentischen Proteste gegen den Vietnamkrieg, einem wesentlichen Politisierungsmoment der APO, schreiben Mager und Spinnarke, diese seien dadurch motiviert, »daß der sowjetische oder der chinesische Kommunismus von Südvietnam nicht durch Waffen ferngehalten werden können, im Gegenteil, die grausigen Spuren dieser Waffen würden die Vietnamesen bereiter für den Kommunismus machen«[266]. Die Perspektive der beiden Autoren auf den Kommunis-

264 Mager, Friedrich / Spinnarke, Ulrich: *Was wollen die Studenten*, Frankfurt a. M.: Fischer Taschenbuch Verlag 1967, S. 24.
265 Ebd., S. 30.
266 Ebd., S. 24.

mus als – bestenfalls – kleineres Übel kritisiert den bundesrepublikanischen Antikommunismus nur im Rahmen einer Demokratisierungsforderung, was faktisch auf eine Verteidigung der bürgerlichen Gesellschaft hinausläuft. Diese Position der beiden Redakteure korrespondiert mit dem verbreiteten Reformismus innerhalb der APO, was wiederum die Frage nach der Akzeptanz kommunistischer Parteilichkeit im Rundfunk offenlässt – trotz der Bergung der »verschütteten Zugänge zu den marxistischen Klassikern«[267], die in den sechziger und siebziger Jahren im APO-Kontext stattfindet.

Die »68er«-Bewegung bleibt den Rundfunkjournalist:innen nicht für immer als bloßes Betrachtungsobjekt, sondern findet seit Beginn der 1970er Jahre praktischen Niederschlag in den Rundfunkanstalten selbst: Die sogenannte Statutenbewegung zielt »teils auf eine Änderung der Anstaltsverfassung, teils auf die Beseitigung und Verhinderung von deren tatsächlichem oder vermeintlichem Mißbrauch, gegen [...] ›Intendantenallmacht und Parteienproporz‹.«[268] In der Tatsache allerdings, dass »fast alle Intendanten, die bereits vor 1968 ins Amt gekommen waren [...], erst in den späten 70er Jahren Nachfolgern Platz machten«[269], zeigt sich das letztliche Scheitern der Kämpfe um Teilhabe und offenbart wohl auch die Grenzen dieser reformistischen Demokratisierungsideale.

Dass Antiautoritarismus und kapitalistische Modernisierung dennoch ein Stück weit vereinbar sind, ersterer sogar fruchtbar gemacht werden kann für letztere, wird deutlich anhand der Bemühungen der alliierten Besatzungsmächte, die bereits in den 1950er Jahren versuchten, den postfaschistisch organisierten staatlichen Rundfunk der BRD

267 Lersch, Edgar: »Zur Situation des öffentlich-rechtlichen Rundfunks«, in: Estermann/Lersch (Hrsg.): *Buch, Buchhandel und Rundfunk*, S. 30–45, hier S. 30.

268 Schwarzkopf, Dietrich: »Auf der Suche nach der Gegenmacht. Antiautoritäre Modelle der Rundfunkverfassung«, in: Estermann/Lersch (Hrsg.): *Buch, Buchhandel und Rundfunk*, S. 69–82, hier S. 69.

269 Lersch: »Zur Situation des öffentlich-rechtlichen Rundfunks«, S. 45.

durch »das Modell eines gesellschaftlich kontrollierten Rundfunks nach dem Vorbild der britischen BBC«[270] zu ersetzen. Die Statutenbewegung verbleibt in diesem bürgerlich-antiautoritären Paradigma, indem sie nicht die Eigentumsfrage auf die Agenda setzt, sondern den »Schutz der Überzeugungsfreiheit der Mitarbeiter«[271]: »Zur Grundausstattung der Redaktionsstatute gehörte die Bestimmung, kein Mitarbeiter dürfe gezwungen werden, etwas gegen seine Überzeugung zu tun oder zu verantworten.«[272] Das Konzept der Überzeugungsfreiheit gewährt, als Variante der Meinungsfreiheit, kein Recht auf die Verbreitung oder gar praktische Umsetzung eines bestimmten gedanklichen Inhalts, sondern »erlaubt« diesen nur als individuelle Haltung. Der Wahrheitsanspruch des einzelnen Standpunktes wird dem Prinzip des Pluralismus untergeordnet, die Gegenüberstellung von »innerer redaktioneller Autonomie«[273] und der »Sicherung der Vielfalt der Informationen und Standpunkte«[274] verhindert jegliche eindeutige politische Positionierung der Rundfunkredaktionen.

Die Funktion von Meinungsfreiheit und Pluralismus berührt auch die Kampagne, die westdeutsche Linke in den frühen 1960er Jahren gegen den Axel-Springer-Konzern führen. Die Proteste, an denen sich auch Gisela Elsner beteiligt, beginnen zu einem Zeitpunkt, an dem

> der einsetzende Schub der Konzentration der Tageszeitungsverlage und der damit verbundene Verlust eigenständiger Kopfblätter [...] einen Verlust an Meinungsvielfalt und Einschränkung der Informationsmöglichkeiten zu bedeuten [schien]. Es lag durchaus in der Kontinuität dieser auch von einer Enquetekommission des Bundes-

270 Ebd., S. 32.
271 Schwarzkopf: »Auf der Suche nach der Gegenmacht«, S. 69.
272 Ebd.
273 Lersch: »Zur Situation des öffentlich-rechtlichen Rundfunks«.
274 Ebd.

tages begleiteten Debatte, daß der wachsende Einfluß des Hamburger Verlagshauses Axel Springer auch die protestierenden Studenten beschäftigte.[275]

Die von der SPD in den sechziger Jahren mit vorangetriebene Demokratisierung öffentlicher Institutionen zielt nicht auf die Veränderung der Eigentumsverhältnisse, sondern auf eine »Modernisierung, die ein Entsprechungsverhältnis von marktwirtschaftlicher Industrialisierung und liberal-demokratischem Regierungssystem voraussetzt[]«[276]. Demokratisierung ist also durchaus auch als parteipolitisches Kampfmittel in der Systemkonkurrenz zu verstehen: Das »sozial-liberale Gedankengut«[277] der post-Godesberger-SPD steht für den »Durchbruch der ›Westorientierung‹ der Bundesrepublik«[278] mit dem Wahlsieg der Sozialdemokraten 1969, der auch einer Mehrheit der linken Kulturschaffenden ein Anliegen ist.[279]

Politisierung als Wertewandel. Die Literaturredaktionen

Wie so viele linke Kultur- und Kunstschaffende ist auch Gisela Elsner über jahrzehntelang freie Mitarbeiterin im öffentlich-rechtlichen Rundfunk; dies ist lange ihre wichtigste Einkommensquelle neben den Verlagsvorschüssen für ihre Bücher. Als natürliches Habitat einer Schriftstellerin ergeben sich hier zunächst die Literatursendungen; vor allem mit dem NDR-Literaturredakteur Hanjo Kesting arbeitet Elsner ab den frühen 1970er Jahren eng zusammen. Dass sie das Verfassen von Radioformaten eher als ökonomische Notwendigkeit denn

275 Ebd., S. 31.
276 Peitsch: *Nachkriegsliteratur 1945–1989*, S. 223.
277 Ebd.
278 Ebd.
279 Vgl. ebd., S. 221 f.

als künstlerische Erfüllung betrachtet, formuliert sie gegenüber Kesting ganz offen:

> Meine Verrufenheit, die einen notorischen Geldmangel zur Folge hat, zwingt mich [...] dazu, Rundfunksendungen zu verfassen. Falls Du also für eine Rundfunksendung ein Thema haben solltest, das mich interessieren könnte, so laß es mich bitte wissen. Ansonsten werde ich mich wieder bei Dir mit Vorschlägen melden.[280]

Diese Bemerkung stammt zwar von 1987, gilt jedoch angesichts Elsners latentem »Geldmangel[]«[281] vermutlich auch rückwirkend. Deutlich wird hier zudem die subalterne Position, in der sich Elsner als freie Mitarbeiterin gegenüber dem NDR befindet, in maximaler Abhängigkeit bei minimalem Mitbestimmungsrecht. Ihre ökonomisch prekäre Situation wirkt sich auf die Texte »weniger prominenter freier Mitarbeiter[]«[282] potentiell zensurierend aus, da »keine Verabredung [...] die Verwalter der Medien [verpflichtet], dem protestierenden Autor weiterhin seine Manuskripte abzukaufen«[283], wie der SWR-Literaturredakteur Gert Haedecke 1971 betont.

Während sich an der Prekarität dieser Beschäftigungsverhältnisse trotz der Statutenbewegung nichts ändert, wirkt sich die Politisierung der Textproduzent:innen auf inhaltlicher Ebene durchaus auf die Arbeit in den Rundfunkanstalten aus:

> Die eigenen Wertvorstellungen eines großen Teils, wenn nicht der Mehrheit der im Rundfunk tätigen Journalisten, waren 1968 und in den unmittelbar folgenden Jahren stark von denen der Studentenbewegung bestimmt. [...] Dies stieß auf Widerstand des größten

280 Brief an Hanjo Kesting vom 14. Januar 1986, in: Briefwechsel Elsner – Kesting, fol. 33.
281 Ebd.
282 Arnold: »Skizzen aus dem Literaturbetrieb«, S. 13.
283 Ebd.

Teils der Rundfunkhierarchie sowie der Aufsichtsgremien und führte zu entsprechenden Eingriffen in das Programm.[284]

In der Studie *Literaturkritik 1973 und 1988. Aspekte des literaturkritischen Wertewandels* ergeben sich als »Leitorientierungen«[285] der Rundfunk-Redakteur:innen in den frühen siebziger Jahren die Begriffe »›Parteilichkeit‹, ›Rationalität‹, ›Realismus‹«[286]. Diese Kategorien verweisen ebenso wie die explizite theoretische Orientierung der Befragten an der »Frankfurter Schule« auf die marxistische Theorieorientierung der Neuen Linken. Eine Stärkung linker Positionen drückt sich unter anderem im Kampf um Verbesserung der Arbeitsbedingungen aus; »[d]ie Autoren wollen bessere Geschäftsbedingungen bei den Rundfunkanstalten und Verlagen erreichen und fordern vom Staat ein günstigeres Besteuerungsverfahren.«[287] Als »organisatorische[r] Ausdruck dieser Bestrebungen«[288] um Mitbestimmung wird laut Haedecke 1969 der Verband deutscher Schriftsteller (VS) gegründet; Elsner beteiligt sich an der Gründung dieses quasi-gesellschaftlichen Verbandes ebenso wenig wie an anderen »68er«-Projekten, wird den VS jedoch 1986 um Unterstützung in einer finanziellen Notlage bitten.[289]

Weiterhin beschreibt Haedecke für die späten sechziger Jahre eine »Ausweitung des Literaturbegriffs«[290] im Rundfunk mit dem Effekt

284 Schwarzkopf: »Auf der Suche nach der Gegenmacht«, S. 73.

285 Viehoff, Reinhold: »Literaturkritik 1973 und 1988. Aspekte des literaturkritischen Wertewandels«, in: Barner, Wilfried (Hrsg.): *Literaturkritik – Anspruch und Wirklichkeit*, Stuttgart: J. B. Metzler 1990, S. 440–459, hier S. 448.

286 Ebd.

287 Haedecke, Gert: »Der Ast, auf dem wir sitzen. Rundfunk und Literaturbetrieb«, in: Arnold, Heinz Ludwig / Beilein, Matthias (Hrsg.): *Literaturbetrieb in Deutschland*, München: Edition Text + Kritik 1971, S. 206–213. S. 208.

288 Ebd.

289 Vgl. Brief vom Verband deutscher Schriftsteller an Michael Naumann vom 10. Oktober 1986, in: Verlagsarchiv Rowohlt, fol. 89.

290 Haedecke: »Der Ast, auf dem wir sitzen«, S. 212.

der Verwischung von Ressortgrenzen, beispielsweise »wenn plötzlich in einer Literatursendung Texte auftauchten, in denen etwa von der Rolle der Springerpresse im Zusammenhang mit dem Attentat auf Rudi Dutschke oder vom Verhalten der Polizei bei Studentendemonstrationen die Rede war.«[291] Dieser Einbezug von politischem Tagesgeschehen in den Feuilletonbereich korrespondiert mit der Erweiterung des Literarischen um dokumentarische Elemente, die sich zeitgleich im Rahmen neulinker Literaturprogrammatiken vollzieht.[292] Hier deutet sich eine Verwischung der bürgerlichen Sphärentrennung mit ihrer strukturell zensurierenden Funktion zumindest an, die noch 1971 dem Literaturkritiker innerhalb seiner

> durch den Apparat angewiesene[n] Position und Funktion [...] Grenzen [setzt]. Zwar bleiben sie meist unsichtbar, weil der Eingriff sich nicht als öffentliche Zensur ausdrückt, aber sie sind spürbar. Die dem »Literaturuteil« zugestandene Freiheit der Meinungsäußerung hat zur Bedingung, daß die Kritik sich literarisch-immanent verhält. [...] Das Postulat der immanenten Kritik, einst Sicherung gegen das Eindringen privater gesellschaftlicher Interessen, hat seine Funktion gewandelt: es tabuisiert jene Zonen der literarischen Produktion und Rezeption, in denen allgemeine gesellschaftliche Ansprüche zum Ausdruck gebracht werden.[293]

Gisela Elsner verfasst für den NDR zwischen 1974 und 1977 zwei – von Kesting in Auftrag gegebene – Beiträge zu Thomas Mann sowie Heinrich von Kleist und stellt dem Sender weiterhin ein Kapitel aus ihrem Roman *Der Punktsieg* zur Verfügung.[294] Ihre literaturkritischen

291 Ebd.

292 Peitsch: *Nachkriegsliteratur 1945–1989*, S. 245 ff.

293 Hohendahl, Peter Uwe: »Literaturkritik und Öffentlichkeit«, in: Gebhardt, Peter (Hrsg.): *Literaturkritik und literarische Wertung*, Darmstadt: Wissenschaftliche Buchgesellschaft 1980, S. 269–311, hier S. 306.

294 Vgl. Briefwechsel Elsner – Kesting, fol. 1–3.

Texte sind angelegt als Kritik bürgerlicher Ideologie und bilden damit Teile der materialistischen Theorietradition; ihre Problematisierung des Wirklichkeitsbezugs der kanonisierten Autoren Mann und Kleist steht im Kontext der Realismusdebatte und entspricht dem Zeitgeist der frühen 1970er Jahre. Dass Elsners Text über Thomas Mann letztlich nicht gesendet wird, könnte eine Konsequenz ihrer freien Mitarbeiterschaft sein, aber die Tatsache, dass es sich bei dem Beitrag um eine Auftragsarbeit handelt, legt inhaltliche Ablehnungsgründe nahe. Bei dem *Punktsieg* handelt es sich um eine explizite SPD-Kritik »in der Brandt-Schmidt-Ära«[295], die als Satire formal im bürgerlichen Kanon verbleibt, also keine Erweiterung beispielsweise um dokumentarische Elemente vornimmt.

Weiterhin schreibt Elsner für den Südwestdeutschen Rundfunk, der im Juni 1975 ihre Funkerzählung *Von der Dummheit der Wissenschaft. Bouvard und Pécuchet von Gustave Flaubert* sendet. In der Anmoderation geht sie einmal mehr auf den Gegenstand Spießigkeit ein:

> Die Summe, die Flaubert aus dem Wissensvorrat im letzten Drittel des 19. Jahrhunderts zieht, zeigt auch die unverbesserliche Torheit des Menschen, Spießerdummheit als letzte Weisheit der Wissenschaft, das war es, was Flaubert zu demonstrieren gereizt hat. [...] In dieser Beschäftigung steckt zugleich eine Huldigung an Flaubert.[296]

In Übereinstimmung mit ihrer Kritik an der Figur des Spießbürgers als inadäquat für eine Darstellung gesellschaftlicher Zusammenhänge verwendet Elsner den Begriff der Spießigkeit hier nicht zur Beschrei-

295 Brief an Hanjo Kesting vom 19. Oktober 1973, in: Briefwechsel Elsner – Kesting, fol. 3.

296 Elsner, Gisela: »Von der Dummheit der Wissenschaft. Bouvard und Pécuchet von Gustave Flaubert. Eine Funkerzählung«, *Süddeutscher Rundfunk*, gesendet am 27. Juni 1975.

bung einer Lebensweise, sondern als Kategorie in einer Wissenschafts- und Aufklärungskritik.

In den bisher genannten Beispielen für Elsners Rundfunkarbeiten deutet sich an, dass sie in den früheren und mittleren siebziger Jahren hauptsächlich literaturkritische Beiträge verfasst. Dies ändert sich, wohl auch in Zusammenhang mit ihrem DKP-Beitritt, in den späten siebziger und achtziger Jahren, in denen sie den Redakteur:innen verstärkt auch politische Texte anbietet. Wie sich im Folgenden zeigen wird, stößt sie damit allerdings zunehmend auf Ablehnung, wobei sich die Frage stellt, ob dies auf die veränderten politischen Rahmenbedingungen zurückzuführen ist oder auf ein patriarchales Geschlechterverhältnis, das weiblichen Autor:innen politische Äußerungen wenig zugestehen mag.

Zäsur Deutscher Herbst II

Auch die »›Sympathisanten‹-Hatz«[297], mit denen Politik und Medien in der BRD auf die Aktionen der RAF in der Bundesrepublik reagieren, erreicht mit dem »Deutschen Herbst« einen neuen Intensitätsgrad. Wer hier alles gemeint ist, veröffentlicht der linksliberale Spiegel im Oktober 1977 in einer vierteiligen Artikelserie: »Linke Buchläden gehören dazu, Claus Peymann [...], die Anwälte der RAF-Mitglieder, sämtliche K- und Spontigruppen, die Schriftsteller Böll, Grass und Rinser, die Redakteurinnen der linken Presse, und bei Bedarf selbst Willy Brandt.«[298] Als Kommunistin wird selbstverständlich auch Gisela Elsner diesem Spektrum zugeordnet. Die spezifische Form der Ausgrenzung, die sie hier erlebt, ist die Ignoranz; 1978 äußert sie bezüglich des Umgangs der bürgerlichen Literaturkritik mit kommunistischen Autor:innen, »[f]ür etwas derart Obsoletes wie ihre

297 Tolmein/zum Winkel: *Nix gerafft*, S. 44.
298 Ebd., S. 45.

Feindseligkeit kann sich ein Kritiker, der auf sich hält, beim besten Willen nicht erwärmen.«[299]

1982 lehnt Hanjo Kesting eine Rundfunkfassung von Elsners patriarchatskritischem Aufsatz *Autorinnen im literarischen Ghetto* ab, mit dem Vorwurf, sie würde unzulässig verallgemeinern. So mache sie »für die ›weibliche Ästhetik‹ eben jene Männerherrschaft verantwortlich, gegen die einige Feministinnen mit der Erfindung ihres Begriffs polemisieren wollen, und bei diesem Kampf gegen zwei Fronten kommst Du oft zu pauschalen Urteilen, die ich nicht nachvollziehen kann.«[300] Dabei ist der Begriff Frauenliteratur tatsächlich keineswegs eine feministische Erfindung, sondern eine literarische Kategorie aus dem 19. Jahrhundert mit misogynen Implikationen[301]; zudem widerspricht mindestens der Schlusssatz von *Autorinnen im literarischen Ghetto* Kestings Lesart des Aufsatzes. Hier weist Elsner nämlich darauf hin, dass

> die Tatsache, daß hin und wieder ein weiblicher Autor mit einem Literaturpreis ausgezeichnet wird, in dem von Männern dominierten Kulturbetrieb der Bundesrepublik als Beweis dafür [dient], daß Schriftstellerinnen in diesem Land nicht diskriminiert werden. Viele deutsche Schriftstellerinnen sind diesbezüglich anderer Ansicht. Solange ihre Bücher einer sogenannten Frauenliteratur und nicht der Literatur zugeordnet werden, solange sie nicht nach den üblichen kritischen Normen und ästhetischen Kriterien, sondern im Hinblick

299 Elsner: »Vereinfacher haben es nicht leicht«, S. 37.

300 Brief an Gisela Elsner vom 8. Oktober 1982, in: Briefwechsel Elsner – Kesting, fol. 25.

301 Vgl. etwa Tebben, Karin: »Soziokulturelle Bedingungen weiblicher Schriftkultur im 18. und 19. Jahrhundert«, in: Dies. (Hrsg.): *Beruf: Schriftstellerin. Schreibende Frauen im 18. und 19. Jahrhundert*, Göttingen: Vandenhoeck & Ruprecht 1998, S. 7–9; Blackwell, Jeannine: »Die nervöse Kunst des Frauenromans im 19. Jahrhundert oder Der geistige Tod durch kränkende Handlung«, in: Berger, Renate u. a. (Hrsg.): *Frauen, Weiblichkeit, Schrift. Dokumentation der Tagung in Bielefeld vom Juni 1984*, Berlin: Argument-Verlag 1984, S. 145–158.

> auf das bewertet werden, was von Männern als weiblich betrachtet wird, fühlen sie sich aufgrund ihrer biologischen Merkmale in ein Ghetto gedrängt, wo sie nicht anerkannt, sondern lediglich geduldet werden.[302]

In Kestings Argumentation gegen Elsners Kritik der Frauenliteratur kommt eine Verschiebung der literaturkritischen Maßstäbe im Rundfunk zum Ausdruck, in deren Zuge zum Ende der achtziger Jahre die Kategorien »›Autonomie‹ und ›Emotion‹«[303] an die Stelle der für 1973 erhobenen, marxistisch geprägten »Leitmotive«[304] Parteilichkeit und Realismus getreten sind.[305] Kestings Zurückweisung von Parteilichkeit verbirgt sich in den Vorwürfen des undifferenzierten Pauschalurteils und der politischen Argumentation und kann mit einer Entwicklung in Zusammenhang gebracht werden, die Klaus Viehoff 1990 als Entstehung eines »Elitebewusstseins«[306] charakterisiert und mit der Etablierung der Grünen in Verbindung stellt.[307] Eine Version dieser Integrationsbewegung vieler »68er« beschreibt etwa der ehemals selbst APO-nahe Autor Jörg Fauser 1984 in seinem autobiographischen Roman *Rohstoff*, wenn er den Protagonisten klagen lässt, »[d]ie herrschenden Cliquen hatten die Bälle jetzt endgültig unter sich verteilt – die Rechten das Business, die Linken die Kultur, wer da durch den Rost fiel, blieb für immer unten.«[308] Gisela Elsner spricht 1986 mit ähnlicher Stoßrichtung von einer »Gleichschaltung der Meinung«[309], die sich in der »Einstimmigkeit der Urteile von Fernseh-, Rundfunk- oder Pressekommentaren«[310] manifestiere. Zwar kann

302 Elsner: »Autorinnen im literarischen Ghetto«, S. 58 f.
303 Viehoff: »Literaturkritik 1973 und 1988«, S. 448.
304 Ebd.
305 Ebd.
306 Ebd.
307 Ebd., S. 449.
308 Fauser: *Rohstoff*, S. 139.
309 Elsner: »Antwort auf einen Fragebogen, die Literaturzensur in der Bundesrepublik Deutschland seit 1945 betreffend«, S. 116.

Elsner trotz dieser Entwicklung im Rundfunk – im Gegensatz zum Rowohlt Verlag – bis in die mittleren achtziger Jahre hinein auch politische und dokumentarische Beiträge unterbringen. Hanjo Kesting jedoch lehnt ihre Texte zunehmend ab, begründet mit verschiedenen Varianten der Argumentationsfigur, er finde die »Analysen richtig, doch Deine Methode nicht überzeugend«[311]. An Elsners Text *Die Volkszertreter* kritisiert der NDR-Redakteur, es handele sich bei der Sendung nicht um

> die Sprachanalyse, als die sie firmiert. Es ist eine politische Analyse unter falscher Flagge. [...] Die Methode, mit der Du Dein Manuskript aufgebaut hast, empfinde ich als fragwürdig, zuweilen als unstatthaft. Die Regierungserklärungen werden als Anlaß genommen für Deine politischen Gedanken. Die Analyse wird eigentlich nicht aus den Texten entwickelt. Du nimmst einen so hohen Standpunkt ein, daß alle Unterschiede zwischen den Regierungserklärungen fast verschwinden.[312]

Der Vorwurf der Nivellierung erscheint unpassend angesichts der Tatsache, dass Elsner erklärtermaßen gerade die Ununterscheidbarkeit von CDU und SPD herausarbeiten will und dies, durch Beispiele belegt, ja auch tut. Zudem widerspricht es den historischen Fakten, wenn Kesting schreibt, es sei »viel zu einfach, zu behaupten, die Wiederbewaffnung sei mit ein bißchen administrativer Nachhilfe *gegen* den Willen der Mehrheit durchgesetzt worden«.[313] So betont selbst ein DKP-Gegner und späterer Verfassungsschutzmitarbeiter wie Axel Minrath die mehrheitliche Gegnerschaft der bundesrepublikanischen

310 Ebd.

311 Brief an Gisela Elsner vom 16. Januar 1981, in: Briefwechsel Elsner – Kesting, fol. 21.

312 Brief an Gisela Elsner vom 18. Januar 1980, in: Briefwechsel Elsner – Kesting, fol. 18.

313 Ebd.

Bevölkerung zur Wiederbewaffnung in den 1950er Jahren.[314] Der Widerstand sei auch unter den Lohnabhängigen derart groß gewesen, dass SPD und DGB trotz ihrer Befürwortung der Aufrüstung »dem immer größer werdenden Druck ihrer Basis nachgaben und eine Kampagne gegen die neu zu schaffende deutsche Armee«[315] initiierten. Elsner selbst verweist im Sonntag 1984 auf Einwände gegen *Die Volkszertreter* beim SWR, dessen Redaktion bei der Produktion des Beitrags »darauf hingewiesen [worden sei], sie würden mit der politischen Abteilung des Rundfunks Schwierigkeiten bekommen«[316].

Als Zensur ordnet sie auch den Umgang des Bayerischen Rundfunks mit ihrem Feature *Sterben und sterben lassen. Über Kriegslieder im Dritten Reich* ein. Das Manuskript wird von dem zuständigen Redakteur – bei gleichzeitiger Betonung seiner Einigkeit mit Elsner »im Antifaschismus«[317] – so weitgehend verändert, dass sie dem Sender schließlich die Produktion untersagt. Wiederum gegenüber dem Sonntag erklärt Elsner, im Allgemeinen seien ihre Publikationsmöglichkeiten in Rundfunk und Fernsehen »zunehmend begrenzt«[318]. Ebenso wie in den Verlagen werde dabei das, »[w]as den Maßgebenden ideologisch nicht paßt, [...] in der Weise mundtot gemacht, daß man ästhetische Argumente an den Haaren herbeizieht.«[319]

Ein Bestandteil dieser Entwicklung, der angesichts der faktischen Verengung des politischen Diskurses im Verlauf der siebziger Jahre geradezu paradox anmutet, ist eine ästhetisch legitimierte Wahrheitsskepsis, die sich naturgemäß negativ auswirkt auf die Akzeptanz von Elsners auf Eindeutigkeit abzielenden politischen und literarischen Positionen. So erklärt der Rundfunkredakteur Kesting der Kommunistin Elsner in einem Brief aus dem Jahr 1987, man müsse

314 Vgl. Minrath: *Friedenskampf*, S. 15.
315 Ebd., S. 17.
316 Neumann: »Durch nichts mattsetzen lassen«, S. 11.
317 Ebd.
318 Ebd.
319 Ebd.

> die Antworten auf gesellschaftliche, ökonomische, moralische etc. Fragen für sich selber sehr bestimmt wissen, d. h. ihrer gewiß sein, um mit so viel kritischer Verve wie Du anzutreten. Da mir diese Gewißheit fehlt, bin ich auch von der Folgerichtigkeit Deiner Argumentation nicht überzeugt.[320]

Damit scheint Kesting der statistischen Realität zu entsprechen, der zufolge Rundfunkredakteur:innen, die 1973 mehrheitlich der Kritischen Theorie nahestanden, 1988 zu 72,7 Prozent angaben, »sich nicht mit einer bestimmten Ästhetik zu identifizieren.«[321] Vor diesem Hintergrund distanziert sich Elsner 1989 in einem verzweifelt anmutenden Auftragsgesuch einmal sogar explizit vom Marxismus-Leninismus. Kesting solle überlegen, ob er ihr

> nicht doch noch einen Auftrag zukommen lassen [könne], die Sendung über das ABSURDE THEATER zu schreiben. Ich werde das ABSURDE THEATER keineswegs mit Argumenten des Marxismus-Leninismus verteufeln. Ich werde es von einem möglichst objektiven Gesichtspunkt aus analysieren.[322]

Ob Elsner sich hier den bürgerlichen Objektivitätsbegriff im Sinne einer Selbstzensur selbst auferlegt oder sich hierin die Neujustierung ihrer politischen Haltung nach dem Zusammenbruch des Realsozialismus ausdrückt, bleibt unklar. In jedem Fall widerspricht die Entgegensetzung von Marxismus-Leninismus und Objektivität Elsners konsistentem Festhalten an der Kategorie Wahrheit noch im Juni 1989, wo sie im Kontext des DKP-Konfliktes um »Erneuerung« polemisiert,

320 Brief an Gisela Elsner vom 5. August 1987, in: Briefwechsel Elsner – Kesting, fol. 36.
321 Viehoff: »Literaturkritik 1973 und 1988«, S. 448.
322 Brief an Hanjo Kesting vom 12. Juni 1989, in: Briefwechsel Elsner – Kesting, fol. 42.

> während die Erneuerer ständig damit beschäftigt sind, die für sie nur durch ein subjektives Bewußtsein aufblitzende Wahrheit infrage zu stellen, haben wir Kommunisten alle Hände voll mit der Enthüllung der Wahrheit zu tun, die für uns in der Übereinstimmung der Erkenntnisse mit der objektiven Realität durch die Erkenntnisse relativer Wahrheit besteht.[323]

»Raus aus der Klasse, zurück in die Klasse«[324]. Die »Alternativen«

Im Laufe der 1970er Jahre entstehen in der Bundesrepublik die sogenannten Neuen Sozialen Bewegungen, die »historischen Erben der außerparlamentarischen Opposition«[325]. Sie erwachsen unter anderem aus Bürgerinitiativen, deren Beteiligte eher ein alternatives als ein sozialistisches Selbstverständnis haben; ihre bedeutendsten Stränge bilden die Frauenbewegung und die Friedens- und Ökologiebewegung, die ihre Anliegen ab 1980 durch »Alternative Listen« und die Partei Die Grünen auch parlamentarisch vertreten. Kommunistische Organisationen, darunter die DKP, beteiligen sich zwar sowohl an der Friedens- als auch an der Frauenbewegung, stehen jedoch zu den Neuen Sozialen Bewegungen durch deren Abwendung von Marxismus und Antikapitalismus tendenziell in Konflikt.

Auch Gisela Elsners Distanz zu weiten Teilen der bundesrepublikanischen Linken vergrößert sich mit der Entstehung der Neuen Sozialen Bewegungen noch einmal. Während sie 1977 der DKP beitritt und sich damit offiziell zur Sowjetunion bekennt, entfernen sich immer mehr Linke gerade deshalb

323 Elsner, Gisela: »Zu Erneuerern in der DKP«, in: Dies.: *Flüche einer Verfluchten*, S. 327–334, hier S. 332 f.

324 Die goldenen Zitronen: »Raus aus der Klasse, zurück in die Klasse«, Hamburg: Buback Tonträger GmbH, 2006.

325 Reents, Jürgen: »Als Sozialist bei den Grünen«, in: Kipphardt (Hrsg.): *Vom deutschen Herbst zum bleichen deutschen Winter*, S. 241–249, hier S. 243.

> aus der antimilitaristischen Arbeit […], da für sie eine Parteinahme für die eine oder andere Seite nicht möglich war. Wegen des Streits um die richtige revolutionäre Linie um die Frage der Gewaltanwendung und wegen der umstrittenen Rolle der »Friedensmacht« Sowjetunion wandten sich viele der Öko- und Alternativbewegung zu.[326]

Definierendes Element der Neuen Sozialen Bewegungen ist dem marxistischen Historiker Leo Kofler zufolge ihr Reformismus. Anfang der achtziger Jahre beschreibt er »den eigentliche[n] Unterschied zwischen den Alternativen und der APO der Sechziger Jahre«[327] als Hinwendung zu einem undialektischen bürgerlichen Nihilismus, der den »Drang nach ›Veränderung‹ aktiviert unter der Bedingung der Hinnahme des Bestehenden: es soll nicht mehr radikal überwunden, sondern nur verbessert werden, was darauf hinausläuft, es zu retten.«[328] Für ein richtiges Verständnis dieser Entwicklung muss allerdings berücksichtigt werden, dass sich trotz größerer Präsenz marxistischer Ansätze in der Neuen Linken[329] von vornherein nur etwa »ein Zehntel der APO-Leute gegen eine Institutionalisierung und ›Versozialdemokratisierung‹ ihrer Politik«[330] gewandt und eine revolutionäre Umgestaltung der Gesellschaft angestrebt hatte.

Vor diesem Hintergrund erscheint es wenig überraschend, dass sich neunzig Prozent der ehemals Studentenbewegten im Verlauf der siebziger Jahre wieder der Sozialdemokratie zuwenden.[331] Die Aufgeschlossenheit gegenüber kommunistischen und anarchistischen

326 Minrath: *Friedenskampf*, S. 26.
327 Kofler, Leo: *Zur Kritik der »Alternativen«*, Hamburg: VSA Verlag 1983, S. 48.
328 Ebd.
329 Therborn, Göran: *What does the ruling class do when it rules? State apparatuses and state power under Feudalism, Capitalism and Socialism*, London: New Left Books 1978, S. 16.
330 Kittel, Manfred: *Marsch durch die Institutionen? Politik und Kultur in Frankfurt nach 1968*, München: Oldenbourg 2011, S. 10.
331 Ebd.

Positionen, die in der Studentenbewegung zeitweise bestanden hatte, minimiert sich mit dem Ende des Vietnam-Kriegs und der Konsolidierung der sozialliberalen Koalition. Dabei beruht die politische Neuorientierung der siebziger und achtziger Jahre nicht nur auf analytischen Fehlern der Linken, sondern muss auch als Reaktion auf staatliche Repression gedacht werden, angesichts derer sich für viele Aktivist:innen die Existenzfrage stellt.[332] Viele linkspolitisierte Menschen, die Institutionen wie Schule und Universität als politisches Betätigungsfeld nutzen wollen oder jenseits ihres Berufs noch politisch aktiv sind, erhalten seit den frühen 1970er Jahren Berufsverbote oder werden damit bedroht. Nicht zu unterschätzen ist zudem die Perspektivierung des westdeutschen Mehrheitsblicks auf die außerparlamentarische Linke durch den Kampfbegriff Linksfaschismus, der ab den späten sechziger Jahren »eine erstaunliche Bündniskraft«[333] erweist und mit dem die SPD »die links von ihr treibenden Kräfte [...] abstempelt.«[334]

Ein Kristallisationspunkt in der Auseinandersetzung zwischen außerparlamentarischer Linker und bundesrepublikanischem Staat ist das Jahr 1977. Unter dem Eindruck der Entführung und Ermordung des BDI-Präsidenten Hanns Martin Schleyer, den Toden der RAF-Gefangenen in Stammheim sowie der gewaltsamen Niederschlagung der militanten Anti-Atom-Proteste orientieren sich

> [w]eite Teile der bundesdeutschen Linken [...] Ende der siebziger Jahre neu: Auf dem Tunix-Kongreß wird die »Politik in der ersten Person«, die radikale Absage an organisiertes linkes Engagement, zum Programm erhoben. Nur scheinbar im Widerspruch dazu werden allerorten grüne, bunte und alternative Listen gegründet.[335]

332 Vgl. etwa Tolmein/zum Winkel: *Nix gerafft*, S. 43.
333 Haug: *Vom hilflosen Antifaschismus zur Gnade der späten Geburt*, S. 153.
334 Ebd.
335 Tolmein, Oliver: *Stammheim vergessen. Deutschlands Aufbruch und die RAF*, Hamburg: Konkret Literatur Verl. 1992, S. 80.

Das Politische wird nun endgültig nicht mehr in der Produktionssphäre verortet, sondern im »unmittelbar Erfahrenen: am eigenen Leibe oder der eigenen Seele«[336] und die gesellschaftlichen Kämpfe richten sich auf einzelne »Konzepte wie Umweltschutz, Kindererziehung, Feminismus, Homosexuellenrechte, freie Liebe oder Legalisierung der Abtreibung«.[337] Viele Aktivist:innen vollziehen eine explizite Abwendung von Militanz, womit große Teile der bundesrepublikanischen Linken das einzige politische Mittel aufgeben, das aufgrund seiner Infragestellung des staatlichen Gewaltmonopols nicht für staatliche Zwecke integrierbar ist.

Zumal die Kämpfe um Ökologie sind wieder stärker von einem Pazifismus geprägt, den Gisela Elsner am Beispiel der Grünen-Bundestagsabgeordneten Petra Kelly folgendermaßen kritisiert:

> Dadurch, daß sie das Übel, statt es beim Namen zu nennen, wie einen Maulesel mit Symbolik befrachtet, sucht Petra Kelly zugleich den symbolischen Charakter vieler ihrer Aktionen zu rechtfertigen. Gleichgültig, ob sie in Bonn eine Papprakete verbrennt, um die Stationierung von »Pershing 2«-Raketen zu verhindern, oder ob sie vor dem Weißen Haus in Washington achtzig Tauben gen Himmel fliegen läßt, stets scheint sie weit davon entfernt zu sein, sich der notorischen Hilflosigkeit solcher Aktionen bewußt zu werden.[338]

Petra Kellys Vorgehen ist ebenfalls richtig beschrieben mit Paul Matticks Diagnose eines »absolute[n] Utopismus, der der Lösung gesellschaftlicher Probleme mit kapitalistischen Mitteln anhaftet.«[339]

336 Hermand: »Fortschritt im Rückschritt«, S. 309.
337 Ebd.
338 Elsner, Gisela: »Mit Schöpfkellen gegen Flutkatastrophen. Über Monika Sperrs Biographie: ›Petra Karin Kelly – Politikerin aus Betroffenheit‹«, in: Dies.: *Flüche einer Verfluchten*, S. 117–124, hier S. 120.
339 Mattick, Paul: *Kritik an Herbert Marcuse. Der eindimensionale Mensch in der Klassengesellschaft*, Frankfurt a. M.: Europäische Verlags-Anstalt 1969, S. 67.

Äußerungen wie die von Robert Jungk beim 2. Berliner Schriftstellertreffen 1981 wiederum belegen die Treffsicherheit und Notwendigkeit von Elsners Patriarchats- und Sexismuskritik. Jungk zufolge zeichnen sich die Frauen in der Friedensbewegung angeblich dadurch aus, dass sie

> sich unaggressiv, aber standhaft gegen die militärische Bedrohung einzusetzen [...]. Ich denke auch an die spezifisch weibliche Begabung, zu helfen, zu vermitteln und zu vereinen [...]. Wohl noch nie haben Frauen in einem geschichtlichen Vorgang eine so große Rolle gespielt wie in dem verzweifelten Versuch, die von männlichem Aggressions- und Eroberungstrieb an den Rand des Abgrunds geführte Menschheit vor dem Untergang zu bewahren.[340]

Hier zeigt sich die Brauchbarkeit des Differenzfeminismus für einen entpolitisierend-naturalisierenden Blick auf gesellschaftliche Verhältnisse, in dessen Herstellung die beiden Hauptstränge der Neuen Sozialen Bewegungen, die Friedens- und die Frauenbewegung, durchaus zusammenwirken. Der Einzug der Partei Die Grünen in die Parlamente im Verlauf der 1980er Jahre eröffnet ehemaligen Neuen Linken eine Perspektive als Berufspolitiker:innen, in der sich die von der APO infrage gestellte Trennung von Öffentlichkeit und Privatsphäre wieder konsolidiert. Ihr Politikentwurf fördert »[s]tatt des ›Prinzips politischer Öffentlichkeit‹, das den ›Abschied vom normalen Leben‹ voraussetzt, [...] eine[] ›Politik des Privaten‹.«[341] Für kommunistische Akteur:innen wie Gisela Elsner, die als Schriftstellerin politisch wirken will, und zwar erklärtermaßen nicht auf die Gestaltung des Privatbereichs, sondern auf die Produktionsverhältnisse, bedeutet

340 Berliner Begegnung zur Friedensförderung: *Protokolle des Schriftstellertreffens am 13./14. Dezember 1981; der vollständige Text aller Beiträge aus Ost und West*, Darmstadt [u. a.]: Luchterhand 1982, S. 14.

341 Kempe, Anja: »Der Kleinbürger in der Literatur«, in: *RIAS Berlin*, Kulturelles Wort Literatur, März 1989.

diese faktisch antikommunistische Entwicklung eine grundsätzliche Verschlechterung ihrer Handlungsfähigkeit.

In der Sphäre der Wissenschaft stellt sich dieser Trend dar als »Angriff auf solche Argumentationsstrukturen, die mit Beschreibungsmerkmalen wie rational, diskursiv, systematisch, begrifflich zu identifizieren sind«[342]. Auf besondere Ablehnung stoßen im wissenschaftlichen Paradigmenwechsel ausgerechnet die von der Neuen Linken ehemals favorisierten Sozialwissenschaften, während die Literatur- und Geschichtswissenschaften zunehmend auf das Autobiographische und das »Lokal-Konkrete«[343] fokussieren. Elsner beschreibt diese Entwicklungen als »Gefecht gegen die Vernunft und die Wissenschaft«[344], das sich »auf die Macht des Irrationalismus, des Aberglaubens und des Obskurantismus«[345] stütze. Auch »sinnliche Eindrücke, Gefühle, Ängste, Glauben, Stimmungen«[346], die im Verlauf der Siebziger unter dem Etikett der Authentizität ins Zentrum linker Politik rücken und »im Denken ungebündelt und unmittelbar präsent«[347] sein sollen, lehnt Elsner sowohl in ihrer politischen Arbeit als auch literaturprogrammatisch ab.

Der marxistische Historiker Georg Fülberth führt die politischen, theoretischen und weltanschaulichen Veränderungen unter dem Begriff der »Individualisierung von Problemwahrnehmungen«[348] auch auf die Veränderung der bundesrepublikanischen Klassenstruktur zurück. Im Zuge der wirtschaftlichen Krisen verschlechtert sich die Nachkriegsposition der bundesdeutschen Arbeiterschaft und es tritt

342 Meier, Ulrich: »Soziologische Bemerkungen zur Institution Kunst«, in: Bürger, Peter (Hrsg.): *Zum Funktionswandel der Literatur*, Frankfurt a. M.: Suhrkamp Verlag 1983, S. 33–60, hier S. 34.

343 Haug: *Vom hilflosen Antifaschismus zur Gnade der späten Geburt*, S. 164.

344 Elsner, Gisela: »Die Dämonisierung des technischen Fortschritts ... oder die Rückständigkeit der Progressiven«, in: Dies.: *Flüche einer Verfluchten*, S. 125–134, hier S. 128.

345 Ebd.

346 Meier: »Soziologische Bemerkungen zur Institution Kunst«, S. 34.

347 Ebd.

348 Ebd., S. 145 f.

> [i]n dem Maße, in dem der Klassenkonflikt nunmehr zumindest »von unten« her nur noch in eingeschränktem Maße ein Bewegungselement zu sein schien, [...] der »übergeordnete« Gesichtspunkt globaler Gefahren deutlicher hervor. [...] Zugleich wurde die Interessenvertretung von Gruppen und Schichten, die sich nicht durch ihre Stellung im Produktionsprozeß allein definieren ließen, relevanter.[349]

Eine Verbindung zwischen der parlamentarischen Repräsentation einer solchen Gruppe und der sozio-ökonomischen Modernisierung unter Beteiligung ehemaliger »68er« stellt auch Jörg Fauser her. Er lässt den *Rohstoff*-Protagonisten den »jungen, flinken Geschäftemacher«[350] Paulus beschreiben, den jener »früher als skeptischen Naturwissenschaftler schätzen gelernt hatte. ›Wenn die Politiker unfähig sind, auf unsere Bedürfnisse einzugehen, dann müssen wir eben selbst Politiker werden. Die Provos haben sich in Amsterdam auch in den Stadtrat wählen lassen.‹«[351]

In Übereinstimmung mit ihrer DKP-Parteizugehörigkeit kritisiert Gisela Elsner an den »Alternativen« allerdings nicht die Entscheidung für den Parlamentarismus, sondern ihre »Kommunismusphobie«[352], konkretisiert als fehlender Bezug auf »Lenin[], Ho Tschi Minh[] oder Fidel Castro«[353]. Sie wirft den Aktivist:innen der Neuen Sozialen Bewegungen politische Heimatlosigkeit und Organisationsfeindlichkeit vor, womit sie möglicherweise auf die Ablehnung der DKP anspielt. »[G]roße Teile der außerparlamentarischen Bewegungen hierzulande, inbegriffen die Grünen«[354], seien geprägt vom Anarchismus und dessen

349 Fülberth: *KPD und DKP 1945–1990*, S. 145 f.
350 Fauser: *Rohstoff*, S. 106.
351 Ebd.
352 Elsner: »Von einem, der auszog, eine Revolution ohne Volk anzuzetteln«, S. 169.
353 Ebd.
354 Brief an Chris Hirte vom 17. April 1986, in: Briefwechsel Elsner – Hirte, fol. 1.

> gedankliche[n] Schwachstellen [...]. Herrschaftsverzicht, Ablehnung des Kampfes innerhalb der parlamentarischen Möglichkeiten, Gewaltverzicht, Wirken durch Beispiel, Basisdemokratie, Verneinung des demokratischen Zentralismus, wie demokratisch er auch immer sein mag, und die Utopie einer Nation oder einer Welt, die aus »autonomen« Schrebergärten besteht.[355]

Neben einem klaren Eintreten für Staat und Herrschaft bewegt sich Elsner mit dieser Charakterisierung der »Alternativen« in der Nähe von Koflers Zuschreibung einer »aktivistische[n] Ekstase«[356], die »in die politische Mystik«[357] führe. Allerdings argumentiert sie dabei implizit von ihrer marxistisch-leninistischen Position aus, die Kofler wiederum als »theoretische[n] und politische[n] Dogmatismus«[358] charakterisiert. Gegenüber Chris Hirte beschwert sich Elsner 1986 über

> die außerparlamentarisch revoluzzernden, auf die schiefe Bahn geratenen Kleinbürgersöhne, Bürgersöhne, Künstler und Intellektuellen sowie die heimatlosen Linken, die bislang nur in einer minimalen Weise Kontakt zu Gewerkschaftsbewegung und Arbeiterklasse erreichen konnten und deshalb, einschließlich der kleinbürgerlich pazifistischen Friedensbewegung, zur Erfolglosigkeit determiniert sind.[359]

Auffällig ist hier Elsners Unterschlagung der Tatsache, dass die Neuen Sozialen Bewegungen in der Mitte der 1980er Jahre durchaus nicht mehr nur aus »außerparlamentarischen Revoluzzern« bestehen, sondern seit der Gründung der Grünen in den Parlamenten vertreten

355 Ebd.
356 Kofler: *Zur Kritik der »Alternativen«*, S. 23.
357 Ebd.
358 Ebd.
359 Brief an Chris Hirte vom 17. April 1986, in: Briefwechsel Elsner – Hirte, fol. 1.

sind. Trotz dieses parlamentarischen und gesellschaftlichen Erfolgs gerade der Ökologie- und Friedensbewegung legt Elsner ihrem Urteil einen eigenen Erfolgsmaßstab zugrunde: die Vergesellschaftung der Produktionsmittel.

»[N]ur noch Ich-Forschung«[360]. Gisela Elsner und die Neue Innerlichkeit

Die teils explizite, teils implizite Zurückweisung des Marxismus in den Neuen Sozialen Bewegungen wirkt sich auch auf die Literatur und die Literaturkonzeptionen aus, die mit diesen linken Strömungen im Laufe der 1970er Jahre in Verbindung stehen. Die Veränderungen, die sich hier hinsichtlich des Verhältnisses von Literatur und Politik vollziehen, bringt der Literaturwissenschaftler Dietmar-Ingo Michels 1981 in einer Frage auf den Punkt:

> Wie kommt es zu der Spannweite, die die ehemaligen Mitglieder des Westberliner Autorenkollektivs, das die Auffassung vertrat, daß nur parteiliche Kunst realistisch sei – wobei impliziert war, Kunst für die »Partei«, von der sie sich repräsentiert fühlten –, zu Redakteuren der Zeitschrift Spuren sich entwickeln ließ, die sich nicht mehr als Künstler von Parteien vereinnahmen lassen wollen?[361]

Marxist:innen charakterisieren diese Verschiebung als Abwendung von den »politischen, gesellschaftlichen und ökonomischen Großprobleme[n]«[362], in deren Folge das Politische verortet wird im »un-

360 Deiritz: »Warum wird so eine Kommunist?«
361 Michels, Dietmar-Ingo: *Parteilichkeit und Realismus. Untersuchungen zu neueren Konzepten bürgerlicher und proletarischer Kultur*, Frankfurt a. M. [u. a.]: Lang 1981, S. 17.
362 Hermand: »Fortschritt im Rückschritt«, S. 301.

mittelbar Erfahrenen: am eigenen Leibe oder der eigenen Seele«[363]. Gisela Elsner erklärt 1979 im Interview mit den roten blättern,

> [d]ie alte Innerlichkeit oder die neue, die sich kaum unterscheidet, zeichnen sich dadurch aus, daß eben diese [gesellschaftlichen] Zusammenhänge nicht für darstellbar gehalten werden. Da ist ein Mensch, der die Welt nicht versteht und selbst nicht ins Reine kommt und eigentlich nur noch Ich-Forschung betreibt [...]. Alle Qualen, die er erleidet, fügt er am Schluß sich selber zu, er ist das Opfer, und er ist der Henker. Das ist ein gesellschaftlicher Prozeß, den er nicht erkannt hat und den er dann in die eigene Person verlegt.[364]

Auf die Literaturprogrammatik der späten siebziger und achtziger Jahre schlägt sich dieser Rückzug ins Private nieder als »deutliche[r] Hang zu einfachen, unmittelbaren Gefühlen und Instinkten«[365], der sich im Roman »in einem ebenfalls politisch gemeinten, aber zugleich stark autobiographisch orientierten Erzähltyp bemerkbar«[366] macht. So beschreibt es Jost Hermand, der ebenso wie Elsner die sogenannte Neue Innerlichkeit nicht als genuin neues Phänomen begreift, sondern als konsequente Fortführung eines »ungehemmten Subjektivismus«[367] in der Literatur der antiautoritären Neuen Linken.

Gisela Elsner hingegen weist im Rahmen ihres Festhaltens am Wahrheitsbegriff konsistent die menschliche Psyche als literarischen Gegenstand zurück. So bedeute die Tatsache, dass sie für die literarische Darstellung des »herrschende[n] Gesellschaftssystem[s]«[368] auf »Verkörperungen oder Personifizierungen«[369] angewiesen sei, keines-

363 Ebd.
364 Deiritz: »Warum wird so eine Kommunist?«, S. 50.
365 Hermand: »Fortschritt im Rückschritt«, S. 309.
366 Ebd.
367 Ebd., S. 303.
368 Elsner: »Über Mittel und Bedingungen schriftstellerischer Arbeit«, S. 15.
369 Ebd.

falls, »daß der Autor [sic!] nunmehr aus seinen Privataffären Staatsaffären«[370] mache. Dieser Literaturprogrammatik stehen auch ihre explizit autobiographischen Texte *Die Zerreißprobe* und *Abseits* nicht entgegen, da deren erklärter Zweck nicht die Erkundung innerer Vorgänge ist, sondern die Kritik der bürgerlichen Gesellschaft mit dem Ziel ihrer Abschaffung. Die Entgegensetzung von Subjektivismus und Wahrheit, die Elsner vornimmt, entspricht der Definition der Analyse kapitalistischer Vergesellschaftung als »task which cannot be accomplished if the psyche, will and interests of the subjects of power are taken as the starting-point.«[371] Noch 1989 schreibt Elsner in der UZ,

> die junge Schriftstellergeneration, die offiziell gefördert wird, geht von einem Neo-Kantianismus aus, der absolut lachhaft ist. [...] Mich interessieren die Bewußtseinsveränderungen und das Innenleben eines Autors nicht. [...] Man springt von Punkt zu Punkt, ohne ein Bewertungssystem anzuwenden. Es wird blindwütig vor sich hin assoziiert. Damit kann man die Wirklichkeit nicht widerspiegeln.[372]

Ein solcher Standpunkt steht spätestens in den 1980er Jahren im Widerspruch zu einer immer stärker identitätspolitisch orientierten Linken.

370 Ebd.
371 Therborn: *What does the ruling class do when it rules?*, S. 134.
372 Elsner: »Bandwürmer im Leib des Literaturbetriebs«, S. 251 f.

Ghetto oder Gegenkultur? Die Frauenbewegung im Literaturbetrieb

Die marxistische Feministin Simone de Beauvoir schrieb bereits 1949 im Vorwort zu *Das andere Geschlecht. Sitte und Sexus der Frau*, für die neue Frauengeneration sei

> alles in allem [...] die Partie schon gewonnen; bei den letzten Diskussionen über die Rechtslage der Frau hat die UNO unaufhörlich kategorisch erklärt, daß die Gleichheit der Geschlechter auf dem Weg der Erfüllung sei, und viele unter uns haben ihre Eigenschaft als Frau bereits nicht mehr als Hemmung oder Behinderung empfunden.[373]

Drei Jahre nach dem Sieg der Alliierten über den Nationalsozialismus ist de Beauvoirs Blick von einem Optimismus geprägt, der sich zwei Jahrzehnte später angesichts der Entstehung der zweiten Frauenbewegung als mindestens uneingelöst erweist. Ihre Einschätzung allerdings, es sei »auffallend, daß Frauenliteratur in ihrer Gesamtheit viel weniger von einem Willen zur Durchsetzung von Ansprüchen beseelt ist als vom Willen nach Klarheit«[374], trifft eine Realität der »68er«-geprägten Frauenbewegung.

Diese unterhält unter den Teilströmungen der Neuen Sozialen Bewegungen überhaupt das wohl engste Verhältnis zu Literatur und Literaturbetrieb. Außerdem sind die feministischen Kämpfe der späten siebziger und achtziger Jahre, wie viele andere im Zuge von »68« politisierte Lebens- und Arbeitsbereiche, stark durch das Phänomen der Selbstorganisierung geprägt. In dieser Phase entsteht eine Vielzahl von feministischen Verlagen und Buchläden, denen es

373 De Beauvoir, Simone: *Das andere Geschlecht. Sitte und Sexus der Frau*, Reinbek bei Hamburg: Rowohlt Taschenbuch Verlag 1979, S. 20.
374 Ebd.

darum geht, »den jeweiligen Verlag kollektiv und demokratisch zu führen, alle Mitarbeiterinnen gleichberechtigt an Entscheidungsprozessen teilhaben zu lassen«[375] und das finanzielle Risiko zu teilen. Erklärtes Ziel ist hier aber nicht mehr die Umwälzung der Eigentumsverhältnisse, sondern die Errichtung einer »weiblichen Gegenkultur durch alternative Projekte (Frauenverlage, -vertriebe, -buchläden, -kneipen, Kulturzirkel für schreibende, filmende, malende Frauen usw.)«[376].

Dass Selbstorganisierung keine genuin kommunistische Praxis ist, mag Einfluss genommen haben auf Gisela Elsners Distanz zu den feministischen Projekten im Literaturbetrieb. Sie beteiligt sich – soweit bekannt – an Frauenprojekten ebenso wenig wie an autor:innen- und lektor:innengeführten Verlagen und verharrt damit im klassisch prekären Verhältnis zu ihrem – männergeführten – Verlag Rowohlt, während viele frauenbewegte »68erinnen« im Laufe der 1970er Jahre durchaus zu Akteur:innen im Literaturbetrieb werden. Diese Abhängigkeit scheint für Elsner offenbar weniger schwer zu wiegen als ihre Ablehnung identitärer »radikalfeministische[r]«[377] Praxen und deren literarische und literaturprogrammatische Ausformungen.

Elsners Kritik der NEUEN FRAU erscheint 1984 unter dem Titel *Der Ruf der großen Mutter. Über die hiesige Frauenbewegung* im Stern. Sie schließt inhaltlich an Simone de Beauvoirs Urteil an, die Mentalität der Frau setze »jene bäuerlichen Kulturen fort, in denen die magischen Tugenden der Erde verehrt werden. Sie glaubt an die Magie.«[378] Während das ein Mitwirken der Frauen an ihrer Unterdrückung nahelegt, bleibt unerwähnt, dass diese auch einer Diskriminierung ausgesetzt sind, die nur sie trifft und ihnen insofern gemeinsam ist. Auch wenn sich aus solchen geteilten Erfahrungen nicht

375 Doormann (Hrsg.): *Keiner schiebt uns weg*, S. 62.
376 Ebd.
377 Ebd., S. 39.
378 De Beauvoir: *Das andere Geschlecht*, S. 568.

zwangsläufig eine Solidarisierung ergibt, lässt sich auf dieser Basis in Hinblick auf die Literatur die Frage nach einer feministischen Parteilichkeit stellen. Ulla Hahn sieht sie verwirklicht, wenn »die kapitalistischen Unterdrückungsmechanismen, die die Frau durch kapitalistische und patriarchalische Herrschaftsausübung erfährt, [...] nicht länger als Haupt- und Nebenwiderspruch aufgefaßt [...], sondern dialektisch aufeinander bezogen«[379] werden. Gisela Elsner macht die patriarchalen Unterdrückungsmechanismen in ihrem literarischen Werk sehr wohl zum Thema, betont aber in ihren vielfältigen Zurückweisungen der Identität Frau im Allgemeinen und weiblicher Schreibweisen im Besonderen weniger die Gemeinsamkeit der Diskriminierungserfahrung als den unterschiedlichen Umgang weiblich sozialisierter Personen mit dem Patriarchat.

Zur Kategorie Frauenliteratur stellt sich Elsner bereits in den Anfängen ihrer schriftstellerischen Laufbahn in Opposition: Im April 1969 schreibt sie an den Rowohlt-Cheflektor Fritz Raddatz, sie sei, »wenn man sie mit Frauenliteratur in Verbindung brächte, sehr empfindlich«[380]. Wie aus dem Brief hervorgeht, war Elsner »aufgebraust«[381], weil Rowohlt einen ihrer Texte als Frauenliteratur veröffentlichen wollte und bittet Raddatz nun darum, »in dieser Angelegenheit vermittelnd [einzugreifen]«[382]. Das Schicksal des ungenannten Manuskripts bleibt unklar, definitiv deuten sich hier aber bereits die negativen Auswirkungen von Elsners dezidierter Ablehnung des »Genres« auf ihre Publikationsmöglichkeiten und damit ihre politische Handlungsfähigkeit an. Dieser Nachteil vergrößert sich mit der steigenden gesellschaftlichen Relevanz der sogenannten Frauenliteratur für die BRD-Verlage seit den mittleren siebziger Jahren wohl noch: Federführend in der finanziellen Verwertung der Frauen-

379 Hahn, Ulla: »Gibt es eine Frauenliteratur?«, in: Doormann (Hrsg.): *Keiner schiebt uns weg*, S. 252–258, hier S. 258.
380 Brief an Fritz Raddatz vom 6. April 1969, in: Verlagsarchiv Rowohlt, fol. 9.
381 Ebd.
382 Ebd.

literatur über ihre Etablierung als »neue[s] Marktsegment«[383] ist ausgerechnet der Rowohlt Verlag mit der Taschenbuchreihe *neue frau* im Jahr 1977. Die linke Literaturwissenschaftlerin und Autorin Ulla Hahn schreibt, die Reihe tanze einerseits

> im Reigen um die Neue Sinnlichkeit kaum aus der Reihe. »... erzählende Texte aus den Literaturen aller Länder« sollen vorgelegt werden, »deren Thema die konkrete sinnliche Erfahrung von Frauen und ihrer Suche nach einem selbstbestimmten Leben ist«, heißt es im Vorspann. Während sich die ersten Bände diesem engen Konzept einpassen, gehen jedoch sowohl Sarah Kirschs noch in der DDR geschriebenen Reportagen »Die Pantherfrau« als auch die Autobiographie der Völkerkundlerin Margaret Mead über Beschränkung auf »sinnlich und emotionale Erfahrungen« hinaus.[384]

Damit bestätigt Hahn Elsners These, dass *jegliche* von Frauen verfasste Literatur unter die Kategorie Frauenliteratur subsumiert werden kann – was die »Ghettoisierung« von weiblichen Autorinnen im Allgemeinen vorantreibt, anstatt die bürgerlichen Geschlechterrollen anzugreifen.

»Glänzende Debütantinnen«: Gisela Elsner und Ingeborg Bachmann

Als Beispiel für die Wendung zur Innerlichkeit bei den »68erinnen« soll im Folgenden der Bezug der Literaturwissenschaftlerin Sigrid Weigel auf die Schriftstellerin Ingeborg Bachmann betrachtet werden – einer Autorin, die anders als Gisela Elsner wirklich keinerlei Berührungspunkte mit der Neuen Linken oder den Neuen Sozialen Bewe-

383 Schneider, Ute: »Amazonen im Aufbruch – der Frauenbuchmarkt der 1970er Jahre als neues Marktsegment«, in: Schulz, Marion / Jirku, Brigitte (Hrsg.): *Fiktionen und Realitäten. Schriftstellerinnen im deutschsprachigen Literaturbetrieb*, Frankfurt a. M.: Peter Lang 2013, S. 55–73, hier S. 55.

384 Hahn: »Gibt es eine Frauenliteratur?«, S. 257.

gungen hat, sondern über die 1970er Jahre hinaus im staatstragenden (Folge-)Kontext der Gruppe 47 verbleibt. Die erklärte Feministin Weigel[385] bestimmt die literarische Entwicklung der 1980er Jahre positiv als »Ent-Täuschung und Destruktion der jenem Aufklärungsmythos verhafteten Literatur«[386] der sechziger und siebziger Jahre. Bachmanns Literatur dient Weigel als Gegenentwurf »nach der Enttäuschung über die bemühten Vorhaben einer politischen Operationalisierung und Parteilichkeit der Literatur und nach einer Übersättigung des ›Erfahrungshungers‹ sogenannter authentischer Texte«[387]. In Affirmation einer nonkonformistischen Haltung schreiben Weigel und ihr Kollege Klaus Briegleb der Autorin Bachmann zu, sie habe sich »stets gegen Gesinnungen, Ansichten und Meinungen in der Literatur verwahrt«[388]. Ihr fortschritts- und geschichtskritisches Projekt sei in den 1970er Jahren zugunsten von literarischen Formen »an den Rand gedrängt worden«[389], denen Verarbeitung von Vergangenheit bloßes »Ritual, nicht aber [Versöhnung]«[390] sei. Im positiven Bezug Weigels und Brieglebs auf die reaktionäre Figur der Versöhnung – die nicht zufällig auch im Zentrum des deutschen Holocaustgedenkens steht – offenbaren die beiden Autor:innen eine eigene politische Agenda, die durchaus Teil der integrativ-modernisierenden Entwicklung der Neuen Sozialen Bewegungen ist. Der tatsächliche politische Gehalt von Bachmanns Texten, der diesen wie jeder literarischen Äußerung innewohnt, bliebe mithin zu untersuchen.[391] Elsners Literatur

385 Vgl. Stephan, Inge / Weigel, Sigrid: *Die verborgene Frau. Sechs Beiträge zu einer feministischen Literaturwissenschaft*, Berlin: Argument Verlag 1983.

386 Weigel/Briegleb (Hrsg.): *Gegenwartsliteratur seit 1968*, S. 11.

387 Ebd.

388 Ebd., S. 13.

389 Ebd.

390 Ebd.

391 Vgl. etwa Solibakke, Karl Ivan / von Tippelskirch, Karina (Hrsg.): *Die Waffen nieder! Ingeborg Bachmanns Schreiben gegen den Krieg*, Würzburg: Königshausen & Neumann 2012; Lennox, Sara: *Cemetery of the murdered daughters. Feminism, history, and Ingeborg Bachmann*, Amherst, Mass.: University of Massachusetts Press 2006.

jedenfalls fällt aus dem von Weigel/Briegleb zugrunde gelegten, nur vorgeblich politisch neutralen Literaturbegriff schon aufgrund des erklärten Aufklärungs- und Agitationsanspruchs heraus.

Ingeborg Bachmann jedenfalls tritt zeitlebens tatsächlich kaum als politische Akteurin auf und entspricht damit »den ungeschriebenen Gesetzen, die es schreibenden Frauen durchgängig nahelegen, im Hinblick auf Politik und Gesellschaftskritik Abstinenz zu üben«[392], wie es Elsner 1983 in ihrem Aufsatz *Autorinnen im literarischen Ghetto* formuliert. Über die patriarchalischen Implikationen der literaturkritischen Rezeption ihrer möglicherweise bekanntesten deutschsprachigen Kollegin schreibt sie,

> ein Kritiker, der die Gedichte von Ingeborg Bachmann positiv beurteilt, aber ihren Erzählungen und Romanen Geschwätzigkeit und Unklarheit anlastet, [führt] dies auf die Weiblichkeit der Autorin zurück und leistet damit dem unter bundesdeutschen Kritikern verbreiteten Vorurteil Vorschub, daß eine den Frauen seit altersher zugeschriebene Gefühlsbetontheit weibliche Verfasser zwar einerseits zu einer lyrischen Ausdruckskraft befähige, sie aber andererseits daran hindere, größere Zusammenhänge zu erfassen und darzustellen.[393]

Elsners eigenes Urteil über Bachmanns Literatur bleibt uncharakteristisch unklar, im Vordergrund steht für sie hier eindeutig die Patriarchatskritik. Dies ist ein weiterer Hinweis darauf, dass Elsners Zurückweisung inneren Erlebens als Ausgangspunkt für literarische und politische Auseinandersetzung mit Gesellschaft nicht unabhängig von der hierarchischen Verfasstheit der westdeutschen Literaturkritik betrachtet werden kann. Entsprechend wird etwa in *Autorinnen im literarischen Ghetto* trotz Vermeidung der Ich-Form doch auch Elsners

392 Elsner: »Autorinnen im literarischen Ghetto«, S. 57.
393 Ebd., S. 50.

eigene Betroffenheit von diesen Diskriminierungsstrukturen deutlich, zum Beispiel wenn sie die Funktion benennt, die Sexismus in der Abwertung von Autorinnen spielt. In der literaturkritischen Männerriege zöge man sich »dadurch aus der Affäre, daß man, wie es schon des öfteren in der Bundesrepublik geschehen ist, eine derartige Schriftstellerin als ›femme fatale‹, als ›Bestie‹ oder als eine ›Amazone mit dem bösen Blick‹«[394] bezeichne. Auf diese Weise stünde nicht das Werk einer Autorin »vorrangig zur Debatte, sondern ihre Person«[395] – eine Erfahrung, die Gisela Elsner vom Moment ihres Eintritts in die bundesrepublikanische Öffentlichkeit in den frühen sechziger Jahren hat machen müssen.

Dass der Sexismus noch im Jahr 2012 im deutschen Literaturbetrieb vorzufinden ist, belegt etwa die Darstellung Gisela Elsners in dem Buch *Die Gruppe 47. Als die deutsche Literatur Geschichte schrieb.* Hier begründet der Verfasser Helmut Böttiger seine unbelegte These, »der frühe Ruhm der Gisela Elsner«[396] sei schnell »verpufft[]«[397], unter anderem mit »ihrem Auftreten als Femme fatale und [...] den Werbefeldzügen des Rowohlt-Verlags, die mit ihren weiblichen Reizen genauso operierten wie Jahrzehnte später mit den raffiniert inszenierten Posen Elfriede Jelineks«[398]. Zu Elsners politischer Positionierung als Kommunistin hat Böttiger lediglich zu sagen, die DKP sei unvereinbar mit »dem, was Gisela Elsner eigentlich ausstrahlte: [...] dem Bild des irrlichternden Paradiesvogels, der schwarzhaarigen Schönheit, die den Männern reihenweise den Kopf verdrehte und skurrile, satirisch überspitzte, wortwitzige Texte schrieb.«[399] Ob Gisela Elsners »Ruhm« wirklich bereits in den mittleren 1960er Jahren »verpufft« ist, sei hier einmal dahingestellt; angesichts der

394 Ebd., S. 44.
395 Ebd.
396 Böttiger: *Die Gruppe 47*, S. 262.
397 Ebd.
398 Ebd.
399 Ebd.

Einschätzung von Hanjo Kesting, es sei »kein Debüt einer jungen Autorin in (West)deutschland so glänzend gewesen wie das von Gisela Elsner – man kann es nur mit dem von Ingeborg Bachmann aus Klagenfurt vergleichen«[400] stellt sich jedenfalls die Frage, was für eine Bedeutsamkeit Elsners politische Positionierung für die so unterschiedlichen Rezeptionsgeschichten hat, die auf die Debüts der beiden Frauen folgen.

Der Frauenbewegung der sechziger und früheren siebziger Jahre gilt »Bachmanns Weiblichkeitsbegriff zunächst als wenig progressiv: zu sehr dem Klischee vom weiblichen Masochismus und hilflosen Opfer verpflichtet, zu wenig auf gesellschaftliche Zwänge aufmerksam machend.«[401] In den 1980er Jahren hingegen avanciert Ingeborg Bachmanns Roman *Malina* (1971) »zum feministischen Kultbuch«[402]; hier bliebe zu fragen: trotz oder wegen der unpolitischen Haltung der Autorin? Immerhin gilt die bei Bachmanns expliziter Ablehnung weiblicher Emanzipation, der Gisela Elsners scharfe Kritik des Differenzfeminismus, der in den achtziger Jahren dominanten Strömung innerhalb der Frauenbewegung, gegenübersteht. Dem von Elsner kritisierten Paradigma der Frauenliteratur, über das noch 1996 geschrieben wird, es sei »durch eine angestrebte Authentizität und Sensibilität charakterisiert«[403] und die Autorinnen schrieben »privater, ohne den Anspruch, die Welt zu analysieren«[404], entspricht Ingeborg Bachmanns Literatur allemal.

400 Kesting, Hanjo: »Am Ende die nackte Verzweiflung. Gisela Elsner (2. Mai 1937–13. Mai 1992)«, *NDR 3, Texte und Zeichen-Journal*, Mai 1992.

401 »Bachmann Handbuch (Monika Albrecht/Dirk Göttsche) – Leseprobe«, in: *Ingeborg Bachmann Forum*, ohne Datum, http://www.ingeborg-bachmann-forum.de/ibles-hand.htm (zugegriffen am 16.01.2019).

402 Ebd.

403 Matheja-Theaker, Mechthild M.: *Alternative Emanzipationsvorstellungen in der DDR-Frauenliteratur (1971–1989). Ein Diskussionsbeitrag zur Situation der Frau*, Stuttgarter Arbeiten zur Germanistik, Stuttgart: Heinz 1996, S. 385.

404 Ebd.

Meldungen aus dem »Damenreservat«[405]. Gisela Elsners Kritik der Frauenliteratur

Ihre umfassende Kritik der Kategorie Frauenliteratur veröffentlicht Elsner 1983 unter dem bereits genannten Titel *Autorinnen im literarischen Ghetto* in der DKP-nahen Literaturzeitschrift Kürbiskern; der Text erscheint trotz seiner gewichtigen ideologiekritischen Bedeutung zu ihren Lebzeiten nur dieses eine Mal. Elsner spricht hier von einem Ghetto für weibliche Autor:innen, das nicht außerhalb, sondern innerhalb der Institution Literatur mit ihrer »Übernahme bestimmter Funktionen für das Gesellschaftssystem als Ganzes«[406] liege und nach dessen sozioökonomischen Prinzipen strukturiert sei.

Die Psychologin Inge Nordhoff berichtet ein gutes Jahrzehnt nach der Gründung des Aktionsrats zur Befreiung der Frau im Jahr 1968 über das »5. Treffen schreibender Frauen« in Bremen, sie habe nach ihrer Heimkehr

> als erstes einen Mann an[gerufen], den Schriftsteller Hermann Peter Piwitt in Hamburg. »Schreibende Frauen?« sagt er gedehnt. »Ab und zu wurden bei uns in der Gruppe 47 ein paar exotische langhaarige Wesen dazugebeten. Ich weiß noch, wie vor 15 Jahren Herr Grass verblüfft und anerkennend sagte: ›Diese Frauen fangen an, uns an die Wand zu schreiben.‹ Und da war doch gar nichts, aber die Angst war schon da, bei den Männern.«[407]

405 Ebd.

406 Bürger, Peter: »Institution Literatur und Modernisierungsprozeß«, in: Ders. (Hrsg.): *Zum Funktionswandel der Literatur*, Frankfurt a. M.: Suhrkamp Verlag 1983, S. 9–32, hier S. 13.

407 Nordhoff, Inge: »›Die schreiben uns noch an die Wand‹. Beobachtungen beim ›5. Treffen schreibender Frauen‹ in Bremen«, in: Doormann (Hrsg.): *Keiner schiebt uns weg*, S. 241–245, hier S. 245.

Mit der Figur der Konkurrenz spricht Piwitt eine wichtige Motivation für den Ausschluss von Frauen aus dem Literaturbetrieb an: »Sobald Frauen ihr jahrhundertelanges Schweigen brechen, folgt die Diffamierung durch die männliche Konkurrenz auf dem Fuß«[408]. Gisela Elsner – eines der von Piwitt seinerseits sexistisch beschriebenen »exotischen langhaarigen Wesen«[409], die den Männern der Gruppe 47 Mitte der sechziger Jahre Konkurrenz zu machen begannen – betont etwa in ihrem Aufsatz *Autorinnen im literarischen Ghetto* den »diskriminierenden Charakter«, welcher »der Kategorie Frauenliteratur innewohnt«[410]. Sie legt dar, inwiefern die bloße Kategorisierung von Literatur nach dem Merkmal Geschlecht als »Ghettoisierung« anzusehen ist.[411]

Elsner selbst begründet die Zustimmung der privilegierten Personengruppe der Männer zur Integration ihrer weiblichen Konkurrent:innen unter dem Label Frauenliteratur einerseits mit dem Differenzfeminismus selbst. So gäben nämlich diese Feminist:innen

> nicht den spätkapitalistischen Verhältnissen, sondern einzig und allein den Männern, die sie dämonisieren, ohne zu bemerken, daß die Mehrzahl von ihnen wie die Mehrzahl der Frauen ausgebeutet wird, die Schuld für die allgemeine Misere [...]. Das Ziel vieler schreibender Feministinnen, nämlich die Zerstörung der Männergesellschaft durch eine weibliche Alternativkultur zu bewerkstelligen, erscheint zu wirklichkeitsfremd, als daß sich männliche Kritiker die Mühe machten, die Aussichtslosigkeit eines solchen Unterfangens auch nur am Rande zu erörtern.[412]

408 Hahn: »Gibt es eine Frauenliteratur?«, S. 252.
409 Nordhoff: »›Die schreiben uns noch an die Wand‹«, S. 245.
410 Elsner: »Autorinnen im literarischen Ghetto«, S. 45.
411 Vgl. ebd.
412 Ebd., S. 48.

Nach dieser Deutung nimmt Frauenliteratur als Bestandteil eines »ästhetischen Kodex, der zugleich die Legitimationsgrundlage für die Ausgrenzung anderer literarischer Praxen abgibt«[413], im Literaturbetrieb nach wie vor einen niedrigen Rang ein. Zwar behaupteten »männliche Kritiker«[414], das Genre habe in den 1980er Jahren »nicht mehr die negative Bedeutung [...] wie zu Courths-Mahlers Zeiten, da sie zur Kennzeichnung der Trivialliteratur diente, die schreibende Frauen für lesende Frauen verfaßten.«[415] Jedoch stellt Elsner über den bloßen Verweis auf die misogyne Begriffsgeschichte hinaus klar, dass sie diese Bewertung als nach wie vor zutreffend betrachtet; eine Einschätzung, die sich in der Rezeption ihrer patriarchatskritischen Romane bestätigt. Dabei geht es ihr explizit nicht um die Aufwertung weiblich konnotierter Schreibweisen, sondern im Gegenteil um die Kritik einer Homogenisierung von literarischen Werken auf der Basis von Geschlecht, die »miteinander sprachlich und inhaltlich nichts gemein haben«[416].

Während die feministische Literaturwissenschaftlerin Ute Schneider 2013 rückblickend schreibt, die zweite Frauenbewegung habe die infantilisierende Bestimmung von »›Kindlichkeit‹ oder ›Natürlichkeit‹ zu weiblichen Geschlechtsmerkmalen«[417] infrage gestellt, kritisiert Elsner den in den siebziger und achtziger Jahren hegemonialen Differenzfeminismus gerade für seine Affirmation weiblicher Rollenbilder. Ihr zufolge befinden sich weibliche Autor:innen, namentlich die sogenannte »NEUE FRAU«[418], im Kontext der Frauenliteratur

413 Bürger: »Institution Literatur und Modernisierungsprozeß«, S. 13.
414 Elsner: »Autorinnen im literarischen Ghetto«, S. 44.
415 Elsner, Gisela: »Autorinnen im literarischen Ghetto«, *kürbiskern. Literatur, Kritik, Klassenkampf* 2 (1983), S. 136–144.
416 Ebd., S. 45.
417 Leuschner, Ulrike: »Schriftstellerinnen auf dem Buchmarkt der Nachkriegszeit«, in: Schulz/Jirku (Hrsg.): *Fiktionen und Realitäten*, S. 37–54, hier S. 38.
418 Elsner, Gisela: »Clara Zetkin. Versuch einer Belehrung der schwer belehrbaren NEUEN FRAU«, in: Dies.: *Im literarischen Ghetto*, S. 287–304, hier S. 287.

nach wie vor in einem – nun sogar selbst gewählten – »Korsett«, das, so formuliert es Ulla Hahn,

> eine radikale Subjektivität verlangt und in einen Gegensatz zur männlichen Objektivität [stellt]. Da die vorhandene Welt als von Männern gemacht und beherrscht erscheint, wird versucht, eine eigene spezifisch weibliche Sprache und Ästhetik herauszubilden. Der männlichen Sprache der Abstraktion und des Kalküls wird die weibliche Sprache der Spontaneität und Phantasie entgegengesetzt.[419]

Diesem Paradigma setzt Elsner einen expliziten Anti-Biologismus entgegen, indem sie die Arbitrarität der Verknüpfung von Charaktereigenschaften mit körperlichen Merkmalen betont. Polemisch hebt sie in diesem Zusammenhang den literaturwissenschaftlichen Doppelstandard hervor, dass der

> Vorschlag, die Werke von Dante, Shakespeare und Goethe als Männerliteratur zu bezeichnen, weil ihre Verfasser mit einem Penis ausgestattet waren, [...] bei männlichen Autoren und Kritikern Empörung oder Gelächter hervorrufen [dürfte], während es von ihnen als ganz normal empfunden wird, daß die Bücher von Frauen als Frauenliteratur bezeichnet werden, weil ihre Verfasserinnen mit Brüsten und einer Scheide ausgestattet sind.[420]

Durch das Aufzeigen der Ungleichbehandlung männlicher und weiblicher Autor:innen kritisiert Elsner das Ideologem von der Frau als Naturwesen ebenso wie den Nutzen dieser Konstruktion für die Männer im Literaturbetrieb. Eine etwas andere Perspektive auf dieselbe Geschlechterordnung formuliert Inge Stephan, der zufolge die Männer in der bürgerlichen Gesellschaft sich bald

419 Hahn: »Gibt es eine Frauenliteratur?«, S. 255.
420 Elsner: »Autorinnen im literarischen Ghetto«, S. 46.

> nicht mehr identisch mit einer Rolle erleben [konnten], die von ihnen die Umsetzung kapitalistischer Akkumulationsmechanismen in ihr privates Leben verlangte. Die Anpassung an die sich ausbildende bürgerliche Ordnung forderte von ihnen Härte, Selbstdisziplin und Rationalität und Verzicht auf Sensibilität und Emotionalität. Diese Eigenschaften wurden der Frau zugeordnet und zu ihrem biologischen Wesen erklärt.[421]

Dieser Konstruktion von Weiblichkeit läuft Elsners präferierte literarische Gattung, die Satire, nach literaturkritischer Ansicht zuwider: Die Form habe, wie sie selbst 1978 rückblickend äußert, zumal in den 1960er Jahren »wie Bordellbesuche ausschließlich als Männersache«[422] gegolten.

Vor diesem Hintergrund lässt sich Elsners Entscheidung für die Satire (auch) als literaturprogrammatische Zurückweisung der ihr aufgezwungenen weiblichen Geschlechterrolle deuten. Auch wenn Elsner dies zurückweist, zeigt sich hier der Einfluss der Kategorie Geschlecht auf ihre eigene Literaturproduktion; jenseits biologischer Determination, versteht sich. Ebenfalls entgegen Elsners eigener Einschätzung scheint dementsprechend das feministische Vorgehen sinnvoll, »den historischen und individuellen Emanzipationsweg der Frau als Schreibende«[423] zu erfassen und deren Literatur daraufhin zu befragen, »ob Frauen sich mit ihren eigenen Weiblichkeitsentwürfen aus den männlichen Frauenbildern befreit und welche Schreibweisen und Erzählmuster sie dabei entwickelt haben.«[424] Bemerkenswerterweise ist in Elsners Kritik der Frauenliteratur, gleichsam als Negativabdruck, doch ein Entwurf von spezifisch weiblichem Handeln und

421 Stephan, Inge: »›Daß ich Eins und doppelt bin …‹ Geschlechtertausch als literarisches Thema«, in: Dies./Weigel: *Die verborgene Frau*, S. 153–175, hier S. 165.

422 Elsner: »Vereinfacher haben es nicht leicht«, S. 34.

423 Stephan/Weigel: »Vorwort«, in: Dies.: *Die verborgene Frau*, S. 8.

424 Ebd.

weiblicher Solidarität enthalten. In *Autorinnen im literarischen Ghetto* schreibt sie,

> [m]it den ungeschriebenen Gesetzen, die es schreibenden Frauen nahelegen, im Hinblick auf Politik und Gesellschaftskritik Abstinenz zu üben, die es schreibenden Frauen nahelegen, statt größeren Zusammenhängen lediglich eine winzige Beobachtung zu schildern, die es schreibenden Frauen nahelegen, statt Widerspruch und Protest Einverständnis zu zeigen, versucht man, Autorinnen mundtot zu machen. Nicht wenige Schriftstellerinnen sind noch immer weit davon entfernt, gegen diese ungeschriebenen Gesetze zu verstoßen. Ohne sich offensichtlich dessen bewußt zu sein, daß sie, indem sie den Vorurteilen mancher Kritiker neue Nahrung geben, ihren Kolleginnen in den Rücken fallen, gebärden sie sich beim Schreiben so, daß Subjektivität, Irrationalität, Inkonsequenz, mitmenschliche Wärme, Leidensfähigkeit und die Fähigkeit, mit allem Einverständnis zu zeigen, schriftstellerische Qualitäten seien.[425]

Letztlich definiert Elsner selbst hier die Aneignung einer Schreibweise wie der Satire, die sich weiblich konnotierten Eigenschaften verweigert, als antisexistische Praxis und liegt in der Nähe von Inge Stephans Forderung, die »Angst vor einem neuen Ghetto«[426] einer »längst fällige[n] Erarbeitung neuer Methoden und Kriterien zur Betrachtung weiblicher Kulturprodukte«[427] unterzuordnen.

Zu Elsners identitätskritischem Feindbild der »schreibenden Feministinnen«[428] stehen Stephan und ihre Kollegin Ulla Hahn allerdings in Widerspruch, ebenso wie in ihrem positiven Bezug auf die Frauenbewegung und letztlich auch die Kategorie Frauenliteratur. Stephan versteht darunter »alle von Frauen geschriebenen Texte,

425 Elsner: »Autorinnen im literarischen Ghetto«, S. 57.
426 Stephan/Weigel: »Vorwort«, S. 7.
427 Ebd.
428 Elsner: »Autorinnen im literarischen Ghetto«, S. 49.

auch wenn sie von ihren Verfasserinnen nicht ausdrücklich als solche intendiert waren«[429], während Ulla Hahn zufolge nicht das bloße Geschlecht der Verfasserin einen frauenliterarischen Text konstituiert, sondern »Literatur, die von Frauen geschrieben ist und sich auf das Thema Frauenemanzipation konzentriert.«[430] Zwar betont Hahn, Elsner ähnlich, an anderer Stelle die Problematik, »die aus der Gleichsetzung der Entdeckung der Weiblichkeit mit der Entfaltung von Kreativität erwächst, wenn Frauen glauben, allein die Tatsache, daß sie als Frauen schreiben, mache aus ihren Texten Literatur«[431]. Jedoch stellt ihr Text im Allgemeinen letztlich den Unterdrückungs- und Diskriminierungseffekt der Kategorie im Literaturbetrieb zugunsten der patriarchatskritischen Raumnahme zurück, die im Zuge ihrer Etablierung erfolgt sei.

Wie bereits dargestellt, kommt Elsners programmatischen Aussagen zufolge der Kategorie Geschlecht keine objektiv wirksame Rolle in der gesellschaftlichen Wirklichkeit zu; sie weist nicht allein eine biologische Determination weiblichen Verhaltens zurück, sondern negiert gleich jegliche subjektkonstituierende Funktion von Geschlecht. Zum bewusstseinsbestimmenden und damit auch produktionsästhetisch relevanten Herrschaftsverhältnis erklärt sie den Klassenwiderspruch: Das »ästhetische Verhältnis zur Welt«[432] sei »bekanntlich nicht biologisch, sondern historisch bestimmt und durch die Interessen der jeweils herrschenden Klassen und Schichten bedingt«[433]. Einem vermeintlich weiblichen Schreiben setzt sie spätestens seit 1970 einen Selbstentwurf als materialistische Schriftstellerin entgegen und unterstellt damit eine freie, vollständig willensgesteuerte Haltung der einzelnen Person zu ihrer (Geschlechter-)Sozialisation.

429 Stephan/Weigel: »Vorwort«.
430 Hahn: »Gibt es eine Frauenliteratur?«, S. 256.
431 Ebd.
432 Elsner: »Autorinnen im literarischen Ghetto«, S. 48 f.
433 Ebd.

In dem UZ-Artikel *Bandwürmer im Leib des Literaturbetriebs* verbindet Elsner 1989 ihren materialistisch fundierten Realismusbegriff mit einer Kritik der Innerlichkeit, wenn sie betont, wer

> davon ausgeht, daß das Sein das Bewußtsein bestimmt, muß früher oder später zu der Schlußfolgerung kommen, daß die Wirklichkeit widerspiegelbar ist. Sie wird sich nicht nur mit dem Innenleben, mit dem eigenen Bewußtsein befassen, sie wird gesellschaftliche Zusammenhänge darstellen. [...] Das, was ich schildere, wird [...] von der herrschenden Klasse als banal bezeichnet.[434]

Dieser Topos der Banalität scheint im Übrigen auch für die Ablehnung von *Autorinnen im literarischen Ghetto* im öffentlich-rechtlichen Rundfunk in Anschlag gebracht zu werden, und zwar in seiner Variante des Pauschalurteils. Der NDR-Redakteur Hanjo Kesting lehnt das Manuskript, als Elsner es ihm 1982 vorschlägt, mit der Begründung ab, sie mache »für die ›weibliche Ästhetik‹ eben jene Männerherrschaft verantwortlich, gegen die einige Feministinnen mit der Erfindung ihres Begriffs polemisieren wollen.«[435] Die Figur des Pauschalurteils definiert Elsner 1978 als ideologisches Manöver, mit dem politisch unliebsame Positionen durch Rückzug auf die Ästhetik neutralisiert werden können:

> Die Diskussion fand nun einmal nicht auf der niedrigen Ebene statt, zu der die Vereinfacher jedermann herabziehen wollen, nur um ihm Parolen einzupauken. Sie fand auf einer höheren Ebene statt, wo Meinungen Argumente sind, wo mit dem Fingerspitzengefühl operiert wird und nicht mit Fakten oder Fäusten.[436]

434 Elsner: »Bandwürmer im Leib des Literaturbetriebs«, S. 247 f.
435 Brief an Gisela Elsner vom 8. Oktober 1982, in: Briefwechsel Elsner – Kesting, fol. 25.
436 Elsner: »Vereinfacher haben es nicht leicht«, S. 38 f.

Konkret erblickt Kesting eine unzulässige Vereinfachung angeblich darin, dass Elsner sich »bei dieser Gelegenheit in eine Polemik gegen die Intimität und Diskretion von Bankiers und Aufsichtsräten [verstrickt]. Ich glaube nicht, daß der Kritiker deren Tugenden im Auge hatte, als er über die Kaschnitz schrieb.«[437] Der Zusammenführung von Kapitalismuskritik und Patriarchat, die Elsner hier vornimmt, begegnet Kesting argumentativ nicht.

»Was heißt denn hier ›Frauenliteratur‹?«[438]
Weibliches Schreiben im Sozialismus

Noch im Jahr 2015 wird ehemaligen DDR-Autor:innen zum Vorwurf gemacht, ihre Literatur habe »[l]ebensweltliche Grenzen«[439] nicht überschritten und halte so am Sozialismus als der »›wahrhafte[n]‹ Gesellschaftsordnung«[440] fest – während linke BRD-Literaturwissenschaftler:innen von der Tatsache abstrahieren würden, dass »die Möglichkeiten ›weiblicher‹ Selbstverwirklichung in der DDR systemspezifisch begrenzt waren.«[441] Dieses Framing der »Frauenfrage« als Frage nach der richtigen Gesellschaftsordnung reproduziert die Delegitimierung einer sozialistischen Position, wie sie auch den deutsch-deutschen Literaturstreit der frühen 1990er Jahre kennzeichnete.[442] Analog zur Nach-»Wende«-Bestimmung der DDR-Literatur als Gegenöffentlichkeit definieren »westeuropäische[] und amerikanische[]

437 Brief an Gisela Elsner vom 8. Oktober 1982, in: Briefwechsel Elsner – Kesting, fol. 25.
438 Ebd., S. 161.
439 Buchholz, Ramona Katrin: *Legenden der Gleichberechtigung. Eine literatursoziologische Analyse zum »Gleichstellungsvorsprung« ostdeutscher Frauen*, Heidelberg: Universitätsverlag Winter 2015, S. 343.
440 Ebd.
441 Ebd. Explizite Erwähnung findet hier etwa Inge Stephans Lesart von *Guten Morgen, Du Schöne*.
442 Peitsch: *Nachkriegsliteratur 1945–1989*, S. 24 f.

Wissenschaftler und Literaturkritiker«[443] noch im 21. Jahrhundert die von Frauen in der DDR verfasste Literatur als »Ersatzschauplatz« für feministische Positionierungen. Hier wird zum einen unterstellt, es ginge den Autor:innen ausschließlich um Feminismus und nicht etwa um darüber hinausgehende universelle soziopolitische Anliegen. Zum anderen liegt dieser Darstellung ein Literaturbegriff zugrunde, der implizit für die BRD jegliche öffentliche Wirksamkeit von Literatur leugnet und diese schlicht zu einer »außerliterarische[n] Funktion«[444] erklärt. Damit wird ein genuin politischer Charakter von Literatur zurückgewiesen zugunsten einer Behauptung von literarischer Autonomie, die in den sechziger und siebziger Jahren von linken Autor:innen auch in der BRD angegriffen worden war. Aber bereits in den 1970er und 1980er Jahren übertragen westdeutsche Literaturwissenschaftler:innen das Konzept Frauenliteratur mitsamt dem Begriff Feminismus auf die sozialistischen Schriftsteller:innen und ihre Literatur. Dabei wird letzteren zwar zugestanden, dass

> »der enge Zusammenhang von Geschlecht und Literatur«, wie er im Zuge der Frauenbewegung der 1970er Jahre in der alten Bundesrepublik diskutiert wurde, in der DDR »Anfangs kein Thema« war [...], noch dieselben Auseinandersetzungen um das »weibliche Schreiben« geführt wurden, wie in Westdeutschland und den anderen Industrienationen.[445]

Dennoch wird etwa Christa Wolf unterstellt, sie bestätige »mit ihrem Vorwort einmal mehr, daß sie nicht nur Autorin, sondern auch *die* Theoretikerin des literarischen Feminismus in der DDR« sei.[446] Dabei hat Wolf, wie viele ihrer Kolleg:innen, längst eine Kritik am Konzept der Frauenliteratur formuliert, die eingebettet ist in eine Kritik des

443 Buchholz: *Legenden der Gleichberechtigung*, S. 132.
444 Ebd.
445 Ebd., S. 152.
446 Ebd., S. 342.

westlichen Feminismus mit seinem identitätspolitischen Fokus. Irmtraud Morgner stellt zu Beginn der 1980er Jahre die Frage, was denn »hier ›Frauenliteratur‹ [heiße]? Literatur von weiblichen Autoren geschrieben? Literatur mit weiblichen Hauptfiguren?«[447] Damit kritisiert sie ebenso wie Gisela Elsner die Unbrauchbarkeit der Kategorie Geschlecht für die Konstituierung eines literarischen Genres.

Immer wieder unterstellt die Literaturwissenschaft der BRD zudem einen Gegensatz von sozialistischer Literatur und spezifisch weiblicher Perspektive. Dabei sind bereits zentrale Werke der »Ankunftsliteratur« der 1960er Jahre wie *Der geteilte Himmel* (1964) oder *Ankunft im Alltag* (1961) aus Frauenperspektiven geschrieben, die einem allgemeinen »Prozeß der Aneignung eines neuen sozialistischen Bewußtseins«[448] nicht widersprechen, sondern in diesen eingebettet sind. Die von Frauen in der DDR verfassten literarischen Werke der 1970er und 1980er Jahre nehmen eine Geschlechterperspektive also auch nicht neu auf, sondern überprüfen den Prozess der »Ankunft im Sozialismus« auf seinen Erfolg hinsichtlich der Gleichstellung von Frauen. Die Anerkennung des Fortbestands patriarchaler Strukturen, die viele DDR-Autor:innen in den späten siebziger und achtziger Jahren in diesem Zusammenhang vornehmen, stellt sich durchaus kritisch zum staatsoffiziellen Postulat, die Emanzipation der Frau sei bereits durch Gleichstellungsgesetze realisiert.

Die Missstände gehen hier wohlgemerkt über die bloße Nichterfüllung der Gleichstellung hinaus: Der DDR-Staatsapparat ist »von einer ausgesprochenen Frauenfeindlichkeit«[449] geprägt, die etwa in den Codenamen der Stasi für überwachte Schriftsteller:innen wie

447 Ebd., S. 161.

448 Herminghouse, Patricia: »Wunschbild, Vorbild oder Porträt? Zur Darstellung der Frau im Roman der DDR«, in: Dies. / Hohendahl, Peter Uwe (Hrsg.): *Literatur und Literaturtheorie in der DDR*, edition suhrkamp, Frankfurt a. M.: Suhrkamp Verlag 1976, S. 281–334, hier S. 301.

449 Weise, Anna Maria: *Feminismus im Sozialismus. Weibliche Lebenskonzepte in der Frauenliteratur der DDR, untersucht an ausgewählten Prosawerken*, Frankfurt a. M. [u. a.]: Lang 2003.

»OV Hydra« für den »operativen Vorgang Elke Erb« und »OV Toxin« im Fall von Gabriele Stötzer-Kachold zu Ausdruck kommt.[450] Solche Zustände deuten darauf hin, dass auch in der DDR Elemente des postfaschistischen Frauenbildes fortwirken, das Elsner in der BRD beobachtet; auch ein Großteil der ostdeutschen Bevölkerung hatte sich schließlich am Nationalsozialismus beteiligt. In ihrem Roman *Kindheitsmuster* verwendet Christa Wolf für dieses Phänomen

> den Begriff »moralisches Gedächtnis« [...]; damit meint sie ein Erinnern früherer, in der Zeit des Faschismus erlernter Muster des Denkens, Empfindens und Verhaltens, die individuell wie gesamtgesellschaftlich in der Gegenwart fortwirken und nachhaltig die menschliche Reife des Individuums, seine Selbstverwirklichung verhindern.[451]

Die Auseinandersetzung der DDR-Autor:innen mit dem Fortbestand patriarchaler Strukturen in der öffentlichen und privaten Sphäre zeitigt, so formuliert es die Autorin Maxie Wander, spätestens seit den mittleren Siebzigern eine literarische Suche »nach neuen Lebensweisen, im Privaten und in der Gesellschaft.«[452]

450 Vgl. Lewis, Alison: *Die Kunst des Verrats. Der Prenzlauer Berg und die Staatssicherheit*, Würzburg: Königshausen und Neumann 2003, S. 44.

451 Hilzinger, Sonja: *»Als ganzer Mensch zu leben ...«. Emanzipatorische Tendenzen in der neueren Frauen-Literatur der DDR*, Frankfurt a. M. [u. a.]: Lang 1985, S. 220 f.

452 Wander, Maxie: *Guten Morgen, du Schöne*, Berlin: Buchverlag Der Morgen 1977, S. 7.

In ihrem Vorwort zu Wanders dokumentarischem Werk *Guten Morgen, du Schöne* skizziert Christa Wolf die notwendigen Veränderungen im Geschlechterverhältnis der DDR folgendermaßen:

> Erst wenn Mann und Frau sich nicht mehr um den Wochenlohn streiten, um das Geld für die Schwangerschaftsunterbrechung, darum ob die Frau »arbeiten gehen« darf und wer dann die Kinder versorgt; erst wenn die Frau für ihre Arbeit genauso bezahlt wird wie der Mann; wenn sie sich vor Gericht selbst vertritt; wenn sie, wenigstens in der öffentlichen Erziehung, als Mädchen nicht mehr auf »Weiblichkeit« dressiert wird, als ledige Mutter nicht von der öffentlichen Meinung geächtet ist erst dann beginnt sie, belangvolle Erfahrungen zu machen, die sie nicht allgemein, als menschlichen Wesen weiblichen Geschlechts, sondern persönlich, als Individuum betreffen.[453]

In Übereinstimmung mit Elsner wertet Wolf die weibliche Identität hier nicht auf, sondern beschreibt sie als Konglomerat gesellschaftlich hergestellter Einschränkungen. Ohne die auf Diskriminierung basierende Spezifik weiblicher Erfahrung zu leugnen, fordert dieses Ideal von Emanzipation allerdings keine »Vermännlichung« der Frau, sondern deren Menschwerdung durch den Wegfall der einschränkenden Rollenzuschreibungen. Den westdeutschen Differenzfeminismus wertet die Sozialistin Wolf als Ausdruck des fortbestehenden bürgerlich-patriarchalen Klassenverhältnisses, in dem

> [b]esonders, wenn eine starke Arbeiterbewegung fehlt, [...] Frauen in sektiererische, gegen die Männer gerichtete Zusammenschlüsse getrieben [werden]; nicht selten meinen sie, die Männer mit den

453 Wolf, Christa: »Vorwort«, in: Wander, Maxie: *Guten Morgen, du Schöne. Frauen in der DDR. Protokolle,* Darmstadt Neuwied: Luchterhand 1981, S. 14.

gleichen Mitteln bekämpfen zu müssen, mit denen die Männer jahrhundertelang gegen sie gekämpft haben.[454]

Dieser Blick auf die Zweite Frauenbewegung macht die Neuen Sozialen Bewegungen begreifbar als Produkt einer Niederlage der revolutionären Linken in der BRD. Dabei decken sich sowohl Wolfs Verknüpfung von Frauenpolitik und Arbeiterbewegung als auch Irmtraud Morgners Infragestellung der Kategorie Frauenliteratur mit Gisela Elsners Beharren auf der Notwendigkeit einer proletarischen, revolutionären Frauenbewegung.

Mit ihrer kategorialen Zurückweisung der Bedeutung von Geschlecht für Subjektivität geht Elsner allerdings anders vor als Morgner, Wander und Wolf, die sich durchaus mit der »Frage nach der Spezifik weiblicher Autorschaft (und ihren ästhetischen Konsequenzen)«[455] beschäftigen. Elsners Zurückweisung der persönlichkeitsprägenden Funktion von Geschlecht kollidiert allerdings auch mit ihren eigenen literarischen Darstellungen von Frauenfiguren in ausweglosen, patriarchalischen Zwangssituationen. Sie selbst beschreibt dies als politisches Dilemma, wenn sie erklärt, »daß die Darstellung der Gegenwart schon wichtig genug ist, weil da ja die Gefahren schon vorhanden sind. Aber es fällt mir sehr schwer, darin eine Perspektive darzustellen, obwohl ich – um es so auszudrücken – die Ziele der DKP befürworte.«[456]

Als westdeutsche Vertreterin der sozialistischen DDR-Frauenpolitik formuliert die DKP als frauenpolitisches Hauptanliegen die Gleichstellung der Frau im öffentlichen Leben. Diese Position teilt Elsner,

454 Ebd., S. 16.
455 Dahlke, Birgit: »Vom ›Nichtfeminismus‹ der meisten DDR-Autorinnen in nichtoffiziell publizierten Zeitschriften und Büchern in der DDR 1979–90«, in: Nagelschmidt, Ilse (Hrsg.): *Frauenleben – Frauenliteratur – Frauenkultur in der DDR der 70er und 80er Jahre*, Leipzig: Leipziger Universitätsverlag 1997, S. 25–38, hier S. 34.
456 Deiritz: »Warum wird so eine Kommunist?«, S. 51.

kritisiert allerdings zugleich die interne Quotenregelung der DKP als sexistische Sortierung: Auch sie will, wie Birgit Dahlke es für die Frauen in der DDR formuliert, keinesfalls »›nur Frau‹ sein, weil das abwertend klang, auch und gerade im Ergebnis der offiziellen Frauenförderungspolitik«[457]. In ihrer Fokussierung auf die Gleichstellung von Mann und Frau halten Elsner und ihre Kolleg:innen in der DDR gleichermaßen an einem »kritischen Universalismus« fest, der nur im Sozialismus wirklich eingelöst werden könne. Maxie Wander betont 1977, Frauen könnten sich »[n]icht gegen die Männer [...] emanzipieren, sondern nur in der Auseinandersetzung mit ihnen. Geht es uns doch um die Loslösung von den alten Geschlechterrollen, um die menschliche Emanzipation überhaupt.«[458] Auch Christa Wolf besteht darauf, dass »die wahre Emanzipation der Frauen alle Bereiche des menschlichen Lebens berühren und Männer, Frauen sowie die Qualität ihrer Beziehungen zueinander von Grund auf umwandeln«[459] müsse.

Vor dem Hintergrund der ausgeführten Gemeinsamkeiten ist erklärungsbedürftig, dass Gisela Elsner 1989 en passant an ihren DDR-Lektor Chris Hirte schreibt, es habe sie »[a]lles, was ich über die Christa Wolf früher hörte, [...] dermaßen angewidert, daß ich, das schwöre ich, noch nie eine Zeile von ihr gelesen habe.«[460] Dieses explizit auf die Jahrzehnte vor dem Mauerfall bezogene Urteil erstaunt auch angesichts des durchgängig staatstragenden Auftretens der Autorin Wolf, die sich übrigens auch nach 1989 nicht vom Sozialismus distanziert. Als konkreten Vorwurf formuliert Elsner gegenüber Hirte

457 Dahlke: »Vom ›Nichtfeminismus‹ der meisten DDR-Autorinnen in nichtoffiziell publizierten Zeitschriften und Büchern in der DDR 1979–90«, S. 32.
458 Wander: *Guten Morgen, du Schöne*, S. 7.
459 Lennox, Sara: »›Nun ja! Das nächste Leben geht aber heute an!‹ Prosa von Frauen und Frauenbefreiung in der DDR«, in: Hohendahl, Peter Uwe (Hrsg.): *Literatur der DDR in den siebziger Jahren*, Frankfurt a. M.: Suhrkamp Verlag 1983, S. 224–258, hier S. 225.
460 Brief an Chris Hirte vom 29. Dezember 1989, in: Briefwechsel Elsner – Hirte, fol. 28.

dennoch Wolfs Zugehörigkeit zum Neuen Forum, in dem sich weite Teile der DDR-Opposition 1989/90 formieren.[461] Ein in die Zeit vor dem Zusammenbruch der DDR zurückreichender, möglicher Kritikpunkt lässt sich lediglich von Elsners Haltung zum Umgang der kubanischen Regierung mit oppositionellen Schriftsteller:innen ableiten: Christa Wolfs Solidarisierung mit Wolf Biermann in den 1970er Jahren und ihr friedenspolitisches Engagement in den 1980ern.[462] Elsners literaturprogrammatische Perspektive lässt eine Kritik an Wolfs Poetik der subjektiven Authentizität zu, über die Wolf mit *Nachdenken über Christa T.* (1968) vormals als modernistisch abgelehnte Erzähl- und Schreibweisen in die DDR-Literatur einführt.[463] Ein vollständiger Boykott der wohl bekanntesten Autorin der DDR durch die Kommunistin Elsner erscheint trotz dieser Differenzen unangemessen – fügt sich allerdings bruchlos in ihre allgemeine Ignoranz gegenüber der DDR ein, die sie ja auch erst in den mittleren 1980er Jahren erstmals bereist und die Elsner übrigens mit vielen West-Kommunist:innen teilt.

Schriftsteller:innen als Bürger:innen. Die Friedensbewegung im deutsch-deutschen Literaturbetrieb

Das Verhältnis der Friedensbewegung zur Literatur in der BRD gestaltet sich grundsätzlich anders als das der Frauenbewegung. Eine wirkliche Auswirkung auf den Literaturbegriff ist hier ebenso wenig zu beobachten wie die Entwicklung eines literaturwissenschaftlichen Ansatzes; der Einfluss verbleibt auf der rein stofflichen Ebene wie im Fall der Häufung öko-apokalyptischer Kinderbücher nach dem Re-

461 Vgl. Brief an Christ Hirte [undatiert, Ende 1989], in: Briefwechsel Elsner – Hirte, fol. 29.

462 Vgl. etwa Hilmes, Carola / Nagelschmidt, Ilse (Hrsg.): *Christa Wolf-Handbuch. Leben, Werk, Wirkung*, Stuttgart: J. B. Metzler Verlag 2016, S. 23 ff.

463 Vgl. ebd., S. 83 ff.

aktorunfall von Tschernobyl 1986. Der Teil des Literaturbetriebs, in dem die Friedensbewegung währenddessen großen Einfluss nimmt, ist die Sphäre der öffentlichen Debatte. Auf der *Berliner Begegnung* 1981, dem »bislang größte[n] deutsch-deutsche[n] Schriftstellertreffen«[464], wird laut dem Spiegel überhaupt »nicht über Literatur [...] geredet, sondern über das, worüber sich kurz vorher auch Schmidt und Honecker unterhalten hatten: Wie der Rüstungswettlauf gebremst und der Frieden sicherer gemacht werden könnte.«[465]

Das zweite Schriftstellertreffen deutschsprachiger Autor:innen, das im April 1983 ebenfalls in Berlin stattfindet, trägt gleich den Titel *Den Frieden erklären*. Es beteiligen sich 38 Schriftsteller:innen aus BRD und DDR, darunter lediglich vier Frauen, denen der österreichische Schriftsteller Robert Jungk in seinem Redebeitrag einen Bärendienst erweist. Unter Verwendung eben jener biologistischer Geschlechterstereotypen, die Gisela Elsner ausführlich kritisiert, lobt Jungk die angeblich

> spezifisch weibliche Begabung, zu helfen, zu vermitteln und zu vereinen, die Frauen für die Friedensbewegung in aller Welt unentbehrlich gemacht haben. Wohl noch nie haben Frauen in einem geschichtlichen Vorgang eine so große, eine so entscheidende Rolle gespielt wie in dem verzweifelten Versuch, die von männlichen Aggressions- und Eroberungstrieb an den Rand des Abgrunds gebrachte Menschheit vor dem Untergang zu bewahren.[466]

Mit ähnlich friedfertiger Stoßrichtung betont Walter Höllerer aus dem Umfeld der Gruppe 47 in der eröffnenden Gesprächsrunde, es

464 »Ein Weilchen leben«, *Der Spiegel*, 21.12.1981, https://www.spiegel.de/spiegel/print/d-14353283.html (zugegriffen am 06.12.2019).
465 Ebd.
466 Krüger, Ingrid / Grass, Günter (Hrsg.): *Den Frieden erklären. Protokolle des zweiten Schriftstellertreffens am 22./23. April 1983; der vollständige Text aller Beiträge aus Ost und West*, Darmstadt [u. a.]: Luchterhand 1983, S. 14.

könne »nicht unsere, der Schriftsteller, Aufgabe sein, dieses Reizklima noch zu verstärken«[467]. Schriftstellerische Aufgabe sei es, »auf die Mechanismen hinzuweisen, die zwischen Sprecharten und politischen Aktivitäten, zwischen Redensarten und Lebensklima bestehen.«[468] Obwohl dies etwa auf Elsners Vorgehen in ihrem Aufsatz *Politisches Kauderwelsch* (1981) passt, nimmt sie an dem Treffen – ebenso wie an dem 1. Schriftstellertreffen – nicht teil; ein Vergleich ihrer Pazifismuskritik mit der Definition von Krieg im Redebeitrag des Publizisten Günter Gaus plausibilisiert ihr Fernbleiben. Gaus formuliert weder eine Ökonomiekritik, noch stellt er die Frage nach Zwecken oder Verantwortlichkeiten. Krieg entstehe vielmehr »aus einer Mischung von Nicht-mehr-weiter-Wissen ohne einen befreienden Schlag, der dann der Krieg ist; das Ende der Geschichte zu empfinden, weil man ohne Krieg nicht mehr weiter kann.«[469]

Trotz solcher versöhnlerischen Töne beziehen sich zumal die westdeutschen Autoren in einer Weise auf die Kategorie Frieden, die das Schriftstellertreffen in eine Schieflage versetzt: Formuliert wird hier eine abstrakt-blockübergreifende Forderung nach Frieden, die unterschlägt, dass die Sowjetunion der NATO im Laufe der Jahrzehnte verschiedene Abrüstungsvorschläge macht, die unter der Führung der USA sämtlich ausgeschlagen werden.[470] Diese von Hermann Kant als »Gleichmacherei«[471] bezeichnete Darstellung der Blockkonfrontation wird nicht nur auf dem Schriftstellertreffen vorgebracht, sondern bildet das wohl gängigste Narrativ der westlichen Regierungen zur Beschreibung des Kalten Krieges. Der Kommunist und DDR-Oppositionelle Robert Havemann kritisiert dies 1981 in einem *Offenen Brief*

467 Ebd.

468 Ebd., S. 8.

469 Ebd.

470 Zu Inhalt und Chronologie der Verhandlungen zwischen NATO und Sowjetunion vgl. etwa Ploetz, Michael / Müller, Hans-Peter: *Ferngelenkte Friedensbewegung? DDR und UdSSR im Kampf gegen den NATO-Doppelbeschluß*, Münster [u. a.]: LIT Verlag 2004.

471 Krüger/Grass (Hrsg.): *Den Frieden erklären*, S. 36.

an Bundeskanzler Helmut Schmidt unter Bezug auf die unterschiedlichen Vergesellschaftungsformen. Das ungleiche Verhältnis der beiden Blöcke zur Aufrüstung artikuliere sich etwa darin, dass die USA als Marktwirtschaft durch

> die enormen Rüstungsaufträge, die mit der Nachrüstung verbunden sein werden, [...] eine Ankurbelung der Wirtschaft [erlebt], die sich gegenwärtig in einer ernsten Krise befindet. In der Sowjet-Union ist die Situation gerade umgekehrt. Die Wirtschaft des Landes leidet sehr unter der schweren Belastung des Wettrüstens. Durch eine Verminderung der Konfrontation mit den USA würde die Wirtschaft entlastet werden.[472]

Auch Gisela Elsner bezieht sich nach dem Zusammenbruch des Realsozialismus wohl auf diesen Unterschied, wenn sie schreibt, »[w]er am meisten für die Menschheit bot, das mußte natürlich der Sozialismus sein.«[473]

Havemanns *Offener Brief* erscheint übrigens gemeinsam mit Elsners Aufsatz *Politisches Kauderwelsch* 1981 in der Anthologie *Vom deutschen Herbst zum bleichen deutschen Winter*. Beide Autor:innen formulieren in ihren Texten eine DDR-nahe Kritik an den bundesrepublikanischen Verhältnissen, die zu Beginn der achtziger Jahre bereits eine absolute Minderheitenposition darstellt. Auf dem Schriftstellertreffen 1983 verweist neben Hermann Kant und Stephan Hermlin aus der DDR auch der sowjetische Schriftsteller Tschingis Aitmatow auf die

472 Havemann, Robert: »Offener Brief an Bundeskanzler Helmut Schmidt«, in: Kipphardt (Hrsg.): *Vom deutschen Herbst zum bleichen deutschen Winter*, S. 360–365, hier S. 362.

473 Elsner, Gisela: »Die demaskierende Maskerade. Über die sogenannte deutsche Revolution (II)«, in: Dies.: *Flüche einer Verfluchten*, S. 279–286, hier S. 283.

> Vorschläge und Initiativen der sowjetischen Seite, vom einfachen Einfrieren der vorhandenen Waffen bis zur völligen Entwaffnung, Abrüstung und Auflösung der militärischen Blöcke. In diesem Sinne unterstützen wir einmütig diese schon traditionellen Vorschläge unserer Politiker, und in diesem Sinne gibt es bei uns keine Differenzen und Zweifel.[474]

Der BRD-Sozialdemokrat Günter Grass erklärt daraufhin, ohne auf die aggressive Nachrüstungspolitik der USA-geführten NATO einzugehen, die von einem westdeutschen und einem österreichischen Kollegen vorgebrachten »Ansätze zu Appellen, die sich an alle hier Versammelten richten«[475] zum Hauptgegenstand der Schriftstellerbegegnung. Dieses Beispiel aus dem Literaturbetrieb verdeutlicht, dass sich in der bundesrepublikanischen Friedensbewegung zu Beginn der 1980er Jahre eine Sichtweise auf die Blockkonfrontation durchgesetzt hat, in der von konkreten gesellschaftlichen Bedingungen und staatlichen Zwecken abstrahiert wird. Unterstellt wird stattdessen eine abstrakt »zerstörerische[] Eigendynamik der Produktivkraftentwicklung«.[476] Ein »ökologischer Paradigmenwechsel«[477], der »über den sozialen Klassen schwebt[] und einen pauschal antiprogressiven Akzent«[478] hat, ermöglicht die Verschmelzung von Friedens- und Ökologiebewegung und sorgt für deren Vereinbarkeit mit der westdeutschen Staatsräson.[479]

Gisela Elsner hält entgegen dieser Entwicklung an der Position fest, die in den frühen und mittleren 1970er Jahre von der noch antimilitaristisch ausgerichteten Anti-AKW-Bewegung vertreten wurde und die Ablehnung der Kernenergie explizit mit der Expansionspolitik

474 Krüger / Grass (Hrsg.): *Den Frieden erklären*, S. 20.
475 Ebd.
476 Tolmein/zum Winkel: *Nix gerafft*, S. 120.
477 Ebd.
478 Ebd.
479 Ebd., S. 127.

der NATO verknüpft und damit auch die Bundesrepublik kritisiert hatte.[480] Die zu der Zeit in den Friedensinitiativen organisierten Marxist:innen hätten auf der Basis der Annahme gehandelt, »Schweinereien ohne Schweine gibt es nicht, während Ökologinnen diese als Teil und Partner der Natur betrachteten wie andere Säugetiere auch. Ein Atomprogramm, so das linke Gegenargument, entsteht nicht automatisch aus der Entdeckung der Kernspaltung.«[481] Dies vertritt Elsner noch 1979 in den roten blättern, indem sie betont: Die »Frage, was geschieht mit den neuen Technologien, wie wirken sie sich auf die Gesellschaft aus, muß doch eigentlich so gestellt werden: in wessen Händen befinden sie sich, wer wendet diese Technologien an.«[482] Auch in ihren politischen Aufsätzen und literarischen Texten zu den Themen Ökologie und Frieden formuliert sie über die achtziger Jahre hinweg eine Pazifismus- und Primitivismuskritik und beharrt auf einer Klassenanalyse.

Unsinnige Fluchten.
Gisela Elsners literarische Kritik der »Alternativen«

Ab den mittleren 1970er Jahren nimmt die »Diskussion um ›alternative Lebensformen‹«[483] verstärkt »breiten Raum«[484] ein, in der Linken, aber auch über sie hinaus; hier kommen Tendenzen zur vollen Entfaltung, die sich schon in früheren Phasen der »68er«-Bewegung abzeichnen. Bereits 1973 kritisiert Martin Damus an »Gruppen der Boheme«[485] das Verlangen,

480 Ebd.
481 Ebd., S. 120.
482 Deiritz: »Warum wird so eine Kommunist?«, S. 50.
483 Ebd.
484 Ebd.
485 Damus: *Funktionen der bildenden Kunst im Spätkapitalismus*, S. 102.

> dem der kapitalistischen Leistungs- und Verwertungsgesellschaft adäquaten städtischen Environment wie den gegebenen gesellschaftlichen Bedingungen allgemein zu entgehen durch ein kommuneartiges Zusammenleben möglichst auf dem Land, durch »natürliche Lebensweise«, körperliche, primitiv handwerkliche Arbeit, Riten unterschiedlicher, meist fernöstlicher Herkunft. Bereits in der Hippie-Bewegung waren diese Elemente enthalten; ihren Mitgliedern lag daran, bürgerliche Tabus zu brechen, eine Tendenz, die der Boheme in verschiedenen Formen inhärent ist.[486]

Während solche eskapistischen Tendenzen in den frühen siebziger Jahren noch mit kommunistischer Organisierung und Alltagskämpfen koexistieren, ist zu Beginn der achtziger Jahre das Verständnis von Politik als Frage nach Lebensweisen hegemonial geworden. Auf Karl Deiritz' Frage in den roten blättern, ob sie durch diese Situation »ähnlich herausgefordert [sei] wie beim Verfassen des ›Berührungsverbotes‹«[487], antwortet Gisela Elsner, sie »würde die Unsinnigkeit einer solchen Flucht als Satire darstellen und nicht die Alternative«[488]. Diese etwas umständliche Formulierung ist wohl so zu verstehen, dass die Demontage der Alternative in Form der Verurteilung jeglichen Primitivismus für Elsner kein Selbstzweck ist, sondern sie die Alternative als Ergebnis einer falschen Handlungsmotivation begreifbar machen möchte: dem Impuls der Flucht nämlich, welcher die Verhältnisse eben nicht verändert, sondern ihnen dauerhaft ausweicht.

Als Gisela Elsner in den späten 1980er Jahren ihre politischen und literarischen Texte über die Ökologiebewegung produziert, sind deren Themen bereits als ökologisches Bewusstsein in die »bürgerliche Mitte« eingesickert – in die ja tatsächlich nicht wenige ehemals Studentenbewegte auch selbst längst zurückgekehrt sind. Während Elsner

486 Ebd.
487 Deiritz: »Warum wird so eine Kommunist?«, S. 51.
488 Ebd.

zur Verwirklichung ihres literaturprogrammatischen Anliegens, die gesellschaftliche Normalität darzustellen anstelle der Einzelfälle und Partikularitäten, in *Das Berührungsverbot* die sexuelle Revolution in ein kleinbürgerliches Milieu »implantiert«, ist eine solche Übertragungsleistung im Fall der Ökologiebewegung nicht (mehr) notwendig. In ihren literarischen Texten zum Thema Ökologie weist Elsner auf eine noch heute relevante Gleichzeitigkeit hin: die staatliche Institutionalisierung einer vermeintlich ökologischen Politik geht zusammen mit der Durchsetzung eines genuin »privaten Blicks«[489] auf Gesellschaftsveränderung. Elsner gestaltet dies in ihren Büchern unter anderem, indem sie die Kommodifizierbarkeit alternativer Lebensweisen im Kapitalismus darstellt; die Menschen werden hier sichtbar einerseits als Unternehmer:innen ihrer selbst, andererseits als bloße Konsument:innen, die sich vormachen können, dass ihre Lifestyle- und Konsumentscheidungen Einfluss auf die kapitalistischen Verhältnisse nehmen können.

Insgesamt nimmt die Kritik der Ökologie- und Friedensbewegung in Elsners literarischem Werk allerdings im Vergleich zur Patriarchatskritik wenig Raum ein. Nur in den 1987 entstandenen Kurzgeschichten *Der Sterbenskünstler* und *Der Selbstverwirklichungswahn* sowie in der Oper *Friedenssaison* (1985) stellt dieser Themenkreis den Hauptgegenstand dar. Elsner trennt zudem hier nicht in derselben Weise zwischen der Ausformung der Problematik in einer Privatsphäre, die sie literarisch behandelt und einer öffentlichen Sphäre, die sie polit-theoretisch bearbeitet. Während die beiden Kurzgeschichten in bürgerlich-alternativen Milieus von der Bourgeoisie bis zur Bohème spielen, nimmt sie in ihren beiden Aufsätzen und in Interviews zum Thema stärker die Parteipolitik ins Visier, nunmehr fokussiert auf Die Grünen.[490]

489 Viehoff: »Literaturkritik 1973 und 1988«, S. 455.

490 Vgl. Elsner: »Die Dämonisierung des technischen Fortschritts«; Elsner: »Mit Schöpfkellen gegen Flutkatastrophen«.

In dem »Romanfragment«[491] *Der Selbstverwirklichungswahn* verschränkt Elsner ihre Kritik ökologisch bewusster Lebensweisen mit einer Kritik am bürgerlichen Feminismus, die sich noch 2015 – angesichts einer feministischen Analyse von Maxie Wanders *Guten Morgen, du Schöne* – als aktuell erweist. Die Literatursoziologin Ramona Buchholz zentriert die Frage nach dem Befreiungsgrad der Frauen in der DDR um die mangelnde Ausdifferenzierung von Lebensweisen:

> Obwohl ein Teil der Ich-Erzählerinnen Vorstellungen von alternativen Lebensformen wie der »Großfamilie« oder der Wohngemeinschaft formuliert, werden diese nur in der Familie ausgelebt. Zehn Jahre nach der Gründung der ersten Wohngemeinschaften in Westdeutschland verweist dieses Ergebnis aber eher auf die Blockierung der Differenzierung von Lebensstilen und nicht auf ihre Pluralisierung.[492]

Hier wird deutlich, dass der Selbstverwirklichung innerhalb der Identitätspolitiken tatsächlich die Rolle einer wichtigen Legitimations- und Antriebskraft zukommt. Folgt man Elsners literarischer Darstellung, beginnt die Kategorie Selbstverwirklichung ihre neoliberale Karriere in den 1980er Jahren in den Privathaushalten, als individualisierte »Ersatzbefriedigung« bürgerlicher Hausfrauen. Obwohl der »historische Kampf gegen den Neoliberalismus«[493] – sofern er denn überhaupt durch die Linke jemals bewusst betrieben wurde – in den Achtzigern wohl längst verloren war, ist doch die Dimension für Elsner zu dem Zeitpunkt nicht absehbar, in der im 21. Jahrhundert die Grenzen zwischen Leben und Lohnarbeit verwischt werden. Durch immer umfassendere Einbettung in den kapitalistischen Verwertungszwang wird Selbstverwirklichung vom bürgerlichen Privileg zur zerstörerischen Kraft im Leben lohnabhängiger Menschen:

491 Elsner, Gisela: *Zerreißproben*, Berlin: Verbrecher Verlag 2013, S. 218.
492 Buchholz: *Legenden der Gleichberechtigung*, S. 341.
493 Solty, Ingar: »Der alte und der neue Kapitalismus«, in: Stahl/Solty (Hrsg.): *Richtige Literatur im Falschen?*, S. 17–29, hier S. 27.

> Die flexiblen Arbeitszeitmodelle und Heimarbeit versprachen die Selbstbestimmung in der Arbeits- und Freizeit und eine Vereinbarung von Familie und Beruf und entpuppen sich dagegen heute zunehmend als gewerkschaftslose Projektarbeit mit entgrenzten Arbeitszeiten, individuell erlittener Arbeitsüberlastung, die zum Raubbau am eigenen Körper führt und deren prekäre Ausgestaltung die Planbarkeit von Partnerschaft und Familie ohne Festanstellung weit in die Zukunft verrückt.[494]

Diese Darstellung von Ingar Solty aus dem Jahr 2016 beschreibt einen Arbeitsalltag, der sich zu Elsners Lebzeiten so noch nicht ausgeformt hat; darüber hinaus tritt *Der Selbstverwirklichungswahn* auch gar nicht als Kritik der Produktionsverhältnisse auf, wie Elsner sie in den 1980er Jahren in *Der Punktsieg* oder *Otto der Großaktionär* formuliert. In Motivik und Figurenzeichnung ist *Der Selbstverwirklichungswahn* eher mit anderen Texten aus Elsners Spätwerk verbunden: dem Roman *Das Windei* (1987), der Oper *Friedenssaison* sowie der Erzählung *Der Sterbenskünstler*.

Der Sterbenskünstler (1987)

Die Kurzgeschichte *Der Sterbenskünstler* erscheint erstmals 1987 in der US-amerikanischen Literaturzeitschrift Dimension und dann noch einmal 1988 unter dem Titel *Zurück in die Höhlen* in Die Horen; die Erstveröffentlichung erfolgt, wie im Fall von *Heilig Blut*, in einer Fremdsprache. Elsner zeichnet hier mit stark grotesken Elementen ein Szenario des Rückzugs urbaner Bohemians in eine imaginierte »ländliche Idylle«[495], die zugleich abenteuerlich sein soll. Dem Immobilienmakler und Pazifisten Enno Mürl zufolge, dem Protagonisten

494 Ebd., S. 26.
495 Elsner, Gisela: »Der Sterbenskünstler«, in: Dies., *Zerreißproben*, S. 161.

der Kurzgeschichte, verwenden diese Leute, die ein gutes Teil seiner Klientel darstellen, »[d]ie Bezeichnung Komfort [...] nur noch als Schimpfwort. Beim Anblick ihrer Tiefkühltruhen trat ein kalter Haß in ihre Augen. Sie waren es leid, auf Rosen gebettet zu sein. Was sie endlich kennenlernen wollten, war der Kampf ums nackte Dasein.«[496] Die primitivistische Lebensweise des »Kunstmalers«[497] Töllner und seiner Ehefrau in einem baufälligen Bauernhaus hat lebensgefährliche Qualität – wobei Elsner keinen Zweifel daran lässt, dass es sich um selbstgewählte und selbst hergestellte Gefahren handelt. Mittels Überzeichnung macht sie die Absurdität, die diesen Gefahren aufgrund ihrer Vermeidbarkeit innewohnt, sichtbar und bezichtigt so dieses »68er«-Verfallsmilieu des sinnlosen Handelns.

Einen Verweis auf die kapitalistische Verwertbarkeit einer reinen Konsumkritik liefert die Figur Enno Mürl, durch den Elsner im *Sterbenskünstler* einmal mehr aus der Unternehmer-Perspektive erzählt. Mürl lobt sich selbst dafür, als erster erkannt zu haben,

> daß die ländliche Idylle kein Spitzenreiter mehr war. Während Ennos Konkurrenten ihren Kunden noch von zirpenden Grillen und nestwarmen Eiern erzählten, wartete Enno mit exquisiten Schrecknissen auf. Er redete von Schneeverwehungen, Hexenwahn und tollwütigen Eichhörnchen, die den einsamen Wanderer mit gefletschten Zähnen verfolgten. Indem er nostalgischen Stadtmenschen die Heimsuchungen, auf die sie versessen waren, in den schwärzesten Farben schilderte, brachte er sie soweit, daß sie für abbruchreife Behausungen, um die selbst die Ratten einen Bogen machten, Wucherpreise bezahlten.[498]

Nach dem Besuch seiner Ex-Klienten Töllner in ihrem baufälligen »Gehöft«[499] begleitet ein zweiter Teil der Erzählung den pazifistischen

496 Ebd.
497 Ebd.
498 Ebd.
499 Ebd., S. 162.

Immobilienmakler zu einem »Die-In«[500] vor einer Mülldeponie. Enno Mürl offenbart angesichts seiner exponierten Rolle in der Aktion eine Selbstverliebtheit, die den politischen Charakter der Aktion noch weiter infrage stellt und auf Argumentationszusammenhänge hinweist, mit der Angehörige der herrschenden Klasse ihr Profitieren von den bestehenden Verhältnissen (vor sich selbst) legitimieren. Hier offenbart sich die Debatte als bürgerliche Doppelmoral, die über einen

> generationenbedingten Wertewandel in den westlichen Gesellschaften [...] seit Anfang der siebziger Jahre unter dem Stichwort »postmaterielle Werte« geführt [wird]. Unter postmateriellen Werten werden dabei im wesentlichen solche Werte verstanden, die nicht materiellen Forderungen und Bedürfnissen entsprechen, die mithin auch nicht durch Erwerbsstreben, wirtschaftliches Wachstum und ökonomische Prosperität abgedeckt werden können.[501]

In dieser Entwicklung zeigt sich, dass die Kultur- und Konsumkritik der Neuen Linken von vornherein eine Schlagseite hatte, die das – naturgemäß auch in der Bundesrepublik vorhandene – Armutsproblem negiert. Während die mehrheitlich aus wohlhabenden Elternhäusern stammenden Aktivist:innen der Studentenbewegung materiellen Dingen freiwillig, und rückblickend wohlgemerkt oft nur vorübergehend, den Rücken kehren, lebt ein beträchtlicher Teil der westdeutschen Bevölkerung von vornherein nicht in »ökonomischer Prosperität«[502]. Elsner betont die ungleiche Reichtumsverteilung in der BRD unter anderem 1979 in ihrem Aufsatz *Die Volkszertreter*, in dem sie die »CDU-Parolen ›Wohlstand für alle‹ und ›Eigentum für jeden‹«[503] und das »Vermögensbildungsgesetz«[504] der SPD als wirkungslose

500 Ebd., S. 166.
501 Viehoff: »Literaturkritik 1973 und 1988«, S. 442.
502 Ebd.
503 Elsner: »Die Volkszertreter«, S. 17 f.
504 Ebd., S. 18 f.

Propaganda entlarvt. Eine Variante dieser Fokussierung auf den Klassenwiderspruch als Frage von Armut und Reichtum formuliert sie im *Sterbenskünstler* durch die Zeichnung der Geringschätzung von Komfort und materiellem Wohlstand durch finanziell abgesicherte Bürger:innen als groteskes Horrorszenario.

»Lieber gebe ich mit CDU-lern eine Zeitung heraus,
als mit Linkssektierern und ausländischen Dissidenten«[505].
Die taz-Sonderausgabe 1987

Als Presseorgan der Neuen Sozialen Bewegungen und später der Partei Die Grünen gründet sich 1977 auf dem Tunix-Kongress die tageszeitung (taz). Trotz – oder weil? – die Zeitung beziehungsweise ihre Macher:innen »Ausdruck und in gewisser Weise auch Organisator der Nach-1977-Opposition«[506] sind, ist das Verhältnis zur DKP und auch zu der entstehenden autonomen Bewegung von Beginn an konfliktiv. Bereits ein halbes Jahr nach dem Erscheinen der ersten regulären Ausgabe im April 1979 besetzen kritische Aktivist:innen die Redaktion und fordern Berichterstattung über einen laufenden Hungerstreik der RAF-Gefangenen.[507]

In der Stellungnahme der taz zu der Besetzung wird der Bruch deutlich, der über die Konflikte um den bewaffneten Kampf und den »Deutschen Herbst« innerhalb der bundesrepublikanischen Linken entstanden ist: Die Weigerung der taz, die Verlautbarungen der RAF abzudrucken, kündigt die Solidarität mit den bewaffneten Gruppen öffentlich auf, die vonseiten der linken Bewegung viele Jahre betrieben wurde. Nachdem sie, so die taz-Redakteur:innen, »als langjährige Leser linker Zeitschriften den militärisch stereotypen Stil der ›Kom-

505 Akademie der Künste, Berlin, Ronald-M.-Schernikau-Archiv, Nr. 150, Gisela Elsner an Ronald Schernikau, 24. Oktober 1984.
506 Tolmein: *Stammheim vergessen*, S. 81.
507 Vgl. ebd.

mandoerklärungen‹«[508] über sich hätten ergehen lassen müssen, sei man nun zu dem Schluss gekommen, dass »nur Beiträge, die die Situation der Gefangenen so beschreiben, daß ein Zugang auch für die Leser möglich ist, die sich bislang mit diesem Bereich nicht auseinandergesetzt haben [...] Platz in einer linken Tageszeitung«[509] haben.

Es ist der zunehmend institutionalisierte Teil der westdeutschen Linken – ein öko-anarchistisch geprägtes Milieu, das übrigens zugleich etwa an Che Guevara als »geradezu unantastbare[m] Idol der Protestbewegung der sechziger Jahre«[510] festhält –, der zum Ende der 1970er Jahre endgültig die Sympathisantenrolle abstreift. Den Bezug der »taz-lesenden Linken« auf Che Guevara kritisiert auch Gisela Elsner, und zwar ausgerechnet in der taz selbst: Sie beteiligt sich im Oktober 1987 an einer von linken Schriftsteller:innen erstellten Sonderausgabe, wofür ihre kommunistische Haltung offensichtlich (noch) kein Ausschlusskriterium war. Im Juli 1987 betont Elsner gegenüber Chris Hirte, sie habe der Zeitung – die bisher kein Publikationsort für sie war – »unmissverständlich zu verstehen gegeben, daß ich keineswegs den Literaturteil der Zeitung zu übernehmen gedenke, sondern vielmehr politische Kommentare verfassen will.«[511] Diese explizite Zurückweisung einer Rollenerwartung an sie als Schriftstellerin und Frau entspricht Elsners Positionierung innerhalb der DKP, mit der sie sich als nicht zuständig für Frauen- und Kulturpolitik erklärt.

Einer dieser politischen Kommentare ist dann also eine Kritik an Che Guevara, unter dem Titel *Von einem der auszog, eine Revolution ohne Volk anzuzetteln*. Elsner polemisiert hier gegen eine linke »Sippschaft der irregeleiteten Söhnchen und Töchterlein der Bourgeoisie«[512], deren Affinität zu Che Guevara sie hauptsächlich auf einen

508 Ebd., S. 82.
509 Ebd.
510 Elsner: »Von einem, der auszog, eine Revolution ohne Volk anzuzetteln«, S. 168.
511 Brief an Chris Hirte vom 18. Juli 1987, in: Briefwechsel Elsner – Hirte, fol. 11.
512 Elsner: »Von einem, der auszog, eine Revolution ohne Volk anzuzetteln«, S. 174.

von beiden Seiten geteilten Antikommunismus zurückführt. Bereits 1970 hatte sie in der konkret über »[s]üdamerikanische höhere Töchter [...] mit roten Blusen, auf die das Konterfei Guevaras gedruckt«[513] sei, geschrieben – damals mit der Absicht, eine Gesellschaft (und eine Linke) zu kritisieren, die »das strikt Inhaltliche vorwiegend ästhetisch zum Ausdruck«[514] bringe. 1987 macht Elsner die Linke für ihre eigene Niederlage mitverantwortlich, wenn sie schreibt, Che Guevaras Ruhm werde

> [a]ls ein willkommenes Ablenkungsmanöver der ohnehin sattsam desorientierten Linken [...] vom Imperialismus produziert. [...] Denn in der sogenannten freiheitlich-westlichen Welt ist einer, der blindwütig auszieht, um in ein fremdes Land eine Revolution ohne Volk zu importieren, stets ein ungemein viel wahrerer Revolutionär als beispielsweise Lenin, dessen Revolution in den Augen der Bourgeoisie den Haken hat, daß sie, statt zu scheitern, glückte.[515]

Mit diesem Blick auf die Neuen Sozialen Bewegungen als objektiv antikommunistische Erfüllungsgehilfin der Bourgeoisie stellt Elsner sich auf den staatsoffiziellen DDR-Standpunkt zum Thema.[516] Weit davon entfernt, von der Bildfläche zu verschwinden, gewinnt die ökologistisch-pazifistische Strömung innerhalb der Neuen Sozialen Bewegungen im Zuge des Reaktorunfalls im AKW Tschernobyl, der zum Zeitpunkt des Erscheinens der taz-Sonderausgabe gerade mal ein knappes Jahr her war, noch an Legitimation. In diesem Zusammenhang steigt auch die Auflage der taz erheblich und bestärkt die Zeitung damit in ihrer Selbstdarstellung als Organ der Linken im All-

513 Elsner: »Parteilichkeit«, S. 9.
514 Ebd.
515 Elsner: »Von einem, der auszog, eine Revolution ohne Volk anzuzetteln«, S. 174 f.
516 Vgl. etwa Barck: »Revolutionserwartung und das Ende der Literatur«, S. 411 ff.

gemeinen. Währenddessen gerät die DDR-finanzierte DKP auch aufgrund ihrer fatalen Verteidigung sozialistischer Kernkraftnutzung in eine immer tiefere Krise.

Gisela Elsner unterhält derweil gute Kontakte in die DDR und tauscht sich in dem Zusammenhang auch über ihre Beteiligung an der taz-Sonderausgabe aus. Der DDR-Bürger und Architekt Hermann Henselmann schreibt im Winter 1987 an seine Genossin und Freundin Elsner, die Mitarbeit an der Ausgabe sei »für unsere Genossen ein Anlaß [gewesen], das Gesprächsklima zu testen.«[517] Diese Formulierung deutet auf ein strategisches Vorgehen Elsners als DKPlerin in der BRD-Linken; Henselmanns Urteil, die anderen Autor:innen der Sonderausgabe seien »enttäuschte Linke oder leutselige kritische Zeitbetrachter«[518], korrespondiert mit Elsners Darstellung gegenüber Ronald Schernikau, sie habe sich während der Redaktionsarbeit im »Kampf gegen eine Clique von Linkssektierern [befunden], die unter der Fuchtel des Herrn Enzensberger stand, der eines der korruptesten Schweine ist, die ich kenne«[519]. Henselmann wiederum kommentiert dies mit den Worten, Enzensberger sei »kein Feind, höchstens ein Gegner. Die TAZ benutzte uns doch nur aus Popularitätsgründen. Also benutzen wir sie auch.«[520]

Letztlich zeigt sich in Elsners Einbezug in die Mitarbeit an der taz-Sonderausgabe neben so prominenten Autor:innen wie Hans Magnus Enzensberger und Elfriede Jelinek aber auch eine zu diesem Zeitpunkt durchaus noch bestehende politische Handlungsfähigkeit. Trotz unversöhnlicher, nach Elsners Angabe offenbar handgreifli-

517 Brief an Gisela Elsner [undatiert, 1987], in: Archiv der Akademie der Künste, Hermann-Henselmann-Archiv 120-01-263, fol. 1.

518 Ebd.

519 Akademie der Künste, Berlin, Ronald-M.-Schernikau-Archiv, Nr. 150, Gisela Elsner an Ronald Schernikau, 24. Oktober 1984.

520 Brief an Gisela Elsner vom 18. Februar 1988, in: Archiv der Akademie der Künste, Hermann-Henselmann-Archiv 120-01-263, fol. 3.

cher[521] Dissense mit ihren Kolleg:innen, kann Elsner fünf Artikel in der Sonderausgabe unterbringen, wovon sich drei mit explizit kommunistischen Themen[522] und zwei mit den tagesaktuellen Themen Polizeigewalt und Asylpolitik[523] befassen. Dabei liegt Elsner auch mit ihrer Kritik an der Asylpolitik der Bundesregierung bereits zum Ende der achtziger Jahre quer zur Position der taz: Während in der Bundesrepublik

> die Diskussion über die deutsche Asylgesetzgebung [...] belebt und die Ausländerfeindlichkeit [...] als Problem offensichtlich [wird], veröffentlicht das Sprachrohr der Alternativszene eine seitenfüllende, aber ernst gemeinte Diskussion: »Linke diskutieren Ausländerstopp: Man muß auch den Mut haben zu sagen, ich bin für Ausländerstopp. Deutschland und Europa sind nicht in der Lage, Millionen von Menschen einzugliedern.«[524]

Diese Einschätzung ist keine DKP-Position, sondern stammt von Oliver Tolmein, heute Publizist und Rechtsanwalt, damals antideutscher Autonomer und damit Angehöriger der vollständig marginalisierten außerparlamentarischen Kommunist:innen, denen Elsner zum Ende ihres Lebens nahesteht. Dennoch wird sie in diesen Zusammenhängen keine neue politische Heimat finden, sondern – zumal nach 1989 – als »antideutsches« DKP-Mitglied endgültig zwischen allen Stühlen sitzen. Elsners zunehmend negativer Blick auf das Veränderungspotential der bundesrepublikanischen Gesellschaft bereits vor dem Zusam-

521 Vgl. Akademie der Künste, Berlin, Ronald-M.-Schernikau-Archiv, Nr. 150, Gisela Elsner an Ronald Schernikau, 24. Oktober 1984.

522 Diese Artikel erscheinen unter den Titeln »Von einem, der auszog, eine Revolution ohne Volk anzuzetteln. Zum 20. Todestag von Che Guevara«, »Ehre wem Ehre gebührt. Appell an den Bundesgerichtshof« und »Trotzkismus im Universum«.

523 Diese Artikel erscheinen unter den Titeln »Was passive Bewaffnung ist« und »Hemmungslose Menschlichkeit? Asylanten-Softies im Berliner Senat«.

524 Tolmein/zum Winkel: *Nix gerafft*, S. 160.

menbruch des Realsozialismus schafft auch Distanz zu ihren Genossen in der DDR. So schreibt ihr Hermann Henselmann 1987, ihm sei »in der ›TAZ‹ auf[gefallen]«[525], sie sei »zu optimistisch, im Blick auf die Lebensdauer dieser westlichen Welt«[526].

525 Brief an Gisela Elsner [undatiert, 1987], in: Archiv der Akademie der Künste, Hermann-Henselmann-Archiv 120-01-263, fol. 1.
526 Ebd.

3. GISELA ELSNER UND DIE DKP

3.1 »I'm not a communist, but ...«[1] Gisela Elsner und die DKP vor 1977

Als in den 1960er Jahren die Gründung der Deutschen Kommunistischen Partei (DKP) vorbereitet und 1968 schließlich vollzogen wird, ist Gisela Elsner nicht beteiligt und überhaupt von dem Schritt in die politische Organisierung noch relativ weit entfernt. Sie lebt einen Großteil des Jahrzehnts nicht in der Bundesrepublik, sondern in Rom und London, wo sie noch 1965 gegenüber der Sunday Times betont, sie sei keine Kommunistin.[2] Dennoch ist dies die Zeit, in der sie nach eigenen Angaben »erstmals Kommunisten kennen[lernt] und durch Gespräche mit ihnen und die Lektüre von Marx und Engels«[3] eine Politisierung links von der Sozialdemokratie erfährt. Entsprechend stellt die neu gegründete DKP 1969 einen von zwei Hauptgründen für Elsners Rückkehr in die BRD dar.[4] Die Entwicklung ihres Verhältnisses zur Partei beschreibt sie 1979 in den roten blättern folgendermaßen:

> Als die DKP erlaubt wurde, ich war damals noch in England, hatte ich die Idee, mich mit der DKP in Verbindung zu setzen, aber nicht die Idee, DKP-Mitglied zu werden. 1970/71 habe ich Kontakt aufgenommen und Wahlaufrufe verfaßt. 1972 fand man das noch ganz

1 [O. A.]: »Rezension Die Riesenzwerge«.
2 Vgl. ebd.
3 Altenburg (Hrsg.): *Fremde Mütter, fremde Väter, fremdes Land*, S. 144.
4 Vgl. ebd.

> lustig im bürgerlichen Kulturbetrieb. 1976 hat man es schon nicht mehr verstanden, war befremdet.[5]

Hier erscheinen die sechziger bis mittleren siebziger Jahre als Annäherungsphase Elsners an die DKP, was der Entwicklung der bundesrepublikanischen Linken, wie anhand der Neuen Sozialen Bewegungen dargestellt wurde, insgesamt entgegengesetzt ist. Ihre Parteinähe lange vor dem Beitritt 1977 belegen die beiden Wahlaufrufe, der 1970 in der Zeitschrift konkret veröffentlichte Aufsatz *Parteilichkeit* sowie die Tatsache, dass Elsner seit Beginn der siebziger Jahre Artikel in der DKP-nahen Deutschen Volkszeitung veröffentlicht.

Die antikommunistische Prägung von Staat und Gesellschaft der BRD in den fünfziger und frühen bis mittleren sechziger Jahren ist hier bereits diskutiert worden, unter anderem hinsichtlich der Rowohlt-Verlagsgeschichte sowie als Entstehungskontext der Neuen Linken. Die im KPD-Verbot von 1956 ausgedrückte staatliche »Tendenz [...], nur noch das als erlaubte Opposition anzusehen, was die sogenannte parlamentarische Opposition bietet, alles andere aber mit Strafsanktionen zu belegen«[6], verweist auf die Bedeutung des Antikommunismus für die Entstehung der außerparlamentarischen Opposition (APO). Mit der Aussage, sie habe sich in der BRD als Kommunistin »immer bedroht gefühlt«[7], weist Gisela Elsner allerdings 1989 darauf hin, dass die APO und ihre Nachfolgebewegungen den Antikommunismus letztlich nicht abgeschafft haben – was allerdings nur durch die Überwindung der kapitalistischen Ordnung überhaupt möglich wäre.

Die Auswirkungen der DKP-Gründung auf die kommunistische Bewegung in der BRD ist mithin von Beginn an als ambivalent einzuschätzen. Georg Fülberth zufolge bewirkt dieser Schritt eine nie

5 Deiritz: »Warum wird so eine Kommunist?«
6 Hofmann: *Stalinismus und Antikommunismus*, S. 162.
7 Elsner: »Bandwürmer im Leib des Literaturbetriebs«, S. 250.

wieder aufgefangene Schwächung der bestehenden illegalen kommunistischen Organisationsstrukturen:

> Angeblich hatte die Betriebsgruppe der KPD in den Opel-Werken Rüsselsheim gegen Ende der Verbotszeit mehr Mitglieder als später jemals die DKP. Hier sollen Reserven gegen das nun wieder mögliche »offene« Auftreten bestanden haben, so daß Genossen, da die KPD-Arbeit nicht fortgesetzt wurde, überhaupt aus der kommunistischen Bewegung ausschieden. Auch gab es nun keine unmittelbaren Kontakte der Betriebsgruppe zur DDR mehr.[8]

Viele Mitglieder der ehemaligen KPD, die auch nach 1956 als klandestine Struktur weiterbestanden hatte, werden in die »offensichtlich in einem sehr engen Kreis«[9] vorgenommene Planung der Parteigründung gar nicht erst einbezogen. Einen anderen Blick auf das Verhältnis zwischen Studentenbewegung/SDS, KPD und DKP, der sich dennoch mit dem von Fülberth teils überschneidet, hat der Schriftsteller Uwe Timm. Er erklärt 1976, er habe

> schon sehr früh Kommunisten im SDS [gekannt], die damals sogar noch in der illegalen Partei waren, und die haben mich nun weiß Gott nicht reingeführt, sondern eher davon abgehalten, in die Partei zu gehen. [...] [U]nd es war so, daß dieser Flügel, die sogenannten »Traditionalisten«, der KPD-Flügel, kein Bein aufs Parkett bekam und keine Rolle spielte. Sie wurden dann sogar aus dem SDS ausgeschlossen.[10]

8 Fülberth: *KPD und DKP 1945–1990*, S. 117 f.
9 Ebd.
10 Reinhold: *Tendenzen und Autoren*, S. 441.

Die DKP stellt sich nicht nur formal affirmativ zu Staat und Parlamentarismus, sondern positioniert sich auch in ihrem Parteiprogramm nicht grundsätzlich antagonistisch zur bürgerlich-kapitalistischen Ordnung der Bundesrepublik: Die Grundsatzerklärung von 1969 legt die Schwerpunkte auf Demokratisierung, Friedenspolitik und Anerkennung der DDR.[11] Der Abschnitt »Unser sozialistisches Ziel« ist demgegenüber »nur kurz: die Hauptaufgaben des gesamten Dokuments waren die Analyse der aktuellen Situation, die Beschreibung eines mittelfristigen Ziels: eine Ordnung, in der die Monopole entmachtet sein sollten, aber der Kapitalismus noch nicht beseitigt war, sowie der Entwurf der Koalition, welche sie erkämpfen sollte.«[12]

Der Autor und APO-Aktivist Christian Geissler verarbeitet die im Vorfeld der DKP-Gründung geführte Parlamentarismusdebatte in seinem Roman *Das Brot mit der Feile* (1973) und stellt darin kommunistische Politik und Parlamentarismus als schlecht vereinbar dar.[13] Dass hier ein objektives Dilemma besteht, benennt ausgerechnet das linksbürgerliche Magazin Der Spiegel noch 1978 mit der Situationsbeschreibung, »die Kommunisten«[14] stünden sich, »[e]inerseits befangen in dem Anspruch, eine ›revolutionäre Partei der Arbeiterklasse‹ zu sein, andererseits darauf bedacht, nicht abermals verboten zu werden und deshalb so demokratisch wie möglich zu erscheinen, […] ständig selbst im Wege.«[15] Gisela Elsner hingegen geht es in den

11 Vgl. *Grundsatzerklärung der Deutschen Kommunistischen Partei*, Hamburg: Blinkfüer Verlag 1969.

12 Fülberth: *KPD und DKP 1945–1990*.

13 Zum politischen Gehalt von Christian Geisslers Werk vgl. etwa Grumbach, Detlef (Hrsg.): *Der Radikale. Christian Geisslers Literatur der Grenzüberschreitung*, Berlin: Verbrecher Verlag 2017.

14 »Selbst im Wege«, *Der Spiegel*, 30.10.1978, http://www.spiegel.de/spiegel/print/d-40605757.html (zugegriffen am 31.05.2018).

15 Ebd.

siebziger Jahren, auch vor ihrem Parteibeitritt, nicht um Kritik der DKP, sondern um Agitation für deren Wahl und gegen die Sozialdemokratie und später Die Grünen. In den achtziger Jahren spricht sie sich explizit für den »Kampf innerhalb parlamentarischer Möglichkeiten«[16] aus, scheint also das Repräsentationsprinzip und eine revolutionäre, möglicherweise gewaltsame Umgestaltung der Gesellschaft nicht als Widerspruch anzusehen. Erst zu Beginn der 1990er Jahre, nach dem Zusammenbruch des Realsozialismus, wird sie unter dem Schlagwort Legalismus das Verhältnis von DKP und Staat problematisieren.

Die DKP ist wie die gesamte (Neue) Linke in der BRD mit den Folgen der Zerschlagung der deutschen Arbeiter:innenbewegung im Nationalsozialismus konfrontiert; die bundesrepublikanische Gesellschaft ist zumal in diesem Punkt als postnazistisch anzusehen. In den ersten Jahren nach der Gründung 1969 entwickelt sich die Partei zunächst dennoch, und trotz Schwächung der illegalen KPD-Strukturen, zu einer wahrnehmbaren politischen Kraft in der BRD. Die Zeit berichtet über den dritten Parteitag 1973, die DKP sei

> inzwischen fest etabliert und in ihrem Bestand [...] unangefochten; sie haben annähernd 40 000 Mitglieder – bei ständig steigendem Zugang; ihre Studentenorganisation, der Marxistische Studentenbund Spartakus hält mit 2000 Mitgliedern beherrschende Positionen im Verband deutscher Studentenschaften und den Studentenausschüssen der meisten Hochschulen. Die Sozialistische Deutsche Arbeiterjugend (SDAJ) stellt mit 10 000 Angehörigen ein sicheres Nachwuchsreservoir.[17]

16 Brief an Chris Hirte vom 17. April 1986, in: Briefwechsel Elsner – Hirte, fol. 1.
17 »DKP-Parteitag«.

Allerdings steht dieser relativen Stärke der DKP bereits 1971 parteiintern ein klassenstrukturelles Problem entgegen: »Der immer wieder erhobene Anspruch der DKP, sie sei die ›Partei der Arbeiterklasse‹«[18] ist problematisiert durch die Tatsache, dass ein Hauptteil der »Mitgliedergewinne unter jungen Intellektuellen erzielt«[19] wird. Einen Einblick in die Konsequenzen dieser Tatsache für den DKP-nahen Sozialistischen Frauenbund gibt die marxistisch-feministische Soziologin Frigga Haug, wenn sie rückblickend erklärt, sie und die anderen Angehörigen seien »nie das schlechte Gewissen bei dem Gedanken [losgeworden], dass das Proletariat uns fehlte [...]; wir versuchten hilflose Konstruktionen auf diesem Feld, indem wir behaupteten, dass auch Angestellte Arbeiter sind [...].«[20] Der »unter dem Einfluß der neuentstandenen linken Kadergruppen«[21] gefällte Entschluss der frauenbewegten Kommunist:innen, »daß wir eine Revolution am ehesten erreichen können, wenn wir Arbeiterinnen bzw. kleine Angestellte agitierten«[22], widerspricht so sehr den »realen Umsetzungsmöglichkeiten der Gruppe, [...] daß wir immer wieder monatelang das Gefühl hatten, daß bei der Arbeit ›nichts rauskommt‹.«[23]

Die »jungen Intellektuellen«[24], die anstelle von Proletarier:innen Anfang der 1970er Jahre vermehrt der DKP beitreten, tun den Schritt in diese hierarchisch organisierte Partei zumeist aus der antiautoritär geprägten Studentenbewegung heraus. Die Zeit schreibt dazu 1973, die »Aktivisten und Mitläufer der Protestbewegung von 1968«[25] müssten im Rahmen ihres Parteibeitritts

18 Fülberth: *KPD und DKP 1945–1990*, S. 125.

19 Ebd.

20 Haug, Frigga: *Der im Gehen erkundete Weg. Marxismus-Feminismus*, Berlin: Argument-Verlag 2015, S. 124.

21 Doormann (Hrsg.): *Keiner schiebt uns weg*, S. 31.

22 Ebd.

23 Ebd.

24 Ebd., S. 125.

25 »DKP-Parteitag«.

einen tiefen Wandel durchgemacht haben. Diese Parteijugend ist streng diszipliniert, linientreu wie die FDJ, eingeschworen auf den Apparat. Sie produziert Aktivität, aber keinerlei Originalität. Wenn es zwischen ihr und dem Establishment der Älteren Meinungsunterschiede oder gar Friktionen gäbe wie in allen anderen Parteien der Bundesrepublik – sie hätten in Hamburg zumindest andeutungsweise hervortreten müssen. Keine Spur davon.[26]

Georg Fülberth allerdings sieht in der Anpassung der neulinken Aktivist:innen an den Demokratischen Sozialismus keinen Widerspruch zur antiautoritären APO. Eher im Gegenteil sei diese Organisationsform den Betreffenden »nach ihren Erfahrungen – teils in der SPD, teils in der Studierendenbewegung – [...] nicht undemokratischer als die Organisationspraxis anderer Parteien und auf jeden Fall wirkungsvoller als spontaneistische Formen«[27] erschienen. Laut Helmut Peitsch vollzog sich hier die Fortführung der »reformerische[n] und [...] organisierte[n] Phase der Studentenbewegung in sozialdemokratischer und kommunistischer Politik«[28] – wobei angesichts des Parteiprogramms festgehalten werden muss, dass sich die DKP tatsächlich eher in die Tradition der Sozialdemokratie stellt.

26 Ebd.
27 Fülberth: *KPD und DKP 1945–1990*, S. 139.
28 Peitsch: *Nachkriegsliteratur 1945–1989*, S. 229.

3.2 »Verneinung als Sumpf«. Beitrittsmoment 1977

Im Jahr 1977 eskalieren die Auseinandersetzungen zwischen dem bundesrepublikanischen Staat und der RAF sowie der »sympathisierenden« Linken; sie kulminieren in der Serie von Ereignissen, die als Deutscher Herbst in die Geschichte eingehen werden. Ausgerechnet jetzt entscheidet sich Gisela Elsner, der DKP beizutreten, begründet diesen Schritt allerdings nicht mit dem politischen Tagesgeschehen, sondern mit allgemeineren strategischen Überlegungen. Im Gespräch mit den roten blättern erklärt sie 1979, es sei ihr

> ab einem bestimmten Moment [...] nicht mehr möglich gewesen, bei einem Nein stecken zu bleiben. Das ist eigentlich eine Sackgasse, wenn man da weiter drauf rumtritt. Es muß doch die Möglichkeit, etwas zu befürworten, zu bejahen, gefunden werden. Das ging bei mir so: Wenn ich dieses Gesellschaftssystem in Romanen verwerfe, dann muß es, wie gesagt, eine Alternative geben, die zunächst hier in der Bundesrepublik nicht geboten war.[29]

Es geht Elsner also um die Erlangung von Handlungsfähigkeit in einem Moment großer Schwächung der westdeutschen Linken, wofür sie auch das Verhältnis von Literatur und Politik noch einmal bestimmt. Weitere Gründe für ihren Eintritt in die DKP nennt Elsner 1987 in einem Brief an ihren Ex-Ehemann Klaus Roehler: Da man »als Einzelkämpfer, wie Du es bist, nichts erreichen kann, trat ich in die DKP trotz ihres sektiererischen Charakters ein, weil diese Partei die einzige marxistisch-leninistische Partei ist, die es hier gibt.

29 Deiritz: »Warum wird so eine Kommunist?«

[…] Denn die einzige Stärke der DKP besteht darin, daß ihr Moskau den Rücken stützt.«[30]

Dieses Bestehen auf der Notwendigkeit von Organisierung beinhaltet unter anderem Elsners Individualismuskritik, ein konsistentes Thema ihrer politischen und literarischen Texte. Dass die DKP im Jahr nach ihrem Beitritt ein Parteiprogramm verabschiedet, in dem erneut die Einigkeit mit der Sowjetunion betont wird, scheint in Elsners Sinne zu sein. Allerdings ist ihre Befürwortung der Sowjettreue der DKP vermutlich weniger als Lob des Realsozialismus zu werten denn als pragmatische Anerkennung der Schwäche kommunistischer Organisierung in der BRD. Damit sie sich auf den Sozialismus wirklich positiv beziehen könne, so Elsner gegenüber Roehler, müsse dieser nämlich »ein anderer werden […], als es der reale Sozialismus ist«[31].

Als ebenfalls 1977 »[m]it der Biermann-Affäre […] schlagartig der rasche Abstieg des Ansehens der DKP bei der linken Intelligenz«[32] beginnt, schlägt sich Elsner entsprechend der Parteilinie nicht auf die Seite des prominenten DDR-Dissidenten. Sie nimmt zur Frage der Dissidenz sowohl politisch als auch literarisch Stellung und fokussiert dabei auf die Kritik der Bundesrepublik, indem sie ebenso wie »Parteiführung und UZ […] die antikommunistische Komponente der Kampagne gegen die Ausbürgerung«[33] in den Vordergrund stellt. Zum Umgang der Bundesrepublik mit Dissidenten erklärt sie 1978, deren Haltung werde »mit Unsummen an Geld honoriert. Siehe Solschenizyn oder Biermann. Ich glaube, eine Opposition gegen die Gesellschaft der DDR entsteht schon rein aus finanziellen Gründen.«[34] Den »Dissidentenkommerz«, der in den achtziger Jahren in der BRD

30 Günther-Herold: *Wespen im Schnee*, S. 286.

31 Ebd., S. 287.

32 Fülberth: *KPD und DKP 1945–1990*, S. 151.

33 Ebd.

34 Kroetz, Franz Xaver / Elsner, Gisela: »Mut zur DKP«, in: *Ramadama. Münchner Initiative von Kulturschaffenden zur Wahl der DKP in den Stadtrat 1978*, München 1978.

entsteht, thematisiert sie 1984 in ihrem Roman *Die Zähmung*. Die DKP beurteilt die Ausbürgerung Biermanns als »Konsequenz seines feindseligen Wirkens gegen die Deutsche Demokratische Republik«[35]. Fülberth betrachtet diese Positionierung als Zeichen eines endgültigen politischen Versagens der DKP, was Elsners Beitritt zu diesem Zeitpunkt einmal mehr als Anachronismus dastehen lässt:

> Unter vielen Intellektuellen, die der DKP angehörten, brach Verzweiflung aus. Sie unterzeichneten Protesterklärungen. Daraufhin wurden sie von den Kreis-Schiedskomissionen gedrängt, ihre Unterschriften zurückzuziehen. Diese Gespräche endeten damit, daß viele Unterzeichner aus der Partei austraten.[36]

Ebenfalls 1978 schwächt die DKP das »Etappenziel«[37] antimonopolistische Demokratie noch weiter ab zum Konzept einer vorher einzuleitenden, vage formulierten Wende zu demokratischem und sozialem Fortschritt. Ins Werk Gisela Elsners hält der Begriff Monopolisierung hingegen erst in den späten siebziger Jahren überhaupt Einzug; 1979 kritisiert sie in *Die Volkszertreter* erstmals explizit die »Schaffung des Monopolkapitalismus«[38] durch die bisherigen Bundesregierungen, in deren Regierungserklärungen das Kartellgesetz »die Rolle eines Spukgespensts«[39] spiele. Mit Verweis auf das westdeutsche Kapital als Akteur betont sie hier zudem die

> Entschlossenheit, die in der Nachkriegszeit der Bundesverband der Deutschen Industrie, die Bundesvereinigung der Deutschen Arbeitgeber oder die Unternehmensleitungen verschiedener Ruhrkonzerne

35 Unsere Zeit vom 18. November 1976, S. 1F, zitiert nach: ebd. S. 151.
36 Ebd., S. 152.
37 Fülberth: *KPD und DKP 1945–1990*, S. 155.
38 Elsner: »Die Volkszertreter«, S. 22.
39 Ebd., S. 21.

> an den Tag legten, als es galt, die Dekartellisierungspolitik der Alliierten […] zu durchkreuzen.[40]

Weiterhin stärkt das DKP-Parteiprogramm von 1978 den Demokratischen Zentralismus, indem die Bildung von Fraktionen als unvereinbar mit der Handlungsfähigkeit der Partei erklärt wird.[41] Elsner wird diese Organisationsstruktur zehn Jahre später angesichts der Parteikrise nach dem Zusammenbruch des Realsozialismus befürworten, artikuliert aber 1979 eine abweichende Haltung, die sich aus ihren Äußerungen zum Thema Meinungsbildung ableiten lässt. In ihrer ersten UZ-Veröffentlichung *Vom Umgang mit Wörtern, der UZ und Intellektuellen* weist sie darauf hin, dass die »Tatsache, daß bürgerliche Blätter ihre Auflagenhöhe mit Kontroversen steigern, […] noch nicht bis zur UZ-Redaktion oder zu Parteikreisen vorgedrungen zu sein«[42] schiene. Diese doch recht grundsätzliche Kritik wird immerhin in der Parteizeitung veröffentlicht, gemeinsam mit Elsners Vorwurf einer falschen Kapitalismuskritik, die den Eindruck erwecke, »die Unternehmer entließen die Arbeiter aus reiner Lasterhaftigkeit. Die Profitgier, von der da immer die Rede ist, scheint mir eher kennzeichnend für ›Tante-Emma-Läden‹-Besitzer zu sein und nicht für Großaktionäre.«[43] Trotz dieses Raums für abweichende Meinungsäußerungen bleibt jedoch, folgt man Fülberths Darstellung, »das ausschließliche Recht der Entscheidung und Festlegung der konzeptionellen Grundpositionen vorbehalten […]. Hatte die Führung gesprochen, war keine Kritik mehr möglich.«[44]

Dass die Führung der DKP bis zu Elsners Wahl ins Zentralkomitee 1990 darüber hinaus ausschließlich aus Männern besteht, zeigt die patriarchale Prägung des parteiinternen Autoritarismus, der jedoch

40 Ebd., S. 24.
41 Fülberth: *KPD und DKP 1945–1990*, S. 157.
42 Elsner: »Vom Umgang mit Wörtern, der UZ und Intellektuellen«, S. 316.
43 Ebd.
44 Fülberth: *KPD und DKP 1945–1990*, S. 138.

für Elsner – im Gegensatz etwa zu ihrem Schriftstellerkollegen Uwe Timm – keinen Austrittsgrund darstellt. Dieser Charakter des Demokratischen Zentralismus wirft Licht auf den geringen Stellenwert, welcher sozialrevolutionären Veränderungen von der DKP-Führung zugemessen wird und lässt die Frage nach der »Einheit von politischer Praxis und subjektiver Emanzipation«[45] aufkommen. Wie viele Sozialist:innen in der DDR setzt Gisela Elsner diesem Verhältnis keinen Aufruf zur allseitigen Revolutionierung der Geschlechterrollen entgegen, sondern versucht, wie auch in ihren anderen Lebensbereichen, innerhalb der bestehenden Ordnung »ihren Mann zu stehen«. Die Relevanz ihres emotional-psychologischen Leidens am bürgerlichen Geschlechterverhältnis weist sie auf politischer Ebene mit einer Härte zurück, die sich durch alle kommunistischen Strömungen von der DKP bis zur RAF zieht.[46]

»... daß ich nachweislich Fähigkeiten habe, nach denen
in der DKP nie auch nur die geringste Nachfrage bestand«.[47]
Die Autorin Elsner in der DKP

Gisela Elsner setzt sich in ihrer Literaturproduktion nicht mit ihrem eigenen Innenleben auseinander. Diese Position führt sie mehrfach literaturprogrammatisch aus und sie prägt ihre literarischen und politischen Schriften. Wenn Elsner 1979 erklärt, ihre »politische und [...] literarische Entwicklung«[48] sei »immer parallel«[49] verlaufen,

45 Buselmeier: »Die Macht und der unermüdliche Hase«, S. 129.

46 Zur Problematik der Psychologisierung vgl. etwa Holderberg, Angelika: *Nach dem bewaffneten Kampf. Ehemalige Mitglieder der RAF und Bewegung 2. Juni sprechen mit Therapeuten über ihre Vergangenheit*, Reihe Psyche und Gesellschaft, 2. Aufl., Gießen: Psychosozial-Verlag 2007.

47 Elsner, Gisela: »Brief an Herbert Mies«, in: Dies.: *Flüche einer Verfluchten*, S. 357–368, hier S. 358.

48 Deiritz: »Warum wird so eine Kommunist?«

49 Ebd.

meint sie vermutlich die formale und inhaltliche Politisierung ihres Werks seit den späten siebziger Jahren. Das karge Innenleben ihrer Figuren definiert Elsner 1986 gegenüber Chris Hirte als parteilichen Standpunkt; der Protagonist ihres aktuellen Romans *Das Windei*, Heiner Wurbs,

> darf sich nicht eingestehen, daß er gescheitert ist. Der Leser aber muß es wissen. Sonst hätte das Buch keinen Sinn. Deshalb habe ich Heiner Wurbs mit einer Siegermiene ins Verderben stürzen lassen. Die kleinen Leute lassen die Großen im Kleinen gewinnen, damit die nicht merken, daß sie im Großen die Verlierer sind. So entsteht ein Volk aus lauter Verlierern, die sich für Sieger halten und deshalb übersehen, wer die wahren Sieger sind. […] Der Tod sollte Heiner Wurbs gänzlich zur Attrappe werden lassen, denn gelebt hat er nie, er ist gesteuert worden.[50]

Öffentliche Bekenntnisse zu Realismus und Parteilichkeit legt Elsner bekanntlich seit 1970 vor; 1976 erklärt sie, man erkenne – »mit dem politischen Bewußtsein – daß man einfach realistischer erzählen muß. Verständlich für jeden.«[51] Mit der Fokussierung auf Verständlichkeit liegt sie im Jahr vor ihrem Beitritt zur DKP auf der Linie der Kritik, die die DDR-Literaturtheorie an der bürgerlichen Trennung zwischen »der sogenannten avantgardistische[n] Moderne«[52] für die Eliten und der Trivialliteratur für die Massen formuliert. Eine weitere Facette ihrer Beschäftigung mit dieser Dichotomie bilden die ideologiekritischen

50 Brief an Chris Hirte vom 10. September 1986, in: Briefwechsel Elsner – Hirte, fol. 4.

51 Bock, Hans Bertram: »Die Pioniere des Nichts. Interview mit der Nürnberger Autorin Gisela Elsner über ihren neuen Roman«, *Nürnberger Nachrichten*, Oktober 1976, S. 19.

52 Hermand, Jost: »Das Gute-Neue und das Schlechte-Neue. Wandlungen der Modernismus-Debatte in der DDR seit 1956«, in: Herminghouse/Hohendahl (Hrsg.): *Literatur und Literaturtheorie in der DDR*, S. 73–99, hier S. 87.

Aufsätze, die sie in den 1980er Jahren über triviale Literatur und Zeitschriften verfasst.[53]

Wirklich zur »DKP-Autorin« wird Elsner – im Gegensatz zu Männern wie Peter Schütt oder Erasmus Schöfer – aber nie, vielmehr erlebt sie die Genoss:innen als ablehnend und ignorant: »[N]iemals« habe in der Partei »auch nur die geringste Nachfrage«[54] nach ihren schriftstellerischen Fähigkeiten bestanden. Das Resümee ihrer Position als Schriftstellerin in der DKP, das sie anlässlich ihres kurzfristigen Austritts im Juni 1989 zieht, könnte ebenfalls düsterer kaum sein. In einem öffentlichen Austrittspapier wirft sie der Parteiführung vor, ihren Namen »als Zierrat [...] mißbraucht«[55] und ihre Reden nicht ernst genommen zu haben,

> die zu verfassen für mich insofern keine Kleinigkeit darstellte, als ich es als die Verfasserin satirischer, gesellschafts-kritischer Romane, denen zwar in der hiesigen Öffentlichkeit Bedeutung beigemessen wird, nicht aber in der DKP, gewohnt bin, statt 3,5 Seiten 300 Seiten mit Sätzen zu füllen, die alle das Ziel einer umwälzenden Veränderung des hier herrschenden kapitalistischen Gesellschaftssystems anpeilen.[56]

Bereits 1978 benennt Elsner mit der Aussage, es sei »nicht immer leicht, die politischen Erkenntnisse und Erfahrungen in der Arbeit zu verwerten«[57], selbst die Spannung zwischen ihrer (literarisierten) Wahrnehmung der bundesrepublikanischen Wirklichkeit und der DKP-Definition von sozialistischer Literatur. Die Broschüre *Kultur*

53 Vgl. etwa Elsner, Gisela: »Das lukrative Erbe einer Kerkermeisterin. Über die Dauerseller, die Verleger und die Leser von Marie Louise Fischer«, in: Dies.: *Im literarischen Ghetto*, S. 75–114.

54 Elsner, Gisela: »Brief an Herbert Mies«, S. 385.

55 Ebd.

56 Ebd.

57 Deiritz: »Warum wird so eine Kommunist?«

und Kulturpolitik im antiimperialistischen Kampf etwa bezeichnet es als Hauptaufgabe des kommunistischen Künstlers,

> die imperialistische Massenkultur und elitäre Strömungen [zu bekämpfen] und [...] doch die ganze Breite künstlerischer Möglichkeiten [zu nutzen], um Partei zu ergreifen für ein humanistisches Menschenbild, um einzugreifen in den Tageskampf der Arbeiterklasse, um ihn weiterzuführen im bewußten Kampf gegen die Monopolherrschaft, um ihr Ziel, den Sozialismus, zu propagieren.[58]

Elsner hingegen gestaltet in ihrer Literatur mitnichten eine vermeintlich objektive Tendenz zum Sozialismus, die der Marxismus-Leninismus in der bürgerlichen Gesellschaft walten sieht, sondern die realen Missstände der bundesrepublikanischen Gesellschaft. 1980 erklärt sie gegenüber Hanjo Kesting, sie sei »keineswegs eine Verfechterin des sogenannten ›sozialistischen Realismus‹. Er war mir von vornherein suspekt.«[59] Ihre Figuren sind keine positiven sozialistischen Held:innen, sondern bürgerliche Individuen, abgeschottet und ohnmächtig wie adornitische Monaden.

Mit implizit anti-utopistischer Stoßrichtung betont Elsner, »die Darstellung der Gegenwart [ist] schon wichtig genug [...], weil da ja die Gefahren schon vorhanden sind. Aber es fällt mir sehr schwer, darin eine Perspektive darzustellen, obwohl ich – um es so auszudrücken – die Ziele der DKP befürworte«[60]. Ein Versuch, mit diesem Dilemma umzugehen, mag Elsners polit-literarische Arbeitsteilung sein, in der sie der Literatur die Rolle der Negation, der Organisierung die der Perspektive und Handlungsfähigkeit zuweist. Wenn sie »dieses

58 Parteivorstand der Deutschen Kommunistischen Partei, Referat Öffentlichkeitsarbeit (Hrsg.): *Kultur und Kulturpolitik im antiimperialistischen Kampf*, Düsseldorf 1974, S. 30.

59 Brief an Hanjo Kesting vom 12. Juni 1989, in: Briefwechsel Elsner – Kesting, fol. 42.

60 Deiritz: »Warum wird so eine Kommunist?«

Gesellschaftssystem in Romanen verwerfe«[61], so Elsner in den roten blättern 1979, müsse es »eine Alternative geben«[62] – und das ist für sie eben die DKP.

Der Kürbiskern

Bei aller Ablehnung, die sie in der DKP erfährt, ist die Literaturzeitschrift Kürbiskern – laut Christian Geissler seit 1968 dominiert von »Befürworter[n] einer parteilichen, an die DKP angelehnten Ausrichtung«[63] – doch ein dauerhafter Publikationsort Gisela Elsners. In den Auseinandersetzungen der bundesrepublikanischen Linken um den Prager Frühling resultiert die Ausrichtung der Zeitschrift in der Parteinahme für die Sowjetunion. Dass Geissler selbst, als SU-Kritiker und aufgeschlossen gegenüber dem Konzept des bewaffneten Kampfes[64], trotzdem noch 1970 im Kürbiskern veröffentlicht, deutet allerdings auf eine nicht allzu dogmatische parteipolitische Orientierung der Zeitschrift. Zumindest wird offenbar die »Frage, wie Klassenbewußtsein entsteht«[65], der Geissler in seiner Szenenfolge *Altersgenossen* nachgeht, von der Redaktion als so relevant angesehen, dass in der Auseinandersetzung darum bestimmte Dissense ausgehalten werden.

Der kommunistische Autor Uwe Timm beschreibt den Kürbiskern 1976 als singuläres Organ für die Veröffentlichung radikaler

61 Ebd.

62 Ebd.

63 [O. A.]: »Flusslandschaft 1965. Alternative Medien«, in: *Protest in München seit 1945*, ohne Datum, http://protest-muenchen.sub-bavaria.de/artikel/4028.

64 Vgl. dazu aus Geisslers Werk etwa Geissler, Christian: *Wird Zeit, daß wir leben*, Rotbuch 154, Berlin: Rotbuch Verlag 1976; Geissler, Christian: *Im Vorfeld einer Schußverletzung. Gedichte von Juli 77–März 80*, Rotbuch 230, Berlin: Rotbuch Verlag 1980.

65 Autorenkollektiv unter Leitung von Hans Joachim Bernhard: *Literatur der BRD*, S. 544.

Gesellschaftskritik in den mittleren sechziger Jahren und wichtige Instanz seiner literarischen Politisierung.[66] Gisela Elsner räumt der Zeitschrift diese Ausnahmerolle sogar noch 1983 ein; sie mache es

> zweifellos den Verfechtern der freien Meinungsäußerung leichter, Autoren mundtot zu machen, die gegen den Konsensus verstoßen, der der Aufrechterhaltung der herrschenden Zustände dient. [...] Im Gegensatz zu den Akzenten ist er nicht salonfähig. Er ist ein Forum der sogenannten Unruhestifter, der sogenannten Nestbeschmutzer, der sogenannten subversiven Elemente. Wer darin publiziert, schmälert sein Ansehen bei Rundfunk- und Fernsehredakteuren, bei Lektorinnen und Juroren.[67]

Die negativen Konsequenzen, die eine öffentliche kommunistische Positionierung in der Bundesrepublik hat, haben wenige Jahre nach dem »Deutschen Herbst« 1977 in Elsners Augen offenbar keineswegs abgenommen.

Der Kürbiskern ist für Elsner bereits seit den frühen siebziger Jahren nicht nur Publikationsort, sondern auch politisches Tätigkeitsfeld. Im Juli 1980 verfasst sie gemeinsam mit ihren Parteigenossen Friedrich Hitzer und Roman Ritter ein Anschreiben an mögliche Autor:innen für Beiträge zu einer »Publikation mit den Texten Kulturschaffender«[68]. Die Publikation soll Bestandteil des DKP-Wahlkampfes sein, wobei durch die Wahl der DKP zugleich die Ernennung von Franz-Josef Strauß zum Bundeskanzler verhindert werden soll. In Übereinstimmung mit der Eingebundenheit der DKP in die Friedensbewegung schlagen Elsner, Hitzer und Ritter das Schwerpunktthema Krieg vor, das zudem »in allerjüngster Zeit weite Kreise der Bevölkerung

66 Reinhold: *Tendenzen und Autoren*, S. 437.

67 Brief an den Kürbiskern [undatiert, eingegangen am 10. August 1983], in: Deutsches Literaturarchiv Marbach, A:Kürbiskern, fol. 2.

68 Anschreiben von Gisela Elsner, Friedrich Hitzer und Roman Ritter vom 21. Juli 1980, in: Deutsches Literarturarchiv Marbach, A: Kürbiskern, fol. 4.

zutiefst«[69] beunruhige. Mit der Forderung nach Abrüstung und »Ratifizierung des vor zehn Jahren unterzeichneten Moskauer Vertrags«[70] vertreten sie die Position der DKP, die aufgrund ihrer Orientierung an der Sowjetunion in der Friedensbewegung umstritten ist. Der Vorschlag für den Aufbau der »Flugschrift«[71] sieht an zweiter Stelle Elsners Aufsatz *Die Volkszertreter* über die Regierungserklärungen von Adenauer bis Schmidt vor sowie »Positionen der Kommunisten zu diesen Erklärungen«[72]. In den 1980er Jahren ist der Kürbiskern auch der wichtigste Publikationsort für die politischen Aufsätze und Artikel Elsners, deren Veröffentlichung ihr Hausverlag Rowohlt mit Vehemenz ablehnt.

Weiterhin ist der Kürbiskern für die literaturkritische Auseinandersetzung mit Elsners Werk von großer Bedeutung; in späteren Jahren bildet die Zeitschrift damit einen Gegenpol zum »Schatten des missmutigen Schweigens, mit dem ihre Romane der Vergessenheit überantwortet werden, kaum sind sie erschienen«[73], wie anlässlich der Publikation von *Abseits* 1982 in der Basler Zeitung zu lesen ist. 1973 erscheint im Kürbiskern eine Rezension von Elsners Erzählband *Herr Leiselheimer und weitere Versuche, die Wirklichkeit zu bewältigen*, die das später von ihr selbst formulierte Problem der »Verneinung als Sumpf«[74] vorwegnimmt. Der Rezensent Klaus Konjetzky, DKP-Mitglied und ab 1974 Kürbiskern-Redakteur, kritisiert das Fehlen einer kämpferischen Perspektive in den Erzählungen, sieht diesen Mangel jedoch dadurch aufgewogen, dass »[d]ie ungeschickten oder selbstgefälligen Phrasen, mit denen die Leiselheimers, Hohenemsers, Wiegensteins oder Leipolds Auskunft geben über ihr Leben, ihre Zwänge und Privilegien, viel von den gesellschaftlichen Ursachen und

69 Ebd.
70 Ebd.
71 Ebd.
72 Ebd.
73 Bussmann, Rudolf: »Schrei ohne Echo«, *Basler Zeitung*, 07.08.1982, S. 35.
74 Deiritz: »Warum wird so eine Kommunist?«

Bedingungen ihres Verhaltens«[75] offenbaren. Mit den Kriterien der positiven Perspektivierung und dem Totalitätsanspruch hält sich Konjetzky – wie die DKP allgemein – eng an die Setzungen der DDR-Germanistik. Trotz ihrer Abweichungen von diesen Kriterien wird Elsners Literaturprogrammatik vom Kürbiskern schon 1973, also vor ihrem Parteibeitritt, für so geeignet befunden, dass Friedrich Hitzer sie darum bittet, für das »Realismus-Heft«[76] den Beitrag »Glaubwürdigkeit beim Schreiben«[77] zu verfassen. Damit ist Elsner involviert in ein Zeitschriftenprojekt, das in der Diskussion um Realismus als wohl wichtigster linker Literaturdebatte der sechziger und siebziger Jahre in der Bundesrepublik eine gewichtige Rolle spielt.

»Auch mir ist die DDR im Übrigen nicht sozialistisch genug«[78]. Gisela Elsner und der real existierende Sozialismus

Entgegen der immer wieder kolportierten Begeisterung Gisela Elsners für die DDR äußert sie sich tatsächlich selten und wenn, dann keineswegs begeistert über den sozialistischen deutschen Staat. Zum Gegenstand ihrer literarischen und politischen Texte macht sie die DDR erst nach deren Zusammenbruch 1989 und nachdem sie noch im selben Jahr erklärt hatte, sie könne »[ü]ber sozialistische Länder leider nicht schreiben. Denn wenn man vierzehn Tage sozialistische Länder bereist hat, ist man noch kein Experte für sozialistische Länder.«[79] In privaten Äußerungen allerdings hält die mangelnde empirische Erfahrung Elsner nicht davon ab, »von hüben« auch grundsätzliche

75 Konjetzky, Klaus: Rezension *Herr Leiselheimer und andere Versuche, die Wirklichkeit zu bewältigen* in der Deutschen Volkszeitung (1973), in: DLA Marbach, Z: Elsner, Gisela, Mappe 7f2.

76 Brief von Friedrich Hitzer vom 22. März 1973, in: Deutsches Literaturarchiv Marbach, A:Kürbiskern, fol. 6.

77 Ebd.

78 Brief an Chris Hirte vom 26. Mai 1986, in: Briefwechsel Elsner – Hirte, fol. 2.

79 Elsner: »Bandwürmer im Leib des Literaturbetriebs«, S. 249.

Skepsis an der DDR zu formulieren. 1980 schreibt sie an Hanjo Kesting, es gäbe

> offenkundig keinen Staat und kein Gesellschaftssystem, das ich ohne Vorbehalte befürworten könnte. Die Schriften von Marx, Engels und Lenin erscheinen mir zwar im höchsten Grade plausibel. Aber zwischen diesen Theorien und der Praxis klafft eine Kluft, in die ich mich vermutlich in einem Anfall von größter Verzweiflung stürzen werde.[80]

Zugleich betont sie 1985 gegenüber Matthias Altenburg, sie gerate

> bis heute oft in Situationen, in denen ich mir einen DDR-Pass wünsche. [...] Allein die finanzielle Situation eines DDR-Schriftstellers erscheint mir, verglichen mit meiner, geradezu himmlisch. Dabei halte ich die DDR für kein Traumland. Aber die Mißstände, die es im Sozialismus gibt, sind doch andere als die, die ich hier anprangere. Sie sind reformierbar, die hiesigen Mißstände sind es nicht.[81]

Ihrem Freund, Kollegen und Genossen Ronald Schernikau schreibt sie 1987 nach Leipzig, »[z]umal Deine Erfahrungen mit dem realen Sozialismus interessieren mich«[82]. Aber Elsners Enthaltsamkeit in Hinblick auf die DDR erscheint dennoch nicht als bloße »Öffentlichkeitsarbeit« gegen deren antikommunistische Repräsentation in der Bundesrepublik, sondern auch persönliche Praxis. Während sie 1989 klarstellt, dass sie »die hoffentlich vorübergehenden Auflösungserscheinungen in den sozialistischen Ländern«[83] für das bedeutendste

80 Brief an Hanjo Kesting vom 12. Juni 1989, in: Briefwechsel Elsner – Kesting, fol. 42.

81 Altenburg (Hrsg.): *Fremde Mütter, fremde Väter, fremdes Land*, S. 148.

82 Akademie der Künste, Berlin, Ronald-M.-Schernikau-Archiv, Nr. 150, Gisela Elsner an Ronald Schernikau, 7. November 1987.

83 Elsner: »Bandwürmer im Leib des Literaturbetriebs«, S. 249.

weltpolitische Geschehen neben dem Klassenkampf und der nuklearen Aufrüstung hält, lässt sie zuvor jahrzehntelang die Möglichkeit ungenutzt, sich über den (nebenan) real existierenden Sozialismus selbst eine Meinung zu bilden.

Damit legt sie als Kommunistin ein (milde gesagt) Desinteresse gegenüber den Verhältnissen in der DDR an den Tag, die unter ihren Genoss:innen in der sowjettreuen DKP seltsamerweise keine Ausnahme darstellt. So schreibt das DKP-Kreisvorstandsmitglied Wolfgang Jantzen 1989, er hätte vor seinem ersten DDR-Aufenthalt »hypothetisch befragt, wohin ich denn gehen würde, wenn es in der DDR zu tiefgreifenden politischen Veränderungen komme, [...] Italien, skandinavische Länder, Niederlande usw., niemals aber die DDR genannt, nach meinem Aufenthalt die DDR an erster Stelle.«[84] Ähnliches berichtet Elsners Schriftstellerkollege und Parteigenosse Uwe Timm: Er sei 1976 »mit unsäglichen Vorurteilen in die DDR gefahren und habe feststellen müssen, daß die Vorurteile wirklich Vorurteile waren«[85]. Erst 1986 unternimmt Elsner schließlich ihren ersten und einzigen Besuch in die DDR – in Form einer Lesereise, denn mittlerweile sind drei ihrer Romane beim DDR-Verlag Volk und Welt erschienen. Im Gegensatz zu Timm oder Jantzen sieht sie sich allerdings in ihrer skeptischen Haltung bestätigt. Enttäuscht schreibt sie nach ihrer Rückkehr an Chris Hirte, sie habe den Eindruck, man habe »an politischen Themen in der DDR ebensowenig Interesse«[86] wie in der BRD.

84 Jantzen, Wolfgang: »Ein reales und materialistisches Sozialismusbild und der reale Sozialismus in der DDR«, in: Albers, Detlev / Deppe, Frank / Stamm, Michael (Hrsg.): *Fernaufklärung. Glasnost und die bundesdeutsche Linke*, Köln: Kiepenheuer & Witsch 1989, S. 199–209, hier S. 201.

85 Reinhold: *Tendenzen und Autoren*, S. 442.

86 Brief an Chris Hirte vom 10. September 1986, in: Briefwechsel Elsner – Hirte, fol. 4.

Umgekehrt bleibt auch das Verhältnis des Literaturbetriebs in der DDR zu Gisela Elsner ambivalent, obwohl diese sich spätestens mit ihrem DKP-Beitritt 1977 öffentlich als sowjettreue Kommunistin positioniert. Die DDR-Germanistik betrachtet sie zuvörderst als »BRD-Autorin«[87] – obwohl doch eigentlich »weder die objektive gesellschaftliche Stellung des bürgerlichen Künstlers noch die allgemeinen Gesetzmäßigkeiten bürgerlichen Bewußtseins [...] als Fetisch«[88] wirken sollen. »[W]esentlich«[89] für die Herausbildung einer sozialistischen Haltung, so Ursula Reinhold in ihrem Standardwerk *Antihumanismus in der westdeutschen Literatur* (1971), sei vielmehr,

> ob oder in wie starkem Maße [der Autor] innerhalb der imperialistischen Kulturinstitutionen gebunden ist. Für sein individuelles Bewußtsein wirken solche Faktoren wie seine ideelle Bindung an die humanistischen Traditionen des einst revolutionären Bürgertums, auf deren Grundlage auch im Imperialismus eine humanistische Kunst zu schaffen noch möglich ist.[90]

Von einer großen Bindung Elsners an bundesrepublikanische Kulturinstitutionen kann schon angesichts ihrer Marginalisierung als kommunistische Autorin nicht die Rede sein; auf das humanistische Erbe, im Besonderen einzelne Autoren wie Gustave Flaubert und Lew Tolstoi, bezieht sie sich positiv. Ihre »Lossagung von der offiziellen Doktrin des Antikommunismus«[91] Ende der 1960er Jahre situiert sie im Kontext der Linkspolitisierung der Literatur nach der »Auflösung des ›Nonkonformismus‹ der vierziger und fünfziger

87 Vgl. etwa Litwinez: »Die BRD-Autorin Gisela Elsner«.
88 Reinhold: *Antihumanismus in der westdeutschen Literatur*, S. 16.
89 Ebd.
90 Ebd.
91 Ebd.

Jahre […], der mit der Gruppe 47 gleichgesetzt wurde«[92]. Trotz alledem stuft die DDR-Germanistik Elsners Literatur, obwohl ja Teile davon in der DDR erscheinen, niemals als humanistisch ein.

Dabei kommt es bereits in den 1960er Jahren, lange bevor ein Text von Gisela Elsner publiziert wird, in der DDR zu einer Verschiebung der literaturkritischen Bewertungsmaßstäbe. Nun sollen vermehrt »Elemente bestimmter Strömungen aus der nicht-realistischen Literatur«[93] der BRD herausgelöst und »durch eine gerechtere, aus den historischen Bedingungen erarbeitete Wertung« als »humanistisch«[94] ersetzt werden.[95] Wichtiges Kriterium für eine solche Bewertung ist – folgt man den Bänden zur Neueren und Neuesten Literatur der *Geschichte der deutschen Literatur von den Anfängen bis zur Gegenwart*, die in den 1970er Jahren bei Volk und Wissen erscheinen – die Frage, »[i]nwieweit Kunst Erkenntnis- und Handlungsmöglichkeiten [eröffnet], die dem jeweils aktuellen Stand der gesellschaftlichen Entwicklungen angemessen ist«[96]. Ein ganzes Panorama der gesellschaftskritischen Literatur in der BRD entwirft der DDR-Literaturwissenschaftler Jürgen Harder 1978. Ihm zufolge tendiert die »künstlerische Intelligenz«[97]

> [i]n der überwiegenden Mehrheit […] zu reformistischen Illusionen, die gegenwärtig vom größten Teil der Kunstschaffenden in der BRD

92 Peitsch: *Nachkriegsliteratur 1945–1989*. S. 245 ff.
93 Ebd.
94 Ebd.
95 Vgl. auch Emmerich, Wolfgang: *Die andere deutsche Literatur. Aufsätze zur Literatur der DDR*, Opladen: Westdeutscher Verlag 1994, S. 47.
96 Schönert, Jörg: »Literaturgeschichtsschreibung der DDR und BRD im Vergleich. Am Beispiel von ›Geschichte der Literatur der Deutschen Demokratischen Republik‹ (Berlin/Ost 1976) und ›Die Literatur der DDR‹ (München 1983)«, in: Cölln, Jan / Holznagel, Franz-Josef (Hrsg.): *Positionen der Germanistik in der DDR*, Berlin, Boston: DE GRUYTER 2012, S. 248–268, https://www.degruyter.com/view/books/9783110223842/9783110223842.248/9783110223842.248.xml (zugegriffen am 28.05.2019).
97 Harder: *Klassenkampf und »linke« Kunsttheorien*, S. 22.

> geteilt werden, über die verschiedensten Formen eines »linken« Revolutionarismus bis hin zum konsequenten Übergang auf die weltanschaulichen Positionen der Arbeiterklasse, bis zur Annäherung an ihre marxistisch-leninistische Avantgarde. Die Herausbildung eines mit der DKP fest verbundenen Kerns von Künstlern und Kulturschaffenden seit Ende der sechziger Jahre repräsentiert diese Position am deutlichsten.[98]

Diesem DKP-Umfeld gehört Gisela Elsner seit den frühen 1970er Jahren an, dennoch erscheint ihre Prosa erst nach ihrem Beitritt 1977 in der DDR, mit der kleinen Ausnahme der Erzählung *Die sich Frau Wiegenstein jäh eröffnende Arbeitswelt*, die der Aufbau Verlag bereits 1976 publiziert. Aus dieser Korrelation entsteht der Eindruck, Elsners Parteimitgliedschaft sei ausschlaggebend dafür, dass ihre Werke den Druckgenehmigungsvorgang der Hauptverwaltung Verlage und Buchhandel erfolgreich durchlaufen. Aber Elsners Lektor Chris Hirte bei Volk und Welt begründet die Veröffentlichung ihrer Romane gegenüber Heiner Müller 1987 mit deren literarischer Qualität: Er möge Elsner auch als Person »sehr, aber ihre Produkte sind einfach entwaffnend. Daß wir schon zwei Romane von ihr gedruckt haben und ein dritter unterwegs ist, hat, wenigstens für uns, eher damit zu tun als mit dem Umstand, daß sie DKP-Mitglied (wohl vor allem aus Trotz) ist.«[99] Die geringe Bedeutung von Elsners Parteizugehörigkeit scheint durch die Tatsache unterstrichen, dass der BRD-Band der *Literaturgeschichte* (1983) als bedeutendste Autoren der 1960er und 1970er Jahre die zu dem Zeitpunkt sämtlich parteilosen Herren Heinrich Böll, Martin Walser und Siegfried Lenz aufführt. Und obwohl Elsners politische Schriften mehr auf DDR-Linie liegen als sämtliche literarischen Texte, erscheint kein einziger ihrer Aufsätze jemals in der DDR.

98 Ebd.

99 Brief von Chris Hirte an Heiner Müller [undatiert], in: Archiv der Akademie der Künste, Heiner-Müller-Archiv 8490, fol. 2.

Besonderen Aufschluss über die Beurteilung von Gisela Elsners Prosa im DDR-»Literaturbetrieb« geben mithin die Gutachten, die über jedes zum Druck vorgeschlagene Manuskript verfasst werden müssen.[100] In diesen wird deutlich, dass der Literaturbegriff trotz großer staatlicher Kontrolle auch in der DDR eine umkämpfte Setzung ist, und »aus dem Wechselspiel von Veränderung und Resistenz in der diskursiven Praxis der Gutachten lassen sich [...] in besonderem Maße die Auseinandersetzungen um die legitimen Kriterien zur Bestimmung von Literatur nachvollziehen«[101]. Für die linke BRD-Literatur gilt es dabei offenbar, eine ungewollte Übertragung des kritischen Erkenntnispotentials auf die sozialistische Gesellschaft durch die Leserschaft in der DDR zu antizipieren. Explizit ausgeführt ist ein solcher Gedankengang im Gutachten des Aufbau-Lektors Hans Simon zu der Anthologie *BRD heute, Westberlin heute* (1982), die auch Gisela Elsners Erzählung *Die Zerreißprobe* enthält. Simon warnt davor,

> Illusionen zu züchten von der Leistungsfähigkeit einer linksbürgerlich-kritischen Avantgarde, die radikaler in ihrem Denken und Artikulieren sei als Marxisten zumal in der DDR dies sein könnten. Und obwohl gerade von diesen konsequenten Denkern der westdeutschen Literaturszene jedes pejorative Wort über die sozialistische Gesellschaft speziell in der DDR unterlassen wird, schwingt doch bei all dem ein Ungenügen an unseren Leistungen mit, was allzu gern von zahlreichen Lesern, besonders aber Autoren unserer Literaturgesellschaft geschmäcklerisch aufgegriffen und kolportiert werden mag. Wie herausgegriffen einzelne Beiträge des Lesebuchs ebenfalls dazu verführen könnten, die Kritikfunktion jeglicher Literatur überzubetonen und eine Haltung zu bedienen, die meint, der Stachel der Literatur müßte immer gegen die Obrigkeit gerichtet werden.[102]

100 Vgl. Brohm: »Günter Kunert vor dem Gesetz«, S. 214 f.
101 Ebd., S. 215.
102 Simon, Horst u. a.: Gutachten zu *BRD heute – Westberlin heute*, in: Bundesarchiv, Verlag Volk und Welt, Verlag für internationale Literatur, Berlin, 1982, A–B, DR 1/2376.

Einen prinzipiellen Antiautoritarismus, der letztlich auch den Staat als abzuschaffendes Herrschaftsinstrument ansehen muss, erklärt Horst Simon damit für unzulässig – eine Position, die Gisela Elsner politisch durchaus teilt. Dennoch stellt sie in ihrer Prosa autoritäre Strukturen als verheerend für die Entwicklung der menschlichen Persönlichkeit dar.

Die sich Frau Wiegenstein jäh eröffnende Arbeitswelt (1973)

Gisela Elsners erste DDR-Veröffentlichung *Die sich Frau Wiegenstein jäh eröffnende Arbeitswelt* ist Teil des Erzählbandes *Mit dem Chef nach Chenonceaux* (1976), einer Anthologie bundesrepublikanischer Literatur. Die Anthologie ist eine beliebte Publikationsform von DDR-Verlagen, weil sie als »Versteck« für Autor:innen fungieren kann, deren Werk ansonsten auf Widerstand im Druckgenehmigungsverfahren stoßen würde.[103] Zudem bieten diese Sammelbände eine Lösung für die notorische Devisenknappheit der DDR-Verlage; ohne sie wären

> [w]eder Volk und Welt noch ein anderer Verlag der DDR [...] in der Lage gewesen, die moderne Weltliteratur zu repräsentieren. Das blieb ein Lektoren-Ideal, dem wir mit dem Hilfsmittel der Anthologien und Reihen (für die man weniger Tantiemen zahlen musste) zu entsprechen versuchten.[104]

Im Unterschied zu vielen DDR-Publikationen ist *Mit dem Chef nach Chenonceaux* nicht durch ein ausführliches Vor- oder Nachwort kom-

103 Vgl. Brohm: »Günter Kunert vor dem Gesetz«, S. 215.

104 Barck, Simone / Lokatis, Siegfried (Hrsg.): *Fenster zur Welt. Eine Geschichte des DDR-Verlages Volk und Welt*, Berlin: Ch. Links Verlag 2003, S. 100.

mentiert. Lediglich eine kurze Anmerkung auf der letzten Seite informiert darüber, dass die Anthologie

> alltägliche Geschichten aus der BRD vor[stellt], geschrieben von Autoren, die mit wenigen Ausnahmen auch in der BRD ansässig sind. Die Mehrzahl der Geschichten ist in den letzten fünf Jahren veröffentlicht worden. In einigen Fällen haben wir, wie die folgenden bio-bibliographischen Notizen zeigen, bis in die Mitte der sechziger Jahre zurückgegriffen.[105]

Letzteres gilt ausgerechnet für die bekanntesten Autoren der Anthologie: Heinrich Böll, Alfred Andersch und Martin Walser; Elsners Beitrag stammt aus dem Jahr 1973.

Die VerfasserInnen der Gutachten zu *Mit dem Chef nach Chenonceaux* sind die Aufbau-Lektorin Anni Voigtländer (intern) und die Germanistin und Expertin für BRD-Literatur Ursula Reinhold (extern). Beide legen als Bewertungskriterium die Forderung nach einer humanistischen Perspektive zugrunde, die sie in vielen der Erzählungen nicht zufriedenstellend gestaltet sehen. Voigtländer bescheinigt den ausgewählten Autor:innen »eine scharfe Beobachtungsgabe für die Mißstände der gesellschaftlichen Verhältnisse [...] und zugleich Verständnis dafür, daß die Deformationen des Menschen, der Beziehungen von Menschen untereinander aus eben diesen Verhältnissen erwachsen«[106]. Die Tatsache allerdings, dass diese Welt »auch veränderbar ist und wie, können wir nur in wenigen Fällen und nur im Ansatz lesen«[107]. Reinhold vermisst die Darstellung gewerkschaftlicher Organisierung und anderer politischer Kämpfe und

105 Voigtländer, Anni (Hrsg.): *Mit dem Chef nach Chenonceaux. Alltägliche Geschichten aus der BRD. Eine Anthologie*, Berlin: Aufbau Verlag 1976, S. 426.

106 Voigtländer, Anni: Gutachten zu *Mit dem Chef nach Chenonceaux. Alltagsgeschichten. Anthologie westdeutscher Erzähler*, in: Bundesarchiv, Aufbau-Verlag Berlin und Weimar, 1976, A–C 1976, DR 1/2109.

107 Ebd.

bestätigt damit die Beobachtung des westdeutschen Literaturwissenschaftlers Jost Hermand, die DDR-Literaturtheorie kritisiere an der BRD-Literatur, dass deren Helden, »[a]nstatt als handelnde Subjekte in die Geschichte einzugreifen, [...] weitgehend als Ohnmächtige oder Getriebene«[108] handelten.

Gisela Elsners *Wiegenstein*-Geschichte allerdings scheint den Anforderungen der Gutachterinnen im Wesentlichen gerecht zu werden. Reinhold beschreibt den Beitrag als »Erzählung[], die in den konkreten Beziehungen der Menschen, in ihrem Verhalten und Bewußtsein die sozialen Abhängigkeiten und gesellschaftlichen Determinanten ihres Handelns sichtbar«[109] mache. Die Wendung zum Realismus, die Elsner im Titel des Erzählbandes *Herr Leiselheimer und weitere Versuche, die Wirklichkeit zu bewältigen* ankündigt, dem ersten Publikationsort der *Wiegenstein*-Geschichte 1973 in der BRD, scheint also gelungen. Die Satirikerin zählt nun offiziell zu den BRD-Autor:innen, die laut Reinhold »eine realistische Schreibweise anstreben und mehr als bisher versuchen, gesellschaftliche Probleme«[110] darzustellen. Reinholds positives Urteil geht 1983 auch in den BRD-Band der Literaturgeschichte von den Anfängen bis zur Gegenwart ein: Elsner zeichne in *Herr Leiselheimer und weitere Versuche, die Wirklichkeit zu bewältigen*

> [r]eale Szenen aus dem Alltagsleben, die von der sozialen Stellung der Figuren geprägt sind [...]. Es dominieren Situationsschilderungen, in denen das doppelte Abhängigkeitsverhältnis der Frau im Kapitalismus sichtbar wird. [...] Durch eine vielschichtige, an Episoden und Details reiche Erzählstruktur macht die Autorin die Betriebshierarchie und die Ausbeutungsverhältnisse sichtbar. Die ironisch

108 Hermand: »Das Gute-Neue und das Schlechte-Neue«, S. 86.
109 Reinhold, Ursula: Gutachten zu *Mit dem Chef nach Chenonceaux. Alltagsgeschichten. Anthologie westdeutscher Erzähler*, in: Bundesarchiv, Aufbau-Verlag Berlin und Weimar, 1976, A–C 1976, DR 1/2109.
110 Ebd.

> gebrochene, distanzierende Darstellung fordert kritische Bewußtheit des Lesers heraus.[111]

Scheinbar profitiert Elsner hier von der Akzeptanz gegenüber »Neuerungen der Erzählweise«[112], die in der DDR vormals als modernistisch abgelehnt worden waren.

Zugute kommt ihr im Fall der *Wiegenstein*-Erzählung zudem die These der DDR-Germanistik, dass die Arbeitswelt aus der Literatur der Bundesrepublik in den ersten beiden Nachkriegsjahrzehnten nahezu gänzlich eliminiert, für die DDR-Literatur hingegen zentraler Gegenstand sei. Arno Hochmuth bezeichnet diesen Unterschied in der »literarische[n] Eroberung des Menschen in seinem Verhältnis zur Arbeit«[113] 1965 sogar als jeweils wesensbestimmend für die beiden deutschen Literaturen. Die kommunistische BRD-Autorin Elsner thematisiert nun in *Die sich Frau Wiegenstein jäh eröffnende Arbeitswelt* nicht allein die Produktionssphäre, sondern durch die titelgebende Wendung von der »sich jäh eröffnenden« Arbeitswelt sogar deren Entnennung. Im Mittelpunkt der Erzählung steht mit der Unternehmersgattin Wiegenstein eine großbürgerliche Figur, die ebenfalls »nicht so häufig in der bürgerlichen Literatur zu finden«[114] ist; Elsner hält sich hier, wie zumeist in ihrem literarischen Werk, an ihr eigenes Herkunftsmilieu.

Dabei betrachtet sie den Gegenstand Klasse, indem sie die unterschiedlichen Standpunkte der Unternehmersgattin Wiegenstein und der Arbeiterin Munkert herausstellt, auch durch eine frauenpolitische Linse. Das Szenario der Wiegenstein-Geschichte bebildert faktisch eine Kritik Clara Zetkins an der bürgerlichen Frauenbewegung, auf

111 Autorenkollektiv unter Leitung von Hans Joachim Bernhard: *Literatur der BRD*, S. 572.

112 Emmerich: *Die andere deutsche Literatur*, S. 55.

113 Ebd.

114 Hochmuth, Arno (Hrsg.): *Literatur im Blickpunkt. Zum Menschenbild in der Literatur der beiden Staaten*, Berlin: Dietz Verlag 1965, S. 22.

die Elsner in ihrem Aufsatz *Clara Zetkin. Versuch einer Belehrung der schwer belehrbaren NEUEN FRAU* (1981) explizit eingeht. In dem Textfragment Zur Geschichte der proletarischen Frauenbewegung Deutschlands von 1865 käme Zetkin selbst

> auf das idyllische Bild zu sprechen [...], das sich die Frauenrechtlerin Louise Otto-Peters, die Fabrikarbeit betreffend, zu machen schien, wenn sie in der Broschüre DAS RECHT DER FRAUEN AUF ERWERB zunächst mit einer recht makaber anmutenden Gönnerschaft betonte, daß sie nichts Anstößiges darin sehe, wenn auch gebildete Frauen für eine bestimmte Anzahl von Tagesstunden in Fabriken arbeiteten, und darauf auf amerikanische Frauen zu sprechen kommt, die sich zumeist in Wagen zu den Fabriken bringen ließen, wo man ihnen in aller Achtung begegnete.[115]

Elsners Figur der Akkordarbeiterin Helene Munkert hingegen, unterwürfig und ohne einen Funken von Klassenbewusstsein, scheint die Integration der deutschen Arbeiterschaft zu verkörpern, die unter anderem durch die »zeitgemäße Menschenführung«[116] des Kapitals immer weiter vorangetrieben wird. Möglicherweise als Zugeständnis an diesen wirklichen Zustand des westdeutschen Proletariats spricht die sozialistische Germanistin Ursula Reinhold immerhin von »Prämissen bürgerlicher Ideologie, die tief in das Alltagsbewußtsein nicht nur der Vertreter der herrschenden Ordnung eingegangen sind«[117]. An anderer Stelle betont sie allerdings, »die Mähr vom sozialen Frieden und der absoluten Anpassungsbereitschaft der Arbeiter«[118] sei

115 Elsner: »Clara Zetkin«, S. 298.

116 Brief an Fritz Raddatz vom 17. März 1969, in: Verlagsarchiv Rowohlt, fol. 8.

117 Reinhold, Ursula: Gutachten zu *Mit dem Chef nach Chenonceaux. Alltagsgeschichten. Anthologie westdeutscher Erzähler*, in: Bundesarchiv, Aufbau-Verlag Berlin und Weimar, 1976, A–C 1976, DR 1/2109.

118 Ebd.

in der BRD zwischen 1965 und 1975 »zerstört«[119] worden. Dies mag eine Reaktion auf die reale Politisierung von Teilen der bundesrepublikanischen Gesellschaft in dieser Dekade sein, stellt sich jedoch – zumindest im Rückblick – leider als grobe Fehleinschätzung heraus.

119 Ebd.

3.3 »Mein Name ist nach wie vor Elsner«[120]. Gisela Elsners Patriarchatskritik

Die Benennung und Kritik des Patriarchats nehmen in Gisela Elsners Werk und ihrer politischen Arbeit einen beträchtlichen Raum ein. Das Konzept Feminismus weist sie dennoch, dies wird angesichts ihres spezifischen Bezugs auf das Geschlechterverhältnis deutlich, zurück – zumal als Identitätsangebot. Sie grenzt sich von »schreibenden Feministinnen«[121] ab und formuliert eine Grundsatzkritik an der Zweiten Frauenbewegung, in deren neulinke Anfangsphase sie ebenso wenig involviert ist wie in der Selbstorganisierungsphase der 1970er und 1980er Jahre. Spätestens seit ihrem DKP-Beitritt 1977 trennt Elsner scharf zwischen kommunistischer und feministischer Frauenpolitik und spiegelt damit die zentrale Bruchlinie in der Entwicklung der Zweiten Frauenbewegung. Als Autorin nimmt sie für diese Positionierung ökonomische Einschränkungen und eine Verminderung ihrer literarischen Wirksamkeit in Kauf, etwa durch die Weigerung, ihre Literatur bei Rowohlt unter dem Label Frauenliteratur veröffentlichen zu lassen.

Gisela Elsners Haltung zum bürgerlichen Geschlechterverhältnis ist demnach besser als Patriarchatskritik zu bestimmen. Dennoch scheint die Kategorie Feminismus für die Auseinandersetzung mit ihrem Werk und Leben nicht ganz verzichtbar: Sie ist notwendig für die Charakterisierung der Anfeindungen, denen Elsner allein deshalb ausgesetzt ist, weil sie als Frau gesehen wird und die – getragen von der Absicht, die Unterdrückung der Frau im Besonderen aufrechtzuerhalten – als antifeministisch bezeichnet werden müssen. Zudem führt Elsner trotz ihrer Abgrenzung von der Frauenbewegung einen

120 Akademie der Künste, Berlin, Ronald-M.-Schernikau-Archiv, Nr. 150, Gisela Elsner an Ronald Schernikau, 22. November 1984.

121 Elsner: »Autorinnen im literarischen Ghetto«, S. 49.

Kampf um Selbstbehauptung und eigene Entfaltung, der ebenfalls mit dem Begriff Feminismus adäquat beschrieben ist.

»She has no women friends, because she says she doesn't understand women. Nor does she understand children«[122]. Biographie und politische Willensbildung

Persönliche Politisierung ist kein Automatismus, sondern getrieben von Willensentscheidungen; dennoch beeinflussen auch biographische Ereignisse, die sich der Kontrolle des Individuums entziehen, diesen Prozess. So ist in Gisela Elsners Fall die Tatsache, dass sie »nie eine Frau werden«[123] wollte, vermutlich in doppelter Weise von Relevanz für ihre spezifische politische Haltung: für ihre Emphase auf Patriarchatskritik ebenso wie ihre Ablehnung der Identität Feministin. Nun ist bei der biographieorientierten Beschäftigung die patriarchale Reduktion von Autor:innen auf Subjektivität, Emotionalität und Privatheit zu beachten. Elsner selbst kritisiert die Assoziation des Weiblichen mit dem Autobiographischen und dessen Erhebung zum »literarische[n] Maßstab«[124] anhand der »Frauenliteratur«. Ihre bereits thematisierte Weigerung, in ihrer Prosa sich selbst zum Gegenstand zu machen, kann vor diesem Hintergrund als bewusste Zurückweisung der Frauenrolle gedeutet werden, in die sie nach eigenen Angaben seit ihrer Kindheit gezwungen worden ist.

Die Annahme der Wirksamkeit von persönlicher Erfahrung in einem Politisierungsprozess ist mithin nicht gleichzusetzen mit dem Vorgang der Psychologisierung, wie er am Verhalten von Frauen – und auf andere Weise übrigens auch an Kommunist:innen – öffentlich vollzogen wird. Ein psychologisierender Ansatz begreift etwa

122 [O. A.]: »Rezension Die Riesenzwerge«.
123 Altenburg (Hrsg.): *Fremde Mütter, fremde Väter, fremdes Land*, S. 151.
124 Elsner: »Autorinnen im literarischen Ghetto«, S. 48 f.

individuelle Verarbeitung nicht als bewusste Stellung zu objektiv bestehenden Verhältnissen, sondern versteht die Kritik des Bestehenden als Ausdruck individuellen Erlebens, im Zweifelsfall individueller Pathologie. Beispiele für derartige Zuschreibungen ereignen sich auch in Gisela Elsners persönlichem Umfeld, so beschreibt etwa ihr DDR-Lektor Chris Hirte ihre politische Haltung rückblickend als »elternhaßgesättigte[n] Anarchokommunismus, mitgetragen von der spießig-braven DKP«[125]. Der NDR-Redakteur und Freund Elsners Hanjo Kesting führt ihren Suizid 1992 nicht auf die Aussichtslosigkeit kommunistischer Politik nach dem Zusammenbruch des Realsozialismus oder ihre Diskriminierung als (weibliche) Kommunistin zurück, sondern auf eine vermeintliche Unfähigkeit, ihre persönliche Herkunft zu bewältigen:

> Die wie ein Komet erschienen war, stürzte buchstäblich ins Nichts, immer näher auch dem finanziellen Ruin, denn sie wußte zuletzt nicht mehr, wovon sie morgen leben sollte. Ihre Gesundheit zerrüttete sie durch Nikotin, Alkohol und ein Übermaß von Tabletten. Dies schreckliche, erniedrigende Drama war der Preis für den Haß, den Eifer und den Ekel, mit denen sie ihrer großbürgerlichen Herkunft aus einer Nürnberger Unternehmerfamilie zu entkommen suchte. Für diese Welt war sie bis zuletzt voller Wut und Hohn. Aber die Wunschbilder und Gegenwelten, von denen sie träumte, trotz der ihr nachgesagten »Eiseskälte«, stürzten wie Kartenhäuser zusammen. Zuletzt wußte sie keinen Ausweg mehr aus all dem Scheitern von Hoffnung und vielleicht auch Begabung.[126]

Elsner befindet sich zu diesem Zeitpunkt in einer patriarchalen Zwangslage, die für die 1950er Jahre in der BRD exemplarisch ist. Ihre

125 Hirte, Chris: »Gisela Elsner und die DDR«, in: Künzel, Christine (Hrsg.): *Die letzte Kommunistin. Texte zu Gisela Elsner*, Hamburg: Konkret Literatur Verlag 2009, S. 105–116, hier S. 113.

126 Kesting, Hanjo: »Am Ende die nackte Verzweiflung«.

autoritären Eltern zwingen sie in psychiatrische Behandlung, die einzige Fluchtmöglichkeit aus der elterlichen Bevormundung bietet die Eheschließung. Die Tatsache, dass Elsner ihren Partner Klaus Roehler 1955 heiratet, obwohl sie schon in ihrer Jugend »prinzipiell gegen das Heiraten«[127] ist, zeigt das Ausmaß an Fremdbestimmung, dem Frauen in der Nachkriegszeit ausgesetzt waren.

Roehler selbst begegnet dem Leiden seiner Partnerin am Patriarchat mit dessen Leugnung; in einem Ausspruch, der ironischerweise vor Misogynie trieft, unterstellt er Elsner, sie werde

> früher oder später jemanden kennenlernen, dem es leicht sein wird, Deine komplexe von der »Position einer Frau« zu heilen; [...] und eher er gelegenheit findet, sich mit Deiner theorie oder der »hündischen Stellung der Frau« zu beschäftigen, ist schon alles gut und in bester Ordnung, weil Du, inzwischen eines besseren belehrt, gar nicht mehr daran denkst.[128]

Angesichts dieser Haltung überrascht es nicht, dass der von Elsners Eltern für sie bestellte Psychiater »Doktor A.«[129] und Roehler ein männerbündlerisches Verhältnis etablieren, in dem sie sich offenbar unter Missachtung der ärztlichen Schweigepflicht über den Gesundheitszustand der jungen Frau austauschen. Doktor A. stellt die Diagnose, Elsner stünde »in der Nähe der Schizophrenie«[130] und äußert gönnerhaft-abwertend gegenüber Roehler, ihre »Träumereien«[131] seien »zwar genial [...], aber keineswegs außergewöhnlich tiefgreifend«[132]. Die disziplinierende Stoßrichtung der psychiatrischen Behandlung wird klar erkennbar in der Instruktion des Arztes an Elsner,

127 Günther-Herold: *Wespen im Schnee.*
128 Ebd., S. 53.
129 Ebd., S. 98.
130 Ebd., S. 111.
131 Ebd., S. 110.
132 Ebd.

»sich äußerlich den Forderungen widerspruchslos und ohne Diskussionen zu fügen. […] Es lohnt nicht Widerstand zu leisten, am wenigsten für ein junges Mädchen, das in einer solchen gefährlichen Lage ist, wie Sie sind.«[133] Die absolut vermeidbare »gefährliche Lage«, der Frauen gerade durch den *fehlenden* Zugang zu Verhütungsmitteln in Kombination mit der Illegalisierung von Schwangerschaftsabbrüchen ausgesetzt sind, meint Doktor A. vermutlich nicht. Elsner selbst beschreibt diese Situation Jahrzehnte später folgendermaßen:

> Von den 23 Mädchen in meiner Klasse hatten außer mir nur drei weitere sexuelle Beziehungen zu Männern. Wir hatten ständig Angst, daß wir entdeckt würden und abwechselnd meinte jede von uns, gerade schwanger zu sein. Also schluckten wir irgendwelche Pillen, die uns die Tochter des Tierarztes besorgte. Sie bewirkten jedoch lediglich, daß wir uns übergeben mussten.[134]

1959 wird Elsner schließlich ungewollt schwanger, nachdem Doktor A. sie in einer offensichtlichen Fehldiagnose für unfruchtbar erklärt hatte.[135] Noch 1957 hatte sie aus ihrem Nürnberger Elternhaus an Roehler in Erlangen geschrieben, die Stellung der Frau in der Gesellschaft sei

> in jedem Fall doppelt beschissen. Den meisten macht es nicht mal Spaß, sie »geben sich aus Liebe und Aufopferung« hin und setzen dann auch noch Kinder in die Welt, die ganzen Unannehmlichkeiten decken sie zu mit dem Mutterkomplex. […] Ich verachte einfach diese hündische Stellung, die die Natur einem gegeben hat. Und ich werde niemals diese Position einnehmen. […] Ich hasse einfach dies weibisch dumpfe, dümmliche Wesen.[136]

133 Ebd.
134 Altenburg (Hrsg.): *Fremde Mütter, fremde Väter, fremdes Land*, S. 139 ff.
135 Ebd., S. 111.
136 Günther-Herold: *Wespen im Schnee*, S. 52 f.

Trotz ihrer vehementen Ablehnung der Frauen- und Mutterrolle ist Elsner durch Schwangerschaft und Ehe umso mehr in beide Rollen hineingezwungen, und zwar lange vor den im Zuge von »68« erkämpften und konsolidierten geschlechterpolitischen Liberalisierungen. Als ihre Ehe 1963, wenige Jahre nach der Geburt ihres Sohnes Oskar, geschieden wird, erhält Klaus Roehler das alleinige Sorgerecht, »wegen Ehebruchs der Antragsgegnerin aus deren alleinigem Verschulden«[137]. Dem Richter zufolge liegen

> Gründe, die dagegen sprechen, [...] nicht vor. Das Kind ist bei dem Antragsteller sehr gut untergebracht. Der Entwicklung des Kindes wäre es auch äusserst ungünstig, wenn es in die Obhut der Mutter käme, da diese beabsichtigt, den Mann, mit dem sie die Ehe gebrochen hat, zu heiraten.[138]

Nach diesem Urteil wird die Tatsache ihrer Mutterschaft in der Berichterstattung über Elsner lange nicht mehr auftauchen; sie selbst verlässt – in einem für Frauen bis heute tabuisierten Akt – letztlich auch ihren Sohn, der hauptsächlich bei seinen Großeltern väterlicherseits aufwächst. 1965 negiert sie in einem durchaus niederschmetternden Akt der Selbstverleugnung gegenüber der Sunday Times die Existenz ihres Kindes: »I'm not going to have children. I wouldn't have time to look at them in my life. And why should I presume to put children into this world?«[139]

Bei all dem ist es wohl kein Zufall, dass Gisela Elsner nur wenige Jahre später, aber als nunmehr politisch aktive Person, Abtreibungsverbot und Mutterkult zu Gegenständen ihrer Gesellschaftskritik macht. 1970 veröffentlicht sie in der Zeitschrift konkret die Kurzgeschichte *Der Knubbel* über eine von einer »Engelmacherin« illegal

137 Ebd., S. 272.
138 Ebd., S. 274 f.
139 [O. A.]: »Rezension Die Riesenzwerge«.

durchgeführte Abtreibung und beteiligt sich 1971 an der Stern-Kampagne »Wir haben abgetrieben«.[140] 1975 stellt sie in einer Grundsatzkritik des »Jahres der Frau« die Glorifizierung von Mutterschaft in Zusammenhang mit der Leugnung der intellektuellen Fähigkeiten von Frauen, indem sie polemisiert, »daß die weibliche Kreativität im Kopfe bestenfalls Banalitäten oder Plagiate produziert, im Unterleib hingegen ein Ergebnis zeitigt, das schon seiner Lebendigkeit wegen jedem Kunstwerk überlegen ist: nämlich das Kind.«[141] Der Propaganda, die Elsner hier anspricht, sind übrigens auch die jüngeren Frauen ausgesetzt, die sich im Zuge der APO organisieren. Viele von ihnen machen jedoch »vor allem durch die Revolte«[142] bereits in den sechziger Jahren auch die entgegengesetzte Erfahrung, »dass das gesellschaftliche wie das familiäre Umfeld einer grundsätzlichen Kritik unterzogen und Veränderungen angestrebt werden«[143] können.

Elsner selbst beschreibt ihre Jugend 1988 gegenüber Ronald Schernikau als Phase eines »einsamen privaten Klassenkampf[s]«[144] gegen die »Brutalität der Bourgeoisie der späten 50er Jahre«[145]. Der Hinweis auf das Element der Vereinzelung betont die Notwendigkeit kommunistischer Organisierung; zudem urteilt sie rückblickend, dass ihr individuelles jugendliches Aufbegehren sich eher gegen Oberflächenphänomene gerichtet habe als gegen die Wesensmerkmale der bürger-

140 Wiemers, Carola: »Mit kompromissloser und analytischer Schärfe«, *Deutschlandfunk*, 02.09.2013, https://www.deutschlandfunk.de/mit-kompromissloser-und-analytischer-schaerfe.700.de.html?dram:article_id=260029 (zugegriffen am 15.07.2015).

141 Elsner, Gisela: »Das Jahr der Frau«, in: *Im literarischen Ghetto*, Berlin: Verbrecher Verlag 2011, S. 257–260, hier S. 257.

142 Zellmer, Elisabeth: »Zwischen gesellschaftlichem Wandel und weiblicher Parteilichkeit«, in: Wengst, Udo (Hrsg.): *Reform und Revolte. Politischer Wandel in der Bundesrepublik Deutschland vor und nach 1968*, München: Oldenbourg 2011, S. 75–88, hier S. 78.

143 Ebd.

144 Akademie der Künste, Berlin, Ronald-M.-Schernikau-Archiv, Nr. 150, Gisela Elsner an Ronald Schernikau, 7. Dezember 1987.

145 Ebd.

lichen Gesellschaft. Mit dem antibürgerlichen Affekt, der auch *Die Riesenzwerge* noch prägt, hasste die Managertochter Elsner

> die teuren, häßlichen Statussymbole, mit denen unser Haus angefüllt war, ich haßte die streng ritualisierten Parties, ich haßte es, bevor ich das Clubzimmer betrat, das Gesicht einer höheren Tochter aufsetzen zu müssen, ich haßte diese neureichen Gattinnen, die mir an die Arme griffen, um zu prüfen, ob ich geeignet sei, einen Diplomaten zu heiraten.[146]

Erst in den mittleren sechziger Jahren habe sie – durch die Lektüre von Marx und Engels und Auseinandersetzung mit italienischen Kommunist:innen – »endlich«[147] begriffen,

> warum mich nicht einmal meines Vaters Bewunderung für Adenauer in die Arme der Sozialdemokratie hatte treiben können. Sich irgendwo zwischen den Klassen einzurichten, ist für jemanden von meiner Herkunft nicht möglich. Entweder bleibt man in dem Stall, in dem man geboren wurde, oder man schlägt sich auf die andere Seite.[148]

Aus dieser Parteilichkeit habe sie den Imperativ abgeleitet, »nicht [...] bürgerliche Statussymbole zu zerstören, sondern die Eigentumsverhältnisse zu verändern.«[149] Elsner erklärt also die Unterdrückung, der sie als Jugendliche und junge Erwachsene ausgesetzt ist, nicht allein patriarchatskritisch, sondern führt durch die Spezifizierung dieser Unterdrückung als *bürgerliche* Frau Klasse und Geschlecht zusammen. Die Bedeutung der Kategorien Klasse und Bürgerlichkeit für

146 Altenburg (Hrsg.): *Fremde Mütter, fremde Väter, fremdes Land*, S. 139 ff.
147 Ebd., S. 144.
148 Ebd.
149 Ebd.

Elsners Gesellschaftsanalysen findet sich wieder in ihrer emphatischen Kritik des bürgerlichen Feminismus.

Für eine proletarische Frauenbewegung! Gisela Elsners frauenpolitische Bezugspunkte

Der bereits behandelte Dissens zwischen Feminist:innen und Marxist:innen in der BRD vertieft sich in den 1970er Jahren – aber die Anfänge der Zweiten Frauenbewegung sehen anders aus. Die Frauen, die sich in den späten 1960er Jahren »zunächst in kleinen Gruppen«[150] wie dem Frankfurter Weiberrat organisieren, lesen »die wenigen Frauentexte, die es damals schon auf dem Buchmarkt gab: Simone de Beauvoir, Betty Friedan, Friedrich Engels, Clara Zetkin [...]«[151]. Dies ist marxistische Theorie und Praxis mit einem explizit universalistischen Befreiungsbegriff, der »die Zusammenarbeit mit anderen Gruppen, mit den Organisationen der Linken, der Arbeiterbewegung«[152] ermöglichen soll.

Gisela Elsner formuliert ihre Patriarchatskritik zu diesem Zeitpunkt noch nahezu ausschließlich in literarischer Form, der Großteil ihrer politischen Schriften entsteht nach ihrem DKP-Beitritt 1977. Einer der wichtigsten Aufsätze aus diesem Themenkreis ist *Clara Zetkin. Versuch einer Belehrung der schwer belehrbaren NEUEN FRAU*, der 1981 als Radiobeitrag im SWR erstveröffentlicht wird, im gleichen Jahr noch einmal in der Textsammlung *Frauen. Porträts aus zwei Jahrhunderten* und schließlich 1988 in *Gefahrensphären* erscheint. Elsners Bezug auf Zetkin stellt sie einerseits in die Tradition der Neuen Linken, weicht aber andererseits ab von der identitätspolitischen Strömung, die zu diesem Zeitpunkt in der Frauenbewegung hegemonial

150 Doormann (Hrsg.): *Keiner schiebt uns weg*, S. 30.
151 Ebd.
152 Ebd., S. 48.

geworden ist. Ganz allein steht Elsner als Marxistin allerdings auch nicht: Ulla Hahn beobachtet immerhin noch 1979 die Herausbildung einer Strömung, die auch aufgrund ihrer Zetkin-Rezeption »die spezifischen Interessen der Frauen weder auf von sexistischen Mechanismen geprägte geschlechtsspezifische Fragen reduziert noch eben diese Spezifik in der sozialen Frage aufgehen lässt.«[153] Elsner hebt in ihrem Zetkin-Aufsatz ebenfalls besonders hervor, dass diese »die Sache der proletarischen Frauen«[154] vertrat und dabei doch auf der Universalität von Emanzipation bestand.[155]

Zetkins Kritik an der bürgerlichen Frauenbewegung fließt offensichtlich ein in Elsners Analyse des Differenzfeminismus und damit zusammenhängenden Phänomenen wie der weiblichen »Selbstverwirklichung«. Sie bezieht sich auf Zetkin nicht historisierend, sondern aktualisiert sie in ihrer Kritik der »schwer belehrbaren NEUEN FRAU«[156] der 1980er Jahre. Zetkin habe bereits den bürgerlichen Frauen des frühen 20. Jahrhunderts vorgeworfen, »sich [...] geistig ausleben und ihre Individualität entfalten«[157] zu wollen und »mit dieser Forderung einen Interessengegensatz zwischen Frauen und Männern«[158] zu entfesseln. Dieses Anliegen reproduziere das kapitalistische Konkurrenzprinzip und stärke damit die Klassengesellschaft, während »die proletarische Frauenbewegung [...] keinen Konkurrenzkampf mit dem Mann«[159] führe. Weiterhin gibt Elsner Zetkin mit der Einschätzung wieder, es könne gar keine einheitliche Frauenbewegung geben, »weil die Gründe, die bürgerliche und proletarische Frauen in den Kampf um Gleichberechtigung trieben, völlig verschieden seien«[160]. Diese Privilegierung des Klassenstandpunkts hat aller-

153 Hahn: »Gibt es eine Frauenliteratur?«, S. 257.
154 Elsner: »Clara Zetkin«, S. 295.
155 Vgl. ebd., S. 286.
156 Ebd.
157 Ebd., S. 295 f.
158 Ebd.
159 Ebd.
160 Ebd.

dings das Problem, dass er die Diskriminierung *aller* Frauen aufgrund ihres Geschlechts faktisch unsichtbar macht – eine Leerstelle in Elsners Gesellschaftskritik, welche die universalistische Vorstellung von Befreiung letztlich untergräbt, die Elsner eigentlich zu vertreten vorgibt.

An Clara Zetkins politischer Arbeit hebt Elsner deren Rolle in der Organisation von »Frauenagitationskommissionen [hervor], die die Aufgabe hatten, die Arbeiterinnen aus ihrer Lethargie zu reißen, ihnen ihre Lage bewußt werden zu lassen und sie für die proletarische Frauenbewegung zu gewinnen«[161]. Sie zitiert Zetkin mit den Worten,

> [d]ie formale Gleichstellung des weiblichen mit dem männlichen Geschlecht in Gesetzestexten sichert in der Folge den Frauen aus der ausgebeuteten und unterdrückten Klasse ebensowenig tatsächlich volle soziale und menschliche Freiheit und Gleichberechtigung, wie sie solche den Männern in ihrer Klasse trotz ihrer Geschlechtsgemeinschaft mit den Männern der Bourgeoisie verleiht.[162]

Auch die feministische Germanistin Lottemi Doormann hebt noch in den achtziger Jahren den sozialistischen Standpunkt Clara Zetkins hervor, welche

> die außerhäusliche Erwerbsarbeit der Frauen als notwendige Voraussetzung auf dem Weg zur Emanzipation hervorgehoben hat, ohne je einen Zweifel daran zu lassen, daß erst die Umgestaltung der gesellschaftlichen Verhältnisse Lohnarbeit überhaupt abschaffen und Emanzipation verwirklichen kann.[163]

Diese frauenpolitische Position teilt Elsner und bezieht sich entsprechend positiv auf Zetkins Vorgehen in der »Frauenfrage« im Kontext

161 Ebd.
162 Ebd., S. 299.
163 Doormann (Hrsg.): *Keiner schiebt uns weg.*

der II. Internationale: Sie habe mit ihrem Auftreten »wesentlich dazu bei[getragen], daß sich der Kongreß für die Berufsarbeit der Frau erklärte und die Partei verpflichtete, die Einbeziehung der Frauen und Mädchen in die soziale Bewegung durchzusetzen.«[164] Hier wird deutlich, dass Elsner für die Durchsetzung frauenpolitischer Anliegen auf Anordnung »von oben« setzt anstatt auf direkte Aktion oder Selbstorganisierung. Sie beteiligt sich trotz ihres vehement vertretenen Klassenstandpunkts nicht an Projekten im Kontext der Zweiten Frauenbewegung, welche die Zusammenarbeit mit proletarischen Frauen anstreben. Näher an Elsners frauenpolitischer Praxis, der hauptsächlich schriftlichen Formulierung von Patriarchatskritik, liegt da wohl Zetkins Tätigkeit als Herausgeberin der Zeitschrift Die Gleichheit.[165]

Eine Grundsatzkritik an Männlichkeit als Subjektivierungsform, auch der proletarischen Männer, die entsprechend ebenso jenseits der Arbeitswelt wirksam ist, findet sich fatalerweise weder in Elsners Zetkin-Aufsatz noch irgendwo anders in ihren politischen Schriften. Neben dem Hinweis auf die »Verfolgungswelle der Reaktion gegen die proletarische Frauenbewegung«[166] lässt sie in ihrem *Versuch einer Belehrung der schwer belehrbaren NEUEN FRAU* sogar den massiven Widerstand unerwähnt, auf den der Kampf der Frauen auch innerhalb der männerbündlerisch organisierten Arbeiterbewegung stößt. Elsner setzt das Patriarchat hier vollständig gleich mit der Bourgeoisie, was es ihr erlaubt, antipatriarchale Politik auf die Frage nach der Macht im Staat zu reduzieren; die Darstellung patriarchaler Herrschaft in der Privatsphäre verschiebt sie in ihr literarisches Werk.

Besonders nahe steht Gisela Elsner in punkto Patriarchatskritik und Frauenpolitik Simone de Beauvoir, deren Hauptwerk *Das andere Geschlecht. Sitte und Sexus der Frau*, wie bereits angesprochen, der gesamten »neuen Frauenbewegung im Westen als Grundlage«[167]

164 Elsner: »Clara Zetkin«, S. 290 f.
165 Ebd., S. 291.
166 Ebd., S. 293.
167 Herminghouse: »Wunschbild, Vorbild oder Porträt?«, S. 281.

diente. Unter Hinzuziehung umfangreicher historischer Quellen legt de Beauvoir in der Studie dar,

> daß es in der menschlichen Gesellschaft nichts Natürliches gibt und die Frau unter anderm ein Zivilisationsprodukt ist. Das Eingreifen des Andern in ihr Schicksal ist von Anfang an erfolgt: Wenn diese Einwirkung anders gelenkt würde, käme sie zu einem ganz anderen Ergebnis. Die Frau wird weder durch ihre Hormone noch durch geheimnisvolle Instinkte bestimmt, sondern durch die Art und Weise, wie sie durch das Bewußtsein Fremder ihren Körper und ihre Beziehung zur Welt erfasst.[168]

Diese Zurückweisung biologistischer Begründung von Geschlechterrollen vertritt auch Elsner, wenn sie die Aufwertung von Weiblichkeit im Differenzfeminismus als Reduktion der Frau auf eben jene Eigenschaften kritisiert, die ihr die patriarchale Ordnung aufzwingt. Weit davon entfernt, auch Männlichkeit der Kritik zu unterziehen, dient diese allerdings regelrecht als Ideal, auch darin in Entsprechung zu de Beauvoir. In ihrem Aufsatz *Autorinnen im literarischen Ghetto* schreibt Elsner 1980,

> Originalität, Objektivität, Sachlichkeit, die Fähigkeit, logisch zu denken, die Fähigkeit, größere Zusammenhänge zu erfassen, sowie die Souveränität, die durch Witz, Ironie und Satire zum Ausdruck kommt, werden ausschließlich für männliche Eigenschaften gehalten. Wenn schreibende Frauen solche Eigenschaften zeigen, werden sie [...] als Monstren hingestellt.[169]

Während Elsner männlich konnotierte Eigenschaften also als erstrebenswert darstellt, bewertet sie vermeintlich weibliche Verhaltens-

168 De Beauvoir: *Das andere Geschlecht*, S. 675.
169 Elsner: »Autorinnen im literarischen Ghetto«, S. 53.

weisen als negativ; die Frauen erscheinen in *Autorinnen im literarischen Ghetto*, wie in vielen anderen ihrer Texte, weniger als Betroffene denn als Kollaborateur:innen des Patriarchats.

Und auch diese Figur, die in ihrer Fokussierung auf eine angenommene Mitschuld der Frau an ihrer eigenen Unterdrückung misogyne Stereotype reproduziert, findet sich bei de Beauvoir. So ist in *Das andere Geschlecht* etwa zu lesen, es sei der Frau zum Verhängnis geworden,

> daß sie dem arbeitenden Mann nicht Gefährtin seiner Mühen werden konnte und sich dadurch vom menschlichen Mitsein ausgeschlossen sah: daß die Frau körperlich schwach und mit geringerer Arbeitskraft begabt ist, erklärt diese Ausschließung noch nicht; weil die Frau nicht an der Arbeits- und Denkweise des Mannes teilnahm, weil sie in dumpfer Abhängigkeit von den Mysterien des Lebens verharrte, hat sie der Mann nicht als seinesgleichen anerkannt; in dem Augenblick aber, als er sie nicht auf seine Stufe aufnahm, sondern sie in seinen Augen die Dimension des Anderen behielt, mußte der Mann zu ihrem Unterdrücker werden.[170]

Angelehnt an dieses Narrativ, aber dieses auch subvertierend, ist die scharfe Kritik, die Gisela Elsner 1975 am »Jahr der Frau« formuliert, einer frauenpolitischen Maßnahme der Vereinten Nationen. Durch die polemische Weise, mit der sie sich hier auf den Topos der »weiblichen Zurückgebliebenheit« bezieht, tritt dessen misogyne Implikation in den Hintergrund. So sind nicht mehr die Frauen das Angriffsziel, sondern die patriarchale Herablassung, mit der ihnen begegnet wird:

> Wir, die wir noch Frauen sind und nicht maskulinisierte Mißgestalten, haben es weniger zur Kenntnis genommen als vielmehr mit allen Fasern unseres Seins empfunden: dieses Jahr der Frau, einen Hauch,

170 De Beauvoir: *Das andere Geschlecht*, S. 83.

> einen Handkuß des Kavaliers der alten Schule. […] Und es zeugt nicht eben von einer guten Kinderstube, wenn andere nur darauf aus waren, diese generöse Geste der Vereinigten Nationen durch abgeschmackte Feilschereien wie die Feilscherei um Lohngleichheit ihres symbolischen Charakters zu berauben. […] Schließlich kam man, das Jahr 1976 betreffend, auf den Hund, ein Tier, das uns Frauen, im Gegensatz zu den Männern, die sich lieber auf den Affen berufen, nicht aus arteigenen, sondern aus erziehungs- und umweltbedingten Gründen recht nahe steht. Die Haupteigenschaft des Hundes: sein Gehorsam, wird belohnt durch einen Komfort, auf den die weniger zahmen oder weniger zuverlässigen Tiere verzichten müssen.[171]

Weit entfernt von einer solchen Grundsatzkritik beteiligen sich die DKP-nahen Organisationen Demokratische Fraueninitiative (DFI) und Sozialistischer Frauenbund (SFB) scheinbar begeistert am »Jahr der Frau«: mit »eine[r] ganze[n] Woche mit Diskussionsveranstaltungen, Vorträgen, Theater, Kinobesuchen und anschließender Diskussion […].«[172] Elsners Charakterisierung von Identitätspolitik als entpolitisierend und systemstabilisierend ist mit diesen Aktivitäten letztlich nicht wirklich in Einklang zu bringen. Allerdings ist sie 1975 auch noch nicht Mitglied der DKP, in die sie mit ihrer Vorstellung, dass eine Frau »ihren Mann stehen« muss, wiederum gut hineinpasst. Schließlich handelt es sich hierbei um die dominante Auffassung von weiblicher Emanzipation innerhalb der kommunistischen Bewegungen, welche entsprechend auch die frauenpolitische Linie der DDR bestimmt.

171 Elsner: »Das Jahr der Frau«, S. 257.

172 Proft, Hildegard: »Mit Fünfzehn zu jung – mit Fünfundvierzig zu alt. Aktionen der Demokratischen Fraueninitiative gegen die Frauenarbeitslosigkeit«, in: Doormann (Hrsg.): *Keiner schiebt uns weg,* S. 134.

Frauenquoten und Recht auf Arbeit. Die Frauenpolitik der DKP

1979 erklärt Gisela Elsner im Gespräch mit Karl Deiritz in den roten blättern, sie habe mit ihrem Beitritt zur DKP »auch einen Zustand herbeiführen [wollen], wo man mich festnageln kann, auch im Schlechten, aber auch im Guten. […] Jetzt werde ich nicht diffamiert, weil ich im knallroten Kleid auf der Straße rumlaufe, jetzt weiß ich warum.«[173] Damit ordnet sie der antikommunistischen Ausgrenzung eine stärkere Definitionsmacht als der sexistischen zu, ganz so als würde die Positionierung als Kommunistin die Identität Frau auslöschen. Entsprechend artikuliert sie in ihrer DKP-Austrittserklärung im Juni 1989 ihre Frustration über die Annahme der

> Parteiführung, ich würde mich zuständig für die Bereiche Frauenarbeit oder Kultur erklären. Dies habe ich nicht getan. Denn zum einen produziere ich bis zum Überdruß Kultur. Zum anderen sehe ich in der Quotierung, die aufgrund biologischer Merkmale und keiner Qualifizierung erfolgt, nur eine nicht für mich vertretbare Gegenreaktion auf die jahrtausendjährige Diskriminierung des weiblichen Geschlechts aufgrund seiner biologischen Merkmale.[174]

Elsner kritisiert Identitätspolitik also nicht nur anhand der differenzfeministischen Strömung der Frauenbewegung, sondern sieht sie auch in der Gleichstellungspolitik der DKP am Werk. Ihre Erwartung, zumindest in der kommunistischen Organisierung der ihr aufgezwungenen Geschlechterrolle zu entkommen, scheint sich nicht erfüllt zu haben. Ihr geschlechterpolitischer Standpunkt, der bereits bei ihrem Eintritt in die Partei 1977 einen Grundpfeiler ihres politischen Selbst-

173 Deiritz: »Warum wird so eine Kommunist?«
174 Elsner: »Brief an Herbert Mies«, S. 366.

verständnisses bildet, ist also in gewisser Hinsicht eine problematische Grundlage, um in der DKP frauenpolitisch aktiv zu sein.

Entsprechend beteiligt sich Gisela Elsner nicht an der Gründung der DFI durch DKP-Frauen im Rahmen des »Jahres der Frau« 1975 – obwohl sich dessen West-Berliner Pendant SFB ebenfalls von den »feministischen Gruppen«[175] innerhalb der Frauenbewegung abgrenzt, indem die Gruppe den »Hauptgrund[] für die Frauenunterdrückung in ihrem Ausschluss aus der Gesellschaft, also in ihrer weitgehend fehlenden Teilhabe an einem geregelten Berufsleben«[176] verortet. Und ebenso wie später Elsner kritisieren die DKP-nahen Organisationen an den Differenzfeminist:innen die Ersetzung von »›bürgerlich‹ durch ›männlich‹«[177], also die Aufgabe einer Klassenperspektive. Obwohl dieser Standpunkt eine Abkehr von der marxistischen Gesellschaftstheorie darstellt, knüpfen die Feminist:innen damit an die Kritische Theorie an, die ja auch in der Neuen Linken stark rezipiert worden war: Herbert Marcuse setzt 1974 in seinem Aufsatz *Marxismus und Feminismus* männlich und kapitalistisch einerseits, weiblich und sozialistisch andererseits gleich und besteht auf einer »radikalen Veränderung des Bewußtseins, nicht auf den Umsturz der Produktionsverhältnisse, die dieses erst konstituieren.«[178]

Lottemi Doormann beschreibt die Hinwendung zum »Zauberwort«[179] Feminismus bereits 1981 rückblickend als linkes Krisenphänomen angesichts gesellschaftlicher Marginalität[180] und Ulla Hahn betont 1978 die gesellschaftsanalytische Unzulänglichkeit dieser Verengung des Blicks:

175 Sozialistischer Frauenbund West-Berlin: »Unser Selbstverständnis als Frauengruppe und unsere Kampagne gegen Frauenarbeitslosigkeit«, in: Doormann (Hrsg.): *Keiner schiebt uns weg*, S. 132–137, hier S. 134.

176 Ebd.

177 Hahn: »Gibt es eine Frauenliteratur?«, S. 255.

178 Doormann (Hrsg.): *Keiner schiebt uns weg*, S. 41.

179 Ebd., S. 33.

180 Ebd.

> Da alle Entfremdungsformen spätkapitalistischer Rationalität den Männern angelastet werden, gerät die untrennbare Verknüpfung heutiger Erscheinungsformen des Patriarchats mit dem spätkapitalistischen Gesellschaftssystem und seinen immanenten Zwängen, die im Übrigen auch den Bedürfnissen der Männer nicht entsprechen, aus dem Blickfeld.[181]

Die Haltung zur Produktionssphäre, die auf die antikapitalistischen Ansätze in der Neuen Linken sowie auf die sozialistische Frauenbewegung des 19. Jahrhunderts verweist, wird schnell zur »Gretchenfrage der Frauenbewegung«[182]. Dem universalistischen Fokus auf kapitalistische Ausbeutung anstelle der bloßen »Befreiung von männlicher Vorherrschaft«[183] entspricht letztlich auch Gisela Elsners »nicht-feministisches Selbstverständnis«[184]. Ihrem *Versuch einer Belehrung der schwer belehrbaren NEUEN FRAU* stellt sie ein Zitat von Clara Zetkin voran, demzufolge »die Emanzipation der Frau wie des ganzen Menschengeschlechts [...] ausschließlich das Werk der Emanzipation der Arbeit vom Kapital«[185] sei. Damit liefert Elsner allerdings ein Beispiel dafür, dass die Kommunist:innen ihrerseits »männlich« durch »bourgeois« ersetzen – wodurch, wie Ulla Hahn kritisiert,

> mithin, etwa bei der DKP in einem programmatischen Flugblatt zum Internationalen Frauentag 1978, nur die ökonomische Benachteiligung ins Blickfeld [gerät]. Kein Wort fällt zur doppelten Unterdrückung der Frau, im Gegenteil: Die Frau soll sich noch glücklich

181 Hahn: »Gibt es eine Frauenliteratur?«, S. 255.
182 Doormann (Hrsg.): *Keiner schiebt uns weg*, S. 71.
183 Sozialistischer Frauenbund West-Berlin: »Unser Selbstverständnis als Frauengruppe und unsere Kampagne gegen Frauenarbeitslosigkeit«, S. 135.
184 Doormann (Hrsg.): *Keiner schiebt uns weg*, S. 72.
185 Elsner: »Clara Zetkin«, S. 287.

> preisen, wenn das starke Geschlecht dem schönen beim Kämpfen unter die Arme greift.[186]

Über diese Leerstelle hinaus stellt sich der DFI mit der These, »daß von einer humanen Gesellschaft nicht die Rede sein kann, solange das Recht auf Arbeit als grundlegendes Menschenrecht täglich hunderttausendfach verletzt«[187] werde, ignorant gegen die Tatsache, dass Arbeit im Kapitalismus zumeist Lohnarbeit und somit Ausbeutung ist. Die marxistisch-leninistische Gruppe reproduziert hier die Setzung von Arbeit an sich als positiver Bezugsgröße, die bereits Karl Marx als »bürgerliche Redensart[]«[188] kritisiert. Gisela Elsner fordert ein Recht auf Arbeit nicht explizit ein, formuliert jedoch auch keine Grundsatzkritik am kommunistischen Arbeitsbegriff.

Bei all dem ist schon die Figur eines überhistorischen Naturrechtes, die der Annahme des DFI zugrunde liegt, unhaltbar, da jedes Recht immer nur als Setzung eines staatlichen Gewaltmonopols bestehen kann. Ein Recht auf Arbeit wird ein bürgerlicher Staat wie die Bundesrepublik schon deshalb nicht gewähren, weil es den Grundprinzipien der Freiheit und Gleichheit widerspricht. Doormann weist zumindest auf eine dieser Problematiken hin – während sie den Rechtsidealismus reproduziert –, wenn sie schreibt, die

> Forderung nach Erwerbstätigkeit der Frau als notwendige Voraussetzung ihrer Emanzipation verknüpft die marxistische Emanzipationsstrategie die individuelle Emanzipation der Frau zugleich mit einer Perspektive, die über die bestehenden Gesellschaftsverhältnisse hinausweist. Denn das allgemeine Recht auf Arbeit und im beson-

186 Hahn: »Gibt es eine Frauenliteratur?«, S. 254.
187 Proft: »Mit Fünfzehn zu jung – mit Fünfundvierzig zu alt«, S. 125.
188 Marx, Karl / Engels, Friedrich: »Kritik des Gothaer Programms«, in: *Werke*, Bd. 19, Berlin: Karl Dietz Verlag 1973, S. 13–32, hier S. 18.

> deren [sic!] das der Frauen ist innerhalb des Kapitalismus nicht zu verwirklichen.[189]

Vor diesem Hintergrund ist es folgerichtig, dass der DFI seine Frauenpolitik auf »Reformforderungen wie [...] gleiche[n] Lohn für gleiche Arbeit«[190] reduziert, weil er innerhalb der bürgerlichen Gesellschaft handlungsfähig sein will. Elisabeth Zellmer verweist auf die Beschränktheit solch frauenpolitischer Forderungen, wenn sie betont,

> dass viele frauenbewegte Ideen nicht ganz so weit von den Unternehmungen der »großen« Politik entfernt waren, wie es ihre Repräsentantinnen oft glauben machten. [...] Die Frauenbewegung griff diese Fragen in radikalisierter Form auf und agierte dabei aller Kritik an der Bundesrepublik zum Trotz in einem System, das diese Aktionen zuließ und sich [...] der Frauenfrage keineswegs vollends verschloss.[191]

Trotz dieser Anschlussfähigkeit und seiner reformistischen Ausrichtung stößt der DFI übrigens bei seinen erwünschten Bündnispartnerinnen SPD und Gewerkschaften auf Widerstand. Die antikommunistische Parteilinie der SPD verhindert, ebenso wie im Fall der DKP allgemein, jegliche Zusammenarbeit:

> Nach unserer ersten Kontaktaufnahme mit dem Frauenkreis der Jusos, von dem wir zu Recht annahmen, daß auch er das Recht auf Arbeit für ein Grundrecht hält, ließ die SPD-Geschäftsführung diesen wissen, daß man diese Zusammenarbeit verbiete, für unver-

189 Doormann (Hrsg.): *Keiner schiebt uns weg*, S. 46.

190 Engel, Stefan / Gärtner-Engel, Monika: *Neue Perspektiven für die Befreiung der Frau – Eine Streitschrift*, Essen: Verlag Neuer Weg 2016, S. 113.

191 Zellmer: »Zwischen gesellschaftlichem Wandel und weiblicher Parteilichkeit«, S. 85.

einbar halte mit dem Parteiselbstverständnis: Der Sozialistische Frauenbund, eine Organisation zur Emanzipation der Frauen, sei »kommunistisch gesteuert«. [...] Inzwischen wurde ein Mitglied des Sozialistischen Frauenbundes zur Anhörung geladen, allein aus dem Grunde, weil die oberste Behörde auf die Tatsache stieß, daß sie Mitglied des Frauenbundes ist.[192]

Diese Vorgänge dürften Gisela Elsner angesichts ihrer Grundsatzkritik an der SPD und ihrer Betonung der Notwendigkeit einer proletarischen, revolutionären Frauenbewegung wenig überraschen. Sie kritisiert den Legalismus und Reformismus der DKP, der sich in dem Wunsch nach Zusammenarbeit mit der SPD in ihren Augen ausdrückt, auch parteiintern, allerdings erst in den späten 1980er Jahren. Explizit Stellung zur DKP-Frauenpolitik bezieht Elsner Zeit ihres Lebens nicht.

Kleinfamilie statt Sozialrevolution

Auf der Basis der Gleichsetzung von Emanzipation mit Gleichberechtigung bleibt der Alltagssexismus in der DDR ein Privatproblem von Frauen; nachdem die in der frühen Sowjetunion entworfenen »[r]adikale[n] Konzepte der Frauenemanzipation, bis hin zur gemeinschaftlichen Erziehung der Kinder und zum Verzicht auf die ›bürgerliche‹ Institution der Ehe«[193] im Zuge der Stalinisierung verdrängt worden waren, hält auch die DDR-Führung bei der Staatsgründung 1949 an der bürgerlichen Kleinfamilie fest. Inge Stephan kommt deshalb noch 1983 zu dem Schluss, dass das,

192 Sozialistischer Frauenbund West-Berlin: »Unser Selbstverständnis als Frauengruppe und unsere Kampagne gegen Frauenarbeitslosigkeit«, S. 135.
193 Herminghouse/Hohendahl (Hrsg.): *Literatur und Literaturtheorie in der DDR.*

> was nach offizieller DDR-Auffassung längst gelöst ist, nämlich die Gleichberechtigung der Frau, noch immer auf Realisierung [wartet]. [...] Es ist ziemlich deprimierend, wie sich die Erfahrungen von Frauen in der DDR mit unseren Erfahrungen hier in der BRD decken. Zwar ist die Gleichberechtigung formal in der DDR viel weiter vorangetrieben – so sind die Frauen in den vorgestellten Erzählungen wohl nicht zufällig alle berufstätig, der Typ der Nur-Hausfrau kommt gar nicht vor –, aber das grundlegende Problem, nämlich die Beziehung der Geschlechter untereinander und die patriarchalische Grundstruktur der Gesellschaft, ist in Ost und West vergleichbar.[194]

Die fehlende Auseinandersetzung mit Geschlechterrollen in der Privatsphäre scheint nicht nur die Abschaffung des Patriarchats in der DDR zu verunmöglichen, sondern selbst das staatlich erklärte Ziel der vollständigen Gleichstellung der Frau in der Arbeitswelt; auch in der DDR bleibt die geschlechtsspezifische Aufteilung der Berufe weitestgehend bestehen und Frauen in leitenden Funktionen finden sich kaum.[195]

In der Bundesrepublik beschreibt der DKP-nahe Sozialistische Frauenbund Ende der 1960er Jahre die patriarchale Struktur der bürgerlichen Kleinfamilie als zentrales Movens für die Entstehung der Frauenbewegung. Selbst in progressiven Milieus würden Frauen

> unter der Bevormundung durch ihre Männer [leiden], unter der entwürdigenden finanziellen Abhängigkeit von ihnen, die ihre Beziehung vergiftete, unter der Sinnlosigkeit des Hausfrauendaseins, unter ihrer Ohnmächtigkeit gegenüber ihren privaten familiären Beziehungen und Verhältnissen; vor allem aber wollten sie in allen

194 Stephan: »Daß ich Eins und doppelt bin ...«.

195 Vgl. etwa Buchholz, Ramona Katrin: *Legenden der Gleichberechtigung. Eine literatursoziologische Analyse zum »Gleichstellungsvorsprung« ostdeutscher Frauen*, Heidelberg: Universitätsverlag Winter 2015.

> Fragen gesellschaftlicher, beruflicher Betätigung die offensichtliche Ungleichheit nicht länger hinnehmen.[196]

Auf die eng an der DDR orientierten Parteilinie der DKP haben die Positionen des SFB allerdings keinen Einfluss, noch 1978 ignoriert der Parteivorstand Anträge auf Streichung des positiven Bezugs auf Ehe und Kleinfamilie aus dem Parteiprogramm. Begründet wird die Ablehnung der Anträge mit der ahistorischen Erklärung,

> [d]iese Lebensformen seien [...] älter als der Kapitalismus und würden ihn wohl auch überleben, wie das Beispiel der sozialistischen Länder zeige. Abzulehnen sei lediglich ihre kapitalistische Deformation. Die DKP dürfe diese Institutionen auch deshalb nicht ablehnen, weil sie von Frauen und Männern des arbeitenden Volkes nicht nur hingenommen, sondern als selbstverständlich und positiv angesehen werden.[197]

Aus dieser Affirmation der Kleinfamilie ergibt sich, bei Berücksichtigung der faktischen Doppelbelastung der Frau durch die Reproduktionsarbeit, ein Widerspruch zum erklärten DKP-Ziel der »Emanzipation der Frau in allen gesellschaftlichen Bereichen«[198]. Gisela Elsner erklärt 1985 in *Fremde Mütter, fremde Väter*, auch am Alltagssexismus habe sich in der Bundesrepublik seit den 1960er Jahren »[n]ichts [...] geändert. Wenn ich heute einen Mann auf der Straße anspreche, gelte ich noch immer als Nutte, und wenn ich mich in einer Kneipe allein an einen Tisch setze, gelte ich noch immer als Freiwild.«[199]

196 Proft: »Mit Fünfzehn zu jung – mit Fünfundvierzig zu alt«, S. 133.
197 Fülberth: *KPD und DKP 1945–1990*, S. 157.
198 Proft: »Mit Fünfzehn zu jung – mit Fünfundvierzig zu alt«, S. 134.
199 Altenburg (Hrsg.): *Fremde Mütter, fremde Väter, fremdes Land*, S. 147 f.

Mit dem Staat gegen das Patriarchat? Der Kampf gegen den § 218

Ein frauenpolitischer Schauplatz, an dem sich Elsner trotz ihrer »Nicht-Zuständigkeitserklärung« für Frauenthemen im Rahmen der DKP öffentlich politisch positioniert, ist Kampf gegen die Illegalisierung und Stigmatisierung von Schwangerschaftsabbrüchen. Unter anderem beteiligt sie sich 1971 an der Stern-Kampagne »Wir haben abgetrieben«.[200] Die Bewegung gegen den Abtreibungsparagraphen richtet aufgrund seines bürgerrechtlichen Charakters allerdings Forderungen an den Staat, was angesichts dessen patriarchaler Verfasstheit von marxistischen Feminist:innen zunehmend als Widerspruch aufgefasst wird, dem sie seit den 1970er Jahren durch die Formulierung einer Staatskritik Rechnung tragen.[201] Gisela Elsner versteht den Staat demgegenüber nicht als abzuschaffendes Phänomen, sondern als sinnvollen politischen Kampfschauplatz, welcher in der bürgerlichen Gesellschaft und auch im Sozialismus notwendig ist.

Ein Schlaglicht auf Elsners Verständnis des Zusammenhangs von Staat und Patriarchat wirft die Kritik, die sie 1981 an den Positionen der italienischen Kommunistin Rossana Rossanda formuliert, der ehemaligen Angehörigen des ZK des Partito Comunista Italiano (PCI) und Mitbegründerin der Zeitschrift Il Manifesto. Unter dem Titel *Große politische Begriffe ohne neuen Klang* rezensiert sie Rossandas Buch *Einmischung. Gespräche mit Frauen über ihr Verhältnis zu Politik, Freiheit, Gleichheit, Brüderlichkeit, Demokratie, Faschismus, Widerstand, Staat, Partei, Revolution, Feminismus.* Ebenso wie Elsner

200 Zur Stern-Kampagne und zum weiteren Verlauf der Kämpfe um § 218 vgl. »Aktion 218«, *Digitales Deutsches Frauenarchiv*, 06.03.2019, https://www.digitales-deutsches-frauenarchiv.de/akteurinnen/aktion-218 (zugegriffen am 27.01.2020).

201 Vgl. etwa Löffler, Marion: *Feministische Staatstheorien. Eine Einführung*, Frankfurt a. M. [u. a.]: Campus Verlag 2011; Ludwig, Gundula: *Geschlecht, Macht, Staat. Feministische staatstheoretische Interventionen*, Opladen [u. a.]: Budrich 2015; Sauer, Birgit: »Feminismus und Staat«, in: Voigt, Rüdiger (Hrsg.): *Handbuch Staat*, Wiesbaden: Springer VS 2018, S. 177–187, hier S. 177 f.

in ihrem Aufsatz *Politisches Kauderwelsch*, der auch 1981 erscheint, verwendet Rossanda in *Einmischung* das Verfahren der Begriffskritik, und dennoch verfolgen beide Texte geradezu entgegengesetzte Ziele. Die italienische Kommunistin versucht in Gesprächen mit »Frauen, die größtenteils in der italienischen Frauenbewegung eine Rolle spielen«[202], die Rekonstruktion von Bedeutung und feministische Wieder-Aneignung von Begriffen. Elsner hingegen skizziert das propagandistische Benutzen von Begriffen durch die herrschende Klasse, das sie als einen Prozess der Sinnentleerung begreift. Während Rossanda den Subalternen eine Stimme zu geben versucht, kritisiert Elsner die (männlichen) Herrschenden, was ihrer anti-utopistischen Haltung und ihrem allgemeinen Fokus auf die Kritik des Bürgertums entspricht.

Damit stellt sich Elsner ein weiteres Mal quer zur feministischen Mehrheit innerhalb der zweiten Frauenbewegung, die sich zunehmend der Schaffung von selbstverwalteten Projekten und vermeintlichen Freiräumen widmet. Möglicherweise auch mit Blick auf diese Entwicklung konstatiert sie anhand von *Einmischung*, »daß sich der neue italienische Feminismus dank seines extremen Individualismus und dank seiner pauschalen Ablehnung des von Männern geschaffenen Staatswesens und der von Männern geschaffenen sonstigen Institutionen in eine Sackgasse verrannt und jeglichen Handlungsspielraums«[203] beraube. Richtig sei es dagegen, »den Staat als Machtinstrument zu bezeichnen, mittels dessen die ökonomisch herrschende Klasse zur politisch herrschenden«[204] werde – ein Vorschlag, der die Übernahme des Staates durch die »richtige« politische Kraft, nämlich die Arbeiter:innenklasse, implizit befürwortet. Mit dieser Perspektive auf den Staat, die im Übrigen auch *Politisches Kauderwelsch* prägt, liegt Elsner durchaus auf DKP-Linie.

202 »Große politische Begriffe ohne neuen Klang. Über Rossana Rossandas Buch ›Einmischung‹« [9 Blätter Typo. m. hs. Korr.], in: Münchner Stadtbibliothek / Monacensia, GE M 6.
203 Ebd.
204 Ebd.

3.4 *Privatsphären.* Gisela Elsners literarische Patriarchatskritik

Als Schriftstellerin mit kommunistischem Selbstverständnis formuliert Gisela Elsner ihre Patriarchatskritik nicht allein in ihren politischen Schriften, sondern auch in ihrem literarischen Werk. Dabei ist vor dem Hintergrund ihrer Auseinandersetzung mit realistischem Schreiben davon auszugehen, dass sie im Hinblick auf die Bearbeitung eines bestimmten Gegenstands bewusst zwischen der sachlichen und der belletristischen Form entscheidet. Dies geht unter anderem aus ihrem Aufsatz *Über Mittel und Bedingungen schriftstellerischer Arbeit* (1975) und aus dem Briefwechsel mit Chris Hirte von Volk und Welt hervor.

Sie beschäftigt sich in diesen Ausführungen zwar nicht mit der literarischen Darstellbarkeit des Geschlechterverhältnisses, sondern mit der ökonomischer Zusammenhänge. Verallgemeinerbar deutlich wird dennoch, dass sie die Eignung eines Gegenstands für die Prosaform an dessen Konkretheit festmacht – wo es gelte, »Formeln für Formeln zu finden, wird die Prosa dürr.«[205] Es stützt die These einer »textlichen Arbeitsteilung« im Werk Gisela Elsners, dass das Thema Schwangerschaftsabbruch in seiner ambivalenten Stellung zwischen Körperlichkeit und Reproduktionssphäre und öffentlich-staatlichem Zugriff in ihrem Werk eine Scharnier-Rolle einnimmt. Ein weiteres Kriterium für Elsners Formwahl scheint der öffentliche beziehungsweise private Charakter eines Gegenstands zu sein. So thematisiert sie in ihren politischen Schriften die Diskriminierung von Frauen in der Arbeitswelt und die Unzulänglichkeiten der bürgerlichen Frauenbewegung, als politisches Ziel erscheint hier die rechtliche Gleichstellung der Frau. Eine Politisierung des Privaten hingegen lehnt Elsner in diesen politischen Einlassungen ab und erkennt der Kategorie Geschlecht,

205 Brief an Chris Hirte vom 10. September 1986, in: Briefwechsel Elsner – Hirte, fol. 4.

wie bereits dargestellt, keinen subjektivierenden Charakter zu. Dies läuft auf eine umfassende Ablehnung sozialrevolutionärer Ansätze hinaus, die der frauenpolitischen Linie von DKP und DDR entspricht.

Hier zeigt sich nun ein Widerspruch zu Elsners belletristischer Beschäftigung mit dem Patriarchat; die Tatsache, dass ihre literarische Patriarchatskritik überwiegend die bürgerliche Privatsphäre zum Schauplatz hat, steht in einem Spannungsverhältnis zur Geringschätzung des Privaten in ihrer politischen Arbeit. Bemerkenswert ist dabei allerdings die Ohnmacht von Elsners weiblichen Figuren, die Ursula Reinhold in Bezug auf die *Riesenzwerge* mit den Worten beschreibt, »die Autorität des Familienoberhauptes [ist] total. Der Vater trägt nicht die Züge seiner sozialen Stellung, sondern ist lediglich Inbegriff eines anonymen autoritativen Prinzips.«[206] Hier mag sich die Erfahrung patriarchalen Zwangs, der Elsner auch selbst immer wieder ausgesetzt ist, ebenso Ausdruck verschaffen wie eine allgemeine Verfestigung bürgerlicher Herrschaft, der sie immerhin auf politischer Ebene einen bewussten politischen Optimismus entgegensetzt. Vor dem Horizont dieser Konstellationen werden im Folgenden die drei Romane betrachtet, in denen Gisela Elsner das bürgerliche Geschlechterverhältnis und die Patriarchatskritik zum Hauptgegenstand macht: *Das Berührungsverbot* (1970), *Abseits* (1983) und *Die Zähmung* (1984).

»Fortsetzung des Elends im alten Gewand«[207]. *Das Berührungsverbot* (1970)

Als Gisela Elsners dritter Roman *Das Berührungsverbot* 1970 im Rowohlt Verlag erscheint, treten die problematischen Aspekte der im Kontext der APO ausgerufenen »Sexuellen Revolution« bereits deut-

206 Reinhold: *Antihumanismus in der westdeutschen Literatur*, S. 142.
207 Altenburg (Hrsg.): *Fremde Mütter, fremde Väter, fremdes Land*, S. 147.

lich hervor. Als Motivation für das Verfassen von *Das Berührungsverbot* erklärt Elsner 1985 gegenüber Matthias Altenburg, sie habe

> nun einfach mal schauen [wollen], was es mit der Befreiung in den Betten so auf sich hat [...] und stellte fest: es herrscht ein gigantischer Zwang. Gerade war noch Treue und Enthaltsamkeit gepredigt worden, jetzt mußte kopuliert werden auf Freiheit-komm-raus. [...] Der Orgasmus wurde plötzlich zur Hauptfrage des Daseins, und wer Schwierigkeiten damit hatte, wurde scheeler angeschaut als ein Leprakranker. Die Lust wurde dem allgemeinen Drill unterworfen.[208]

Es ist bemerkenswert, dass Elsner dieses Thema als ersten Kommentar zum Aufbruch der (linken) Frauen Ende der 1960er Jahre wählt; ihre Grundsatzkritik an der vermeintlichen sexuellen Befreiung wirkt sich – zusätzlich zu der Tatsache, dass sie eine Frau ist – auf ihren Handlungsspielraum in der linken Bewegung vermutlich negativ aus. Dabei kommt die bornierte Brachialität, mit der diese in einigen linken Milieus verfolgt wird, selbst in Jörg Fausers Roman *Rohstoff* (1981) zum Ausdruck. Hier verkündet eine Bewohnerin eines West-Berliner Hausprojekts Ende der 1960er Jahre, die Kommunard:innen hätten »gerade beschlossen, dass wir jetzt alle zusammen schlafen [...]. Sonst werden wir diesen bürgerlichen Scheiß nie los.«[209] Auch der ehemals studentenbewegte Schriftsteller Peter Schneider beschreibt solche sozialrevolutionären Bemühungen 1985 als »in vieler Hinsicht nur [...] spiegelverkehrte[s] Abbild, [...] Negativ-Klischee der erstarrten Denk- und Lebensformen ihrer Väter und Mütter«[210] und attestiert ihnen damit auch noch einen postfaschistischen Charakter. Gisela Elsner, die die BRD ebenfalls als postfaschistische Gesellschaft begreift, gestaltet die sexuelle Befreiung im *Berührungsverbot* als gewaltvollen und volun-

208 Ebd.
209 Fauser: *Rohstoff*, S. 29.
210 Altenburg (Hrsg.): *Fremde Mütter, fremde Väter, fremdes Land*, S. 56.

taristischen Akt, allerdings nicht in ihrer linksradikalen Ausprägung, sondern angesiedelt im kleinbürgerlichen Milieu.

Verklemmte Durchschnittsbürger

In seiner Laudatio auf Gisela Elsner zur Verleihung des Gerrit-Engelke-Literaturpreises schreibt Hanjo Kesting 1987, es gehe im *Berührungsverbot* um die

> sexuellen Rituale sogenannter gutbürgerlicher Leute, die sich und anderen durch Gruppensex und Partnertausch unter Beweis zu stellen versuchen, daß sie *up to date* sind, und die doch bei ihren verkrampften Bemühungen um sexuelle Aufgeschlossenheit über den Phantasiehorizont des wilhelminischen Spießers nicht hinausgelangen.[211]

Mit der Verortung der Erzählung im bürgerlichen Milieu gestaltet Elsner ihrem Verständnis der Satire entsprechend die Lebensrealität einer gesellschaftlich relevanteren Gruppe als der radikalen Linken. 1976 erklärt sie, die Wahl des Stoffes »Gruppensex oder verklemmtes Dasein der Durchschnittsbürger«[212] habe für sie »zugleich den Abschied vom grotesken Muster«[213] bedeutet. Damit charakterisiert Elsner die Groteske als Form für die Gestaltung der Abweichung und des Zufalls, demgegenüber die Satire die gesellschaftliche Normalität zum Formgebot habe. Diese Bestimmung der Groteske korrespondiert mit Elsners Kritik des Absurden, welches, wie sie 1989 in einem Brief an Kesting schreibt, gekennzeichnet sei durch eine »Kluft«[214]

211 Kesting: »Die triste Wahrheit der Satire«, S. 113.
212 [O. A.]: »Wahrlich ein Punktsieg«, *Nürnberger Nachrichten*, 17.09.1977.
213 Ebd.
214 Brief an Hanjo Kesting vom 2. Februar 1989, in: Briefwechsel Elsner – Kesting, fol. 41.

zwischen einer »strikten politische[n] und gesellschaftskritische[n] Abstinenz«[215] in der Themenwahl und »der Wirklichkeit«[216].

Elsners literaturprogrammatischer Kurswechsel im *Berührungsverbot* wird von der westdeutschen Literaturkritik durchaus zur Kenntnis genommen. Marlies Gerhardt erklärt im Januar 1971 im Südwestdeutschen Rundfunk, Elsner vermeide in ihrem dritten Buch

> die unauflösbaren, metaphorischen Bilder Kafkas und bleibt stets im Bereich rational übersetzbarer Funktionen; denn die allegorisierende Abstraktion dient im Berührungsverbot nicht der Darstellung einer unüberschaubaren, irrationalen Wirklichkeit, sondern der satirischen Vereinfachung einer soziologisch erklärbaren, gesellschaftlichen Realität.[217]

Inwiefern Elsner mit der Wahl der satirischen Schreibweise gegen die weibliche Geschlechterrolle verstößt, beschreibt Elfriede Jelinek viele Jahre später in dem Aufsatz *Ist die Schwarze Köchin da? Ja, ja, ja! Zu Gisela Elsner* (2009). Die österreichische Satirikerin bestimmt das männlich konnotierte

> Recht des Komischen als ein Recht auf Distanz, auf Kontrast: Für die Frau, die in ihrer Überschreitung als Dichterin zur Distanz als solche wird, nein, zum Fremden, zur Differenz, gibt es keine Distanz mehr, oder alles wird zur Distanz, zum »Berührungsverbot«, das gar nicht ausgesprochen zu werden braucht – und es ist diese unüberbrückbare Distanz, die das männliche Sprechen entleert, enteignet, nur indem sie spricht, die Frau […].[218]

215 Ebd.
216 Ebd.
217 Gebhardt, Marlies: »Ein Buch und eine Meinung. Marlies Gerhardt über den Roman ›Das Berührungsverbot‹ von Gisela Elsner«, *Südwestdeutscher Rundfunk*, 08.01.1971.
218 Jelinek, Elfriede: »Ist die Schwarze Köchin da? Ja, ja, ja! Zu Gisela Elsner«, in: Künzel (Hrsg.): *Die letzte Kommunistin*, S. 23–30, hier S. 26.

Elsner wird diese Überschreitung häufig als »Gefühlskälte« ausgelegt und ein Hauch dieser Figur weht auch durch das Gutachten, das Marion Luckow im Rowohlt Verlag über das Manuskript des *Berührungsverbots* verfasst. Die Lektorin kommt zwar zu dem Urteil, das Buch sei »außerordentlich lesenswert«[219], erklärt jedoch, das »Verhältnis der Autorin zu ihren Personen scheint ganz affektlos, rein literarisch«[220]. Dies manifestiere sich im Wechsel von der Ich- zur Er-Erzählung und dem »Zurücknehmen direkter Aussageweisen [...] zugunsten einer eher indirekten Sprechweise«[221]. Durch diese vergrößerte Erzähldistanz in Elsners Darstellung »bürgerlichen Miefs«[222] entstehe der »Eindruck [...], daß die Autorin kleinbürgerliche Zustände mit großbürgerlichen Augen sieht, so wie man sie vor 30 Jahren sah«[223]. Implizit ist in Luckows Urteil die Unterstellung, der Unterschied zwischen den Klassen in der Bundesrepublik sei nicht so eklatant, wie Elsner ihn darstellt. Diese Verharmlosung des Klassengegensatzes stimmt überein mit der in der Nachkriegs-BRD unter anderem durch die SPD verbreiteten Vorstellung einer Reichtumsverteilung zugunsten der Arbeiterklasse.[224]

Während die Neuen Linke und in modifizierter Form auch die Neuen Sozialen Bewegungen die Produktion – und Befriedigung – »falscher« materieller Bedürfnisse kritisiert, denunziert Elsner das gesamte Umverteilungs-Vorhaben 1979 in ihrem *Volkszertreter*-Aufsatz als Farce. Der marxistische Ökonom Paul Mattick stellt die neulinke Analyse in seiner *Kritik an Herbert Marcuse. Der eindimensionale Mensch in der Klassengesellschaft* als Reproduktion bürgerlicher Ideologie dar:

219 Luckow, Marion: »Begutachtung von *Das Berührungsverbot* vom 27. Oktober 1969«, in: Verlagsarchiv Rowohlt, fol. 10.
220 Ebd.
221 Ebd.
222 Ebd.
223 Ebd.
224 Vgl. Elsner: »Die Volkszertreter«.

> Ungeachtet der langen Perioden des »Wohlstands« in den industriell fortgeschrittenen Ländern gibt es keinen Grund für die Annahme, daß die kapitalistische Produktionsweise die ihr innewohnenden Widersprüche durch staatliche Eingriffe in die Wirtschaft überwinden kann. Die Eingriffe selbst zeigen das Fortbestehen der Krise der kapitalistischen Produktion, und das Anwachsen der staatlichen Produktion ist ein sicheres Anzeichen für den fortschreitenden Verfall der privatkapitalistischen Marktwirtschaft.[225]

Matticks Betonung der strukturellen Notwendigkeit von Krisen im Kapitalismus richtet sich implizit auch gegen die Vorstellung ewiger bürgerlicher Herrschaft, ein Anliegen, das er mit Gisela Elsner teilt, die bekanntlich mit ihrer Literatur »den Optimismus der bürgerlichen Welt erschütter[n] und den Zweifel an der ewigen Gültigkeit des Bestehenden unvermeidlich«[226] machen will.

Sexualität und Eigentum. Gisela Elsners »Anti-Porno«

Ein Schlaglicht auf den Stand der bundesrepublikanischen Sexualmoral Ende der 1960er Jahre wirft Gutachterin Luckow mit dem Verweis auf ein »erst kürzlich vom Gesundheitsministerium herausgegebenes Sexuallexikon [...], dem man entnehmen kann, daß die vornehmliche Aufgabe der Sexualität die Zeugung sei«[227]. Auf diesen sittlichen Konservatismus treffen die (sexuellen) Befreiungsversuche der Neuen Linken, und zwar auch in den Subjekten selbst; eine Begegnung, die die sowjetische Germanistin Nina Litwinez 1988 als »Konflikt zwischen dem ureigenen bürgerlichen Besitzinstinkt (die

225 Mattick: *Kritik an Herbert Marcuse*, S. 15.
226 Elsner: »Über Mittel und Bedingungen schriftstellerischer Arbeit«, S. 13.
227 Luckow: »Begutachtung von *Das Berührungsverbot* vom 27. Oktober 1969«.

Ehefrau ist ja auch Besitz und Kapitalanlage) und dem berauschenden Gefühl, ›allem Neuen aufgeschlossen zu sein‹«[228] beschreibt. Ein strukturelles Hindernis für die Entwicklung einer befreiten Sexualität in der bürgerlichen Gesellschaft skizziert Wolfgang Fritz Haug in seiner 1970 zunächst als Aufsatz im Kursbuch veröffentlichten *Kritik der Warenästhetik*. Entwickelt an der Omnipräsenz von Sexualität in der Werbung verfolgt Haug die Struktur der Warenform in die bürgerliche Sexualität hinein und stellt dabei eine Analogie mit dem Tauschwert fest. Sexualität sei zugleich Ausgangspunkt und Verwertungsinstrument einer genuin kapitalistisch hergestellten Sinnlichkeit, nämlich der »Schaulust«[229]:

> Wenn Schuldgefühle und die Angst, die sie verursachen, den Weg zum Sexualobjekt erschweren, dann springt die Ware Sexualität als Schein ein, vermittelt die Erregung und eine gewisse Befriedigung, die im sinnlich-leibhaften Kontakt nur schwer zu entwickeln wären. [...] Hier wirkt die für die massenhafte Verwertung allein geeignete Form des Tauschwerts zurück auf die Bedürfnisstruktur der Menschen.[230]

Wie die Neue Linke unterstellt auch Haug den Bürger:innen eine unfreie Sexualität, die er jedoch nicht auf ihre Überschreitbarkeit im Bestehenden hin befragt, sondern auf ihre Verstrickung mit der bürgerlichen Produktionsweise.

Die Phänomene der Schaulust und des Tauschakts spielen auch in der Sexualität der Figuren des *Berührungsverbots* eine bedeutende Rolle.[231] Gisela Elsner bedient sich dabei »bewusst anti-pornographische[r] Darstellungsweisen«[232], etwa indem sie ökonomistische

228 Litwinez: »Die BRD-Autorin Gisela Elsner«, S. 183.
229 Haug: »Zur Kritik der Warenästhetik«, S. 157.
230 Ebd.
231 Vgl. Elsner, Gisela: *Das Berührungsverbot*, Reinbek bei Hamburg: Rowohlt 1970.

Prägungen hervorhebt und »von einer zwanghaften Sichtweise und Erfahrung«[233] ausgeht. Dennoch wird *Das Berührungsverbot* mehrheitlich als pornographisch skandalisiert und kann in der Schweiz und Spanien sogar nur zensiert erscheinen.[234] Während explizite Darstellungen sexueller Akte durch männliche Autoren spätestens seit dem 19. Jahrhundert üblich und akzeptiert sind, gesteht die – ihrerseits männerdominierte – Literaturkritik Autorinnen noch in den 1970er Jahren nur das Verfassen »›erotische[r]‹ Literatur«[235] zu.[236] Weit ab von der Gefälligkeit, die hier also von Frauen erwartet wird, liest sich die Sexualität im *Berührungsverbot* wie eine Inszenierung von Simone de Beauvoirs Diktum, dass die »Diskrepanz zwischen Sozialem und Tierischem [...] zwangsweise zur Obszönität [führt]. [...] Deshalb hört man ja bei Hochzeiten so viel zotiges Gelächter. Es liegt ein obszönes Paradoxon darin, eine brutal realistisch-tierische Funktion mit einer prunkhaften Feierlichkeit zu überdecken.«[237]

In diesem Szenario bieten auch die Frauenfiguren des *Berührungsverbots*, so wie meist in der Elsner'schen Prosa, kaum Identifikationsfläche. Trotzdem wird deutlich, dass sie die stärker Geschädigten sind, und zwar nicht nur in dem Partnertausch-Szenario, sondern in der Institution Ehe allgemein. Der sexuelle Kontakt zwischen den Ehepartnern wird zum Exempel dieses Machtverhältnisses, er wird »mit Routine, Hygiene und einer an Abscheu grenzenden Teilnahmslosigkeit identifiziert« und »ganz deutlich in die Nähe der professionellen

232 Künzel: *»Ich bin eine schmutzige Satirikerin«*, S. 141. Vgl. außerdem Cremer, Dorothe: *»Ihre Gebärden sind riesig, ihre Äusserungen winzig«. Zu Gisela Elsners Die Riesenzwerge. Schreibweise und soziale Realität der Adenauerzeit*, Herbolzheim: Centaurus-Verlagsgesellschaft 2003.

233 Künzel: *»Ich bin eine schmutzige Satirikerin«*, S. 141.

234 Elsner: »Über Mittel und Bedingungen schriftstellerischer Arbeit«, S. 17.

235 Künzel: *»Ich bin eine schmutzige Satirikerin«*, S. 142.

236 Zur literaturwissenschaftlichen Analyse patriarchaler Sexualität im Werk männlicher Autoren vgl. etwa Millett, Kate: *Sexual politics*, Urbana, Ill. [u. a.]: Univesity of Illinois Press 2000.

237 De Beauvoir: *Das andere Geschlecht*, S. 414 f.

Sexarbeit«[238] gerückt. Als Hauptproblem wird hier die ökonomische Abhängigkeit der Frau in der Ehe benannt, in der sich die Frau aus Mangel an anderen Mitteln auf ihren Körper reduzieren lässt. Auch hier ist Elsner ganz bei de Beauvoir, die betont, »daß der Liebesakt vonseiten der Frau ein *Dienst* ist, den sie dem Mann leistet. Er nimmt sich sein Vergnügen und schuldet dafür eine Vergütung. Der Leib der Frau ist eine Sache, die gekauft wird. Er stellt für sie ein Kapital dar, das sie ausbeuten darf.«[239]

Der Gegenstand Klasse bildet im *Berührungsverbot* eine komplexe Kategorie, die auch in die privaten Beziehungen eingeschrieben ist. Insbesondere sticht hier die Eheschließung des Studenten Stief mit der Tochter eines (wohlhabenden) Bäckermeisters hervor, eine beiderseitige Konvenienz-Ehe mit der Konsequenz, dass die

> anderen Ehepaare (Keitel, Dittchen, Hinrich und Stößel) den »Deal« (Mitgift gegen die Möglichkeit sozialen Aufstiegs) [durchschauen] und das Eindringen der Bäckerstochter in ihre (mittelständisch-kleinbürgerlichen) Kreise mit Verachtung [goutieren]. Und Frau Stief bezahlt den teuer erkauften sozialen Aufstieg mit einer Verleugnung ihrer Herkunft.[240]

Allein durch den Verweis auf den Zusammenhang von patriarchaler Kleinfamilie und Privateigentum lässt sich das bürgerliche Geschlechterverhältnis nicht erfassen. Dazu braucht es die subjekttheoretische Kategorie Männlichkeit, deren Kritik in Elsners politischen Analysen konsequent unterbelichtet bleibt. In ihrer literarischen Auseinandersetzung mit der Privatsphäre hingegen macht sie – geradezu unwillkürlich, scheint es – männliches Handeln als Herrschaftspraxis kenntlich. Im *Berührungsverbot* wird dieses Unterdrückungsverhältnis unter

238 Künzel: *»Ich bin eine schmutzige Satirikerin«*, S. 147.

239 De Beauvoir: *Das andere Geschlecht*, S. 415.

240 Künzel: *»Ich bin eine schmutzige Satirikerin«*, S. 152.

anderem darin kenntlich, dass die Ehe der Stiefs, die zunächst als Tauschakt mit gegenseitigem Vorteil erscheint, Frau Stief letztlich nicht davor schützt, Opfer eines sexuellen Übergriffes zu werden:

> Eines Abends entschließen sich die vier Ehemänner Keitel, Dittchen, Hinrich und Stößel, Frau Stief einen »Besuch« abzustatten. Ziel ist es, Frau Stief zu demütigen, indem die Herren sie zwar ironisch als »Dame« bezeichnen, sie jedoch wie eine »Hure«, ja schlimmer noch: wie eine Hündin behandeln. [...] Durch den Ausschluss aus der Gemeinschaft und in der Abwesenheit ihres Ehemannes ist Frau Stief quasi zum »Freiwild«, zur gemeinen Ware, zur persona non grata geworden. Einem pornographischen Szenario entsprechend, ist mit der Darstellung der Frau als Hure ihre »Freigabe zu Quälereien, zu Erniedrigungen« verbunden.[241]

Klasse und Geschlecht verschränken sich, wie Elsner hier zeigt, in der bürgerlichen Gesellschaft zu einer Ordnung, in der die proletarische Frau ganz unten steht – als Betroffene von Gewalt und Sündenbock für moralische Verfehlungen der anderen. Die Ehepaare Keitel, Dittchen, Hinrich und Stößel »assoziieren ihren Tabubruch in Sachen Sexualität rückblickend mit dem Einstand bei den Stiefs, genauer mit der Begegnung bzw. ›Berührung‹ mit der Bäckerstochter Stief«[242]. So wird das titelgebende Berührungsverbot verständlich als Verweis auf die Unüberwindbarkeit der Klassenschranke und damit zur Grundsatzkritik an der neulinken Vorstellung einer bloß sexuellen »Revolution«.[243]

241 Ebd., S. 158 f.
242 Ebd.
243 Vgl. ebd., S. 160.

»Willst du eine sozialistische Sexwelle?«[244] *Das Berührungsverbot* in der DDR

Im Herbst 1986 schreibt Ronald Schernikau aus Leipzig seiner Freundin Gisela Elsner in München, dass »im radio [...] vorgestern abend eine rezension der zähmung [kam], eher unberührt, auch wohl in unkenntnis der vorigen sachen. sie müßten eben erstmal berührungsverbot und punktsieg drucken«[245]. *Das Berührungsverbot* wird allerdings auch in den drei letzten Jahren des Bestehens der DDR nicht erscheinen – und das, obwohl Elsners Darstellung der »Sexuellen Revolution« der Kritik der DDR-Theorie an den subjektivistisch-partikularen Befreiungsentwürfen der Neuen Linken durchaus nahe steht. So schreibt etwa die DDR-Germanistin Ursula Reinhold 1971 in ihrer Studie *Antihumanismus in der westdeutschen Literatur*, »die Sexualrevolte [sei] an die Stelle der sozialen Revolution [getreten]. Dabei versucht man die sogenannten repressiven Sexualformen der bürgerlichen Gesellschaft radikal zu verneinen und an ihre Stelle willkürlich gesetzte Normen zu stellen, die sich ihrerseits als repressiv erweisen.«[246] Ebenso wie Elsner kritisiert Reinhold nicht nur die Aufgabe einer universellen Befreiungsperspektive durch viele BRD-Linke, sondern auch die kulturalistischen Ansätze, durch die sie ersetzt wird. Dennoch trifft der Modernismusvorwurf der DDR-Germanistik, auf dessen Grundlage die neulinke Literatur als »Neuauflage des Expressionismus«[247] eingeordnet wird, auch Gisela Elsner: *Das Berührungsverbot* biete trotz eingestandener analytischer Übereinstimmung, so Reinhold, keine »Erhellung von sozialen

244 De Bruyn, Günter: *Die Preisverleihung*, Halle (Saale): Mitteldeutscher Verlag 1972, S. 446.

245 Akademie der Künste, Berlin, Ronald-M.-Schernikau-Archiv, Nr. 150, Ronald Schernikau an Gisela Elsner [undatiert].

246 Reinhold: *Antihumanismus in der westdeutschen Literatur*, S. 42.

247 Hermand: »Das Gute-Neue und das Schlechte-Neue«, S. 83.

Mechanismen«[248], sondern lediglich eine »sich grell artikulierende Schockgebärde«[249].

Allein das Sujet Sexualität scheint Elsners dritten Roman schon als »Dekadenzliteratur« zu qualifizieren, die als »intellektuelle Variante der [...] imperialistische[n] Massenliteratur [...] schon seit langem ihr Geschäft mit Sexualität und Verbrechen«[250] mache. Selbst eine kritisch gemeinte Darstellung von Sexualität widerspricht offenbar den Sittlichkeitsnormen der DDR, die Reinhold als moralischen Maßstab auch noch auf die bürgerliche Gesellschaft anlegt. Die Erklärung der Beschäftigung mit Sexualität zum integralen Bestandteil »literarischer Dekadenz« problematisiert nicht die Heteronormativität als Unterdrückungsstruktur, sondern die Abweichung von ihr, und zwar mit geradezu sozialhygienischen Implikationen. Arno Hochmuth etwa schreibt 1965 in *Literatur im Blickpunkt*, der entwickelte Kapitalismus biete den

> Boden für alle möglichen abnormen, ausgeklügelten Extravaganzen, für extrem außergewöhnliche Verhaltensweisen in allen Lebensbereichen, von sexuellen Perversionen bis zu den Modetollheiten und dergleichen, die alle in dem süchtigen Bestreben entwickelt werden, die eintönige Langeweile der Tage ohne Lebensinhalt und Aufgaben irgendwie »aufzulockern«.[251]

Von der Hetero-Norm abweichende sexuelle Orientierung wird hier zum banalen Zerstreuungseffekt innerhalb einer »verfaulenden« Gesellschaftsordnung erklärt, der in einer dagegen als »gesund« bestimmten sozialistischen Gesellschaft entsprechend überflüssig sei. Homosexualität ist Hochmuth zufolge »Produkt des bürgerlichen

248 Reinhold: *Tendenzen und Autoren*, S. 101.
249 Ebd.
250 Reinhold: *Antihumanismus in der westdeutschen Literatur*, S. 18.
251 Hochmuth (Hrsg.): *Literatur im Blickpunkt*, S. 24.

Zerfalls, empfindet sich aber als ungeheuer antibürgerlich«[252], womit er die Diskriminierungserfahrung von Homosexuellen zur Folge einer selbstgewählten pseudo-politischen Schrulle erklärt. Vor diesem Hintergrund leuchtet es dem DDR-Germanisten naturgemäß ein, dass etwa der homosexuelle Protagonist Hermann Brix von Günter Herburgers *Die Messe* aufgrund seiner »sexuelle[n] Abartigkeit«[253] in einer »Außenseiterrolle«[254] steckt, wie er an anderer Stelle in *Literatur im Blickpunkt* ausführt.

Neben dieser Pathologisierung nicht-heterosexueller Sexualität kommt auch die »ganz normale« Unterdrückung der Frau weder bei Hochmuth noch bei Reinhold vor, womit diese einen Blick auf das eheliche Arrangement einnehmen, der mit der von Elsner im *Berührungsverbot* gestalteten, hart patriarchalen Wirklichkeit nicht vereinbar ist. Ihr Verständnis von bürgerlicher Kleinfamilie als wirkmächtige, repressive Sozialstruktur trifft in der DDR auf eine Situation, in der die Ehe staatlich gefördert wird, unter anderem durch die Wohnungspolitik, und noch 1989 über 70 Prozent der Bevölkerung verheiratet sind.[255] (Der Unwille, die Relevanz von Elsners Urteil über die »Keimzelle der Gesellschaft« auch für die sozialistische Gesellschaft anzuerkennen, prägt entsprechend noch die ablehnende Rezeption von *Die Zähmung* in der DDR der 1980er Jahre.) Beispielhaft für das Bild der Ehe, das im Sozialismus hochgehalten wird, ist Ursula Reinholds Einschätzung, der

> Zerfall bürgerlicher Lebensformen, der auf Privateigentum und Prestige beruhenden bürgerlichen Ehe verbinde[] sich mit der Zurücknahme einer kulturellen Errungenschaft der Menschheit, nämlich der individuellen Geschlechterliebe. Die um sich greifende Barbarisierung in den Liebesbeziehungen deutet darauf hin, wie weit die

252 Ebd.
253 Ebd.
254 Ebd.
255 Ebd., S. 22.

Bourgeoisie die gesamte gesellschaftliche Entwicklung mit den Konsequenzen ihrer Klassenmoral belastet.[256]

Reinhold erfasst die bürgerlichen Lebensformen hier nicht als historische Phänomene, sondern als a priori gegeben und vom Bürgertum bloß »falsch verwendet«. Auf dieser Grundlage verteidigt auch die DKP-Führung in ihrem Parteiprogramm die Kleinfamilie – eine Position, die man in Elsners Werk auch nach ihrem DKP-Beitritt 1977 vergeblich sucht.

Bemerkenswerterweise begreift die DDR-Wissenschaft, ebenso wie etwa die Kritische Theorie, den Trieb als Grundlage für menschliche Entwicklung. Sie geht jedoch im Gegensatz zur Neuen Linken davon aus, das »Triebhafte[] im Menschen«[257] müsse eingehegt werden, um Handlungsfähigkeit herzustellen und zu erhalten. Die linke BRD-Literatur gehe, so Ursula Reinhold, im Anschluss an Herbert Marcuse fälschlicherweise davon aus, dass die »Triebregulierung oder -unterdrückung [...] der Anpassung [diene] und [...] die Vorbereitung für eine Zurichtung des Menschen zum willigen Arbeitsuntertanen«[258] sei. Dieser »psychoanalytischen Weltsicht«[259] hält Reinhold die Vorstellung einer gerade durch die Triebunterdrückung im Gesellschaftlichen zum Vorschein kommenden, »guten« Menschlichkeit entgegen. Bleibe deren literarische Gestaltung aus, werde das Ergebnis unabhängig von der subjektiv kritischen Absicht der Autorin »objektiv [...] brauchbar für den Frontalangriff auf das humanistische Denken«[260]. Die Forderung der Gestaltung von positiver Handlungsfähigkeit im literarischen Werk durch die DDR-Literaturtheorie steht in regelrechtem Widerspruch zur neulinken These von der vollständigen Integration der Arbeiterklasse.

256 Ebd., S. 19.
257 Ebd., S. 20.
258 Ebd., S. 142.
259 Reinhold: *Tendenzen und Autoren*, S. 21 f.
260 Ebd., S. 120.

Dass im *Berührungsverbot* ebenfalls nicht die Unterdrückung der Libido, sondern ihre Entfesselung zum Desaster führt, beurteilt Reinhold als »ins Bild gesetzte Konsequenz einer inneren Verheerung. Sie soll das absolute Objektwerden des Menschen versinnbildlichen.«[261] Abgesehen von der patriarchatskritischen Leerstelle, die sich aus Reinholds Rede von »dem Menschen« angesichts einer Darstellung patriarchaler Sexualität ergibt, liegt die Germanistin mit dieser Einschätzung durchaus auf der Linie von Elsners literaturprogrammatischer Intention. Auch sie führt die Handlungsunfähigkeit des bürgerlichen Individuums nicht auf ein reiches psychologisches Innenleben zurück, sondern auf die Eingespanntheit in repressive Sozialstrukturen. In dem Sinne drückt sie mit ihrer anti-psychologischen Figurenzeichnung – so formuliert es Elsners Kollegin Elfriede Jelinek für ihr eigenes Werk – aus, dass die

> persönliche Identität des Einzelnen [...] durch die Festigkeit und die Geschlossenheit des Systems kaum mehr zu verwirklichen [ist]. Das ist auch einer der Gründe, und das wird mir ständig vorgeworfen, daß meine Figuren keine Menschen sind. Sie sind nur Schablonen, Bedeutungsträger, nur Repräsentanten. Der psychologische Roman ist tot.[262]

Dass sich in dieser Analyse allerdings nicht vor allem eine negativistische Autor:innen-Perspektive ausdrückt, sondern eine Wahrheit über die bürgerliche Gesellschaft, scheint für die DDR-Literaturtheorie Anfang der 1970er Jahre undenkbar. Als aber 1982 Gisela Elsners Roman *Abseits* bei Volk und Welt erscheint – ihre erste Romanveröffentlichung in der DDR – hat sich der sozialistische Literaturbegriff erweitert: Nun sind auch vormals als »modernistisch« abgelehnte

261 Ebd.

262 Hoffmeister, Donna L.: *Vertrauter Alltag, gemischte Gefühle. Gespräche mit Schriftstellern über Arbeit in der Literatur*, Bonn: Bouvier 1989, S. 314.

Erzählverfahren akzeptabel geworden. Ebenso bedeutsam für die Erlaubnis, *Abseits* zu veröffentlichen, mag die Tatsache sein, dass Elsner der Leserin hier in Gestalt der Protagonistin Lilo Besslein ein Identifikationsangebot macht, das in ihrem Werk seinesgleichen sucht.

Abseits (1982)

In dem Roman *Abseits* (1982), der zwölf Jahre nach *Das Berührungsverbot* in der BRD erscheint, zeichnet Gisela Elsner nach eigenen Angaben »eine junge Frau [...], die zwar Anstalten trifft, sich zu emanzipieren, aber von der bürgerlichen Umwelt dermaßen zermürbt ist, daß sie in diesem Anstalten-Machen steckenbleibt.«[263] An dieser »bürgerlichen Umwelt«, und zwar spezifisch als bürgerliche Frau, scheitert Lilo Besslein; an einer Zurichtung, deren Darstellung durch Elsner wieder an Simone de Beauvoirs Frauenbild erinnert. De Beauvoir zufolge sind

> Gehorsam und Achtung [...] das Los der Frau. [...] Sie stößt sich an der Dauer der Zeit, die sich von den sinnreichsten Apparaten weder teilen noch vervielfältigen läßt. Sie empfindet es in ihrem Körper, der dem Mondrhythmus unterliegt, den die Jahre erst reifen, dann verwelken lassen. Die Küche lehrt sie ebenfalls Geduld und Bescheidung. Es ist eine alchemistische Küche. Sie muß dem Feuer gehorchen, dem Wasser, muß *warten, bis der Zucker* schmilzt, der Teig geht und die Wäsche trocknet, bis die Früchte reifen.[264]

Bemerkenswerterweise kommen bürgerliche und kommunistische Literaturkritik im Fall von *Abseits* zu der Übereinkunft, der Prota-

263 Neumann: »Durch nichts mattsetzen lassen«, S. 11.

264 De Beauvoir: *Das andere Geschlecht*, S. 568. Augenfällig ist hier auch die Gemeinsamkeit der Hervorhebung sprachlicher Wendungen, bei de Beauvoir durch Kursivierung, bei Elsner durch Kapitale.

gonistin fehle eine positive Entwicklungsmöglichkeit. In den roten blättern ist zu lesen, *Abseits* enthalte einen »Standpunkt, mit dem ein humanistischer Leser sich nicht wird abfinden können und den man bei einer kommunistischen Autorin bestimmt nicht vermutet.«[265] Der Nürnberger Zeitung zufolge bleibt Elsner »stehen beim Entlarven spießbürgerlicher Verhaltensweisen, die die Bessleins zwangsläufig ins Unglück drängen, und schafft es nicht, wenigstens Ansätze einer Lösung aufzuzeigen.«[266] Die Welt wiederum unterstellt der Kommunistin einen dogmatischen Blick auf die Gesellschaft, innerhalb dessen »die funktionalistische Typisierung ihrer Charaktere [...] den Roman zu einem blutleeren Lehrstück«[267] mache.

Nun ist allerdings ausgerechnet die weibliche Biographie, die Elsner in *Abseits* gestaltet, nicht reine Typisierung, sondern hat die Lebensumstände von Gisela Elsners Schwester zur erklärten Grundlage.[268] In einer für Elsner ungewöhnlich ungebrochenen Weise autobiographisch sind auch »andere Details, wie etwa die Anspielungen auf Tablettenabhängigkeit und Suchttherapie, die Vorstellung, nach einer Scheidung ins Haus ihrer Eltern zurückziehen zu müssen, oder die Schwierigkeiten einer alleinstehenden geschiedenen Frau, eine Wohnung zu finden.«[269] Gerade in *Abseits* bricht reales Geschehen ins Werk ein: Elsners Schwester verschaffte, ebenso wie Lilo Besslein, offenbar das Ergreifen einer Arbeitsstelle nur insofern Erleichterung, als sie sich dort Zyankali für ihren Suizid besorgen konnte. Gisela Elsner selbst hält *Abseits* eben deshalb für »nicht sehr gelungen«[270], weil sie »den Fehler begangen [habe], die Wirklichkeit nahezu ungebrochen in den Text zu transportieren, und Geschichten,

265 Deiritz: »Warum wird so eine Kommunist?«

266 [O. A.]: »Roman vom Leidensweg einer Frau. Die Ex-Nürnbergerin Gisela Elsner las im Libresso Zentrum aus ihrem neuen Buch ›Abseits‹«, *Nürnberger Zeitung*, 28.04.1982.

267 Starkmann, Alfred: »Liberalismus auf Abruf«, *Welt*, 12.11.1977.

268 Vgl. Künzel: *»Ich bin eine schmutzige Satirikerin«*, S. 167.

269 Ebd.

270 Ebd.

die das Leben schrieb, sind stellenweise nicht sehr glaubwürdig.«[271] Es mangele dem Roman an »satirische[r] Umformung«[272]. Als eine »wirkliche Unglaubwürdigkeit« mag Elsner gelten, dass auch Lilo Bessleins zwischenzeitliche Berufstätigkeit als Apothekenangestellte sie nicht von ihrer Depression kuriert; schließlich vertritt sie in ihren frauenpolitischen Texten den emanzipatorischen Effekt der Gleichberechtigung der Frau auf dem Arbeitsmarkt.

Dass *Abseits* entgegen Elsners dezidierter Ablehnung der Kategorie als »Frauenliteratur« rezipiert wird, mag ebenfalls zu ihrem Negativurteil über den Roman beitragen.[273] Währenddessen setzt sie in der Definition von Trivialliteratur, die sie in *Das lukrative Gewerbe einer Kerkermeisterin* vornimmt – dem »Aufsatz-Pendant« zu *Abseits* – diese durchaus nicht mit Frauenliteratur gleich. Das Triviale bestimme sich vielmehr anhand der affirmativen Aussage, die ein literarischer Text über die Gesellschaft mache:

> Das sogenannte rein Menschliche, auf das sich Ausbeuter zu berufen pflegen, sobald es unter den Ausgebeuteten mal wieder ruchbar geworden ist, daß es Klassenunterschiede geben soll, triumphiert [...]. Soziale Unterschiede werden zu Bagatellen, über die nur Krämerseelen Worte verlieren, wenn ein gesunder Säugling genügt, um Besitzende und Mittellose in familiärem Glück zu vereinen.[274]

In einer Rezension des Erzählbands *Einsamkeit* von Gabriele Wohmann, die Elsner 1982 verfasst, legt sie allerdings nahe, dass sie den Gegenstand Hausfrau für per se ungeeignet hält, um an ihm eine Gesellschaftskritik zu entwickeln. Wohmann widme sich mit der Zeichnung von »Witwen, Ehefrauen oder Pensionäre[n], denen vorrangig

271 Ebd.
272 Ebd.
273 Vgl. ebd., S. 168 f.
274 Elsner: »Das lukrative Erbe einer Kerkermeisterin«, S. 88.

die Langeweile zu schaffen«[275] mache, der Gestaltung von »Banalitäten«[276].

Zu diesem vernichtenden Urteil kommt Elsner im selben Jahr, in dem sie in *Abseits* eine ebensolche Hausfrauenexistenz zum Gegenstand gemacht hat – ein Widerspruch, in dem ein Spannungsverhältnis zwischen Elsners literarischen und politischen Positionen deutlich wird. Die Privat- und Reproduktionssphäre, die Elsner politisch vornimmt, behauptet gleichsam ihre Relevanz im literarischen Werk, da dieser Raum schlicht ein wichtiger Schauplatz in Lilo Bessleins Leben ist. Alles andere als »banal« erscheint auch das Bild weiblicher Unterdrückung, das Elsner ungewöhnlich humorfrei in *Das lukrative Gewerbe einer Kerkermeisterin* zeichnet. Überraschend nah an Ernst Blochs »Prinzip Hoffnung« schreibt sie hier,

> daß Träume im Gegensatz zu den Inhalten der Druckerzeugnisse von Marie Luise Fischer keine abgekarteten Manipulationen der Wirklichkeit im Dienst der Irreführung und der Unterdrückung, sondern Wegbereiter sind. Die Gefesselte, die träumend ihre Ketten sprengt, leitet bereits die ersten Schritte zu ihrer Befreiung in die Wege. Daß die Gefesselte vorläufig auf Träume angewiesen ist, um ihre Gefangenschaft ertragen zu können, macht sich Marie Luise Fischer zunutze.[277]

Auch die Literaturkritik verwendet in der Bewertung von *Abseits* nahezu ausnahmslos den Topos der Trivialität und stellt damit – bei unterschiedlich ausfallenden Urteilen – den Literaturstatus von Elsners Prosa und ihre schriftstellerischen Fähigkeiten zur Debatte. Eine Gruppe von Rezensent:innen betrachtet die angebliche Trivialität der Erzählung als bewusste Strategie, als kritisch-realistische Darstel-

275 Elsner, Gisela: »Die schmerzlich lebenslänglichen Elefanten. Das Personal der Gabriele Wohmann«, *Deutsche Volkszeitung*, 08.04.1982.

276 Ebd.

277 Elsner: »Das lukrative Erbe einer Kerkermeisterin«, S. 112.

lung einer »zunehmenden Inhaltslosigkeit bürgerlich-kleinbürgerlicher Existenz heute«[278] und deutet dies als Ausweis von Elsners schriftstellerischer Fähigkeit. Christine Künzel zufolge hat man es mit der satirischen Aneignung der Struktur eines Groschenromans zu tun[279], was *Abseits* in Zusammenhang mit Elsners Aufsatz *Das lukrative Gewerbe einer Kerkermeisterin. Über die Dauerseller, die Verleger und die Leser von Marie Louise Fischer* (1984) stelle. Die Protagonistin Lilo Besslein entspreche »[m]it ihren realitätsfernen Wünschen und Vorstellungen [...] jenem Bild der Leserinnen von Trivialromanen, das Elsner in ihrem Essay zu den Romanen der Marie Louise Fischer als Warnung entwirft.«[280] Die Neue Zürcher Zeitung wiederum fragt nach den »leitenden Konzepten [...], die sich hinter einer Sprache verstecken, welche sich penetrant an die konventionelle Form der Alltagssprache hält. [...] Die ›mœurs de province‹, die Flauberts böser Blick 1856 fixierte, nehmen sich gegenüber der sozialen Oede des modernen Abseits Lerchenau geradezu idyllisch aus.«[281] Hellmut Karasek schreibt im Spiegel, *Abseits* treffe »stets [...] die knappste Form der Wahrheit. Aus solchen Büchern lassen sich, später, das Lebensgefühl und die Lebensumstände einer Epoche ablesen. Wenn man den Inhalt erzählt, stellt sich das bewußt verflachende Echo auf das Vorbild wie von selber her.«[282] Eine zweite Rezensent:innen-Gruppe nimmt *Abseits* als Beweis für Elsners »Unfähigkeit, anders zu schreiben«[283]; eine Bewertung, welche den Romans gleich ganz aus dem Bereich des Literarischen ausschließt.

278 Vormweg, Heinrich: »Die Bovary aus der Trabantenstadt«, *Süddeutsche Zeitung*, 1.4.1982.
279 Künzel: *»Ich bin eine schmutzige Satirikerin«*, S. 189.
280 Ebd.
281 Mecklenburg, Norbert: »Banalität und Tragik«, *Neue Zürcher Zeitung*, 16.04.1982.
282 »Hellmuth Karasek über Gisela Elsner ›Abseits‹ «, *Der Spiegel*, 28.3.1982, http://www.spiegel.de/spiegel/print/d-14340214.html (zugegriffen am 21.9.2018).
283 Ayren, Armin: »Madame Bovary im Wohnblock«, *Frankfurter Allgemeine Zeitung*, März 1982, S. 26.

»Was erhebt sie nun in den Rang von Literatur?«[284] *Abseits* in der DDR

Während die bundesrepublikanische Literaturkritik also um die Trivialität von *Abseits* debattiert, ist ausgerechnet dies der erste Roman von Gisela Elsner, der in der DDR veröffentlicht wird. Bereits ein Jahr nach der Publikation durch Rowohlt erscheint *Abseits* 1983 im Verlag Volk und Welt, der spätestens damit zu Elsners »DDR-Hausverlag« wird.

Zu Beginn der 1980er Jahre hat in der DDR auf der Basis des »Marxismus als Leitdiskurs«[285] eine literaturprogrammatisch gestützte »Pluralisierung und Individualisierung (ansatzweise sogar eine Subjektivierung)«[286] stattgefunden, die sich auch in den Verlagsprogrammen ausdrückt. Im zwölften Band der *Geschichte der Literatur von den Anfängen bis zur Gegenwart* (GDL) zur Literatur der BRD, der ebenfalls 1983 »gleichsam als ›Spätgeburt‹«[287] bei Volk und Wissen erscheint, wird Gisela Elsner gleich mehrfach behandelt. Das Autor:innenkollektiv kommt zu dem Urteil, Elsner habe »soziale, historische und politische Einsichten [gewonnen], die sie auf neue Positionen führten«[288]. *Abseits* erscheint in der DDR zwar zu spät, um noch in die *Geschichte der Literatur* aufgenommen werden zu können, aber auch die Lektorin Ingeborg Quaas bei Volk und Welt spricht in ihrem Gutachten von einer Weiterentwicklung der kommunistischen Autorin Elsner. Das Buch hebe sich von ihren vorheri-

284 Quaas, Ingeborg: Gutachten zu *Abseits*, in: Bundesarchiv, Verlag Volk und Welt, Verlag für internationale Literatur, Berlin, 1983, E–G, DR 1/2379a.

285 Schönert: »Literaturgeschichtsschreibung der DDR und BRD im Vergleich«, S. 250.

286 Cölln, Jan: »Positionen der Germanistik in der DDR. Eine Einleitung«, in: Cölln / Holznagel (Hrsg.): *Positionen der Germanistik in der DDR*, S. 1–26, hier S. 8.

287 Schönert: »Literaturgeschichtsschreibung der DDR und BRD im Vergleich«, S. 253.

288 Autorenkollektiv unter Leitung von Hans Joachim Bernhard: *Literatur der BRD*, S. 572.

gen Romanen insofern positiv ab, als diese »allzu sehr das Gerüst, den erhobenen Zeigefinger«[289], gezeigt hätten und in ihrer »künstlerische[n] Umsetzung nicht überzeugend«[290] gewesen seien. Im Gegensatz zu dem Dekadenz-Verdikt, das Ursula Reinhold in den 1960er Jahren über Elsners Literatur verhängt hatte, bezeichnet Quaas deren Frühwerk 1983 als »moralistisch«[291]. Damit weicht sie ab von Elsners eigener Einschätzung ihrer frühen Romane als übermäßig deutungsoffen und politisch vage. Obwohl Elsner der Leserin in *Abseits*, wie bereits dargestellt, in Gestalt der Protagonistin Lilo Besslein ein ungewöhnlich klares Identifikationsangebot macht, beschreibt Quaas ihre Erzählhaltung als »distanziert bis unterkühlt«[292]. Diese Bewertung legt nahe, dass sich in der DDR der 1980er Jahre ebenso wie in der BRD ein an Authentizität und Innerlichkeit orientierter Literaturbegriff entwickelt hat.

Erkennbar ist in Quaas' Gutachten die Bemühung, die Eignung von *Abseits* für die Doppelfunktion hervorzuheben, die eine BRD-Publikation offenbar erfüllen soll: die Kritik der bürgerlichen Gesellschaft bei gleichzeitiger Affirmation der DDR-Gesellschaft. Mit der Aussage, Lilo Besslein leide unter der »Leere und Bedeutungslosigkeit ihrer Art Leben und flüchtet sich in bereitwillig von den Ärzten verabreichte Beruhigungsmittel«[293], beschreibt die Lektorin deren Lage in den Kategorien einer Sittlichkeitsnorm, die Phänomene wie Drogenkonsum, Straffälligkeit und psychische Krankheit zum Produkt einer »verfaulenden« bürgerlichen Gesellschaft erklärt. Dabei belegt die DDR selbst im »Alkohol-Pro-Kopf-Verbrauch [...] seit 1982 immer einen der drei vordersten Plätze in der Welt«[294] und weist

289 Quaas: Gutachten zu *Abseits*.
290 Ebd.
291 Ebd.
292 Ebd.
293 Ebd.
294 Seeck, Anne: »Alltag und Repression in der DDR«, in: Dies. (Hrsg.): *Das Begehren, anders zu sein. Politische und kulturelle Dissidenz von 68 bis zum Scheitern der DDR*, Münster: Unrast-Verlag 2012, S. 15–43, hier S. 20.

zudem in den 1980er Jahren eine der höchsten Selbstmordraten weltweit auf, die um fünfzig Prozent höher liegt als in der BRD.[295] Die Thematisierung von Selbstmord in *Abseits* hebt Quaas tatsächlich positiv hervor und verweist mit der Bemerkung, dies sei ein »sehr seltene[s] Motiv in der Literatur der DDR«[296] ausnahmsweise wohl auch auf einen Missstand innerhalb der sozialistischen Gesellschaft.

Trotz dieser untypischen Ausweitung des literarischen Kritikpotentials auf die DDR lässt sich das Zugrundegehen der Hausfrau Lilo Besslein nach der sozialistischen Kapitalismus- und Patriarchatskritik zur Folge der bürgerlichen Gesellschaft vereindeutigen. Wird die Emanzipation der Frau mit ihrem Recht auf Arbeit gleichgesetzt, erscheint Bessleins »Schicksal« – die, als sie schließlich doch eine Teilzeitstelle annimmt, auch noch »schwere[n] Vorhaltungen [...] über ihr ungenügendes Engagement für das Kind, das bei einer Tagesmutter untergebracht ist«[297], ausgesetzt ist – als in der DDR nahezu undenkbar. Der allgemeine Zugang zu Kinderbetreuung ist hier als besondere Errungenschaft dargestellt, wobei allerdings unterschlagen wird, dass »auch in der DDR [...] die Frauen für die Kindererziehung und die Arbeit im Haushalt verantwortlich [waren]. Viele trugen sogar eine dreifache Bürde, weil sie auch noch gesellschaftlich aktiv waren.«[298]

Angesichts dieser Verhältnisse lässt sich die rechtliche Gleichstellung der Frauen in der DDR in Kombination mit dem geltenden Recht auf Arbeit auch bestimmen als »Arbeitspflicht [...]. Das nannte sich Gleichberechtigung. Da die meisten Frauen Kinder hatten, wurden diese in staatlichen Einrichtungen untergebracht.«[299] Der unbefriedigende Stand des Geschlechterverhältnisses wird in der DDR zwar nicht von einer organisierten Frauenbewegung bekämpft, aber

295 Ebd., S. 30.
296 Herminghouse: »Wunschbild, Vorbild oder Porträt?«, S. 311.
297 Quaas: Gutachten zu *Abseits*.
298 Seeck: »Alltag und Repression in der DDR«, S. 22 f.
299 Ebd., S. 16.

seit Mitte der 1970er Jahre zunehmend von Autorinnen – es sind tatsächlich vor allem Frauen, die sich mit diesem Thema beschäftigen – literarisch thematisiert. Ob in diesen feministischen DDR-Kontexten auch Gisela Elsners Roman *Abseits* rezipiert und möglicherweise gar ein kritischer Gehalt bezüglich der eigenen Gesellschaft gefunden wird, lässt sich rückblickend nicht mehr feststellen. Es liegt jedoch aufgrund der dargestellten thematischen Überschneidungen durchaus nahe.

Die Zähmung (1984)

Als Gisela Elsners sechster Roman *Die Zähmung* 1984 im Rowohlt Verlag erscheint, nimmt die literaturkritische Demontage der Autorin neue Dimensionen an. Es konsolidiert sich ein Narrativ, das über die Bewertung des einzelnen Buches hinaus Elsners schriftstellerische Fähigkeiten grundsätzlich anzweifelt. Das Manuskript der *Zähmung* war im Rowohlt Verlag bereits intern als »negativ«[300] bewertet worden, etwa in einem mit »W. G.« unterzeichneten Gutachten, demzufolge

> [g]erade ein Roman, der sich die Verwechslung von Promiskuität mit Lebenssinn zum Thema macht, [...] willkommen sein [könnte]: schließlich handelt es sich dabei (immer noch, fürchte ich) um ein Massenmißverständnis. Aber leider löst der Roman nur Enttäuschungen aus. Weder auf der Ideenebene noch auf der Textebene gibt es irgendwas zu beißen. Die Autorin begnügt sich mit anspruchslosester Abbildung, die durch die Verwendung zahlloser Klischees in sich noch einmal ausgehöhlt wird.[301]

300 W. G.: Begutachtung von *Die Zähmung* vom 1. November 1983, in: Verlagsarchiv Rowohlt, fol. 70.
301 Ebd.

Der Rowohlt-Chef Michael Naumann kündigt zwei Jahre später nach über drei Jahrzehnten die Zusammenarbeit mit Elsner auf; *Die Zähmung* ist das vorletzte Buch von Gisela Elsner, das bei Rowohlt erscheint. Der Literaturwissenschaftler Tjark Kunstreich beschreibt *Die Zähmung* als Ausgangspunkt für die endgültige Verbannung der Kommunistin Elsner aus dem bundesrepublikanischen Literaturbetrieb. Hier sei

> nach dem Erscheinen des Romans die Demontage der Dichterin [erfolgt]; der Verriß in Konkret gehört noch zu den harmlosen, ja liebevollen. Gisela Elsner muß sich entscheiden, ob sie an ihrer künstlerischen Haltung festhält und es sich gefallen läßt, des Anachronismus geziehen zu werden, oder ob sie eine der damals zahlreichen Moden mitmacht. Dann wäre *Die Zähmung* selbstverständlich die Zähmung einer Frau gewesen, mit einem Identifikationsangebot, das der Leser schon auf der ersten Seite anzunehmen gezwungen gewesen wäre.[302]

Die Konkret erklärt Elsners »Schriftstellerinnenehre«[303] zwar im Gegensatz zu vielen bürgerlichen Zeitungen als »unangefochten«[304], findet den Roman aber »so neben der Spur, daß er gar nicht von ihr sein kann«[305].

Der Autor einer Rezension im Deutschen Allgemeinen Sonntagsblatt verweist darauf, dass »[b]ereits ihr Roman *Abseits* [...] zu höchst kontroversen Kritiken geführt«[306] habe. Nun sei erneut unklar, ob Elsner »nicht anders schreiben kann – also nicht schreiben kann –, oder ob sie nicht anders schreiben will.«[307] Das Schwäbische

302 Kunstreich, Tjark: »Über Gisela Elsner«, in: Elsner, Gisela: *Die Zähmung*, Berlin: Verbrecher Verlag 2002, S. 273–281, hier S. 277.

303 Dormagen, Christel: »Nachwuchsförderung. Gisela Elsner: Die Zähmung«, in: *konkret* 4, 1984, S. 100.

304 Ebd.

305 Ebd.

306 Fuld, Werner: »Mit Komik und Entsetzen«, *Deutsches Allgemeines Sonntagsblatt*, 08.04.1984, S. 25.

Tageblatt erklärt *Die Zähmung* unumwunden für »erfolgreich, publikumswirksam – und schrecklich banal«[308]. In den Nürnberger Nachrichten wird Elsner der übliche Vorwurf der Realitätsverzerrung gemacht, »[w]er so übertreibt wie Gisela Elsner in diesem Buch, schafft weite Entfernung von der Realität, die ja dann mit den ewig aufgetischten Beziehungsdiskussionen viel komplizierter ist.«[309] Die implizite Annahme, die Verhältnisse seien gar nicht so schlimm, wie Elsner sie darstellt, soll – auch dies ein bekannter Topos ihrer Rezeption – durch den Verweis auf deren analytische Undurchdringbarkeit und Komplexität gestützt werden.

Elsner kritisiert diese Argumentationsfigur bereits 1978 in ihrem Aufsatz *Vereinfacher haben es nicht leicht* mit den Worten,

> [w]er bei einer Cocktailparty zugibt, daß er gesellschaftliche Zusammenhänge für erkennbar hält, dem wird jedermann bereitwillig beipflichten. [...] Wer solche Zusammenhänge hingegen darstellt, statt sich ein apartes Weltbild aus dem Handgelenk zu schütteln, der verstößt gegen eine literarische Anstandsregel, die nicht erst seit kurzem Geltung hat: die Regel, in der Darstellung Zusammenhänge, die man für erkennbar hält oder längst erkannt hat, wenn überhaupt, so nur bis zur Unkenntlichkeit verstümmelt zu verwenden.[310]

Auf eine korrespondierende Haltung der Literaturkritik, die Bertolt Brecht als »Variantenkritik«[311] beschreibt, weist Elsner durch Verweis auf den affirmativen Gehalt des bürgerlichen Pluralismus hin. Hier habe,

307 Ebd.
308 [O. A.]: »Schrecklich banal«, *Schwäbisches Tagblatt*, 27.09.1984.
309 Rezension *Die Zähmung* in den Nürnberger Nachrichten, in: Deutsches Literatur Archiv Marbach, Z: Elsner, Gisela, Mappe 7f2 .
310 Elsner: »Vereinfacher haben es nicht leicht«, S. 39 f.
311 Brecht: *Schriften zur Literatur und Kunst* 1.

> [w]er eine Handlungsweise nur aus der Warte dessen betrachtet, dem Unrecht geschah, und sich nicht willens zeigt, gleichzeitig dem, der es tat, von seiner Warte aus rechtzugeben, der hat, unabhängig davon, ob man seinen politischen Standpunkt teilt oder nicht, in einer viel wesentlicheren Hinsicht: in ästhetischer Hinsicht nämlich versagt.[312]

Die konkrete Bearbeitung des Gegenstands Ehe in *Die Zähmung* verdeutlicht, dass Elsners parteilicher Blick auf das Bürgertum, als dessen Sinnbild die »Warte« zu verstehen ist, »die versteinerte Mann-Frau-Beziehung«[313] als Teil der »Mißstände«[314] erfasst, »die alle Menschen betreffen, die diesen Zwängen ausgesetzt sind«[315]. Elsner literarisiert dies durch den Tausch der Geschlechterrollen beim Ehepaar Giggenbacher, der sowohl die männliche als auch die weibliche Rolle deutlicher sichtbar macht.

Kurz zum Plot: Der Schriftsteller Alfred Giggenbacher übernimmt den Haushalt und die Kinderbetreuung, während seine Ehefrau Bettina als Alleinverdienerin ihre Karriere als Filmemacherin verfolgt. Giggenbacher schreibt eigentlich an einem Roman, entwickelt jedoch umgehend eine Schreibblockade und findet sich scheinbar zwangsläufig in einer Situation wieder, in der er seiner Ehefrau »ebenso treu ergeben [ist], wie es ehrbare Hausfrauen ihren Männern sind. Wie die meisten Hausfrauen stelle ich meine eigenen Interessen hintan. Wie die meisten Hausfrauen bin ich, weil mich die Hausarbeit vom Geldverdienen abhält, vom Wohlwollen meines Ehepartners abhängig.«[316] Affektiver Ursprung von Giggenbachers Transformation ist die Schreibblockade, die in ihm ein gesteigertes Bedürfnis nach

312 Elsner: »Vereinfacher haben es nicht leicht«, S. 38.
313 Hahn: »Gibt es eine Frauenliteratur?«, S. 285.
314 Ebd.
315 Ebd.
316 Elsner: *Die Zähmung*, S. 35.

Anerkennung durch seine beruflich erfolgreiche Ehefrau Bettina produziert. Unfähig zur Fertigstellung seines Romans

> strich Giggenbacher [...] mit einem unterwürfigen Lächeln um sie herum. Damit er sich nicht völlig überflüssig vorkam, ging er ihr bei der Hausarbeit zur Hand. [...] Denn er legte großen Wert darauf, von Bettina gelobt zu werden. Ungeachtet dessen, daß ihrem Lob etwas Herablassendes anhaftete, tat es ihm wohl. In seiner Anspruchslosigkeit empfand er es als Balsam.[317]

Als seine Ehefrau eine Parallelbeziehung mit dem Maler Felix Beese beginnt, täuscht Giggenbacher einen Seitensprung vor; fernab von jeglicher Freude gerät ihm der außereheliche Sex zum bloßen Kampfmittel.[318] Das eheliche Sexualleben erfährt Giggenbacher wiederum in einer Weise als Zumutung, die Elsner in *Das Berührungsverbot* und *Abseits* den weiblichen Figuren zuschreibt:

> Mittlerweile hatte ihn die Ehe mit Bettina, deren sexuelle Ansprüche ihn oft genug überforderten, noch träger und behäbiger gemacht. Bedingt durch Bettinas Unersättlichkeit, neigte er mehr und mehr dazu, im Beischlaf eine Pflichtübung zu sehen, die hauptsächlich dazu diente, Zwistigkeiten zu unterbinden. Er verausgabte sich dermaßen damit, Bettina zu befriedigen, daß er gegen weibliche Reize nahezu immunisiert war.[319]

Verkörpert in der Figur der Erna Schnegel nimmt Elsner in der *Zähmung* auch den Differenzfeminismus der Zweiten Frauenbewegung literarisch ins Visier. Alfred Giggenbacher identifiziert Schnegel unmittelbar als

317 Ebd., S. 120 f.
318 Vgl. ebd., S. 90 ff.
319 Ebd., S. 96.

> kämpferische Feministin [...]. Ihr Äußeres zeugte von dem Bestreben, trotz ihres aparten Gesichts und trotz ihrer schlanken Gestalt um keinen Preis attraktiv zu wirken. [...] Giggenbacher nahm an, daß die Aktenmappe mit feministischen Schriften und Pamphleten vollgestopft war, in denen die Männer zu brutalen Unterdrückern und zu gemütsarmen Triebmenschen gestempelt wurden. [...] Wenn du so weitermachst, wirst du bald den männlichen Typus verkörpern, von dem Ernesta und ihre Mitstreiterinnen träumen, erwiderte sein Freund. Du müßtest dich nur noch kastrieren lassen, um ihren Wunschvorstellungen zu entsprechen.[320]

Die Tatsache, dass Erna Schnegel allein durch die Augen Giggenbachers und seines Freundes gesehen wird, problematisiert allerdings die Bedeutung, welche der Karikierung der Feministin zugeschrieben werden kann. In diesem Licht lässt sich das Urteil des Mannheimer Morgens, dass »[i]n Gisela Elsners neuem Roman [...] über der Freude am Karikieren die Sprengkraft der Prosa zugleich mitgezähmt worden«[321] sei, eher als Weigerung auffassen, die Entlarvung des patriarchalen Blicks anzuerkennen. Der Leserin ist Erna Schnegel ausschließlich als Projektionsfläche männlicher Wahrnehmung zugänglich; inwiefern die misogynen Stereotype ein realistisches Bild ergeben, lässt Elsner letztlich (zu) offen. Ähnlich verhält es sich mit Udo Brusius, einem schwulen Verehrer Alfred Giggenbachers: Auch hier bleibt unangenehm unklar, ob die homophoben Klischees in der Figurenzeichnung diese Vorurteile demontieren sollen oder Elsner diese schlicht selbst reproduziert. Dass *Die Zähmung* für antifeministische Positionen zumindest anschlussfähig ist, zeigt sich in der Schwäbischen Zeitung, die den Roman als »Meisterstück«[322] bezeichnet. Elsner

320 Ebd., S. 140.

321 Reitz, Klaus: »Ein haltloser, liebenswerter Schwächling«, *Mannheimer Morgen*, Mai 1984, S. 28.

322 Rezension *Die Zähmung* in der Schwäbischen Zeitung, in: Deutsches Literatur Archiv Marbach, Z: Elsner, Gisela, Mappe 7f2.

demonstriere, dass »[ü]bertriebenes Emanzipationsstreben zu derselben Unterdrückung führen [könne], von der die Frauen sich befreien wollen«[323]. An dieser Stelle muss Elsners literaturprogrammatischer Imperativ der Vermeidung von »Zügellosigkeit im Umgang mit grotesken und satirischen Elementen«[324] zugunsten realistischerer Darstellungsweisen wohl als gescheitert betrachtet werden.

»Geschlechtertausch« als literarisches Motiv

Eindeutiger als in ihren anderen Texten verarbeitet Elsner in *Die Zähmung* ein literarisches Motiv: den Geschlechtertausch. Mit ihrer Version durchkreuzt sie »einmal mehr gängige Muster der so genannten ›Emanzipationsliteratur‹, in der Frauen als Opfer von Gewalt und Unterdrückung dargestellt werden, indem sie ein umgekehrtes Fallbeispiel entwirft.«[325] Zu betonen ist hier, dass Frauen statistisch gesehen die Opfer von Gewalt und Unterdrückung sind, nicht die Täterinnen.[326] Während Elsner diesen Sachverhalt in *Abseits* gestaltet, geht es ihr in *Die Zähmung* vielmehr um die strukturelle Tendenz der bürgerlichen Kleinfamilie, eine Person in die Reproduktionssphäre zu verbannen, während die andere – zu möglicherweise geringerer, aber doch eindeutig vorhandener persönlicher Belastung – in der kapitalistischen Arbeitswelt bestehen muss. Durch die Problematisierung beider Bereiche in ihrer Abhängigkeit voneinander stellt Elsner implizit klar, dass zur Abschaffung dieser bürgerlich-patriarchalen Arbeitsteilung die Produktionsverhältnisse verändert werden müssen.

323 Ebd.

324 Elsner: »Vereinfacher haben es nicht leicht«, S. 35.

325 Künzel: »*Ich bin eine schmutzige Satirikerin*«, S. 198 f.

326 Zu den konkreten Zahlen von Partnerschaftsgewalt vgl. etwa »BKA – Partnerschaftsgewalt – Kriminalstatistische Auswertung«, ohne Datum, https://www.bka.de/DE/AktuelleInformationen/StatistikenLagebilder/Lagebilder/Partnerschaftsgewalt/partnerschaftsgewalt_node.html (zugegriffen am 27.01.2020).

Eine Verarbeitung des Stoffs Geschlechtertausch mit auffälligen Parallelen zur *Zähmung* ist die Kurzgeschichte *Eines Morgens bei Schambeins – ein Märchen* von Peter O. Chotjewitz. Sie erscheint 1981 in der AutorenEdition als Teil des Erzählbandes *Vom deutschen Herbst zum bleichen deutschen Winter* und gleicht Elsners Erzählung an einigen Stellen bis ins Detail. So nehmen beide Protagonisten als Hausmänner stark an Gewicht zu und sowohl bei den Giggenbachers als auch bei den Schambeins leidet das Sexualleben unter dem Rollentausch. Auch die Ehefrauen sind keine positiven Identifikationsfiguren. In beiden Geschichten fühlen sich Figuren betrogen, bei Chotjewitz die schließlich voll berufstätige Ehefrau, bei Elsner der in die Reproduktionssphäre verbannte Mann. Dieser Unterschied ist bedeutsam, da die Erzählungen durch ihn gegensätzliche Urteile über die bürgerliche Arbeitsteilung fällen: Während in Alfred Giggenbachers Indignation die Unerträglichkeit der Hausfrauenrolle deutlich wird, vermittelt die Behaglichkeit, mit der sich Albrecht Schambein in der Reproduktionssphäre einrichtet, dass die Existenz als Hausfrau so schlimm nicht sein könne. Diese Botschaft wird gestützt durch den Ärger von Schambeins Ehefrau, die offenbar ihrerseits die Hausfrauenrolle der Berufstätigkeit vorzieht. Zwei unterschiedliche Interpretationen derselben Szene ergeben sich auch in der Darstellung der Vaterrolle. Alfred Giggenbacher wird von den Müttern der anderen Kinder für sein bloßes Vatersein regelrecht umgarnt, Rechtsanwalt Schambein hingegen – zu seiner großen Kränkung – auf dem Spielplatz von den Frauen ignoriert.[327]

Chotjewitz' Version unterschlägt die Vorteile, die Männer in einer patriarchalen Ordnung haben, während die von Elsner nahegelegten Vorteile der männlichen Rolle sich bei Betrachtung der gesellschaftlichen Verhältnisse als realistisch erweisen: Es ist tatsächlich so, dass

327 Vgl. Chotjewitz, Peter O: »Eines Morgens bei Schambeins – ein Märchen«, in: Kipphardt (Hrsg.): *Vom deutschen Herbst zum bleichen deutschen Winter*, S. 115 ff.

Männer für Reproduktionstätigkeiten mehr Lob bekommen und dass die berufliche Betätigung außerhalb des Zuhauses tendenziell erfüllender ist. Dennoch – oder deswegen? – kommt Gert Heidenreich in der Zeit zu dem Schluss, *Eines Morgens bei Schambeins* bilde den »epische[n] Glanzpunkt des Lesebuchs [...], der sich witzig und böse mit jenem Stückchen Bewegung auseinandersetzt, das im deutschen Stillstand langsam auch Politik macht: mit der Änderung geschlechtlicher Rollenfixierung.«[328] Dieses unaufgeregte, aber ausgesprochen positive Urteil steht in bemerkenswertem Gegensatz zum vernichtenden Urteil, mit dem die Literaturkritik auf Gisela Elsners strukturell und thematisch so ähnlichen Roman *Die Zähmung* reagiert.

»... mit realen gesellschaftlichen Prozessen und Gefahren hat das eben nicht allzu viel zu tun«[329]. *Die Zähmung* in der DDR

Als *Die Zähmung* 1986 bei Volk und Welt zur Begutachtung vorliegt, ist das Thema Geschlechtertausch auch in der DDR-Literatur schon bearbeitet worden. Bereits 1975 erscheint im Rostocker Hinstorff-Verlag die Anthologie *Blitz aus heiterem Himmel*, deren Beiträge die Herausgeberin Edith Anderson unter anderem bei Christa Wolf, Sarah Kirsch und Irmtraud Morgner in Auftrag gegeben hatte.[330] Inge Stephan betont in ihrem Aufsatz *»Daß ich Eins und doppelt bin ...« Geschlechtertausch als literarisches Thema* (1983), die bloße Wahl des Motivs Geschlechtertausch weise auf die Bereitschaft zu kritischer Auseinandersetzung mit dem Geschlechterverhältnis hin – und auf deren Notwendigkeit auch in der sozialistischen Gesellschaft.[331] Die

328 Heidenreich: »Das Land liegt still«.
329 Ebd.
330 Emmerich: *Die andere deutsche Literatur*, S. 21.
331 Vgl. Stephan: »Daß ich Eins und doppelt bin ...«, S. 153.

DDR-Autor:innen verfolgten eine »Politik der kleinen Schritte«[332]: Irmtraud Morgners Protagonistin nehme »Rücksicht auf ihren Mann, seine Gefühle und die herrschenden Normen«[333] und Christa Wolf schließe ihre Kurzgeschichte mit dem Entschluss der Frau zu einem »Experiment [...], nämlich, gemeinsam den Versuch zu machen zu lieben, der Annäherung und Verschmelzung der Geschlechter also nicht länger auszuweichen, sondern sie bewußt anzustreben.«[334]

Durch die Aufwertung weiblich konnotierter Eigenschaften nähern sich viele DDR-Autor:innen in *Blitz aus heiterem Himmel* den Positionen der westdeutschen Frauenbewegung an. Ihr Anliegen, »weibliche Vernunft überall dort zur Wirkung bringen, wo bisher männliche Irrationalität geherrscht«[335] habe, ist zwar nicht notwendigerweise differenzfeministisch. Es widerspricht jedoch Elsners Blick auf das Geschlechterverhältnis, in dem sie konsistent Männlichkeit mit Vernunft und Handlungsfähigkeit, Weiblichkeit mit Irrationalität und Unterordnung assoziiert. Die Kategorien Selbstverwirklichung und Identität, die laut Wolfgang Emmerich im Zentrum der Emanzipationsentwürfe in *Blitz aus heiterem Himmel* stehen, kritisiert Elsner literarisch und politisch als Bestandteile kapitalistischer Selbstoptimierung.[336] Insofern scheint die Annäherung der DDR-Autor:innen an den »westlichen Feminismus« für Elsner eher nachteilig zu sein hinsichtlich der Kommunizierbarkeit ihrer politischen Positionen sowie in Hinblick auf ihre Publikationschancen in der DDR.

Chris Hirte bei Volk und Welt spricht der *Zähmung* jedenfalls, ebenso wie die Mehrheit der westdeutschen Literaturkritik, schlicht den Status des Literarischen ab. Es handele sich um »bürgerliche Unterhaltungsliteratur, kaum aber [...] profunde Gesellschaftskritik oder

332 Ebd., S. 154.
333 Ebd.
334 Ebd., S. 157.
335 Ebd.
336 Vgl. Emmerich: *Die andere deutsche Literatur*, S. 30.

gar sozialistische Literatur«[337]; man habe es nicht mit einer Satire, sondern einer »unfreiwillige[n]«[338], also missglückten Groteske zu tun. Außerdem sei der Roman aus einer »verengende[n] Sicht«[339] erzählt und zeichne eine Situation der Ausweglosigkeit, die Elsner nur so darstellen könne, weil sie die Ereignisse ihrer »gesellschaftlichen Ursprünge und Zusammenhänge«[340] entkleide. Bereits die bloße Absicht, gesellschaftliche Widersprüche und Herrschaftsverhältnisse am Gegenstand Kleinfamilie aufzuzeigen, beurteilt Hirte als Irrweg, da das Konstrukt Familie »mit realen gesellschaftlichen Prozessen und Gefahren [...] nicht allzuviel zu tun«[341] habe. Obwohl der sozialistische Lektor die Kleinfamilie offenbar nicht mit Friedrich Engels als Keimzelle der bürgerlichen Gesellschaft ansieht, hat die Familie doch auch in der DDR ihre patriarchale Prägung erhalten. Trotz der Einführung eines »Haushaltstags« und allgemeiner weiblicher Berufstätigkeit wird die Reproduktionsarbeit weiterhin maßgeblich von Frauen geleistet und auch (häusliche) Gewalt gegen Frauen bleibt – entgegen staatlicher Darstellung – ein verbreitetes Phänomen.[342] Chris Hirtes Urteil, »die familiäre Dynamik«[343] in der *Zähmung* könne nicht »für eine gesellschaftliche stehen«[344], ist angesichts der Wiederholung der patriarchalen Verfasstheit von Politik und Arbeitswelt in der Privatsphäre unhaltbar und zwar hinsichtlich BRD und DDR gleichermaßen.

337 Hirte, Christlieb: Gutachten zu *Die Zähmung*, in: Bundesarchiv: Verlag Volk und Welt, Verlag für internationale Literatur, Berlin, 1986, C–K, DR 1/2387a.

338 Ebd.

339 Ebd.

340 Ebd.

341 Ebd.

342 Vgl. dazu etwa Cygan, Sabine: »#MeToo in der DDR: Aufbruch zum Tabubruch«, *mdr*, 22.08.2023, https://www.mdr.de/zeitreise/sexismus-in-der-ddr-102.html (zugegriffen am 10.01.2024).

343 Hirte: Gutachten zu *Die Zähmung*.

344 Ebd.

Als im Jahr 1990 die DDR durch die Bundesrepublik annektiert wird, steckt die DKP in einer tiefen Krise, in der sich trotz Fraktionsverbots parteiintern »Erneuerer[]«[345] und »Mehrheitler«[346] gegenüberstehen. In dieser Situation wird Gisela Elsner, die sich mit keiner der beiden Fraktionen einverstanden erklärt, im Dezember 1988 in den Parteivorstand gewählt.[347] Eine ihrer Genoss:innen kommentiert das 1989 in der UZ mit den Worten, sie habe Elsners »Wahl in den Parteivorstand [...] begrüßt, weil sie durch ihre Bücher Vertreterin eines offensiv klassenkämpferischen Literaturverständnisses ist.«[348] Und tatsächlich tritt Elsner in der Partei immer wieder in der Weise offensiv auf, prangert Legalismus und Reformismus an und betont in einem *Entwurf eines Beitrags zu einer Tagung des DKP-Parteivorstands*, es seien andere »potentielle Mitstreiter«[349] im Kampf für den Kommunismus notwendig als die bisherigen sozialdemokratischen Bündnispartner der DKP. Mit der Aufzählung von »hartgesottene[n] Arbeiter[n], todesverächtliche[n] Autonome[n], fundamentalistische[n] Grüne[n]«[350] macht sie deutlich, dass sie Verbündete nun auch in den linken Strömungen sucht, die sie bis dato als linkssektiererisch kritisiert hatte.

Die Konfliktlage zwischen »Erneuerern«[351] und »Mehrheitlern«[352] steht in direktem Zusammenhang zu den Reformprozessen

345 Elsner: »Zu Erneuerern in der DKP«, S. 327.
346 Elsner, Gisela: »Entwurf eines Beitrags zu einer Tagung des DKP-Parteivorstandes«, in: Dies.: *Flüche einer Verfluchten*, S. 335–341, hier S. 355.
347 Akademie der Künste, Berlin, Ronald-M.-Schernikau-Archiv, Nr. 150, Gisela Elsner an Ronald Schernikau, 30. Dezember 1988.
348 Ebd.
349 Elsner: »Entwurf eines Beitrags zu einer Tagung des DKP-Parteivorstandes«, S. 337.
350 Ebd.
351 Elsner: »Zu Erneuerern in der DKP«, S. 327.
352 Ebd.

Glasnost und Perestroika, die die KPdSU seit den mittleren 1980er Jahren in der Sowjetunion implementiert. In der DKP entsteht hieraus ein Konflikt zwischen der traditionell sowjettreuen Mehrheit und Parteiführung und einem bislang eher sowjetkritischen »Reformflügel«[353], der nun wiederum »versucht, die Impulse und Erfahrungen der Perestroika-Politik in die DKP einfließen zu lassen.«[354] Einige DKP-Mitglieder vertreten diese Reformposition in der Textsammlung *Fernaufklärung. Glasnost und die deutsche Linke* (1989), neben Beiträgen von Mitgliedern der Grünen und der SPD, die mehrheitlich die Annäherung an die Sozialdemokratie im Zuge der Perestroika positiv hervorheben. Dabei verweisen Äußerungen wie »Wahlen müssen Wahlen sein, egal, ob von kapitalistischer oder von sozialistischer Demokratie die Rede ist«[355] auf die Tendenz der zumeist abstrakt als »ökonomische[] Modernisierung«[356] beschriebenen Perestroika zur schlichten Re-Konstitution der bürgerlichen Eigentumsverhältnisse.

Diesen Punkt betonen auch Peter Decker und Karl Held 1989 in *DDR kaputt, Deutschland ganz. Eine Abrechnung mit dem »Realen Sozialismus« und dem Imperialismus deutscher Nation*:

> Diejenigen, die aus dem Gewinn eine Pflicht gemacht haben, rufen nun: »Markt statt Plan«; und mit diesem neuen Credo behaupten sie, daß die Pflicht zur Gewinnerwirtschaftung nur dann erfüllt wird, wenn sie sich auf einen wirklich unbehinderten Mechanismus stützt. Sicher, das *Ideal* kapitalistischer Effizienz steht bei dieser Überlegung Pate. Die *Realität* des kapitalistischen Produktionsverhältnisses – das

353 Meyer, Thomas: »*Eine historische Bestätigung – Zum Verhältnis von Sozialdemokraten und Kommunisten*«, *Glasnost und die bundesdeutsche Linke*, Köln: Kiepenheuer & Witsch 1989, S. 13–21, hier S. 20.

354 Ebd.

355 Albers, Detlev: »Perestroika und demokratischer Sozialismus«, in: Albers/Deppe/Stamm (Hrsg.): *Fernaufklärung*, S. 48–58, hier S. 55.

356 Ebd.

Privateigentum, welches den Markt als die ihm gemäße Geschäftsmittel verwendet – fehlt allerdings. Und es ist bei allem Lob des Marktes drüben nicht vorgesehen, diese Voraussetzungen einzuführen – oder doch?[357]

Eine solche Position sucht man in den Beiträgen der DKP-Genoss:innen zu Glasnost vergeblich, auch wenn sie sich nicht unbedingt explizit von dem Konzept Planwirtschaft lossagen. Gisela Elsner spricht mit ihrem Urteil, dass die Einführung »dezentrale[r] und marktwirtschaftliche[r] Elemente«[358] unter demokratischen Bedingungen letztlich die Durchsetzung der bürgerlichen Gesellschaft und ihrer kapitalistischen Produktionsweise zur Folge haben wird, in ihrer Partei offenbar keine Mehrheit an.

Als zweites Reformfeld stellen die sogenannten Erneuerer die Demokratisierung der DKP in den Mittelpunkt, mit der Forderung nach Abschaffung des Demokratischen Zentralismus und einer stärkeren Gewichtung individueller Standpunkte. Auch diese Forderungen stehen in Zusammenhang mit den Entwicklungen in der Sowjetunion; wie der Kreisvorsitzende Steffen Lehndorff in *Fernaufklärung* schreibt, teilen die Erneuerer in der DKP mit der Perestroika als »Hauptthema und Hauptmotor die Entwicklung der selbstbewußten und selbständig handelnden Persönlichkeit«[359]. In dem Buch *Ist die DKP noch zu retten?*, das 1989 unter Herausgabe von Erasmus Schöfer im Konkret Verlag erscheint, argumentieren »kritische Kommunisten« für derartige Veränderungen. Die Malerin Gabriele Woelke etwa erklärt, sie

357 Held, Karl und Peter Decker: *DDR kaputt, Deutschland ganz. Eine Abrechnung mit dem »Realen Sozialismus« und dem Imperialismus deutscher Nation*, München: Resultate 1989, S. 160 f.

358 Albers: »Perestroika und demokratischer Sozialismus«, S. 55.

359 Lehndorff, Steffen: »... im uneingeschränkten Besitz der Persönlichkeit – Perestroika und Erneuerung der Kommunisten in der BRD«, in: Albers/Deppe/Stamm (Hrsg.): *Fernaufklärung*, S. 83–95, hier S. 83.

sehe viele nachdenkliche Genossen und Genossinnen in meinem Freundeskreis, die eine andere DKP wollen, die sich mit ihrer eigenen Vergangenheit und der Vergangenheit der Partei auseinandersetzen. In dieser Auseinandersetzung, die mit der eigenen Persönlichkeit anfängt, steckt der Schlüssel zur Veränderung politischer Strukturen. Das fängt beim eigenen Verhalten an.[360]

Einen Vorschlag für eine solche Veränderung der Organisationsstruktur legen Genoss:innen auf der Kreismitgliederversammlung der DKP Stuttgart im Juni 1989 vor, indem sie zu Protokoll geben, sie wollen »Diskussionen eigenverantwortlich und selbstständig zu Ende führen, verbindliche Beschlüsse fassen und […] das selbstverständliche Recht in Anspruch [nehmen], Leitungen abzuwählen und bei Bedarf einen Parteivorstand zu wählen, der die Partei in ihrer Vielfalt repräsentiert.«[361] Mit dem Fokus auf Demokratisierung formulieren die Erneuerer ein klassisches »68er«-Anliegen neu, das bereits in der Grundsatzerklärung der Partei eine Rolle spielt, dort jedoch nicht als Anspruch an die Organisationsstruktur der DKP gerichtet ist, sondern auf die Umverteilung gesellschaftlichen Reichtums.[362]

Gisela Elsner, der die DKP Ende der achtziger Jahre als ein »Rummelplatz des Revisionismus, des Reformismus und des Renegatentums«[363] erscheint, kann ihre Positionen selbst als Vorstandsmitglied nicht durchsetzen, sondern sieht sich im Gegenteil durch ihren Ruf nach einer »Radikalisierung der DKP«[364] weiter marginalisiert. So entscheidet sie sich unter dem Eindruck, »daß jede Beschäftigung

360 Schöfer, Erasmus (Hrsg.): *Ist die DKP noch zu retten? Gespräche mit kritischen Kommunisten*, Hamburg: Konkret Literatur Verlag 1989, S. 144.
361 Vorschlag an die Kreismitgliederversammlung der DKP Stuttgart vom 23. Juni 1989, in: Howard Gotlieb Archival Research Center, Elsner, Gisela, Box 6 F4, fol. 6.
362 Vgl. Grundsatzerklärung der Deutschen Kommunistischen Partei.
363 Elsner, Gisela: »Zum Entwurf über die Lage und künftige Entwicklung der DKP«, in: Dies.: *Flüche einer Verfluchten*, S. 321.
364 Elsner: »Brief an Herbert Mies«, S. 363.

mit dieser Partei, in der gegenwärtig zwei reformistische Gruppierungen einen Machtkampf führen, eine einzige gigantische Sinnlosigkeit darstellt«[365], im Juni 1989 schließlich zum Austritt aus der DKP. Gegenüber Ronald Schernikau beschreibt sie diese Entscheidung als nichts Geringeres denn die »Errettung der Schriftstellerin Gisela Elsner vor dem Selbstmord«[366] – allerdings strafe die bürgerliche Öffentlichkeit sie weiterhin mit vollkommener Nichtbeachtung, weil sie »nicht ins Lager der Renegaten, sondern ins Lager der Linksradikalen«[367] übergelaufen sei. In der UZ wird ihr Austritt immerhin mit den Worten kommentiert, es sei ein »große[r] Verlust für die Partei und die linke, kulturpolitische Szene insgesamt«[368], dass die von Elsner erwarteten »kulturpolitischen Impulse [...] nun nicht in erwartetem Maße in unsere Arbeit einfließen«[369] könnten. Diese Wertschätzung wirft zumindest Fragen auf hinsichtlich Elsners Eindruck, ihre literarischen Fähigkeiten seien in der DKP nicht erwünscht.

Nur vier Monate nach Elsners Austritt aus der DKP öffnet die DDR im Oktober 1989 ihre Grenze zur Bundesrepublik. Über ihre Reaktion auf den Mauerfall berichtet das FAZ Magazin, »[a]uch die Schriftstellerin Gisela Elsner lassen die politischen Entwicklungen nicht ruhen. Sie sieht die Lage in einigen sozialistischen Ländern sich zuspitzen. Um dem entgegenzuwirken, hat sie sich entschlossen, wieder in die DKP einzutreten.«[370] Diese Reaktion so kurz nach Elsners Austrittsentscheidung deutet darauf, dass der Zusammenbruch des Sozialismus selbst westdeutsche Kommunist:innen überrascht. Ob-

365 Brief an Hanjo Kesting vom 12. Juni 1989, in: Briefwechsel Elsner – Kesting, fol. 42.

366 Akademie der Künste, Berlin, Ronald-M.-Schernikau-Archiv, Nr. 150, Gisela Elsner an Ronald Schernikau, 23. Juni 1989.

367 Ebd.

368 Leserbrief von Claudia Hofer in Unsere Zeit [1989], in: Howard Gotlieb Archival Research Center, Elsner, Gisela, Box 6 F4, fol. 7.

369 Ebd.

370 Frankfurter Allgemeine Zeitung vom 18. Dezember 1989, in: Howard Gotlieb Archival Research Center, Elsner, Gisela, Box 6 F4, fol. 1.

wohl sie in eine Partei zurückkehrt, in der sich die bereits bestehende Fraktionierung schnell zu einer finanziellen und personellen Krise ausweitet[371], stößt Elsners Wiedereintritt bei den Parteigenoss:innen nicht überwiegend auf Begeisterung. Misstrauische Leserbriefe in der UZ sprechen ihr »ehrliche Absichten mit ihrem Neueintritt«[372] ab – »[j]etzt werden auch Wieder-Genossins Lesungen in der UZ angekündigt«[373] – und bescheinigen ihr einen Mangel an »kommunistischer Disziplin«[374]. Aus dem Bericht, den Elsner Chris Hirte über die parteiinternen Vorgänge erstattet, spricht denn auch tiefe Resignation; im November 1989 schreibt sie ihrem ehemaligen Lektor, sie habe in ihrem Wiederaufnahmeantrag

> keine einzige von meinen Bezichtigungen zurückgenommen. Mein Brief ist ungeheuer floskelhaft. Herbert Mies hat mich mit einem noch floskelhafteren Antwortbrief »in den gelichteten Reihen der Partei« aufgenommen. […] Aber all dies hat für mich jetzt keinerlei Bedeutung mehr. Heute las ich von irgendeinem Genossen in der UZ einen Leserbrief, in dem von einem Elsner-Clan die Rede war. Auch dies ist mir scheißegal.[375]

371 Elsner schreibt Ende 1989 an Chris Hirte: »Die DKP bekam von der DDR jährlich 20 Millionen DM von der SED. Jetzt gibt es keinen lumpigen Heller mehr. Die UZ bittet um Spenden. Alle Zeitschriften und Verlage der DKP sind bankrott. Alle hauptamtlichen Funktionäre müssen ehrenamtlich weiterwursten.« (Brief an Chris Hirte vom 29. Dezember 1989, in: Briefwechsel Elsner – Hirte, fol. 28.)

372 Leserbrief von Jens Fischer an Unsere Zeit vom 15. November 1989, in: Howard Gotlieb Archival Research Center, Elsner, Gisela, Box 6 F4, fol. 3.

373 Leserbrief von Dieter Kneuer vom 13. November 1989, in: Howard Gotlieb Archival Research Center, Elsner, Gisela, Box 6 F4, fol. 3.

374 Leserbrief von Jens Fischer an Unsere Zeit vom 15. November 1989, in: Howard Gotlieb Archival Research Center, Elsner, Gisela, Box 6 F4, fol. 4.

375 Brief an Chris Hirte vom 13. November 1989, in: Briefwechsel Elsner – Hirte, fol. 26.

3.6 »Es lebe die ›sozialistische Marktwirtschaft‹!«[376] Gisela Elsners »Wende«

Am 17. Dezember 1987 schreibt Gisela Elsner an ihren Freund Hermann Henselmann in die DDR, »[d]amit Du nicht meinst, mein Optimismus im Hinblick auf den Fortbestand des Imperialismus sei ungebrochen, will ich Dir mitteilen, daß ich bereits 150 Seiten einer Utopie verfaßt habe, die vom erdweiten Sieg des Sozialismus handelt.«[377] Zwei Monate zuvor hatte sie das Buchprojekt, das erst 2012 unter dem Titel *Die teuflische Komödie* im Verbrecher Verlag erscheinen wird, beschrieben als »etappenweise vorangehende Racheorgie, eine Ausgeburt meines gigantischen Hasses. Sie wurde, als ich sie noch schrieb immer stalinistischer.«[378] Dieselbe Ambivalenz in der Bewertung der realsozialistischen Verhältnisse spricht aus Elsners Verstörung darüber, »[w]ie [...] jemand bei der Konfrontation mit etwas, über dessen Scheitern er dermassen verzweifelt ist, zugleich dermassen schockiert sein«[379] könne. An Ronald Schernikau schreibt sie 1990, »ich fürchte, ich werde den Fall der Mauer bis an mein Lebensende nicht verkraften.«[380]

Elsners Verzweiflung erscheint angesichts des negativen Urteils, das sie noch wenige Jahre zuvor über die DDR und ihre Gesellschaft gefällt hatte, zunächst erklärungsbedürftig. Ihre Texte aus der »Wendezeit« legen allerdings nahe, dass sie sich mit dieser Bemerkung nicht nur auf den Zusammenbruch des Realsozialismus, sondern mindes-

376 Ebd.

377 Brief an Hermann Henselmann vom 7. Dezember 1989, in: Archiv der Akademie der Künste, Hermann-Henselmann-Archiv, 120-01-263, fol. 2.

378 Akademie der Künste, Berlin, Ronald-M.-Schernikau-Archiv, Nr. 150, Gisela Elsner an Ronald Schernikau, 10. September 1989.

379 Brief an Chris Hirte vom 13. November 1989, in: Briefwechsel Elsner – Hirte, fol. 26.

380 Akademie der Künste, Berlin, Ronald-M.-Schernikau-Archiv, Nr. 150, Gisela Elsner an Ronald Schernikau, 18. August 1990.

tens ebenso stark auf den nationalistischen, rassistischen und antikommunistischen Charakter der Vereinigungspropaganda und deren Verbreitung unter der (ost-)deutschen Bevölkerung bezieht. Diese Dimension ist in ihrer polemischen Frage enthalten, »ob das, was jene DDR-Bürger, die ›Rote aus der Demo raus‹ oder ›Deutschlands Einheit unser Ziel‹ grölen, betreiben, noch als eine Revolution oder schon längst als eine Konterrevolution zu bezeichnen«[381] sei. Zwei Artikel, in denen Elsner mit den Deutschen und ihrer Vereinigung regelrecht abrechnet, erscheinen im April 1990 in der ehemaligen SED-Zeitung Neues Deutschland unter den Titeln *Vorsicht, Schlaraffenrafferland. Über die sogenannte deutsche Revolution I* und *Die demaskierende Maskerade. Über die sogenannte Revolution II.* Keine westdeutsche Zeitung publiziert jemals diese Texte, die sich in ihrer aggressiven Absage an die deutsche Mehrheitsbevölkerung wie frühe Dokumente der sogenannten antideutschen Linken lesen.

Antideutsche Abgesänge

Die »antideutsche« Strömung innerhalb der deutschen Linken entsteht Ende der 1980er Jahre unter dem Eindruck der bundesweit stattfindenden Pogrome gegen Asylbewerber:innen[382], über deren Heraufkunft in der BRD Gisela Elsner Chris Hirte bereits im November 1986 berichtet. Im Zentrum der antideutschen Gesellschaftsanalyse

381 Leserbrief von Gisela Elsner in Unsere Zeit vom 15. Dezember 1989, in: Howard Gotlieb Archival Research Center, Elsner, Gisela, Box 6 F4, fol. 2.

382 Zur antideutschen Strömung und der Debatte um sie vgl. etwa Kurz, Robert: *Die antideutsche Ideologie. Vom Antifaschismus zum Krisenimperialismus. Kritik des neuesten linksdeutschen Sektenwesens in seinen theoretischen Propheten*, Münster: Unrast Verlag 2003; Peters, Ulrich: *Unbeugsam & widerständig. Die radikale Linke in Deutschland seit 1989/90*, 1. Aufl., Münster: Unrast Verlag 2014; Werz, Michael (Hrsg.): *Antisemitismus und Gesellschaft. Zur Diskussion um Auschwitz, Kulturindustrie und Gewalt*, Frankfurt a. M.: Verlag Neue Kritik 1995.

stehen die Shoah, der Nationalsozialismus und der postfaschistische Charakter der nunmehr gesamtdeutschen Gesellschaft. Im Unterschied zur Fokussierung der »68er« auf die konkrete Täterpräsenz in Staat und Wirtschaft wird nun eine sozialpsychologische Perspektive eingenommen, die sich auf Nationalismus und Antisemitismus, auch in seiner Form des Anti-Amerikanismus, konzentriert.

Die Identifizierung dieser Ismen als präsent auch innerhalb der Linken führt zur Abwendung von der Kategorie des Imperialismus als Analysekategorie, da diese – in ihrer historischen Variante, allerdings nicht notwendigerweise – einen positiven Bezug auf nationale Befreiungsbewegungen beinhaltet hatte. So schreiben etwa die beiden der frühen antideutschen Szene zuzurechnenden Autoren Oliver Tolmein und Detlef zum Winkel 1992 in *Stammheim vergessen. Deutschlands Aufbruch und die RAF*, der Imperialismus-Begriff sei

> ohne die USA, die auch nicht als Klassengesellschaft analysiert, sondern nur als Moloch, als »Führungsmacht des Weltimperialismus« dargestellt werden, nicht mehr denkbar. [...] Die verharmlosende und verfälschende Analyse des Nationalsozialismus als lediglich zugespitzter Herrschaftsform des Kapitalismus und ein auf deren imperialistische Interessen verengter Blick auf die US-Politik ergänzen und verstärken sich auf fatale Weise. Das Ergebnis ist eine Sicht der Situation in Nachkriegs-Deutschland, die in verblüffender Weise der Selbstentlastungsstrategie der meisten Deutschen damals entspricht.[383]

Ein wichtiger theoretischer Bezugspunkt der antideutschen Strömung ist, wie zwanzig Jahre zuvor für die Neue Linke, die Kritische Theorie, allerdings nicht das Werk Herbert Marcuses, sondern die Schriften Theodor W. Adornos und Max Horkheimers. Übernommen wird von letzteren der Blick auf die deutsche Bevölkerung als Ansammlung

383 Tolmein: *Stammheim vergessen*, S. 25.

von vollständig kapitalistisch integrierten autoritären Charakteren sowie die, angesichts des radikalen Gestus der Kritischen Theorie zunächst widersprüchlich erscheinende, Tendenz zur Apologetik der bürgerlichen Gesellschaft.

Gisela Elsner verwirft den Imperialismusbegriff ihrerseits zwar nicht, sondern verwendet ihn auch in den späten 1980er Jahren zur Beschreibung des Stands der kapitalistischen Vergesellschaftung. Der Vorwurf allerdings, den sie noch 1984 der CDU-Bundesregierung macht, die Partei sei gegen die »nationalen Interessen unseres Volkes [...] zum Interessenvertreter der imperialistischen Interessen der USA geworden«[384], ist 1990 so von Elsner nicht mehr denkbar. An die Stelle eines positiven Bezugs auf Volk und Nation tritt nach der »Wende«, als Teil einer Abrechnung mit der deutsch-deutschen Bevölkerung, ein Antinationalismus, den Elsner weniger mit ihren DKP-Genoss:innen als mit besagten »todesverächtlichen Autonomen«[385] teilt. An Chris Hirte schreibt sie im November 1989,

> [k]ürzlich demonstrierten höchst unbedeutschte Deutsche. Ihre Parole lautete: HELFT DER POLIZEI! VERPRÜGELT EUCH SELBER. Die Polizei nahm diese höchst unbedeutschten Deutschen natürlich fest. Heute bekam ich ein Flugblatt. Die Aufschrift lautete: WAS TUN IM LAND DER SCHWEINE? Gestern sagte mir ein ehemaliger Genosse, der gerade aus der DKP ausgetreten ist, es gebe in München eine Vereinigung oder eine Zunft oder irgendetwas ähnliches: Jene die sich da zusammengetan haben nennen sich die VATERLANDSLOSEN GESELLINNEN UND GESELLEN. Das finde ich schön.[386]

384 Neumann: »Durch nichts mattsetzen lassen«, S. 11.
385 Elsner: »Entwurf eines Beitrags zu einer Tagung des DKP-Parteivorstandes«, S. 337.
386 Brief an Chris Hirte vom 13. November 1989, in: Briefwechsel Elsner – Hirte, fol. 26.

Im Kern des gravierendsten Paradigmenwechsels in Elsners politischer Biographie steht ihre Neubewertung der von der Neuen Linken in den 1960er und 1970er Jahren unterstellten Tendenz zum Faschismus: Als Konsequenz der bürgerlich-kapitalistischen Restauration meint sie jene im frisch vereinigten Deutschland nun zu beobachten. Dies drückt sich, wie Kai Köhler im Nachwort zu den *Flüchen einer Verfluchten* betont, in Elsners Prosa und ihrer »politische[n] Publizistik«[387] gleichermaßen aus. Für diese antifaschistische Praxis ist sie offenbar auch zu riskanten Unternehmungen bereit; so schlägt sie im Januar 1989 Ronald Schernikau vor, sie auf eine vom NDR bezahlte »verdeckte Mission« zu begleiten. Sie habe vor, »gemeinsam mit Faschisten eine Busreise nach Braunau zu unternehmen, mit einem in meiner Handtasche verborgenen Kassettenrecorder [...].[388] Sie habe vor, »in Gaststätten die Gespräche der braunen Pilger entweder aufnehmen oder notieren, um später Protokolle« zu erstellen.[389]

Die Tatsache, dass sich noch im Herbst 1989 »laut einer SPIEGEL-Umfrage [...] mehr als 70 Prozent der befragten DDR-Bürger eine bessere DDR«[390] wünschen, findet in Elsners Bewertung der post-Wende-Gemengelage wenig Beachtung. In ihren genannten Artikeln im Neuen Deutschland vertritt Elsner eher eine Manipulationsthese, indem sie den bundesrepublikanischen Massenmedien eine Hauptrolle in der Einschwörung der ostdeutschen Bevölkerung auf die bevorstehende Vereinigung und die marktwirtschaftliche Umstrukturierung der ehemaligen DDR zuweist.[391] Auch die DDR-Re-

387 Köhler, Kai: »Sprachkritik als Ideologiekritik und weitere Versuche, die Wirklichkeit zu bewältigen. Die politischen Schriften Gisela Elsners. Ein Nachwort«, in: Elsner, *Flüche einer Verfluchten*, S. 287–307, hier S. 295.

388 Akademie der Künste, Berlin, Ronald-M.-Schernikau-Archiv, Nr. 150, Gisela Elsner an Ronald Schernikau, 28. Januar 1989.

389 Akademie der Künste, Berlin, Ronald-M.-Schernikau-Archiv, Nr. 150, Gisela Elsner an Ronald Schernikau, 28. Januar 1989.

390 Klein, Thomas: »Die Opposition in der DDR während der achtziger Jahre«, in: Seeck (Hrsg.): *Das Begehren, anders zu sein*, S. 59–67, hier S. 60.

391 Vgl. etwa Elsner: »Vorsicht, Schlaraffenrafferland!«.

formbewegung findet in *Über die sogenannte deutsche Revolution* keine Erwähnung; an Chris Hirte schreibt Elsner, sie sei »mittlerweile so weit, daß ich nicht mehr daran denke, auf Ulbricht und Honecker irgendwelche Rücksichten zu nehmen. Allerdings werde ich noch weniger Rücksicht auf das total veropportunisierte NEUE FORUM und die anderen Augiasställigkeiten nehmen.«[392] Ob sie das Neue Forum ebenso wie die Erneuerer in der DKP als Anhänger:innen einer »sozialistischen Marktwirtschaft« ablehnt, bleibt also unklar.

Für die linke Bewegung stellt sich Anfang der 1990er Jahre angesichts des Zusammenbruchs der real existierenden Systemalternative die düstere Frage, »ob – und falls ja: in welcher Form – es in den nächsten Jahrzehnten überhaupt noch eine relevante Linke in der Bundesrepublik, in einem vereinigten Deutschland und in Europa geben wird.«[393] Auch Gisela Elsner spricht vermutlich nicht nur über die DKP, wenn sie im Februar 1990 an Ronald Schernikau schreibt, die Frage sei, »ob wir diesen Schlag überhaupt überleben können.«[394] Sie schreibt dies in einem Moment, in dem die kurzzeitig möglich erscheinende Reformierung der DDR durch die Vereinigung mit der BRD endgültig verhindert worden ist. Andere Linke, auch Kommunist:innen, hatten die »Erneuerung« der Sowjetunion noch kurz vorher, in einer dramatischen Fehleinschätzung der Lage, als Chance für eine emanzipatorische Bewegung interpretiert. So beschreibt etwa Wolfgang Fritz Haug »Glasnost« noch 1989 als potentielles Re-Politisierungsmoment für die »Alternativen«, indem

> [d]as spiritualistische »neue Denken« mit seinen kulturindustriellen Mystizismen es mit dem Denken einer neuen Praxis der sozialen Emanzipation zu tun [kriegt], in der zugleich Freiheitsrechte des

392 Brief an Chris Hirte [undatiert, Jahreswechsel 1989/90], in: Briefwechsel Elsner – Hirte, fol. 29.

393 Fülberth: *KPD und DKP 1945–1990*, S. 178 f.

394 Akademie der Künste, Berlin, Ronald-M.-Schernikau-Archiv, Nr. 150, Gisela Elsner an Ronald Schernikau, 3. Februar 1990.

> Individuums und das Projekt eines ökologischen Umbaus der gesellschaftlichen Naturverhältnisse Raum gewinnen.[395]

Elsners Urteil über die Verhältnisse hingegen, das ab 1990 ins Apokalyptische tendiert, ist bereits im Jahr vor dem Mauerfall von einer Düsternis geprägt, die sie zuvor ihren literarischen Texten vorbehalten hatte. In ihrem DKP-Austrittspapier erklärt sie im Juni 1989, die Partei bekämpfe mit ihrer reformistischen Politik,

> wie es auch bei den Grünen oder bei den Sozialdemokraten der Fall ist, statt der Ursachen leisetreterisch deren Auswirkungen [...], was dazu führen muß, daß die besagten Ursachen trotz der Bekämpfung ihrer Auswirkungen weitere, voraussichtlich noch unheilvollere Auswirkungen zeitigen werden und so fort, bis irgendwann ein Zeitpunkt erreicht ist, an dem die Bekämpfung der Auswirkungen nicht mehr möglich sein wird. Wenn dieser Zeitpunkt erreicht sein wird, gibt es nur die Alternative: entweder die Beseitigung der Ursachen durch einen gewaltsamen Umsturz, ich betone gewaltsam, denn friedlich war ein Umsturz nie, oder die Kapitulation vor den Auswirkungen, die die Menschheit vermutlich, falls sie kapitulieren sollte, einem Schicksal zuschreiben wird, das unlenkbar durch Menschenhand von unbekannten, überirdischen Kräften mit einer phänomenalen Grundlosigkeit über sie hineingebrochen ist.[396]

Die Vorstellung eines sozialdemokratisch verwalteten Sozialismus mit marktwirtschaftlichen Elementen weist Elsner hier ebenso zurück wie die vermeintlichen Gesetzmäßigkeiten des Marxismus-Leninismus – allerdings ohne einen kommunistischen Standpunkt aufzugeben. Diesen betont sie auch gegenüber Hermann Henselmann, als der

395 Haug, Wolfgang Fritz: »Die geistige Situation der Zeit und ihre Veränderung durch die Perestroika«, in: Albers/Deppe/Stamm (Hrsg.): *Fernaufklärung*, S. 59–74, hier S. 59 f.

396 Elsner: »Brief an Herbert Mies«, S. 362 f.

ihr noch im November 1987 versichert, der Kapitalismus gehe »doch unter. Schneller als Du denkst. [...] Du bist zu optimistisch, im Blick auf die Lebensdauer dieser westlichen Welt.«[397]

397 Brief an Gisela Elsner [undatiert, 1987], in: Archiv der Akademie der Künste, Briefwechsel Elsner – Henselmann, Hermann-Henselmann-Archiv, 120-01-263, fol. 1.

FAZIT

»Es genügt nicht, die Wahrheit zu kennen.
Man muss sie auch unter die Leute bringen.«

Gisela Elsner

Gisela Elsner als kommunistische Akteurin nach »68«

Die Welt kennt die Kommunistin Gisela Elsner bis heute hauptsächlich als politisch »Ewig-Gestrige«. Diese Erzählung etablierte sich parallel zu der nationalen Mobilmachung der BRD in den 1980er Jahren und wurde nach dem Zusammenbruch des Realsozialismus zur bestimmenden Charakterisierung einer der bis dato bekanntesten deutschsprachigen Schriftsteller:innen. Über die Diskreditierung von Kommunist:innen wie Elsner erklärte man zugleich die Einrichtung einer vernünftigen Gesellschaft zur individuellen Schrulle. Eine Gegenerzählung zu dieser Verewigung bürgerlicher Herrschaft zu formulieren, war ein Anliegen dieses Buches – und zwar ebenso sehr am Beispiel Gisela Elsners wie »mit ihrer Hilfe«. Per Perspektive auf Gisela Elsner als kommunistischer Akteurin sollten die Mechanismen betrachtet werden, mit welchen die bürgerliche Gesellschaft ihre zerstörerische Selbsterhaltung organisiert.

Dabei ergab sich für den Untersuchungszeitraum, die Bundesrepublik der frühen 1960er bis in die späten 1980er Jahre, ein Szenario gewaltsamer Bekämpfung von Linken und ihren Organisationen, insbesondere Kommunist:innen, durch Staat und (weite Teile der) Gesellschaft einerseits und linker Politik als Reaktion auf gesellschaftliche Ablehnung und staatliche Repression andererseits. Als – für revolutionäre Absichten fatales – Bindeglied zwischen linker Bewegung und dem bundesrepublikanischen Status quo trat die immense Kapazität der bürgerlichen Gesellschaft hervor, progressive Kämpfe zur Modernisierung der Produktionsverhältnisse zu integrieren. Der Literaturbetrieb und die Literatur erwiesen sich als Schauplätze konkreter sozio-politischer Auseinandersetzungen, was auf die Widerlegung der Figur der Kunstautonomie hinausläuft, wie sie die bürgerliche Wissenschaft in unterschiedlichen Entwürfen bis heute vertritt.

Als konstitutives Element dieser Auseinandersetzungen, faktisch Kämpfe um das Verhältnis von Politik und Literatur, ließ sich die Systemkonkurrenz mit dem Realsozialismus herausarbeiten, in der sich die BRD bis 1989 befand. Dieses Paradigma durchzog alle Bereiche der bundesrepublikanischen Gesellschaft und prägte dementsprechend auch Gisela Elsners politische Haltung maßgeblich. Dass sie Kommunistin wurde, blieb dennoch erklärungsbedürftig. Hierfür ergab sich die Figur eines »Scharniers« zwischen Biographie und Politik: die Annahme eines Erlebniskomplexes, der den notwendigerweise kollektiven Prozess der Politisierung zugleich singulär macht. Im Fall Elsner findet sich dieses Scharnier im Kampf gegen die postfaschistische Bourgeoisie der BRD, verkörpert durch ihre Eltern, der von Beginn an auch ein Kampf gegen das Patriarchat ist.

Im Jahr 1937 geboren, war Gisela Elsner ein gutes Jahrzehnt älter als die meisten Aktivist:innen der Studentenbewegung und erlebte die 1950er Jahre bereits als erwachsene Frau – eine Zeit vor der Frauenbewegung, in der der Zugang zu Verhütungsmitteln schwierig und Schwangerschaftsabbruch illegalisiert war, in der »Ehebrecherinnen« bei der Scheidung das Sorgerecht für ihr Kind verloren. Einem zunächst »ohnmächtigen und ahnungslosen Haß«[1] gegen ihr Herkunftsmilieu gab die erwachsene Person Elsner Bestimmung und Richtung in einer beißenden Grundsatzkritik der bürgerlichen Gesellschaft. Die privat kämpfende, in die Frauenrolle gezwungene »höhere Tochter« entwickelte sich zur organisierten kommunistischen

1 Altenburg (Hrsg.): *Fremde Mütter, fremde Väter, fremdes Land*, S. 140.

Schriftstellerin. Elsners erster Roman Die Riesenzwerge erschien 1964, alle weiteren Werke nach dem Jahr 1968, das rückblickend zum Höhepunkt der westdeutschen Studentenbewegung stilisiert wurde. Elsners partikulare Politisierungsgeschichte ist also untrennbar verwoben mit dem gewaltigsten gesellschaftlichen Modernisierungsschub der Nachkriegszeit.

»der orgasmus als glücksfall.«[2]

1970 legt Elsner mit ihrem dritten Roman *Das Berührungsverbot* die erste signifikante Literarisierung ihrer »Scharnierthemen« vor; das erste Werk, das die dann von ihr lebenslang beibehaltene Form der Satire hat. Dieser Kommentar zur »sexuellen Befreiung« der Neuen Linken zeichnet kein Bild der Befreiung, sondern eines von fortbestehender patriarchaler Gewalt und verbindet im Bild des »Berührungsverbots« die bürgerliche Sexualität mit der Unüberwindbarkeit der Klassenschranke (vgl. Kapitel III, Abschnitt 4.5.1). Die Darstellung von Sexualität ist durch ihren Effekt der Aufdeckung patriarchaler Gewaltstrukturen als anti-pornographisch zu betrachten. Elsners Grundsatzkritik der »sexuellen Revolution« kann sich auf ihren Handlungsspielraum in der (männlich dominierten) APO nur negativ ausgewirkt haben; obwohl sie seit den frühen 1970er Jahren in der konkret veröffentlichte, war dieses Milieu allerdings niemals ihres.

Die DDR-Germanistik qualifizierte *Das Berührungsverbot* aufgrund des Sujets Sexualität als »bürgerliche Dekadenzliteratur«. Im Gegensatz zu anderen Romanen Elsners erschien der Roman im sozialistischen deutschen Staat trotz Lockerung der literaturprogrammatischen Vorgaben auch in den 1980er Jahren nicht. Als Faktor für diese Entscheidung ergab sich in der Studie die Tatsache, dass neben

2 Brecht, Bertolt: *Arbeitsjournal 1938 bis 1942*, werkausgabe edition suhrkamp, Frankfurt a. M.: Suhrkamp Verlag 1974, S. 17.

der Übereinstimmung mit angeblich sozialistischen Sittlichkeitsnormen für die Erteilung einer Druckgenehmigung bedeutsam war, »[w]elche öffentliche Wirkung«[3] ein literarischer Text in der DDR entfalten würde. Besonderes Anliegen der Hauptverwaltung Verlage und Buchhandel (HVV) war dabei in Hinblick auf linke BRD-Literatur, die Übertragung von kritischem Erkenntnispotential auf die sozialistische Gesellschaft durch die DDR-Leser:innen vorauszusehen und gegebenenfalls zu verhindern. Die Tatsache, dass sexuelle Gewalt auch in der DDR verbreitet, jedoch nicht offiziell anerkannt war, legt nahe, dass in der Behandlung dieses Gegenstands ein unerwünschtes Erkenntnispotential antizipiert wurde. So wird am Berührungsverbot exemplarisch deutlich, wie die an westdeutsche Literatur angelegten Auswahlkriterien als Instrument zur Unterdrückung von Gesellschaftskritik in der DDR fungieren konnten.

Innerhalb der bundesrepublikanischen Frauenbewegung separierte Gisela Elsners Haltung zum Geschlechterverhältnis sie selbst von den Parteikommunist:innen, auch wenn sie mit diesen die Ökonomiekritik teilt, die im Laufe der 1970er Jahre in der Bewegung zugunsten eines identitätspolitischen Feminismus marginalisiert wurde. 1975 kritisierte Elsner in einer ihrer frühesten politischen Schriften die Ausrufung des »Jahrs der Frau« als positiven Sexismus und verweigerte in scharfer Polemik sowohl stilistisch als auch inhaltlich jede positive Besetzung der Identität Frau. Aus demselben Unbehagen heraus verwehrte sich Elsner gegen die Zuständigkeit für Frauenfragen in der DKP und wies die Vorstellung zurück, dass ihr Handeln und ihr Bewusstsein grundlegend von der Kategorie Geschlecht beeinflusst sein könnten – bis zur radikalen Absage daran, ihre eigene Befindlichkeit zum Gegenstand ihrer Literatur zu machen.

Mit der Härte, die sich in ihrem Umgang mit Emotionalität (auch) artikuliert, reihte sich Gisela Elsner in eine lange Reihe von Kommunist:innen ein. Wie viele Frauen in den kommunistischen Bewe-

3 Brohm: »Günter Kunert vor dem Gesetz«, S. 217.

gungen und damit auch in der DDR »stand« sie letztlich »ihren Mann«. Die Schwächung, die es zunächst bedeutet, die Verletzungen durch die weibliche Zurichtung an sich selbst zu dokumentieren, hatte hinter ihrer Selbstbehauptung in einer patriarchalen Welt zurückzustehen. Bemerkenswert ist allerdings, dass Elsner der politischen Leugnung des eigenen Leidens an der aufgezwungenen Weiblichkeit eine literarische Gestaltung dieses Leidens zur Seite stellte. Trotz vehementer Zurückweisung der Zuschreibung Feministin ist das Geschlechterverhältnis faktisch einer der konstitutiven Gegenstände von Elsners literarischem Werk – nicht als autobiographische Anekdote, sondern typisiert, verallgemeinert; als Gesellschaftskritik eben. Dies ist letztlich tatsächlich keine feministische Positionierung, sondern eine Patriarchatskritik, und gerade darin auch ein parteilicher Standpunkt. Ebenso wie Elsners Flucht aus Ehe und Mutterschaft sowie ihr politischer Kampf als Satirikerin und Kommunistin gelebte Schritte der Befreiung aus der Geschlechterrolle sind.

Doppelte Ghettos und (karrieristische) Ausbrüche

Gisela Elsner sah sich innerhalb der bundesrepublikanischen Gesellschaft zweifach ghettoisiert: als weibliche Autorin im Literaturbetrieb und als Kommunistin in der Gesamtgesellschaft. Mit der Benennung ihrer Ausgrenzung erklärte sie sich diesen Personengruppen zugleich zugehörig; wesentlich ist hier allerdings, dass sie zur Frau gemacht wurde, die Identität Kommunistin hingegen selbst gewählt hat. In den 1980er Jahren beschrieb sie ihre Diskriminierung als Kommunistin geradezu als Fortschritt gegenüber der lebenslang gewohnten Diskriminierung als Frau. 1969 allerdings, als sich aus der Neuen Linken heraus die Deutsche Kommunistische Partei (DKP) gründete, wurde Elsner noch lange kein Mitglied. Sie trat dennoch seit den frühen 1970er Jahren für die Wahl der Partei ein und teilte mit vielen Linken der APO ebenso die Hinwendung zum Marxismus wie die Ablehnung des »harten« Antikommunismus des ersten Nachkriegsjahrzehnts. Elsners Festhalten am Marxismus-Leninismus trennte sie zunehmend von der Mehrheit der Aktivist:innen der Neuen Sozialen Bewegungen, die sie zudem geprägt sieht von einem modernisierten Antikommunismus.

Über die fortschreitende Marginalisierung der revolutionären Linken machte sich Elsner wenig Illusionen und verwendete 1985 auch zur Beschreibung dieses Phänomens die Figur der Ghettoisierung: diese produziere »allerhand Verstiegenheiten und eine[n] Wirklichkeitswahrnehmungsschwund«[4]. Die Neue Linke hatte ihre gesellschaftliche Isolation und das Ausbleiben des Klassenkampfes unter Rückgriff auf die Kritische Theorie mit dem Verblendungszusammenhang begründet, sich auf die Manipulationsthese verlegt und die »Randgruppen« als revolutionäres Subjekt an die Stelle der – dennoch zu agitierenden – Arbeiter:innenschaft gesetzt. Aber auch der im Kontext der APO von einigen Gruppen versuchte Zusammenschluss mit Proletarier:innen wurde angesichts mangelnden Interesses, antikommunistischen Ressentiments und staatlicher Repression im Lauf der 1970er Jahre aufgegeben. Jedoch wandten sich die »68er« nicht gänzlich von der Arbeitssphäre ab, sondern begannen Kämpfe um Demokratisierung in Institutionen und Betrieben, in denen sie selbst tätig waren. Diese Bemühungen korrelierten mit der Krise des Fordismus und wurden integraler Bestandteil der Modernisierung der Produktionsverhältnisse, die heute unter den Begriff Neoliberalisierung gefasst ist.

Auf ihre Weise war auch Gisela Elsner selbst einem »Wahrnehmungsschwund«[5] unterworfen; immerhin trat sie mit der DKP 1977 einer Partei bei, die auf der Existenz einer revolutionären Arbeiterschaft in der BRD besteht und auf parlamentarischem Wege eine grundlegende Veränderung der Produktionsweise erreichen will. In dieser

4 Altenburg (Hrsg.): *Fremde Mütter, fremde Väter, fremdes Land*, S. 147.
5 Ebd.

Entscheidung wird das letztlich affirmative Verhältnis zum Staat deutlich, das Elsner wiederum mit der Mehrheit der »68er« teilte; ihr politisches Ziel war nicht die Abschaffung des Staates, sondern seine sozialistische Umfunktionierung. Selbst diese realisierte sich allerdings nicht, der neulinke »Marsch durch die Institutionen« und die Neuen Sozialen Bewegungen mit ihrem Fokus auf Bürgerrechte und Pluralismus der Lebensweisen erwiesen sich als politisch erfolgreicher.

Wider die Abschaffung der Wahrheit

Angesichts der bürgerlichen Klassenherkunft einer Mehrheit der Student:innen stellte sich die Frage nach der Bedeutung von »68« von Beginn an auch als eine nach dem Verhältnis von Elite und linker Intelligenz. In den 1960er Jahren war die Erosion des (bürgerlichen) Wahrheitsbegriffs in Literatur, Publizistik und Wissenschaft in vollem Gange; in Frankreich entwarfen »Post-Marxisten« bereits den Poststrukturalismus. Mit ihrem Angriff auf Universalismus und Wahrheit redeten die Intellektuellen der Bourgeoisie objektiv in einer Weise das Wort, die Karl Marx als »Gedankenkrämerei« und Bertolt Brecht als »Tuismus« beschrieb.[6] Gisela Elsner beobachtete 1970 in der kommunistischen Politik, wie sie Intellektuelle betreiben, eine Tendenz zur Ästhetisierung des Inhaltlichen und leistet mit dieser Bestimmung einen Beitrag zu einer Theorie der Warenästhetik, wie sie Wolfgang Fritz Haug nahezu zeitgleich formuliert hat. Haug zufolge besteht das warenästhetische Moment darin, »das gerade noch durchgehende Minimum an Gebrauchswert zu liefern, verbunden, umhüllt und inszeniert mit einem Maximum an reizendem Schein, der per Einfühlung ins Wünschen und Sehnen der Menschen möglichst zwingend sein soll.«[7]

6 Vgl. Brecht, Bertolt: *Der Tui-Roman. Fragment*, Frankfurt a. M.: Suhrkamp Verlag 1973; Marx, Karl / Engels, Friedrich: *Die deutsche Ideologie*, Berlin: Dietz Verlag 1953.

7 Haug: »Zur Kritik der Warenästhetik«, S. 156.

Gegen die Figur des Literaturtods, der in den 1960er Jahren die neulinke Literaturprogrammatik bestimmt, bestand Elsner auf die genuin politische Funktion des literarischen Kunstwerks selbst sowie auf das Schreiben als politische Praxis. Dieser Entwurf steht der Tendenz zur Abwertung politischer Positionen diametral entgegen, die sich in der Figur des Literaturtodes abdrückt, indem das kritische Potential von Literatur von der inhaltlichen Spezifik einer literarischen Parteinahme abgelöst wird. Ihren Realismusbegriff entwickelte Elsner an der Frage nach der literarischen Darstellbarkeit ökonomischer Zusammenhänge. Angesichts des fortschreitenden Problems der entwickelten kapitalistischen Vergesellschaftung müssten Problemzusammenhänge als personifizierbar bestimmt werden, um dann diese Figuren als Typen zeichnen zu können. Der Realismus muss sein Material einer gesellschaftlichen Wirklichkeit in der BRD entnehmen, in der – selbst in den sechziger und frühen siebziger Jahren – kaum revolutionärer Klassenkampf geführt wird. Dass die BRD-Literatur nach Meinung der DDR-Literaturtheorie überwiegend Protagonist:innen produziert, die »[a]nstatt als handelnde Subjekte in die Geschichte einzugreifen, [...] weitgehend als Ohnmächtige oder Getriebene«[8] aufträten, scheint vor diesem Hintergrund folgerichtig. Dies gilt auch für Elsners Figuren, und das stellte sie als Autorin mit kommunistischen Agitationsabsichten vor eine Frage: Wie sollen die Angehörigen des vom Marxismus-Leninismus als überkommen betrachteten bürgerlichen Gemeinwesens literarisch zu positiven Figuren gestaltet werden, ohne ins Utopistische zu verfallen? Dieser Widerspruch blieb nicht nur für Gisela Elsner unlösbar, weil er auf einen Fehler innerhalb der ML-Theoriebildung zurückgeht.

Niemals infrage stand für die Kommunistin Elsner dabei, dass es eine gesellschaftliche Wirklichkeit gibt und dass diese literarisch darstellbar ist. Als maßgeblich für das Gelingen dieser Darstellung war für sie der (politische) Wille der jeweiligen Autor:in, die einzelnen

8 Hermand: »Das Gute-Neue und das Schlechte-Neue«, S. 86.

Elemente dieser Wirklichkeit in der literarischen Form so anzuordnen, dass sie der wirklichen Grundstruktur der Gesellschaft nicht widersprechen – beziehungsweise mehr noch, diese sichtbar machen. Als Parameter für die Bestimmung des realistischen Gehalts eines Textes, die dessen Eigengesetzlichkeit Rechnung tragen, galten Elsner die Kategorien Wirklichkeit, Wahrscheinlichkeit und Glaubwürdigkeit in ihrem Verhältnis zueinander. Literarische Mittel, derer sie selbst sich bedient, sind die satirische Schreibweise, die Abweisung von besonderem Individuum und Heldenfigur sowie die Fokussierung auf das Strukturelle anstelle des Individuellen. Mit ihrem Bestehen auf eine literarische Eigengesetzlichkeit vertrat Elsner – in Übereinstimmung mit der DDR-Literaturwissenschaft und gegen das Verhältnis von Literatur und Leben, wie es die Literaturprogrammatiken der sogenannten »68er« entwerfen – einen materialistischen Autonomiebegriff.

Dennoch schlägt sich der Widerspruch von revolutionärem Begehren und einer gesellschaftlichen Realität, in der sich bürgerliche Herrschaft immer mehr verfestigt und patriarchale Strukturen fortbestehen, auch in Elsners Literatur nieder. Ein wichtiger Ausdruck dessen ist die Reproduktion der bürgerlichen Sphärentrennung, die sie durch die Auswahl der literarischen Gegenstände nach ihrem öffentlichem beziehungsweise privatem Charakter vollzieht. Zumal ihre Patriarchatskritik dadurch in einen literarischen und einen politisch-praktischen Teil zerfällt; in ihrer Auseinandersetzung mit der Ökologie- und Friedensbewegung ist dies weniger ausgeprägt.

Ausgerechnet 1977 entschloss sich Gisela Elsner dazu, ihrer literarischen »Negativität« auf politischer Ebene einen bewussten Optimismus entgegenzusetzen, der sich in ihrem Beitritt zur DKP manifestiert. Damit machte sie den »Deutschen Herbst« in ihrer persönlich-politischen Biographie zu einem Anfangspunkt; ein solcher ergab sich noch in einer weiteren Hinsicht, da auch die erste Publikation eines Elsner'schen Werks in der DDR in diesen Zeitraum fiel. Obwohl eine DKP-Parteizugehörigkeit laut dem ehemaligen Lektor Chris Hirte hierfür nicht Voraussetzung, sondern höchstens ein

»Joker«[9] war, erschienen – bis auf eine Ausnahme – sämtliche DDR-Publikationen Elsners nach ihrem Beitritt zur DKP.

In den 1980er Jahren verschoben sich im sozialistischen deutschen Staat die Bewertungsmaßstäbe auch für BRD-Literatur: Die kategorische Ablehnung modernistischer Elemente sollte ersetzt werden »durch eine gerechtere, aus den historischen Bedingungen erarbeitete Wertung« als »humanistisch«.[10] Als Gisela Elsners erste DDR-Romanveröffentlichung erscheint allerdings 1981 *Abseits*, ihr formal vermutlich konventionellstes Werk mit wenig satirischen Elementen. Dies erlaubt den Schluss, dass sich in der DDR ebenso wie in der BRD in diesem Zeitraum ein mehr auf Authentizität und Innerlichkeit orientierter Literaturbegriff durchsetzte. Die Annäherung der DDR-Autor:innen an den »westlichen Feminismus«, die in den 1980er Jahren stattfand, war für Elsner nachteilig, sowohl hinsichtlich der Kommunizierbarkeit ihrer politischen Positionen als auch im Hinblick auf ihre Veröffentlichungschancen in der DDR. Letztlich blieb Elsner für die sozialistische Literaturwissenschaft ohnehin immer »BRD-Autorin«, deren kritischer Blick vor allem als Denunziation der bürgerlichen Gesellschaften gelten gelassen wurde.

Friedenspolitik als Waffe?

Ebenfalls in den 1980er Jahren prägen »westliche« Wissenschaftler:innen für die DDR den Topos der »Literatur als Ersatzschauplatz für gesellschaftliche Kämpfe«. Gemeint ist insbesondere die Frauenbewegung, jedoch wird hier die allgemeinere Etablierung der bürgerlichen Kategorien als Maßstab deutlich, den DDR-Oppositionelle in den 1980er Jahren übernahmen und der sich letztlich als unvereinbar mit einer sozialistischen Reformierung der DDR erwies. Zumal die

9 Hirte: »Gisela Elsner und die DDR«; Autorenkollektiv unter Leitung von Hans Joachim Bernhard: *Literatur der BRD*.

10 Brohm: »Günter Kunert vor dem Gesetz«, S. 231 f.

»Verbündung« von ost- und westdeutscher Friedensbewegung arbeitet dem Zusammenbruch der DDR faktisch in die Hand: In der Abstraktion von den unterschiedlichen Produktionsweisen und veranstaltet in der Bundesrepublik, wiesen die Zusammenkünfte eine implizite antikommunistische Schlagseite auf. Hier zeigte sich ein neuer linker Antikommunismus, den Gisela Elsner 1987 im Rahmen ihrer taz-Mitarbeit kritisierte und der von einer kritischen Haltung zu DDR und Sowjetunion, die sich unter den westlichen Kommunist:innen im Laufe der 1960er Jahre verfestigt, durchaus zu unterscheiden ist. (Bemerkenswert ist in diesem Zusammenhang allerdings das jahrzehntelange Desinteresse Elsners an der DDR, das sie mit vielen ihrer DKP-Genoss:innen teilte.)

Im Rahmen der friedenspolitischen Aktivitäten, die sich im bundesrepublikanischen Literaturbetrieb der 1980er Jahre entfalten, verfestigt sich der prominent von Günter Grass vertretene Engagementbegriff des Schriftstellers als Bürger. Es geht nun nicht mehr um Gewerkschaftsbildung, literaturbetriebliche Selbstorganisation, Agitation durch Literatur oder schreibende Arbeiter:innen; eigentlich geht es kaum mehr um die Literatur selbst. Dass die Friedensbewegung keinen literarischen Niederschlag findet, hängt auch damit zusammen, dass die Auseinandersetzung um den Gegenstand Frieden in seiner pazifistisch-ökologistischen Abstraktion – im Gegensatz etwa zur Geschlechter- oder Klassenfrage – gewissermaßen an der Oberfläche der gesellschaftlichen Zusammenhänge verbleibt. Insofern ist es kein Wunder, dass die Friedensbewegung zum anerkanntesten politischen Tätigkeitsfeld der Kulturschaffenden seit Entstehung der BRD wurde; die friedensbewegten Schriftsteller:innen traten auf Tagungen zum Thema wie Politiker:innen auf. Gisela Elsner arbeitete im Rahmen der DKP in der Friedensbewegung mit, hielt sich jedoch aus dem friedenspolitischen Engagement der Schriftsteller:innen heraus und reagierte literarisch mit einer Grundsatzkritik: Die Oper *Friedenssaison*, die sie in den späten 1980er Jahren verfasst, ist möglicherweise ihr zugleich am feindseligsten behandeltes und am stärksten unterschätztes Werk.

Auch dies erstaunt wenig, da antifaschistische und kapitalismuskritische Positionen in der Ökologie- und Friedensbewegung der 1980er Jahre nahezu vollständig marginalisiert worden waren. Die Kategorie Faschismus, die für die linke Opposition in den sechziger und siebziger Jahren im doppelten Sinne von großer Bedeutung war – als Faschismusthese gegenüber Staat und Gesellschaft sowie zur Charakterisierung des eigenen, antifaschistischen Widerstands –, wurde angesichts der Modernisierung der Produktionsverhältnisse für obsolet erklärt. Aus der Mehrheit der Neuen Linken waren nun endgültig Klassenrückkehrer:innen geworden. Gisela Elsner hingegen hielt über die deutsch-deutsche Vereinigung hinaus an der Postfaschismusthese fest, die sie bereits in den sechziger Jahren formulierte, und damit an einem revolutionären Antifaschismus. Mit den NS-Täter:innen-Figuren, die ebenso wie ihre »68er«-Kinder Elsners Werk bevölkern, machte sie sich keine Freunde im bundesrepublikanischen Literaturbetrieb; exemplarisch wird dies an der negativen Rezeption von *Heilig Blut* als Erzählung, in der Elsner die Sozialdemokratie explizit in den postfaschistischen deutschen Gesellschaftszusammenhang einbettet.

Als modernisierte Form der Sozialdemokratie, die mit dem Anliegen antrat, mittels progressiver Reformen die Verhältnisse zu verbessern, trat in den späten 1970er Jahren die Partei Die Grünen an. Entsprechend wirkte die Partei an der Durchsetzung ihrer Version der »zeitgemäßen Menschenführung« mit: dem Neoliberalismus. Die von Gisela Elsner bereits in den 1980er Jahren kritisierte Kategorie der Selbstverwirklichung hielt als kommodifizierbare Mischung von Individualismus, Leistungsgedanken und *soft skills* Einzug in die Arbeitswelt. Die Politik der Lebensweisen verallgemeinerte sich aus den linksbürgerlichen Milieus heraus zu einem Ausbeutungsinstrument, was letztlich noch über Elsners Diagnose hinausging. Der Prozess der »Einschreibung der Linken von 1968«[11] in die Sozio-Ökonomie der Bundesrepublik brachte den Kapitalismus des 21. Jahrhunderts mit

11 Solty: »Der alte und der neue Kapitalismus«, S. 28.

hervor, den Ingar Solty 2016 beschreibt mit der Parole »Ausbeutung für alle, aber bitte ohne Diskriminierung!«[12]

Störfaktor Kommunismus

Hat Gisela Elsner nun in diesen Entwicklungen die »Laufbahn eines Störfaktors«[13] eingeschlagen? Die Antwort auf diese Frage fällt – auch wenn die Formulierung von Elsner selbst stammt – keineswegs eindeutig aus, will sie den Widersprüchen der bürgerlichen Gesellschaft ebenso gerecht werden wie dem Widerstand gegen sie. Es stimmt, dass die Kommunistin Elsner zeitlebens eine schwierige Stellung im sozialdemokratisch dominierten Literaturbetrieb der BRD hatte. Als eine von wenigen linken Schriftsteller:innen distanzierte sie sich ihre gesamte polit-literarische Biographie hindurch von der Sozialdemokratie; eine Haltung, die, gepaart mit einer klaren kommunistischen Positionierung, zweifellos maßgeblich für ihren Rauswurf aus dem Rowohlt Verlag war. Zugleich steht jedoch fest, dass Elsner bis zu ihrem Suizid 1992 aus dem (deutschen) Literaturbetrieb nicht wegzudenken war; noch ihr letzter Roman *Fliegeralarm* (1989) wurde in allen wichtigen überregionalen Blättern und unzähligen regionalen Zeitungen der Bundesrepublik rezensiert. Dass unter den Rezensionen immer auch Verrisse waren, ändert nichts an dem Faktum von Elsners Präsenz in der kulturellen Landschaft. Nicht zuletzt die positiven Urteile der heutigen Literaturkritik über Elsners Werk verweisen auf eine politische Agenda hinter den oftmals literaturimmanent begründeten Abwertungen ihrer zeitgenössischen Kritiker:innen.

Gisela Elsners Kritik war vielerorts unerwünscht und an diesem Punkt tatsächlich auch ein Störfaktor. Von einem gestörten Realitätsbezug zeugte sie jedoch nicht, und auch deshalb stand Elsner – obwohl

12 Ebd., S. 28 f.
13 Brief an Chris Hirte vom 2. Juli 1986, in: Briefwechsel Elsner – Hirte, fol. 3.

sie dies selbst immer wieder so empfunden haben mag – politisch keineswegs allein. Vielmehr gehört sie zweifellos einer linken Bewegung an: dem Kampf »ums Ganze«, der aus der längst staatstragenden Erzählung über »1968« verdrängt wurde, weil er nicht auf Reformen abzielt und entsprechend nicht integrierbar ist. Ein Kampf, der sich nicht auf eine Jahreszahl feststellen lässt, auch weil er weiterhin geführt wird. Elsner selbst hat gegen die kanonisierte APO-Chronologie angeschrieben, indem sie sich nicht auf den bewaffneten Kampf kaprizierte, sondern über staatliche Repression gegen Oppositionelle, reformistische Tendenzen in der Linken und nationalsozialistische Kontinuitäten in der Bundesrepublik schrieb. Sie hielt dabei immer fest am Kommunismus als einzige Überlebenschance für die Menschheit. Damit stand das DKP-Mitglied Elsner an ihrem selbstgewählten Lebensende, das vermutlich nicht zufällig mit der globalen Restauration des Kapitalismus zusammenfiel, der nunmehr gänzlich autonomen radikalen Linken näher als ihrer Partei. Das Werk von Gisela Elsner bleibt relevant, denn eine Grundsatzkritik der bürgerlichen Gesellschaft ist unerlässlich, soll eine revolutionäre Umwälzung entgegen allen derzeitigen Entwicklungen zumindest denkbar bleiben. Um mit Elsners Worten zu schließen:

> Ich bin im Hinblick auf die Dauerhaftigkeit des Kapitalismus wirklich nicht optimistisch. Ich gebe ihm auch keine Chance. Die Frage ist nur, wann er auf seinem Sterbebett endlich seine aufwendige Agonie hinter sich hat. Nach wie vor besteht die Möglichkeit, daß er sterbend die Menschheit vernichtet.[14]

14 Brief an Hermann Henselmann vom 7. Dezember 1989, in: Archiv der Akademie der Künste, Hermann-Henselmann-Archiv, 120-01-263, fol. 2.

DANKSAGUNG

Die Arbeit an einer Dissertation macht Spaß, ist aber auch eine langwierige Anstrengung. Mein Dank in der Bewältigung dieses Projekts gilt zunächst meinen Betreuern Helmut Peitsch und Patrick Eiden-Offe. Er gilt Christine Künzel, die mir im Laufe der Jahre mit Elsner-Expertise, Elsner-Materialien und einer Empfehlung für die Promotionsförderung geholfen hat. Weiterhin danke ich der Internationalen Gisela Elsner Gesellschaft, der Rosa-Luxemburg-Stiftung, dem Deutschen Akademikerinnen Bund sowie Kai Köhler und der Marx-Engels-Stiftung. Ich danke dem Verbrecher Verlag vor allem in Gestalt von Johanna Seyfried, die sich mit meinem Fußnoten-Chaos herumschlagen musste, und Jörg Sundermeier, der mich überhaupt erst auf Gisela Elsner gebracht hat. Ich danke außerdem Chris Hirte und Hanjo Kesting für die bereitwillige Zurverfügungstellung ihrer persönlichen Korrespondenz mit Gisela Elsner sowie Thomas Keck, der mich den damals noch nicht archivierten Nachlass von Ronald M. Schernikau hat durchsehen lassen. Ich danke dem Rosa Kolloquium, dem Reuti-Büro, Ronald Weber und Frank Engster für die Connections, Hedi und David Rose für ihre Gartenlaube sowie Jodok Jonas, Paula Knieper und Benjamin Hersch für die Ausrichtung meiner seltsamen Verteidigung über Zoom. Schließlich danke ich Henning Fischer für die konsistente Unterstützung meiner selbst und meines Promotionsprojektes auf so vielen Ebenen – und natürlich allen anderen Freund*innen, von denen sich viele über die Jahre ihrerseits für Gisela Elsner haben begeistern lassen.

LITERATURVERZEICHNIS

Primärliteratur

a) Prosa

Das Berührungsverbot, Reinbek bei Hamburg: Rowohlt 1970.

»Herr Leiselheimer«, in: *Herr Leiselheimer und weitere Versuche, die Wirklichkeit zu bewältigen*, Gütersloh: C. Bertelsmann Verlag 1973, S. 81–117.

»Die sich Frau Wiegenstein jäh eröffnende Arbeitswelt«, in: *Herr Leiselheimer und weitere Versuche, die Wirklichkeit zu bewältigen*, Gütersloh: C. Bertelsmann Verlag 1973, S. 60–71.

»Die sich Frau Wiegenstein jäh eröffnende Arbeitswelt«, in: *Mit dem Chef nach Chenonceaux. Alltägliche Geschichten aus der BRD. Eine Anthologie*, Berlin: Aufbau Verlag 1976, S. 89–105.

»Die Auferstehung der Gisela Elsner«, in: Kramberg, Karl Heinz (Hrsg.): *Vorletzte Worte. Schriftsteller schreiben ihren eigenen Nachruf*, Frankfurt a. M.: Ullstein 1974, S. 35–39.

Der Punktsieg, Reinbek bei Hamburg: Rowohlt 1977.

Abseits, Reinbek bei Hamburg: Rowohlt 1980.

Abseits, Berlin: Volk und Welt 1983.

Die Zähmung, Reinbek bei Hamburg: Rowohlt 1984.

Die Zähmung, Berlin: Volk und Welt 1986.

Die Zähmung, Berlin: Verbrecher Verlag 2002.

Friedenssaison, Lüneburg: Zu Klampen Verlag 1988.

Otto der Großaktionär, Berlin: Verbrecher Verlag 2008.

»Der Sterbenskünstler«, in: *Zerreißproben*, Berlin: Verbrecher Verlag 2013, S. 159–168.

b) Aufsätze, Rezensionen, Radiobeiträge

»Parteilichkeit«, in: *Flüche einer Verfluchten*, Berlin: Verbrecher Verlag 2011, S. 9–12.

»Zum Geburtstag von Thomas Mann«, in: *Im literarischen Ghetto*, Berlin: Verbrecher Verlag 2011, S. 9–12.

»Politisches Kauderwelsch«, in: *Flüche einer Verfluchten*, Berlin: Verbrecher Verlag 2011, S. 65–92.

»Politisches Kauderwelsch«, in: Kipphardt, Heinar (Hrsg.): *Vom deutschen Herbst zum bleichen deutschen Winter*, München/Königstein: AutorenEdition 1981, S. 215–233.

»Ruf aus der tiefsten Tiefe des Unlands«, in: *Flüche einer Verfluchten*, Berlin: Verbrecher Verlag 2011, S. 373–374.

»Über Mittel und Bedingungen schriftstellerischer Arbeit«, in: *Im literarischen Ghetto*, Berlin: Verbrecher Verlag 2011, S. 13–18.

»Mit Schöpfkellen gegen Flutkatastrophen. Über Monika Sperrs Biographie: ›Petra Karin Kelly – Politikerin aus Betroffenheit‹«, in: *Flüche einer Verfluchten*, Berlin: Verbrecher Verlag 2011, S. 117–124.

»Vom Umgang mit Wörtern, der UZ und Intellektuellen«, in: *Flüche einer Verfluchten*, Berlin: Verbrecher Verlag 2011, S. 313–319.

»Von einem, der auszog, eine Revolution ohne Volk anzuzetteln. Zum 20. Todestag von Che Guevara«, in: *Flüche einer Verfluchten*, Berlin: Verbrecher Verlag 2011, S. 167–175.

»Vorsicht, Schlaraffenrafferland! Über die sogenannte deutsche Revolution (I)«, in: *Flüche einer Verfluchten*, Berlin: Verbrecher Verlag 2011, S. 271–278.

»Flüche einer Verfluchten«, in: *Flüche einer Verfluchten*, Berlin: Verbrecher Verlag 2011, S. 185–270.

Elsner, Gisela: *Flüche einer Verfluchten*, Kritische Schriften 1, herausgegeben von Christine Künzel in Zusammenarbeit mit Kai Köhler, Berlin: Verbrecher Verlag 2011.

Elsner, Gisela: *Im literarischen Ghetto*, Kritische Schriften 2, herausgegeben von Christine Künzel, Berlin: Verbrecher Verlag 2011.

»Für Heinrich Maria Ledig-Rowohlt«, in: Unseld, Siegfried (Hrsg.): *Heinrich Maria Ledig-Rowohlt zuliebe. Festschrift zu seinem 60. Geburtstag am 12. März 1968*, Reinbek bei Hamburg: Rowohlt Verlag 1968, S. 19.

»Gläserne Menschen«, in: Faecke, Peter (Hrsg.): *Über die allmähliche Entfernung aus dem Lande. Die Jahre 1968–1982*, Düsseldorf: Claassen 1983, S. 30–50.

»Die Dämonisierung des technischen Fortschritts ... oder die Rückständigkeit der Progressiven«, in: *Flüche einer Verfluchten*, Berlin: Verbrecher Verlag 2011, S. 125–134.

»Die demaskierende Maskerade. Über die sogenannte deutsche Revolution (II)«, in: *Flüche einer Verfluchten*, Berlin: Verbrecher Verlag 2011, S. 279–286.

»Die schmerzlich lebenslänglichen Elefanten. Das Personal der Gabriele Wohmann«, *Deutsche Volkszeitung*, 8. April 1982.

»Die Verketzerung Andersdenkender in einer westlichen Demokratie. Über die Verhörprotokolle der Kongreßausschüsse für unamerikanische Aktivitäten«, in: *Flüche einer Verfluchten*, Berlin: Verbrecher Verlag 2011, S. 57–64.

»Die Volkszertreter. Über die Regierungserklärungen der Bundeskanzler der Bundesrepublik Deutschland«, in: *Flüche einer Verfluchten*, Berlin: Verbrecher Verlag 2011, S. 13–56.

»Das Frohlocken angesichts des Richtblocks. Einige Überlegungen zu Heinrich von Kleists Novelle MICHAEL KOHLHAAS«, in: *Im literarischen Ghetto*, Berlin: Verbrecher Verlag 2011, S. 19–40.

»Das Jahr der Frau«, in: *Im literarischen Ghetto*, Berlin: Verbrecher Verlag 2011, S. 257–260.

»Das lukrative Erbe einer Kerkermeisterin. Über die Dauerseller, die Verleger und die Leser von Marie Louise Fischer«, in: *Im literarischen Ghetto*, Berlin: Verbrecher Verlag 2011, S. 75–114.

»Staatsabträgliche Träume. Über den Roman: ›Die Herren des Morgengrauens‹ von Peter O. Chotjewitz« [4 Blatt Typoskript m. hs. Korr.], in: Münchner Stadtbibliothek/Monacensia, GE M 61.

»Große politische Begriffe ohne neuen Klang. Über Rossana Rossandas Buch ›Einmischung‹« [9 Blätter Typo. m. hs. Korr.], in: Münchner Stadtbibliothek / Monacensia, GE M 6.

»Ein Reiskorn für dich und für mich, tralala, tralala. Über das Indien-Tagebuch ZUNGE ZEIGEN von Günter Grass«, in: Münchner Stadtbibliothek / Monacensia, GE M 49.

»Von der Dummheit der Wissenschaft. Bouvard und Pécuchet von Gustave Flaubert. Eine Funkerzählung«, in: *Süddeutscher Rundfunk*, 27.06.1975.

»Autorinnen im literarischen Ghetto«, *kürbiskern. Literatur, Kritik, Klassenkampf* 2 (1983), S. 136–144.

»Clara Zetkin. Versuch einer Belehrung der schwer belehrbaren NEUEN FRAU«, in: *Im literarischen Ghetto*, Berlin: Verbrecher Verlag 2011, S. 287–304.

c) Gespräche, Aufrufe, Reden

»Vereinfacher haben es nicht leicht«, in: *Im literarischen Ghetto*, Berlin: Verbrecher Verlag 2011, S. 33–40.

»Antwort auf einen Fragebogen, die Literaturzensur in der Bundesrepublik Deutschland seit 1945 betreffend«, in: *Im literarischen Ghetto*, Berlin: Verbrecher Verlag 2011, S. 115–117.

»Bandwürmer im Leib des Literaturbetriebs«, in: *Im literarischen Ghetto*, Berlin: Verbrecher Verlag 2011, S. 247–256.

Starkmann, Alfred: »Keine Zeit für Sympathie. Neue Definition der Regierung – Ein Gespräch mit Gisela Elsner«, in: *Die Welt*, 09.09.1965.
[O. A.]: »Schriftsteller ziehen in den Wahlkampf. Literarisches SPD-Treffen im Rowohlt-Verlag«, in: *Hamburger Morgenpost*, 05.03.1971.
Deiritz, Karl: »Warum wird so eine Kommunist?«, in: *rote blätter* 9/1 (Januar 1976).
Elsner, Gisela: »Ist der gläserne Mensch ein Fabelwesen?«, Gespräch mit Gabriele Sprigrath, in: Münchner Stadtbibliothek (Monacensia), GE M 23 [undatiert].
Möller, Kerstin: »Schwarz und Weiß. Ein Gespräch mit der Autorin Gisela Elsner«, in: *Nürnberger Nachrichten*, 19.12.1991.
»DKP-Wahlaufruf 1972«, in: *Flüche einer Verfluchten*, Berlin: Verbrecher Verlag 2011, S. 311–312.
»Entwurf eines Beitrags zu einer Tagung des DKP-Parteivorstandes«, in: *Flüche einer Verfluchten*, Berlin: Verbrecher Verlag 2011, S. 335–341.
»Zu Erneuerern in der DKP«, in: *Flüche einer Verfluchten*, Berlin: Verbrecher Verlag 2011, S. 327–334.

c) Briefe

Briefwechsel

Henselmann, Hermann und Elsner, Gisela, in: Archiv der Akademie der Künste, Hermann-Henselmann-Archiv, 120-01-263. Zitiert als Briefwechsel Elsner – Henselmann.
Hirte, Christlieb und Elsner, Gisela, in: Privatarchiv Verfasserin, fol. 1–29. Zitiert als Briefwechsel Elsner – Hirte.
Kesting, Hanjo und Elsner, Gisela, in: Privatarchiv Verfasserin, fol. 1–51. Zitiert als Briefwechsel Elsner – Kesting.
Richter, Hans Werner und Elsner, Gisela, in: Archiv der Akademie der Künste, Hans-Werner-Richter-Archiv 6081, 7143, 8087. Zitiert als Briefwechsel Elsner – Richter.
Rowohlt Verlag und Elsner, Gisela, in: Verlagsarchiv Rowohlt, fol. 0–111.
Schernikau, Ronald M. und Elsner, Gisela, in: Akademie der Künste, Berlin, Ronald-M.-Schernikau-Archiv, Nr. 150.
Unseld, Siegfried und Elsner, Gisela, in: DLA, SUA:Suhrkamp/01 Verlags leitung/Autorenkonvolute/Elsner, Gisela, fol. 1–6. Zitiert als Briefwechsel Elsner – Unseld.

Einzelne Briefe

Brief an Martin Gregor-Dellin vom 10. Mai 1977, in: DLA Marbach, A:Gregor-Dellin, fol. 1.

Brief an den Kürbiskern [undatiert, eingegangen am 10. August 1983], in: Deutsches Literaturarchiv Marbach, A: Kürbiskern, fol. 2.
»Brief an Herbert Mies«, in: *Flüche einer Verfluchten*, Berlin: Verbrecher Verlag 2011, S. 357–368.
Leserbrief von Claudia Hofer in Unsere Zeit [1989], in: Howard Gotlieb Archival Research Center, Elsner, Gisela, Box 6 F4, fol. 7.
Leserbrief von Dieter Kneuer vom 13. November 1989, in: Howard Gotlieb Archival Research Center, Elsner, Gisela, Box 6 F4, fol. 2.
Leserbrief von Jens Fischer an Unsere Zeit vom 15. November 1989, in: Howard Gotlieb Archival Research Center, Elsner, Gisela, Box 6 F4, fol. 3.
Brief an Jürgen Gruner [undatiert, vermutlich 1990], in: Archiv der Akademie der Künste, Archiv Verlag Volk und Welt, 3193.
Brief an Carl Amery vom 9. Dezember 1991, in: Münchner Stadtbibliothek/Monacensia, Nachlass Carl Amery, CA B 492.

Zum Werk

a) Rezensionen

Die Riesenzwerge

Blöcker, Günter: »Ausgeliefert an eine Übermacht. Nach dem Höllensturz«, in: *Frankfurter Allgemeine Zeitung*, 04.04.1964.

[O. A.]: »Sieg der Zwerge«, in: *Der Spiegel*, 13.03.1964.

Kaiser, Joachim: »Zu viele Zwerge«, in: *Süddeutsche Zeitung*, 16./17./18.05.1964.

[O. A.]: »Gisela Elsner. Zum Band ›Die Riesenzwerge‹«, in: *Neue Zürcher Zeitung*, 14.06.1964.

Naber, Herrmann: »Gesellschaftskritik aus der Froschperspektive«, in: *Frankfurter Rundschau*, 27.06.1964.

Rötzer, Hans Gerd: »Noch ein Oskar Matzerath«, in: *Rheinischer Merkur*, 07.08. 1964.

Wieberneit, Werner: »Viel Lärm um einen Riesenzwerg. Zu einem ›Beitrag‹ von Gisela Elsner«, in: *Der Tagesspiegel*, 09.08.1964.

Lamprecht, Helmut: Rezension *Die Riesenzwerge* in der Sendung *Kulturelles Wort*, in: RIAS Berlin [undatiert].

[O. A.]: »Rezension *Die Riesenzwerge*«, in: *The Sunday Times*, 04.04.1965.

Herr Leiselheimer und andere Versuche, die Wirklichkeit zu bewältigen

Rezension *Herr Leiselheimer und andere Versuche, die Wirklichkeit zu bewältigen* in den *Stuttgarter Nachrichten* (1973), in: DLA Marbach, Z: Elsner, Gisela, Mappe 7f2.

Rezension *Herr Leiselheimer und andere Versuche, die Wirklichkeit zu bewältigen* in der Neuen *Zürcher Zeitung* (1973), in: DLA Marbach, Z: Elsner, Gisela, Mappe 7f2.

Rezension *Herr Leiselheimer und andere Versuche, die Wirklichkeit zu bewältigen* in der *Welt am Sonntag* (1973), in: DLA Marbach, Z: Elsner, Gisela, Mappe 7f2.

Konjetzky, Klaus: Rezension *Herr Leiselheimer und andere Versuche, die Wirklichkeit zu bewältigen* in der *Deutschen Volkszeitung* (1973), in: DLA Marbach, Z: Elsner, Gisela, Mappe 7f2.

Der Punktsieg

[O. A.]: »Wahrlich ein Punktsieg«, in: *Nürnberger Zeitung*, 17.09.1977.

[O. A.]: Rezension von *Der Punktsieg*, in: *General-Anzeiger*, 1./2. Oktober 1977.

Rotzoll, Christa: »Als Verhaltensforscherin unter Elite-Viechern«, in: *Süddeutsche Zeitung*, 12.10.1977.

Chotjewitz, Peter O.: »Modell Deutschland«, in: *Deutsche Volkszeitung*, 27.10.1977.

Rezension *Der Punktsieg* in den *Düsseldorfer Nachrichten* (1977), in: DLA Marbach, Z: Elsner, Gisela, Mappe 7f2.
Starkmann, Alfred: »Liberalismus auf Abruf«, in: *Die Welt*, 12.11.1977.
Rezension *Der Punktsieg* in der *Frankfurter Rundschau* (1978), in: DLA Marbach, Z: Elsner, Gisela, Mappe 7f2.

Die Zerreißprobe

Rezension *Die Zerreißprobe* in der *Süddeutschen Zeitung* (1980), in: DLA Marbach, Z: Elsner, Gisela, Mappe 7f2.
Rezension *Die Zerreißprobe* in *Die Welt* (1980), in: DLA Marbach, Z: Elsner, Gisela, Mappe 7f2.

Abseits

[O. A.]: »Hellmuth Karasek über Gisela Elsners ›Abseits‹«, in: Der Spiegel 13, 28.03.1982, http://www.spiegel.de/spiegel/print/d-14340214.html (zugegriffen am 21.09.2018).

Die Zähmung

Rezension *Die Zähmung* in den *Nürnberger Nachrichten* (1984), in: DLA Marbach, Z: Elsner, Gisela, Mappe 7f2.
Rezension *Die Zähmung* in der *Schwäbischen Zeitung* (1984), in: DLA Marbach, Z: Elsner, Gisela, Mappe 7f2.

Gefahrensphären

Rezension *Gefahrensphären* in den *Stuttgarter Nachrichten* (1988), in: DLA Marbach, Z: Elsner, Gisela, Mappe 7f2.

b) Gutachten

Rühmkorf, Peter: Begutachtung von *Der Aufstieg* vom 1. März 1968, in: Verlagsarchiv Rowohlt, fol. 4.
Luckow, Marion: Begutachtung von *Das Berührungsverbot* vom 27. Oktober 1969, in: Verlagsarchiv Rowohlt, fol. 10.
Voigtländer, Anni: Gutachten zu *Mit dem Chef nach Chenonceaux. Alltagsgeschichten. Anthologie westdeutscher Erzähler*, in: Bundesarchiv, Aufbau Verlag Berlin und Weimar, 1976, A–C 1976, DR 1/2109.
Reinhold, Ursula: Gutachten zu *Mit dem Chef nach Chenonceaux. Alltagsgeschichten. Anthologie westdeutscher Erzähler*, in: Bundesarchiv, Aufbau Verlag Berlin und Weimar, 1976, A–C 1976, DR 1/2109.

Simon, Horst u. a.: Gutachten zu *BRD heute – Westberlin heute*, in: Bundesarchiv, Verlag Volk und Welt, Verlag für internationale Literatur, Berlin, 1982, A–B, DR 1/2376.

Quaas, Ingeborg: Gutachten zu *Abseits*, in: Bundesarchiv, Verlag Volk und Welt, Verlag für internationale Literatur, Berlin, 1983, E–G, DR 1/2379a.

W. G.: Begutachtung von *Die Zähmung* vom 1. November 1983, in: Verlagsarchiv Rowohlt, fol. 70.

Hirte, Christlieb: Gutachten zu *Die Zähmung*, in: Bundesarchiv: Verlag Volk und Welt, Verlag für internationale Literatur, Berlin, 1986, C–K, DR 1/2387a.

c) Sonstiges

Vorschlag an die Kreismitgliederversammlung der DKP Stuttgart vom 23. Juni 1989, in: Howard Gotlieb Archival Research Center, Elsner, Gisela, Box 6 F4, fol. 6.

Sekundärliteratur

[O. A.]: »›Nicht erziehen lassen, um für Deutschland zu sterben.‹ Ein Interview mit Helmut Peitsch«, *undercurrents*, http://undercurrentsforum.com/2016/01/07/nicht-erziehen-lassen-um-fuer-deutschland-zu-sterben-ein-interview-mit-helmut-peitsch/ (zugegriffen am 08.01.2016).

[O. A.]: »Aktion 218«, *Digitales Deutsches Frauenarchiv*, 06.03.2019, https://www.digitales-deutsches-frauenarchiv.de/akteur:innen/aktion-218 (zugegriffen am 27.01.2020).

[O. A.]: »BKA – Partnerschaftsgewalt – Kriminalstatistische Auswertung«, ohne Datum, https://www.bka.de/DE/AktuelleInformationen/StatistikenLagebilder/Lagebilder/Partnerschaftsgewalt/partnerschaftsgewalt_node.html (zugegriffen am 27.01.2020).

[O. A.]: »Die Gruppe 47 in Saulgau«, in: *Die Zeit*, 08.11.1963, http://www.zeit.de/1963/45/die-gruppe-47-in-saulgau/seite-3 (zugegriffen am 26.07.2017).

[O. A.]: »DKP-Parteitag: Proletarier im Luxushotel«, in: *Die Zeit*, 09.11.1973, https://www.zeit.de/1973/46/proletarier-im-luxushotel (zugegriffen am 31.05.2018)

[O. A.]: »Ein Leben ohne Netz«, in: *Emma*, 01.09.2005, https://www.emma.de/artikel/gisela-elsner-ein-leben-ohne-netz-264059 (zugegriffen am 16.01.2020).

[O. A.]: »Ein Weilchen leben«, in: *Der Spiegel*, 21.12.1981, https://www.spiegel.de/spiegel/print/d-14353283.html (zugegriffen am 06.12.2019).

[O. A.]: »Erklärung II«, in: *Die Zeit*, 28.02.1969, http://www.zeit.de/1969/09/erklaerung-ii (zugegriffen am 06.11.2014).

[O. A.]: »Figuren zum Begaffen. Panoptikum nicht sehr wirklichkeitsnaher Exemplare aus dem bundesdeutschen Zoo«, in: *Nürnberger Nachrichten*, 09.01.1974.

[O. A.]: »Flusslandschaft 1965. Alternative Medien«, in: *Protest in München seit 1945*, ohne Datum, http://protest-muenchen.sub-bavaria.de/artikel/4028

[O. A.]: »Gebrochene Verhältnisse«, in: *Deutschlandfunk Kultur*, 17.11.2013, http://www.deutschlandfunkkultur.de/gebrochene-verhaeltnisse.1270.de.html?dram:article_id=269146 (zugegriffen am 29.05.2017).

[O. A.]: »Gesang von der Schaukel«, *Der Spiegel*, 20.10.1965, http://www.spiegel.de/spiegel/print/d-46274725.html

[O. A.]: »Gisela Elsners Tod – ein tragisches Lehrstück«, in: *Protest in München seit 1945*, 1992, http://protest-muenchen.sub-bavaria.de/artikel/3801

[O. A.]: »Gruppe 47 in Princeton«, 06.05.1966, http://www.zeit.de/1966/19/gruppe-47-in-princeton/komplettansicht (zugegriffen am 18.01.2017).

[O. A.]: »Kapitalismus in der Bundesrepublik«, in: *Kursbuch* 21, hrsg. von Hans Magnus Enzensberger und Karl Markus Michel, Berlin: Rotbuch Verlag 1970.

[O. A.]: »Linksfaschismus«, in: *Dtv-Lexikon zur Geschichte und Politik im 20. Jahrhundert*, hg. von Carola Stern u. a., München: Deutscher Taschenbuch Verlag, 1974.

[O. A.]: »Schriftsteller ziehen in den Wahlkampf. Literarisches SPD-Treffen im Rowohlt-Verlag«, in: *Hamburger Morgenpost*, März 1971.

[O. A.]: »Selbst im Wege«, in: *Der Spiegel*, 30.10.1978, http://www.spiegel.de/spiegel/print/d-40605757.html (zugegriffen am 31.05.2018).

[O. A.]: »Späte Geburt«, in: *Der Spiegel*, 04.09.1983, https://www.spiegel.de/spiegel/print/d-14018745.html (zugegriffen am 17.01.2020).

[O. A.]: »Taube im Stahlhelm«, in: *Der Spiegel*, 03.02.1997, https://www.spiegel.de/spiegel/print/d-8653790.html (zugegriffen am 15.07.2019).

»Bachmann Handbuch (Monika Albrecht/Dirk Göttsche) – Leseprobe«, in: *Ingeborg Bachmann Forum*, ohne Datum, http://www.ingeborg-bachmann-forum.de/ibles-hand.htm (zugegriffen am 16.01.2019).

»Die Berühmung und Belobung Heinrich Maria Ledig-Rowohlts dargestellt durch die Sklavengruppe des Irrenhauses zu Reinbek unter Anleitung des Herrn Dr. Raddatz«, in: Unseld, Siegfried (Hrsg.): *Heinrich Maria Ledig-Rowohlt zuliebe. Festschrift zu seinem 60. Geburtstag am 12. März 1968*, Reinbek bei Hamburg: Rowohlt Verlag 1968, S. 78–83.

Abendroth, Wolfgang: *1956–1963*, Hannover: Offizin Verlag 2013.

Adorno, Theodor W. und Max Horkheimer: *Dialektik der Aufklärung*, Berlin: De Gruyter 2017.

Adorno, Theodor W.: *Ästhetische Theorie*, Frankfurt a. M.: Suhrkamp 1970.

—: *Noten zur Literatur*, Bd. 3, Frankfurt a. M.: Suhrkamp 1965.

Agnoli, Johannes: »Versuch, Strafkammer und Staatsanwaltschaft über Faschistoides und Form Staat aufzuklären«, in: Ders. (Hrsg.): *»... da ist nur freizusprechen!«. Die Verteidigungsreden im Berliner Mescalero-Prozeß*, Reinbek bei Hamburg: Rowohlt Taschenbuch Verlag 1979, S. 81–93.

—: *1968 und die Folgen*, Freiburg: Ça ira 1998.

—: *Der Staat des Kapitals und weitere Schriften zur Kritik der Politik*, Freiburg i. Br.: Ça ira 1995.

Albers, Detlev: »Perestroika und demokratischer Sozialismus«, in: Ders., Frank Deppe und Michael Stamm (Hrsg.): *Fernaufklärung. Glasnost und die bundesdeutsche Linke*, Köln: Kiepenheuer & Witsch 1989, S. 48–58.

Alberts, Jürgen: *Arbeiteröffentlichkeit und Literatur. Zur Theorie des Werkkreises Literatur der Arbeitswelt*, Berlin/Hamburg: VSA Verlag 1977.

Altenburg, Matthias (Hrsg.): *Fremde Mütter, fremde Väter, fremdes Land. Degenhardt, Elsner, Fuchs, Haslinger, Piwitt, Rauter, Schneider, Vesper im Gespräch mit Matthias Altenburg*, Hamburg: Konkret Literatur Verlag 1985.

Arnold, Heinz-Ludwig: »Skizzen aus dem Literaturbetrieb«, in: Ders. und Matthias Beilein (Hrsg.): *Literaturbetrieb in Deutschland*, München: Edition Text + Kritik 1971, S. 7–20.

Autorenkollektiv unter Leitung von Hans Joachim Bernhard: *Literatur der BRD*, Geschichte der deutschen Literatur. Von den Anfängen bis zur Gegenwart, Bd. 12, Berlin: Verlag Volk und Wissen 1983.

Aydin, Yildiz: *Reflexionen über Entfremdungserscheinungen in Christa Wolfs »Medea. Stimmen«*, Frankfurt a. M: Peter Lang GmbH, Internationaler Verlag der Wissenschaften 2016.

Ayren, Armin: »Die Mechanismen der Macht«, *Frankfurter Allgemeine Zeitung*, 01.04.1980, S. L2.

—: »Madame Bovary im Wohnblock«, *Frankfurter Allgemeine Zeitung*, März 1982, S. 26.

Barck, Karlheinz: »Revolutionserwartung und das Ende der Literatur. Zur Kritik der Ideologie der ›Neuen Linken‹«, in: Mittenzwei, Werner und Reinhard Weisbach (Hrsg.): *Revolution und Literatur. Zum Verhältnis von Erbe, Revolution und Literatur*, Leipzig: Reclam 1972.

Barck, Simone und Franz Fühmann: *Bitterfelder Nachlese. Ein Kulturpalast, seine Konferenzen und Wirkungen*, Berlin: Dietz 2007.

Barck, Simone und Siegfried Lokatis (Hrsg.): *Fenster zur Welt. Eine Geschichte des DDR-Verlages Volk und Welt*, Berlin: Ch. Links Verlag 2003.

Bauer, Michael: »Polemik und sensible Analyse«, in: *Neue Zürcher Zeitung*, 08.07.1988, S. 39.

Baumgart, Reinhard: »In die Moral entwischt? Der Weg des politischen Stückeschreibers Peter Weiss«, in: *Text + Kritik* 37, 2. Aufl., 1982, S. 47–57.

Benicke, Jens: »Leninisten mit Knarren«, in: *Ça ira*, 30.04.2008, https://www.ca-ira.net/verein/positionen-und-texte/benicke-leninisten/ (zugegriffen am 22.01.2020).

Benjamin, Walter: »Der Autor als Produzent«, in: Ders.: *Der Autor als Produzent. Aufsätze zur Literatur*, hrsg. von Sven Kramer, Stuttgart: Reclam 2012, S. 228–249.

—: *Charles Baudelaire. Ein Lyriker im Zeitalter des Hochkapitalismus*, Frankfurt a. M.: Suhrkamp 1974.

Benseler, Frank, Hannelore May und Hannes Schwenger (Hrsg.): *Literaturproduzenten!*, Berlin: Edition Voltaire 1970.

Berbig, Roland (Hrsg.): *Stille Post. Inoffizielle Schriftstellerkontakte zwischen Ost und West*, Berlin: Ch. Links Verlag 2005.

—: »Allzeit Ostberlin im Auge. Günter Grass – deutsch-deutsches Literaturleben intern«, in: Ders. (Hrsg.): *Stille Post. Inoffizielle Schriftstellerkontakte zwischen Ost und West*, Berlin: Ch. Links Verlag 2005, S. 218–237.

Berliner Begegnung zur Friedensförderung: *Protokolle des Schriftstellertreffens am 13./14. Dezember 1981; der vollständige Text aller Beiträge aus Ost und West*, Darmstadt [u. a.]: Luchterhand 1982.

Birke, Peter: »Unruhen und ›Territorialisierung‹. Überlegungen zu den Arbeitskämpfen der 1968er Jahre«, in: Ders., Bernd Hüttner und Gottfried Oy (Hrsg.): *Alte Linke – Neue Linke? Die sozialen Kämpfe der 1968er Jahre in der Diskussion*, Berlin: Karl Dietz Verlag 2009, S. 67–86.

Blackwell, Jeannine: »Die nervöse Kunst des Frauenromans im 19. Jahrhundert oder Der geistige Tod durch kränkende Handlung«, in: Berger, Renate u. a. (Hrsg.): *Frauen, Weiblichkeit, Schrift. Dokumentation der Tagung in Bielefeld vom Juni 1984*, Argument Verlag 1984, S. 145–158.

Bloch, Peter André (Hrsg.): *Gegenwartsliteratur. Mittel und Bedingungen ihrer Produktion. Eine Dokumentation über die literarisch-technischen und verlegerisch-ökonomischen Voraussetzungen schriftstellerischer Arbeit*, Bern [u. a.]: Francke 1975.

Bock, Hans Bertram: »Die Pioniere des Nichts. Interview mit der Nürnberger Autorin Gisela Elsner über ihren neuen Roman«, in: *Nürnberger Nachrichten*, Oktober 1976, S. 19.

Boehlich, Walter u. a.: *Chronik der Lektoren. Von Suhrkamp zum Verlag der Autoren*, Frankfurt a. M.: Verl. der Autoren 2011.

Böll, Heinrich, Klaus Staeck und Freimut Duve: *Briefe zur Verteidigung der Republik*, Reinbek bei Hamburg: Rowohlt Taschenbuch Verlag 1977.

Böll, Heinrich: »Polemik eines Verärgerten«, in: Krüger, Horst (Hrsg.): *Was ist heute links? Thesen und Theorien zu einer politischen Position*, München: Paul List Verlag 1963, S. 43–56.

Böttiger, Helmut: *Die Gruppe 47. Als die deutsche Literatur Geschichte schrieb*, München: Deutsche Verlags-Anstalt 2012.

Brandt, Willy, Helmut Schmidt und Jürgen Kellermeier: *Deutschland 1976 – Zwei Sozialdemokraten im Gespräch*, Reinbek bei Hamburg: Rowohlt Taschenbuch Verlag 1976.

Brandt, Willy: »Neubeginn durch Realismus«, in: Duve, Freimut (Hrsg.): *Aufbrüche. Die Chronik der Republik 1961 bis 1986*, Reinbek bei Hamburg: Rowohlt 1986, S. 78–80.

Brecht, Bertolt: *Arbeitsjournal 1938 bis 1942*, werkausgabe edition suhrkamp, Frankfurt a. M.: Suhrkamp 1974.

—: *Der Tui-Roman. Fragment*, Frankfurt a. M.: Suhrkamp 1973.

—: *Schriften zur Literatur und Kunst 1*, Gesammelte Werke 18, Werkausgabe edition suhrkamp, Frankfurt a. M.: Suhrkamp 1967.

—: *Schriften zur Literatur und Kunst* 2, Gesammelte Werke 19, Werkausgabe edition suhrkamp, Frankfurt a. M.: Suhrkamp 1967.

Briegleb, Klaus: »Die Gruppe 47 in den Jahren 1947–1951«, in: Braese, Stephan (Hrsg.): *Bestandsaufnahme. Studien zur Gruppe 47*, Berlin: Erich Schmidt Verlag 1999, S. 35–64.

—: *1968. Literatur in der antiautoritären Bewegung*, Frankfurt a. M.: Suhrkamp Verlag 1993.

Brohm, Holger: »Günter Kunert vor dem Gesetz. Gutachten als Kommentarform des Kanons«, in: Dahlke, Birgit, Martina Langermann und Thomas Taterka (Hrsg.): *LiteraturGesellschaft DDR. Kanonkämpfe und ihre Geschichte(n)*, Stuttgart/Weimar: J. B. Metzlersche Verlagsbuchhandlung 2000, S. 214–239.

Buchholz, Ramona Katrin: *Legenden der Gleichberechtigung. Eine literatursoziologische Analyse zum »Gleichstellungsvorsprung« ostdeutscher Frauen*, Heidelberg: Universitätsverlag Winter 2015.

Bude, Heinz: *Adorno für Ruinenkinder. Eine Geschichte von 1968*, München: Carl Hanser Verlag 2018.

Bürger, Peter: »Institution Literatur und Modernisierungsprozeß«, in: Ders. (Hrsg.): *Zum Funktionswandel der Literatur*, Frankfurt a. M.: Suhrkamp Verlag 1983, S. 9–32.

—: *Aktualität und Geschichtlichkeit. Studien zum gesellschaftlichen Funktionswandel der Literatur*, Frankfurt a. M.: Suhrkamp 1977.

—: *Vermittlung – Rezeption – Funktion*, Frankfurt a. M.: Suhrkamp Verlag 1979.

Buselmeier, Michael: »Die Macht und der unermüdliche Hase«, in: Faecke, Peter (Hrsg.): *Über die allmähliche Entfernung aus dem Lande*, S. 116–138.

Bussmann, Rudolf: »Schrei ohne Echo«, in: *Basler Zeitung*, 07.08.1982, S. 35.

Chotjewitz, Peter O.: »Das Projekt der Kollektivierung. Ein Portrait meines Verlegers Ledig-Rowohlt«, in: Unseld, Siegfried (Hrsg.): *Heinrich Maria Ledig-Rowohlt zuliebe. Festschrift zu seinem 60. Geburtstag am 12. März 1968*, Reinbek bei Hamburg: Rowohlt Verlag 1968, S. 14–17.

—: »Eines Morgens bei Schambeins – ein Märchen«, in: Kipphardt, Heinar (Hrsg.): *Vom deutschen Herbst zum bleichen deutschen Winter*, München/Königstein: AutorenEdition 1981, S. 109–120.

—: »Modell Deutschland«, in: *Deutsche Volkszeitung*, Oktober 1977, S. 11.

—: »Nachrufe«, in: Kramberg, Karl Heinz (Hrsg.): *Vorletzte Worte. Schriftsteller schreiben ihren eigenen Nachruf*, Frankfurt a. M.: Ullstein 1974, S. 24–26.

Cölln, Jan: »Positionen der Germanistik in der DDR. Eine Einleitung«, in: Ders. und Franz-Josef Holznagel (Hrsg.): *Positionen der Germanistik in der DDR*, Berlin, Boston: DE GRUYTER 2012, S. 1–26, https://www.degruyter.com/view/books/9783110223842/9783110223842.1/9783110223842.1.xml (zugegriffen am 28.05.2019).

Cortina, Kai S. u. a. (Hrsg.): *Das Bildungswesen in der Bundesrepublik Deutschland. Strukturen und Entwicklungen im Überblick. Der neue Bericht des Max-Planck-Instituts für Bildungsforschung*, Reinbek bei Hamburg: Rowohlt-Taschenbuch-Verlag 2008.

Cremer, Dorothe: *»Ihre Gebärden sind riesig, ihre Äusserungen winzig«. Zu Gisela Elsners Die Riesenzwerge. Schreibweise und soziale Realität der Adenauerzeit*, Herbolzheim: Centaurus-Verlagsgesellschaft 2003.

Crines, Andrew Scott, Timothy Heppell und Peter Dorey: *The political rhetoric and oratory of Margaret Thatcher*, London: Palgrave Macmillan 2016.

Cygan, Sabine: »#MeToo in der DDR: Aufbruch zum Tabubruch«, *mdr*, 22.08.2023, https://www.mdr.de/zeitreise/sexismus-in-der-ddr-102.html (zugegriffen am 10.01.2024).

Dahlke, Birgit: »Vom ›Nichtfeminismus‹ der meisten DDR-Autorinnen in nichtoffiziell publizierten Zeitschriften und Büchern in der DDR 1979–90«, in: Nagelschmidt, Ilse (Hrsg.): *Frauenleben – Frauenliteratur – Frauenkultur in der DDR der 70er und 80er Jahre*, Leipzig: Leipziger Universitätsverlag 1997, S. 25–38.

Damus, Martin: *Funktionen der bildenden Kunst im Spätkapitalismus*, Frankfurt a. M.: Fischer Taschenbuch Verlag 1973.

De Beauvoir, Simone: *Das andere Geschlecht. Sitte und Sexus der Frau*, Reinbek bei Hamburg: Rowohlt Taschenbuch Verlag 1979.

De Bruyn, Günter: *Die Preisverleihung*, Halle (Saale): Mitteldeutscher Verlag 1972.

Deiritz, Karl: »Warum wird so eine Kommunist?«, in: *rote blätter* 1979, S. 50–51.

Delekat, Thomas: »Noch nicht am Ziel«, in: *Die Welt*, 12.12.1998, https://www.welt.de/print-welt/article629181/Noch-nicht-am-Ziel.html (zugegriffen am 20.01.2020).

Die goldenen Zitronen: »Raus aus der Klasse, zurück in die Klasse«, Hamburg: Buback Tonträger GmbH, 2006.

Doormann, Lottemi (Hrsg.): *Keiner schiebt uns weg. Zwischenbilanz der Frauenbewegung in der Bundesrepublik*, Weinheim und Basel: Beltz Verlag 1979.

Dormagen, Christel: »Nachwuchsförderung«, in: *konkret* 1982, S. 100.

Durzak, Manfred (Hrsg.): *Deutsche Gegenwartsliteratur. Ausgangspositionen und aktuelle Entwicklungen*, Stuttgart: Reclam 1981.

Eagleton, Terry: *Walter Benjamin or, Towards a Revolutionary Criticism*, London: Verso 1981.

Emmerich, Wolfgang: *Die andere deutsche Literatur. Aufsätze zur Literatur der DDR*, Opladen: Westdeutscher Verlag 1994.

Engelmann, Bernt: *VS-vertraulich*, München: Goldmann 1978.

Enzensberger, Hans Magnus (Hrsg.): »Frau, Familie, Gesellschaft«, *Kursbuch* 17, 1969.

— (Hrsg.): »Kinder«, *Kursbuch* 34, 1973.

— (Hrsg.): »Kultur Revolution Literatur«, *Kursbuch* 15, 1986.

— (Hrsg.): *Klassenbuch. Ein Lesebuch zu den Klassenkämpfen in Deutschland 1756–1971*, Darmstadt [u. a.]: Luchterhand 1972.

—: »Ich wünsche nicht gefährlich zu leben«, in: Walser, Martin (Hrsg.): *Die Alternative oder Brauchen wir eine neue Regierung*, Reinbek bei Hamburg: Rowohlt Verlag 1961.

—: *Erinnerung an die Zukunft. Poesie und Poetik*, Leipzig: Reclam 1988.

Faecke, Peter (Hrsg.): *Über die allmähliche Entfernung aus dem Lande. Die Jahre 1968–1982*, Düsseldorf: Claassen 1983.

Fauser, Jörg: *Rohstoff*, Zürich: Diogenes 1984.

Fehmeier, Fritz, Felicitas Sack und Otto Schmidl: »Institution ›Libresso‹«, in: *Protest in München seit 1945*, 1967, http://protest-muenchen.sub-bavaria.de/artikel/1715

Fischer, Ernst: *Kunst und Koexistenz. Beitrag zu einer modernen marxistischen Ästhetik*, Reinbek bei Hamburg: Rowohlt 1966.

Flechtheim, Ossip K.: *Der Marsch der DKP durch die Institutionen. Sowjetmarxistische Einflußstrategien und Ideologien*, Frankfurt a. M.: Fischer Taschenbuch Verlag 1981.

Flitner, Christine: *Frauen in der Literaturkritik. Gisela Elsner und Elfriede Jelinek im Feuilleton der Bundesrepublik Deutschland*, Pfaffenweiler: Centaurus-Verlagsgesellschaft 1995.

Fülberth, Georg: *KPD und DKP 1945–1990. Zwei kommunistische Parteien in der vierten Periode kapitalistischer Entwicklung*, Heilbronn: Distel Verlag 1992.

Fuld, Werner: »Mit Komik und Entsetzen«, in: *Deutsches Allgemeines Sonntagsblatt*, 08.04.1984, S. 25.

Gansberg, Marie Luise: »Zu einigen populären Vorurteilen gegen materialistische Literaturwissenschaft«, in: Dies. und Paul Gerhard Völker (Hrsg.): *Methodenkritik der Germanistik. Materialistische Literaturtheorie und bürgerliche Praxis*, Stuttgart: J. B. Metzlersche Verlagsbuchhandlung 1970.

Gebhardt, Marlies: »Ein Buch und eine Meinung. Marlies Gerhardt über den Roman ›Das Berührungsverbot‹ von Gisela Elsner«, in: *Südwestdeutscher Rundfunk*, 08.01.1971.

Geissler, Christian: *Im Vorfeld einer Schußverletzung. Gedichte von Juli 77–März 80*, Berlin: Rotbuch Verlag 1980.

—: *Wird Zeit, daß wir leben*, Berlin: Rotbuch Verlag 1976.

Gerhard, Ute: »Schreibende Arbeiter – Gesten der Betroffenheit und ihre politische Dimension«, in: Morgenroth, Claas, Martin Stingelin und Matthias Thiele (Hrsg.): *Die Schreibszene als politische Szene*, Zur Genealogie des Schreibens 14, München: Wilhelm Fink 2012, S. 261–270.

Gerlach, Rainer: *Die Bedeutung des Suhrkamp-Verlags für das Werk von Peter Weiss*, St. Ingbert: Röhrig 2005.

Gieselbusch, Hermann u. a. (Hrsg.): *100 Jahre Rowohlt. Eine illustrierte Chronik*, Reinbek bei Hamburg: Rowohlt Verlag 2008.

Gorzny, Willi: *Die Grass-Debatte. Berichte, Stellungnahmen, Kommentare, Interviews, Rezensionen, Leserbriefe; Bibliographie und Pressespiegel (12.8.–31.8.2006)*, Pullach im Isartal: Gorzny 2006.

Grass, Günter: »Rede über das Selbstverständliche zur Verleihung des Georg-Büchner-Preises in Darmstadt«, in: *Essays und Reden I 1955–1969*, Bd. 14, Werkausgabe, Göttingen 1997, S. 147–163.

—: *Der Bürger und seine Stimme. Reden, Aufsätze, Kommentare*, Darmstadt [u. a.]: Luchterhand 1974.

Grumbach, Detlef (Hrsg.): *Der Radikale: Christian Geisslers Literatur der Grenzüberschreitung*, Berlin: Verbrecher Verlag 2017.
Grumbach, Jürgen: *Reaktoren und Raketen. Atomare Gefahren und Bürgerprotest*, Köln: Pahl-Rugenstein 1980.
Grundsatzerklärung der Deutschen Kommunistischen Partei, Hamburg: Blinkfüer Verlag 1969.
Günther-Herold, Franziska: *Wespen im Schnee. 99 Briefe und ein Tagebuch*, Berlin: Aufbau Verlag 2001.
Haase, Horst: *Die SED und das kulturelle Erbe. Orientierungen, Errungenschaften, Probleme*, Berlin: Dietz 1986.
Hacker, Friedrich: *Terror. Mythos, Realität, Analyse*, Reinbek bei Hamburg: Rowohlt 1975.
Haedecke, Gerd: »Der Ast, auf dem wir sitzen. Rundfunk und Literaturbetrieb«, in: Arnold, Heinz Ludwig und Matthias Beilein (Hrsg.): *Literaturbetrieb in Deutschland*, München: Edition Text + Kritik 1971, S. 206–213.
Hahn, Ulla: »Gibt es eine Frauenliteratur?«, in: Doormann, Lottemi (Hrsg): *Keiner schiebt uns weg. Zwischenbilanz der Frauenbewegung*, Weinheim und Basel: Beltz Verlag 1979, S. 252–258.
—: *Literatur in der Aktion. Zur Entwicklung operativer Literaturformen in der Bundesrepublik*, Wiesbaden: Akademische Verlags-Gesellschaft Athenaion 1978.
Harder, Jürgen: *Klassenkampf und »linke« Kunsttheorien. Zum Antikommunismus kunsttheoretischer Konzeptionen des Linksradikalismus in der BRD, (1965–1975)*, Berlin: Dietz 1978.
Haug, Frigga: *Der im Gehen erkundete Weg. Marxismus-Feminismus*, Berlin: Argument Verlag 2015.
Haug, Wolfgang Fritz: »Die geistige Situation der Zeit und ihre Veränderung durch die Perestroika«, in: Albers, Detlev, Frank Deppe und Michael Stamm (Hrsg.): *Fernaufklärung. Glasnost und die bundesdeutsche Linke*, Köln: Kiepenheuer & Witsch 1989, S. 59–74.
—: »Zur Aktualität von Brechts Tui-Kritik«, *Argument-Sonderbände* 11 (1976), S. 7–16.
—: »Zur Kritik der Warenästhetik«, in: *Kursbuch* 20, Frankfurt a. M.: Suhrkamp Verlag 1970, S. 140–141.
—: *Der hilflose Antifaschismus. Zur Kritik der Vorlesungsreihen über Wissenschaft und NS an deutschen Universitäten*, Köln: Pahl-Rugenstein 1977.
—: *Vom hilflosen Antifaschismus zur Gnade der späten Geburt*, Hamburg: Argument Verlag 1987.
Havemann, Robert: »Offener Brief an Bundeskanzler Helmut Schmidt«, in: Kipphardt, Heinar (Hrsg.): *Vom deutschen Herbst zum bleichen deutschen Winter*, München/Königstein: AutorenEdition 1981, S. 360–365.

Hecken, Thomas: »Konsum, Boheme, kreative Klasse«, in: Hohnsträter, Dirk (Hrsg.): *Konsum und Kreativität*, Bielefeld: transcript Verlag 2015, http://www.degruyter.com/view/books/9783839428658/9783839428658-004/9783839428658-004.xml (zugegriffen am 14.03.2019).

Heidenreich, Gert: »Das Land liegt still«, *Zeit*, 12.03.1982, https://www.zeit.de/1982/11/das-land-liegt-still (zugegriffen am 21.09.2018).

Heißenbüttel, Helmut: »Nachruf auf die Gruppe 47«, in: Arnold, Heinz Ludwig und Matthias Beilein (Hrsg.): *Literaturbetrieb in Deutschland*, München: Edition Text + Kritik 1971, S. 33–45.

Held, Karl und Peter Decker: *DDR kaputt, Deutschland ganz. Eine Abrechnung mit dem »Realen Sozialismus« und dem Imperialismus deutscher Nation*, München: Resultate 1989.

Hermand, Jost: »Das Gute-Neue und das Schlechte-Neue. Wandlungen der Modernismus-Debatte in der DDR sei 1956«, in: Herminghouse, Patricia und Peter Uwe Hohendahl (Hrsg.): *Literatur und Literaturtheorie in der DDR*, Frankfurt a. M.: Suhrkamp Verlag 1976, S. 73–99.

—: »Fortschritt im Rückschritt. Zur politischen Polarisierung der westdeutschen Literatur seit 1961«, in: Durzak, Manfred (Hrsg.): *Deutsche Gegenwartsliteratur: Ausgangspositionen und aktuelle Entwicklungen*, Stuttgart: Reclam 1981, S. 299–313.

Herminghouse, Patricia: »Wunschbild, Vorbild oder Porträt? Zur Darstellung der Frau im Roman der DDR«, in: Dies. und Peter Uwe Hohendahl (Hrsg.): *Literatur und Literaturtheorie in der DDR*, Frankfurt a. M.: Suhrkamp Verlag 1976, S. 281–334.

Hilmes, Carola und Ilse Nagelschmidt (Hrsg.): *Christa Wolf-Handbuch. Leben, Werk, Wirkung*, Stuttgart: J. B. Metzler Verlag 2016.

Hilzinger, Sonja: *»Als ganzer Mensch zu leben ...«, emanzipatorische Tendenzen in der neueren Frauen-Literatur der DDR*, Frankfurt a. M. [u. a.]: Lang 1985.

Hirte, Chris: »Gisela Elsner und die DDR«, in: Künzel, Christine (Hrsg.): *Die letzte Kommunistin. Texte zu Gisela Elsner*, Hamburg: Konkret Literatur Verlag 2009, S. 105–116.

Hirte, Christlieb u. a. (Hrsg.): *BRD heute – Westberlin heute. Ein Lesebuch*, Berlin: Volk und Welt 1982.

Histor, Manfred und Vladimir Dedijer: *Willy Brandts vergessene Opfer. Geschichte und Statistik der politisch motivierten Berufsverbote in Westdeutschland, 1971–1988*, Freiburg [im Breisgau]: Ahriman-Verlag 1989.

Hoffmeister, Donna L.: *Vertrauter Alltag, gemischte Gefühle. Gespräche mit Schriftstellern über Arbeit in der Literatur*, Bonn: Bouvier 1989.

Hofmann, Michael: *Ästhetische Erfahrung in der historischen Krise. Eine Untersuchung zum Kunst- und Literaturverständnis in Peter Weiss' Roman »Die Ästhetik des Widerstands«*, Bonn: Bouvier 1990.

Hofmann, Werner: *Stalinismus und Antikommunismus. Zur Soziologie des Ost-West-Konflikts*, Frankfurt a. M.: Suhrkamp Verlag 1967.

Högemann-Ledwohn, Elvira, Klaus Konjetzky und Oskar Neumann: »Was bleibt von den siebziger Jahren? Ein Briefwechsel«, in: Hirte, Christlieb u. a. (Hrsg.): *BRD heute – Westberlin heute*, Volk und Welt 1982, S. 369–402.

Hohendahl, Peter Uwe und Patricia Herminghouse (Hrsg.): *Literatur und Literaturtheorie in der DDR*, Frankfurt a. M.: Suhrkamp 1976.

Hohendahl, Peter Uwe: »Literaturkritik und Öffentlichkeit«, in: Gebhardt, Peter (Hrsg.): *Literaturkritik und literarische Wertung*, Darmstadt: Wissenschaftliche Buchgesellschaft 1980, S. 269–311.

—: *Literaturkritik und Öffentlichkeit*, München: Piper 1974.

Holderberg, Angelika: *Nach dem bewaffneten Kampf. Ehemalige Mitglieder der RAF und Bewegung 2. Juni sprechen mit Therapeuten über ihre Vergangenheit*, Gießen: Psychosozial-Verlag 2007.

Holz, Hans Heinz: »Die verschleierte Klassengesellschaft«, in: Krüger, Horst (Hrsg.): *Was ist heute links? Thesen und Theorien zu einer linken Position*, München: List Verlag 1963, S. 69–89.

Huffschmid, Joachim u. a.: »Die Widersprüche des westdeutschen Kapitalismus und die Wirtschaftspolitik der SPD«, *Kursbuch* 21 (1970), S. 37–82.

Jaeger, Joachim: *Humor und Satire in der DDR. Ein Versuch zur Theorie*, Frankfurt a. M.: R. G. Fischer 1984.

Jakobs, Hans-Jürgen: »Der Abenteurer«, in: *sueddeutsche.de*, 17.05.2010, https://www.sueddeutsche.de/politik/spd-hoffnung-michael-naumann-der-abenteurer-1.318777 (zugegriffen am 27.06.2019).

Jantzen, Wolfgang: »Ein reales und materialistisches Sozialismusbild und der reale Sozialismus in der DDR«, in: Albers, Detlev, Frank Deppe und Michael Stamm (Hrsg.): *Fernaufklärung. Glasnost und die bundesdeutsche Linke*, Köln: Kiepenheuer & Witsch 1989, S. 199–209.

Jarausch, Konrad Hugo: *Die Umkehr. Deutsche Wandlungen 1945–1995*, Bonn: Bundeszentrale für Politische Bildung 2004.

Jaschke, Hans-Gerd: *Streitbare Demokratie und innere Sicherheit. Grundlagen, Praxis und Kritik*, Opladen: Westdeutscher Verlag 1991.

Jelinek, Elfriede: »Ist die Schwarze Köchin da? Ja, ja, ja! Zu Gisela Elsner«, in: Künzel, Christine (Hrsg.): *Die letzte Kommunistin. Texte zu Gisela Elsner*, Hamburg: Konkret Verlag 2009, S. 23–30.

Jürgens, Martin: »Der Staat als Kunstwerk. Bemerkung zur ›Ästhetisierung der Politik‹«, in: *Kursbuch* 20, Frankfurt a. M.: Suhrkamp Verlag 1970, S. 119–139.

Kämpchen, Martin: *My broken love. Günter Grass in India and Bangladesh*, New Delhi [u. a.]: Viking 2001.

Kempe, Anja: »Der Kleinbürger in der Literatur«, *RIAS Berlin*, Kulturelles Wort Literatur, März 1989.

Kesting, Hanjo: »Am Ende die nackte Verzweiflung. Gisela Elsner (2. Mai 1937–13. Mai 1992)«, *NDR 3, Texte und Zeichen-Journal*, Mai 1992.

—: »Die triste Wahrheit der Satire. Laudatio auf Gisela Elsner. Zur Verleihung des Gerrit-Engelke-Literaturpreises der Stadt Hannover am 27. Oktober 1987«, in: *die horen. Zeitschrift für Literatur, Kunst und Kritik* 1/149 (1988), S. 161–169.

—: »Von der kalten zur heilsamen Wut«, *Zeit*, 26.09.1980, http://www.zeit.de/1980/40/von-der-kalten-zur-heilsamen-wut (zugegriffen am 06.07.2016).

Kittel, Manfred: *Marsch durch die Institutionen? Politik und Kultur in Frankfurt nach 1968*, München: Oldenbourg 2011.

Klein, Thomas: »Die Opposition in der DDR während der achtziger Jahre«, in: Seeck, Anne (Hrsg.): *Das Begehren, anders zu sein. Politische und kulturelle Dissidenz von 68 bis zum Scheitern der DDR*, Münster: Unrast Verlag 2012, S. 59–67.

Kofler, Leo: *Zur Kritik der »Alternativen«*, Hamburg: VSA Verlag 1983.

Köhler, Kai: »Sprachkritik als Ideologiekritik und weitere Versuche, die Wirklichkeit zu bewältigen. Die politischen Schriften Gisela Elsners. Ein Nachwort«, in: Elsner, Gisela: *Flüche einer Verfluchten*, hrsg. von Christine Künzel in Zusammenarbeit mit Kai Köhler, Berlin: Verbrecher Verlag 2011, S. 287–307.

Kosthorst, Daniel: *Brentano und die deutsche Einheit. Die Deutschland- und Ostpolitik des Außenministers im Kabinett Adenauer 1955–1961*, Düsseldorf: Droste 1993

Kramer, Sven: »Zusammenstoß in Princeton – Peter Weiss und die Gruppe 47«, in: Braese, Stephan (Hrsg.): *Bestandsaufnahme. Studien zur Gruppe 47*, Berlin: Erich Schmidt Verlag 1999, S. 155–174.

Kreuzer, Helmut: *Veränderungen des Literaturbegriffs. 5 Beiträge zu aktuellen Problemen der Literaturwissenschaft*, Göttingen: Vandenhoeck & Ruprecht 1975.

Kroetz, Franz Xaver und Gisela Elsner: »Mut zur DKP«, in: *Ramadama. Münchner Initiative von Kulturschaffenden zur Wahl der DKP in den Stadtrat 1978*, München 1978.

Krüger, Horst (Hrsg.): *Was ist heute links?*, München 1963.

Krüger, Ingrid und Günter Grass (Hrsg.): *Den Frieden erklären. Protokolle des zweiten Schriftstellertreffens am 22./23. April 1983; der vollständige Text aller Beiträge aus Ost und West*, Darmstadt [u. a.]: Luchterhand 1983.

Kunstreich, Tjark: »Über Gisela Elsner«, in: Elsner, Gisela: *Die Zähmung*, Berlin: Verbrecher Verlag 2002, S. 273–281.

Künzel, Christine: *»Ich bin eine schmutzige Satirikerin«. Zum Werk Gisela Elsners (1937–1992)*, Sulzbach/Taunus: Ulrike Helmer Verlag 2011.

—: »Nachwort«, in: Elsner, Gisela: *Otto der Großaktionär*, Berlin: Verbrecher Verlag 2008, S. 157–172.

Kurz, Robert: *Die antideutsche Ideologie. Vom Antifaschismus zum Krisenimperialismus. Kritik des neuesten linksdeutschen Sektenwesens in seinen theoretischen Propheten*, Münster: Unrast Verlag 2003.

Langguth, Gerd: »Rudi Dutschke und das Konzept Stadtguerilla« (1969), https://www.kas.de/c/document_library/get_file?uuid=c83e93fd-0e0c-2153-faf3-1ad4b6946aba&groupId=252038 (zugegriffen am 15.07.2014).

Lehndorff, Steffen: »... im uneingeschränkten Besitz der Persönlichkeit – Perestroika und Erneuerung der Kommunisten in der BRD«, in: Albers, Detlev, Frank Deppe und Michael Stamm (Hrsg.): *Fernaufklärung. Glasnost und die bundesdeutsche Linke*, Köln: Kiepenheuer & Witsch 1989, S. 83–95.

Lehnguth, Cornelius: *Waldheim und die Folgen. Der parteipolitische Umgang mit dem Nationalsozialismus in Österreich, Studien zur historischen Sozialwissenschaft*, Frankfurt a. M. [u. a.]: Campus Verlag 2013.

Lennox, Sara: »›Nun ja! Das nächste Leben geht aber heute an!‹ Prosa von Frauen und Frauenbefreiung in der DDR«, in: Hohendahl, Peter Uwe (Hrsg.): *Literatur der DDR in den siebziger Jahren*, Frankfurt a. M.: Suhrkamp Verlag 1983, S. 224–258.

—: *Cemetery of the murdered daughters. Feminism, history, and Ingeborg Bachmann*, Amherst, Mass.: Univ. of Massachusetts Press 2006.

Lersch, Edgar: »Zur Situation des öffentlich-rechtlichen Rundfunks«, in: Estermann, Monika und Edgar Lersch (Hrsg.): *Buch, Buchhandel und Rundfunk. 1968 und die Folgen*, Wiesbaden: Harrassowitz Verlag 2013, S. 30–45.

Leuschner, Ulrike: »Schriftstellerinnen auf dem Buchmarkt der Nachkriegszeit«, in: Schulz, Marion und Brigitte Jirku (Hrsg.): *Fiktionen und Realitäten. Schriftstellerinnen im deutschsprachigen Literaturbetrieb*, Frankfurt a. M.: Peter Lang 2013, S. 37–54.

Lewis, Alison: *Die Kunst des Verrats. Der Prenzlauer Berg und die Staatssicherheit*, Würzburg: Königshausen und Neumann 2003.

Litwinez, Nina: »Die BRD-Autorin Gisela Elsner«, *Kunst und Literatur* 36/2 (1988), S. 182–191.

Löffler, Marion: *Feministische Staatstheorien. Eine Einführung*, Frankfurt a. M. [u. a.]: Campus Verlag 2011.

Löffler, Ulrich: *Instrumentalisierte Vergangenheit? die nationalsozialistische Vergangenheit als Argumentationsfigur in der Rechtsprechung des Bundesverfassungsgerichts*, Frankfurt a. M. [u. a.]: Verlag Peter Lang 2004.

Loheit, Jan: »Gemeinsam oder zusammen? Chancen eines kritisch-emanzipatorischen Literaturdiskurses«, in: Stahl, Enno und Ingar Solty (Hrsg.): *Richtige Literatur im Falschen? Schriftsteller - Kapitalismus - Kritik*, Berlin: Verbrecher Verlag 2016, S. 231–240.

Ludwig, Gundula: *Geschlecht, Macht, Staat. Feministische staatstheoretische Interventionen*, Opladen [u. a.]: Budrich 2015.

Mager, Friedrich und Ulrich Spinnarke: *Was wollen die Studenten*, Frankfurt a. M.: Fischer Taschenbuch Verlag 1967.

Marcuse, Herbert: *Konterrevolution und Revolte*, hg. von Alfred Schmidt, Frankfurt a. M.: Suhrkamp 1973.

Marx, Karl und Friedrich Engels: »Kritik des Gothaer Programms«, in: *Werke*, Bd. 19, Berlin: Karl Dietz Verlag 1973, S. 13–32.
—: *Die deutsche Ideologie*, Berlin: Dietz Verlag 1953.
Matheja-Theaker, Mechthild M.: *Alternative Emanzipationsvorstellungen in der DDR-Frauenliteratur (1971–1989). Ein Diskussionsbeitrag zur Situation der Frau*, Stuttgart: Heinz 1996.
Mattick, Paul: *Kritik an Herbert Marcuse. Der eindimensionale Mensch in der Klassengesellschaft*, Frankfurt a. M.: Europäische Verlags-Anstalt 1969.
Mauersberger, Volker: »Spalten sich die Jusos?«, in: *Die Zeit*, 07.12.1973, https://www.zeit.de/1973/49/spalten-sich-die-jusos (zugegriffen am 14.01.2020).
Mayer, Hans: *Erinnerungen an Willy Brandt*, Frankfurt a. M.: Suhrkamp 2001.
Mecklenburg, Norbert: »Banalität und Tragik«, in: *Neue Zürcher Zeitung*, 16.04.1982.
Meier, Ulrich: »Soziologische Bemerkungen zur Institution Kunst«, in: Bürger, Peter (Hrsg.): *Zum Funktionswandel der Literatur*, Frankfurt a. M.: Suhrkamp Verlag 1983, S. 33–60.
Meinhof, Ulrike: »Die Gruppe 47«, *Konkret* 10 (1967).
Meyer, Stephan: *Kunst als Widerstand. Zum Verhältnis von Erzählen und ästhetischer Reflexion in Peter Weiss' »Die Ästhetik des Widerstands«*, Tübingen: Niemeyer 1989.
Meyers, Mathias: »Gisela Elsner und die Kommunisten«, in: *Flüche einer Verfluchten*, Berlin: Verbrecher Verlag 2011, S. 375–394.
Michalzik, Peter: *Unseld. Eine Biographie*, München: Blessing 2002.
Michels, Dietmar-Ingo: *Parteilichkeit und Realismus. Untersuchungen zu neueren Konzepten bürgerlicher und proletarischer Kultur*, Frankfurt a. M. [u. a.]: Lang 1981.
Millett, Kate: *Sexual politics*, Urbana, Ill. [u.a.]: University of Illinois Press 2000.
Minrath, Axel: *Friedenskampf. Die DKP und ihre Bündnispolitik in der Anti-Nachrüstungsbewegung*, Köln: Verlag Wissenschaft und Politik 1986.
Mitscherlich, Alexander: *Die Unfähigkeit zu trauern*, hg. von Margarete Mitscherlich, Frankfurt a. M. [u. a.]: Büchergilde Gutenberg 1970.
Mittenzwei, Werner und Reinhard Weisbach (Hrsg.): *Revolution und Literatur. Zum Verhältnis von Erbe, Revolution und Literatur*, Leipzig: Reclam 1972.
—: »Revolution und Reform im westdeutschen Drama«, in: Ders. und Reinhard Weisbach (Hrsg.): *Revolution und Literatur. Zum Verhältnis von Erbe, Revolution und Literatur*, Leipzig: Reclam 1972, S. 459–521.
—: *Die Intellektuellen. Literatur und Politik in Ostdeutschland von 1945 bis 2000*, Leipzig: Faber & Faber 2001.
Neumann, Oskar: »Durch nichts mattsetzen lassen. Die Schriftstellerin Gisela Elsner, BRD, im Gespräch«, in: *Sonntag*, 05.02.1984, S. 11.

Nordhoff, Inge: »›Die schreiben uns noch an die Wand‹. Beobachtungen beim ›5. Treffen schreibender Frauen‹ in Bremen«, in: Doormann, Lottemi (Hrsg.): *Keiner schiebt uns weg. Zwischenbilanz der Frauenbewegung in der Bundesrepublik*, Weinheim und Basel: Beltz Verlag 1979, S. 241–245.

Oels, David: »Von den vier Lizenzen bis zur Ballonaffäre. Der Rowohlt Verlag im Kalten Krieg 1947–1969«, in: Stocker, Günther und Michael Rohrwasser (Hrsg.): *Spannungsfelder. Zur deutschsprachigen Literatur im Kalten Krieg (1945–1968)*, Wuppertal: Arco Verlag 2014, S. 101–128.

Parteivorstand der Deutschen Kommunistischen Partei, Referat Öffentlichkeitsarbeit (Hrsg.): *Kultur und Kulturpolitik im antiimperialistischen Kampf*, Düsseldorf 1974.

Peitsch, Helmut: »›Warum wird so einer Marxist?‹ Zur Entdeckung des Marxismus durch bundesrepublikanische Nachwuchswissenschaftler«, in: Rosenberg, Rainer, Inge Münz-Koenen und Petra Boden (Hrsg.): *Der Geist der Unruhe. 1968 im Vergleich. Wissenschaft – Literatur – Medien*, Berlin: Akademie Verlag 2009, S. 125–152.

—: »Ästhetikdebatte revisited. ›Realismus‹ 1945 bis 1989«, in: Stahl, Enno und Ingar Solty (Hrsg.): *Richtige Literatur im Falschen? Schriftsteller – Kapitalismus – Kritik*, Berlin: Verbrecher Verlag 2016, S. 61–77.

—: »Parteilichkeit als Administration der Literaturverhältnisse in der SBZ/DDR«, Unveröffentlichtes Textfragment, ohne Datum.

—: »Realistische Vergangenheitsbewältigung? Probleme literarischer Faschismusdarstellung in Romanen der AutorenEdition«, in: Mattenklott, Gert und Gerhart Pickerodt (Hrsg.): *Literatur der siebziger Jahre*, Berlin: Argument Verlag 1985.

—: *Nachkriegsliteratur 1945–1989*, Göttingen: Universitätsverlag Osnabrück 2009.

Peters, Ulrich: *Unbeugsam & widerständig. Die radikale Linke in Deutschland seit 1989/90*, Münster: Unrast Verlag 2014.

Pingel-Schliemann, Sandra: »Zerstörte Biographien. Die Zersetzung politischer Gegner in der DDR«, in: Seeck, Anne (Hrsg.): *Das Begehren, anders zu sein. Politische und kulturelle Dissidenz von 68 bis zum Scheitern der DDR*, Münster: Unrast Verlag 2012, S. 89–104.

Piper, Klaus: »›Dies Geschäft, das kein Geschäft ist …‹ (E. Rowohlt). Verleger-Gedanken«, in: Unseld, Siegfried (Hrsg.): *Heinrich Maria Ledig-Rowohlt zuliebe. Festschrift zu seinem 60. Geburtstag am 12. März 1968*, Reinbek bei Hamburg: Rowohlt Verlag 1968, S. 65–77.

Ploetz, Michael und Hans-Peter Müller: *Ferngelenkte Friedensbewegung? DDR und UdSSR im Kampf gegen den NATO-Doppelbeschluß*, Münster [u. a.]: LIT Verlag 2004.

Postone, Moishe und Eric L. Santner (Hrsg.): *Catastrophe and meaning. The Holocaust and the twentieth century*, Chicago, Ill. [u. a.]: Univ. of Chicago Press 2003.

Postone, Moishe: *Time, labor, and social domination. A reinterpretation of Marx's critical theory*, Cambridge [u. a.]: Cambridge Univ. Press 1995.

Proft, Hildegard: »Mit Fünfzehn zu jung – mit Fünfundvierzig zu alt. Aktionen der Demokratischen Fraueninitiative gegen die Frauenarbeitslosigkeit«, in: Doormann, Lottemi (Hrsg.): *Keiner schiebt uns weg. Zwischenbilanz der Frauenbewegung in der Bundesrepublik*, Weinheim und Basel: Beltz Verlag 1979, S. 124–132.

Reents, Jürgen: »Als Sozialist bei den Grünen«, in: Kipphardt, Heinar (Hrsg.): *Vom deutschen Herbst zum bleichen deutschen Winter. Ein Lesebuch zum Modell Deutschland*, München/Königstein: AutorenEdition 1981, S. 241–249.

Reiche, Reimut: *Sexualität und Klassenkampf*, Frankfurt a. M.: Fischer Taschenbuch Verlag 1972.

Reich-Ranicki, Marcel: »Peter Weiss. Poet und Ermittler. 1916–1982«, in: Gerlach, Rainer (Hrsg.): *Peter Weiss*, Frankfurt a. M.: Suhrkamp Verlag 1984, S. 1–7.

Reinhold, Ursula: *Antihumanismus in der westdeutschen Literatur*, Berlin: Dietz 1971.

—: *Tendenzen und Autoren. Zur Literatur der siebziger Jahre in der BRD*, Berlin: Dietz Verlag 1982.

Reitz, Klaus: »Ein haltloser, liebenswerter Schwächling«, in: *Mannheimer Morgen*, Mai 1984, S. 28.

Remé, Harald und Matthias Zieger: »Die Unterdrückung sozialistischer Kritik in der Bundesrepublik«, in: Agnoli, Johannes (Hrsg.): *»... da ist nur freizusprechen!« Die Verteidigungsreden im Berliner Mescalero-Prozeß*, Reinbek bei Hamburg: Rowohlt Taschenbuch Verlag 1978, S. 68–80.

Richter, Hans Werner: »In einem zweigeteilten Land«, in: Krüger, Horst (Hrsg.): *Was ist heute links? Thesen und Theorien zu einer politischen Position*, München: Paul List Verlag 1963, S. 94–100.

Richter, Wolfgang, Elmar Schmähling und Eckart Spoo (Hrsg.): *Die deutsche Verantwortung für den NATO-Krieg gegen Jugoslawien. Schrift des Internationalen Vorbereitungskomitees für ein Europäisches Tribunal über den NATO-Krieg gegen Jugoslawien*, Schkeuditz: Schkeuditzer Buchverlag 2000.

Rigoll, Dominik: *Staatsschutz in Westdeutschland. Von der Entnazifizierung zur Extremistenabwehr*, Göttingen: Wallstein Verlag 2013.

Rotzoll, Eva: »Als Verhaltensforscherin unter Elite-Viechern«, in: *Süddeutsche Zeitung*, Oktober 1977.

Rühmkorf, Peter: »Passionseinheit«, in: Walser, Martin (Hrsg.): *Die Alternative oder brauchen wir eine neue Regierung?*, Reinbek bei Hamburg: Rowohlt Verlag 1961.

Runge, Erika: *Bottroper Protokolle*, hg. von Martin Walser, Frankfurt a. M.: Suhrkamp Verlag 1968.

Schäfer, Klaus: *Textsammlung zur deutschen Literaturgeschichte*, Berlin: Volk und Wissen 1975.

Schneider, Michael: *Den Kopf verkehrt aufgesetzt oder Die melancholische Linke. Aspekte des Kulturzerfalls in den siebziger Jahren*, Darmstadt [u. a.]: Luchterhand 1981.

Schneider, Peter: »Die Frauen bei Bosch«, in: *Kursbuch* 21 (1970), S. 83–109.

Schneider, Ute: »Amazonen im Aufbruch – der Frauenbuchmarkt der 1970er Jahre als neues Marktsegment«, in: Schulz, Marion und Brigitte Jirku (Hrsg.): *Fiktionen und Realitäten. Schriftstellerinnen im deutschsprachigen Literaturbetrieb*, Frankfurt a. M.: Peter Lang 2013, S. 55–73.

Schödel, Kathrin: »Kein ›Gewissen der Nation‹. Gisela Elsner und der bundesrepublikanische Intellektuellen-Diskurs.«, in: Hehl, Michael Peter und Christine Künzel (Hrsg.): *Ikonisierung, Kritik, Wiederentdeckung. Gisela Elsner und die Literatur der Bundesrepublik*, München: edition text + kritik 2014, S. 28–41.

Schöfer, Erasmus (Hrsg.): *Ist die DKP noch zu retten? Gespräche mit kritischen Kommunisten*, Hamburg: Konkret Literatur Verlag 1989.

Schönert, Jörg: »Literaturgeschichtsschreibung der DDR und BRD im Vergleich. Am Beispiel von ›Geschichte der Literatur der Deutschen Demokratischen Republik‹ (Berlin/Ost 1976) und ›Die Literatur der DDR‹ (München 1983)«, in: Cölln, Jan und Franz-Josef Holznagel (Hrsg.): *Positionen der Germanistik in der DDR*, Berlin, Boston: DE GRUYTER 2012, S. 248–268, https://www.degruyter.com/view/books/9783110223842/9783110223842.248/9783110223842.248.xml (zugegriffen am 28.05.2019).

Schumacher, Ernst: »›Die Ermittlung‹ von Peter Weiss. Über die szenische Darstellbarkeit der Hölle auf Erden«, in: Canaris, Volker (Hrsg.): *Über Peter Weiss*, Frankfurt a. M.: Suhrkamp Verlag 1970, S. 69–91.

Schütt, Peter: »Dumm und gutgläubig«, *Der Spiegel* 7, 02.10.1992, http://www.spiegel.de/spiegel/print/d-13680626.html (zugegriffen am 08.05.2014).

Schwarzkopf, Dietrich: »Auf der Suche nach der Gegenmacht. Antiautoritäre Modelle der Rundfunkverfassung«, in: Estermann, Monika und Edgar Lersch (Hrsg.): *Buch, Buchhandel und Rundfunk. 1968 und die Folgen*, Wiesbaden: Harrassowitz Verlag 2003, S. 69–82.

Seeck, Anne: »Alltag und Repression in der DDR«, in: Dies. (Hrsg.): *Das Begehren, anders zu sein. Politische und kulturelle Dissidenz von 68 bis zum Scheitern der DDR*, Münster: Unrast Verlag 2012, S. 15–43.

Solibakke, Karl Ivan und Karina von Bachmann-Tippelskirch (Hrsg.): *Die Waffen nieder! Ingeborg Bachmanns Schreiben gegen den Krieg*, Würzburg: Königshausen & Neumann 2012.

Söllner, Alfons: *Peter Weiss und die Deutschen. Die Entstehung einer politischen Ästhetik wider die Verdrängung*, Opladen: Westdeutscher Verlag 1988.

Solty, Ingar: »Der alte und der neue Kapitalismus«, in: Stahl, Enno und Ingar Solty (Hrsg.): *Richtige Literatur im Falschen? Schriftsteller – Kapitalismus – Kritik*, Berlin: Verbrecher Verlag 2016, S. 17–29.

Sozialistischer Frauenbund West-Berlin: »Unser Selbstverständnis als Frauengruppe und unsere Kampagne gegen Frauenarbeitslosigkeit«, in: Doormann, Lottemi (Hrsg.): *Keiner schiebt uns weg. Zwischenbilanz der Frauenbewegung in der Bundesrepublik*, Weinheim und Basel: Beltz Verlag 1978, S. 132–137.

Spangenberg, Eberhard: *Karriere eines Romans. Mephisto, Klaus Mann und Gustaf Gründgens; ein dokumentarischer Bericht aus Deutschland und dem Exil 1925–1981*, Rororo 5893, Reinbek bei Hamburg: Rowohlt 1986.

Stankiewicz, Ruth: »›Ich werde immer unerbittlicher‹. UZ-Interview mit Gisela Elsner«, in: *Unsere Zeit*, 19.09.1987, S. 7.

Starkmann, Alfred: »Keine Zeit für Sympathie. Neue Definition der Regierung – Ein Gespräch mit Gisela Elsner«, *Die Welt*, 09.09.1965.

—: »Liberalismus auf Abruf«, *Die Welt*, 12.11.1977.

Stephan, Inge und Sigrid Weigel: *Die verborgene Frau. Sechs Beiträge zu einer feministischen Literaturwissenschaft*, Berlin: Argument Verlag 1983.

Stephan, Inge: »›Daß ich Eins und doppelt bin …‹ Geschlechtertausch als literarisches Thema«, in: Dies. und Sigrid Weigel: *Die verborgene Frau. Sechs Beiträge zu einer feministischen Literaturwissenschaft*, Berlin: Argument Verlag 1983, S. 153–175.

Stocker, Günther und Michael Rohrwasser (Hrsg.): *Spannungsfelder. Zur deutschsprachigen Literatur im Kalten Krieg (1945–1968)*, Wuppertal: Arco Verlag 2014.

Strauß, Franz-Josef: »Rede des CSU-Vorsitzenden Franz-Josef Strauß auf dem CSU-Parteitag am 12. Juli 1981 in München (Auszüge)«, in: Mechtersheimer, Alfred (Hrsg.): *Nachrüsten? Dokumente und Positionen zum NATO-Doppelbeschluß*, Reinbek bei Hamburg: Rowohlt Verlag 1981, S. 190–196.

Szczesny, Gerhard (Hrsg.): *Club Voltaire. Jahrbuch für kritische Aufklärung*, Bd. 4, Rowohlt Verlag 1970.

Tebben, Karin: »Soziokulturelle Bedingungen weiblicher Schriftkultur im 18. und 19. Jahrhundert«, in: Dies. (Hrsg.): *Beruf: Schriftstellerin. Schreibende Frauen im 18. und 19. Jahrhundert*, Göttingen: Vandenhoeck & Ruprecht 1998, S. 7–9.

Therborn, Göran: *What does the ruling class do when it rules? State apparatuses and state power under Feudalism, Capitalism and Socialism*, London: New Left Books 1978.

Timm, Uwe: *Heißer Sommer. Roman*, 1. Aufl., Berlin [u. a.]: Aufbau Verlag 1975.

Tolmein, Oliver und Detlef zum Winkel: *Nix gerafft. 10 Jahre Deutscher Herbst und der Konservatismus der Linken*, Hamburg: Konkret Literatur Verlag 1987.

Tolmein, Oliver: *Stammheim vergessen. Deutschlands Aufbruch und die RAF*, Hamburg: Konkret Literatur Verlag 1992.

Töteberg, Michael: »›Das wär's, lieber Herr Verleger, für diesmal‹. Eine Hausautorin wird verramscht: Gisela Elsner und der Rowohlt Verlag«, in: Hehl, Michael Peter und Christine Künzel (Hrsg.): *Ikonisierung, Kritik, Wiederent-*

deckung. Gisela Elsner und die Literatur der Bundesrepublik, München: edition text + kritik 2014, S. 54–71.

Unseld, Siegfried und Peter Weiss: *Der Briefwechsel*, hg. von Rainer Gerlach, 1. Aufl., Frankfurt a. M.: Suhrkamp 2007.

Viehoff, Reinhold: »Literaturkritik 1973 und 1988. Aspekte des literaturkritischen Wertewandels«, in: Barner, Wilfried (Hrsg.): *Literaturkritik – Anspruch und Wirklichkeit*, Stuttgart: J. B. Metzler 1990, S. 440–459.

Voigtländer, Anni (Hrsg.): *Mit dem Chef nach Chenonceaux. Alltägliche Geschichten aus der BRD. Eine Anthologie*, Berlin: Aufbau Verlag 1976.

von der Grün, Max: »Kurt Simon, Hoesch-Arbeiter«, in: Kipphardt, Heinar (Hrsg.): *Vom deutschen Herbst zum bleichen deutschen Winter*, München/Königstein: AutorenEdition 1981, S. 287–295.

Vormweg, Heinrich: »Die Bovary aus der Trabantenstadt«, in: *Süddeutsche Zeitung*, 01.04.1982.

—: »Die Wende vor der Wende. Ein Kapitel literarischer Zeitgeschichte«, in: Arnold, Heinz Ludwig (Hrsg.): *Bestandsaufnahme Gegenwartsliteratur. Bundesrepublik Deutschland, Deutsche Demokratische Republik, Österreich, Schweiz*, München: text+kritik 1988, S. 107–113.

—: *Peter Weiss*, Autorenbücher, München: C. H. Beck/edition text + kritik 1981.

Wagenbach, Klaus: »Ernüchtert oder heimatlos«, in: Krüger, Horst (Hrsg.): *Was ist heute links? Thesen und Theorien zu einer politischen Position*, München: Paul List Verlag 1963, S. 44–88.

Wagner, Thomas: »Die Ideologiemaschine. Die Gruppe 47 als virtuelle Firma: Wie eine Autorennetzwerk dem digitalen Kapitalismus ein schickes Design verpasste«, in: Stahl, Enno und Ingar Solty (Hrsg.): *Richtige Literatur im Falschen? Schriftsteller – Kapitalismus – Kritik*, Berlin: Verbrecher Verlag 2016, S. 201–209.

Walser, Martin: »Über die Neuste Stimmung im Westen«, in: *Kursbuch* 20 (»Über ästhetische Fragen«), Frankfurt a. M.: Suhrkamp Verlag 1970, S. 19–41.

Wegner, Matthias: »Schönes Schlachtfeld (Eine Erinnerung)«, in: Estermann, Monika und Edgar Lersch (Hrsg.): *Buch, Buchhandel und Rundfunk. 1968 und die Folgen*, Wiesbaden: Harrassowitz Verlag 2003, S. 65–68.

Weigel, Sigrid und Inge Stephan: »Vorwort«, in: Dies. (Hrsg.): *Die verborgene Frau. Sechs Beiträge zu einer feministischen Literaturwissenschaft*, Berlin: Argument Verlag 1983, S. 5–14.

Weigel, Sigrid und Klaus Briegleb (Hrsg.): *Gegenwartsliteratur seit 1968*, Hansers Sozialgeschichte der deutschen Literatur 12, hg. von Rolf Grimminger, München [u. a.]: Carl Hanser Verlag 1992.

Weise, Anna Maria: *Feminismus im Sozialismus. Weibliche Lebenskonzepte in der Frauenliteratur der DDR, untersucht an ausgewählten Prosawerken*, Frankfurt a. M. [u. a.]: Lang 2003.

Weiss, Peter: »Rede in englischer Sprache gehalten an der Princeton University USA am 25. April 1966, unter dem Titel: I Come out of My Hiding Place«, in: Canaris, Volker (Hrsg.): *Über Peter Weiss*, Suhrkamp 1970, S. 9–14.
—: »Unter dem Hirseberg«, in: Ders.: *Rapporte 2*, Frankfurt a. M.: Suhrkamp Verlag 1971, S. 7–13.
—: *Die Ästhetik des Widerstands*, Frankfurt a. M.: Suhrkamp Verlag 1983.
—: *Rapporte 2*, Frankfurt a. M.: Suhrkamp 1971.
Werner, Andreas (Hrsg.): *Fischer-Almanach der Literaturkritik*, Frankfurt a. M.: Fischer Verlag 1981.
Werz, Michael (Hrsg.): *Antisemitismus und Gesellschaft. Zur Diskussion um Auschwitz, Kulturindustrie und Gewalt*, Frankfurt a. M.: Verl. Neue Kritik 1995.
Widmer, Walter: »Die Züchtung von Riesenzwergen«, in: *Die Zeit*, 29.05.1964, http://www.zeit.de/1964/22/die-zuechtung-von-riesenzwergen (zugegriffen am 14.11.2017).
Wienhaus, Andrea: *Bildungswege zu »1968«. Eine Kollektivbiografie des Sozialistischen Deutschen Studentenbundes*, Bielefeld: transcript 2014.
Wolf, Christa: »Vorwort«, in: Wander, Maxie: *Guten Morgen, du Schöne. Frauen in der DDR. Protokolle*, Darmstadt Neuwied: Luchterhand 1981.
Zellmer, Elisabeth: »Zwischen gesellschaftlichem Wandel und weiblicher Parteilichkeit«, in: Wengst, Udo (Hrsg.): *Reform und Revolte. Politischer Wandel in der Bundesrepublik Deutschland vor und nach 1968*, München: Oldenbourg 2011, S. 75–88.
Zippelius, Reinhold: *Geschichte der Staatsideen*, München: Beck 1994.
zur Lippe, Rudolf: *Bürgerliche Subjektivität. Autonomie als Selbstzerstörung*, Frankfurt a. M.: Suhrkamp 1975.